中药材商品
规格等级标准图集

黄璐琦　詹志来　郭兰萍　主编

全国百佳图书出版单位
中国中医药出版社
·北　京·

图书在版编目（CIP）数据

中药材商品规格等级标准图集 / 黄璐琦，詹志来，郭兰萍主编 .—北京：中国中医药出版社，2021.8

ISBN 978-7-5132-6045-9

Ⅰ .①中… Ⅱ .①黄… ②詹… ③郭… Ⅲ .①中药材－商品规则质量－标准－图集 Ⅳ .① F762.2-64

中国版本图书馆 CIP 数据核字（2020）第 006274 号

策划编辑　王秋华

责任编辑　王　爽

责任印制　刘　衍

中国中医药出版社出版

北京经济技术开发区科创十三街 31 号院二区 8 号楼

邮政编码　100176

传真　010-64405721

山东临沂新华印刷物流集团有限责任公司印刷

各地新华书店经销

开本 880 × 1230　1/16　印张 42　字数 428 千字

2021 年 8 月第 1 版　2021 年 8 月第 1 次印刷

书号　ISBN 978 – 7 – 5132 – 6045 – 9

定价　298.00 元

网址　www.cptcm.com

服务热线　010-64405720

购书热线　010-89535836

维权打假　010-64405753

微信服务号　zgzyycbs

微商城网址　https://kdt.im/LIdUGr

官方微博　http://e.weibo.com/cptcm

天猫旗舰店网址　https://zgzyycbs.tmall.com

如有印装质量问题请与本社出版部联系（010-64405510）

《中药材商品规格等级标准图集》编委会名单

刘代绥　刘传贵　刘红娜　刘丽辉*　刘言娟　刘雨莎　刘春显
刘洋洋*　刘洋清　刘冠军　刘根喜　刘晓谦　刘晖晖*　刘爱朋
刘海涛*　刘德鸿　齐海平　齐耀东*　羊　勇　关扎根　江　波
江维克　池秀莲　汤　建*　汤依娜　安　昌　安　巍　安衍茹
祁春雷　许　亮*　许凤清　许冬瑾*　许成俊　许宗亮　农东新
孙　杰　孙　和　孙　涛　孙　鸿　孙　超　孙　辉　孙　景
孙大学　孙广振　孙国强　孙建华　孙洪兵　孙朝奎　孙嘉辰
牟　燕　纪应夺　严　军　严　辉*　严　新　苏　豹　苏春燕
杜　杰　杜玖珍　杜国栋　李　光　李　英　李　杰　李　明
李　岩　李　佳　李　波　李　科　李　莹　李　原　李　娟*
李　菁　李　雪　李　崭　李　敏　李　晶　李　强　李　颖
李　慧　李　燕　李　霞*　李　鑫　李卫东　李玉云　李石飞*
李石清　李立华　李圣波　李成义　李会娟　李守宝　李军德*
李志山　李步信　李青苗*　李坤玉　李林轩　李明辉　李明焱*
李旻辉*　李忠贵　李泳锋　李泓峻　李学兰*　李学军　李宜航
李建民　李建军　李显辉　李娆娆*　李振皓　李莹露*　李浩男
李海波　李海涛　李海雪　李培红　李彩峰　李隆云　李强远
李路亚　李新华　李嘉诚　李韶卿　杨　元　杨　弘　杨　光*
杨　全　杨　军　杨　钊　杨　春　杨　俊*　杨　艳　杨　琳
杨　毅　杨　蕾　杨天梅　杨玉霞　杨亚楠　杨成梓*　杨安东
杨红兵*　杨秀伟*　杨国静　杨昌贵　杨绍兵　杨美权*　杨洪昌
杨艳芳　杨维泽　杨惠辛　杨雁芳　杨新杰*　杨燕梅　肖　冬
肖　特*　肖小河*　肖井雷　肖日传　肖凤霞　肖承鸿*　肖草茂
吴　波　吴　萍　吴计划　吴正军　吴庆华　吴尚英　吴明丽
吴和珍*　吴树华　吴统选　吴艳红　吴涛涛　吴德玲　何　生
何　姗　何　培　何子清　何忠臻　何银生　何雅丽　何雅莉*
余　驰　余　坤*　余　意　余丽莹*　余玲玲　邹　琦　邹隆琼
汪文杰　沈晨薇　宋　敏　宋小妹　宋利莎　宋希贵　宋学斌
张　飞*　张　元*　张　丹*　张　伟　张　全　张　岗　张　怀
张　英　张　美*　张　恬　张　辉　张　婷　张　静　张　燕*
张一唱　张小波*　张天天　张天娥　张友波　张水利　张化为
张玉秀　张正川　张本刚*　张立伟　张永清*　张志东　张志伟
张志杰　张丽丽　张明泉　张金渝*　张建逵　张春红　张春椿*

张重义*　张美德　张晓冬　张晓波　张逢祥　张益武　张培成
张跃进　张得钧　张植玮　张福生*　张福强　张增良　陈　丹
陈　龙　陈　红*　陈　兵　陈　杰　陈　鸣　陈　健　陈　雷
陈仕江　陈达婷　陈旭玉　陈红霞　陈秀花　陈彤垚　陈金文*
陈思有　陈科力*　陈修会　陈勇灵　陈铁柱*　陈乾平　陈随清*
陈德力　邵　扬　邵　旭　苗　琦　苗　静　范　宁　范世明*
范圣此　范海刚　范慧艳　范增丰　林　飞　林　伟　林　杨*
林　丽　林文宏　林青青*　林瑞超*　林慧彬*　欧阳臻*　明　晶
明孟碟　明淑芳　易进海　罗　川　罗　云　罗　艳　罗光明*
和玉德　金　艳*　周　洁*　周　涛*　周　毅　周小雷　周先建*
周国平　周建永　周建理　周海燕*　周雅琴　庞　颖　郑玉光*
郑丽香　郑祖国　单　洋　房蕴歌　孟　慧　孟武威　赵　仁
赵　明　赵　容　赵　祥　赵　晶　赵万生　赵玉姣　赵玉辉
赵冬艳　赵宇平*　赵军宁*　赵纪峰*　赵来胜　赵贵富　赵俊凌
赵晓龙　赵爱红　赵烨清　赵润怀*　郝庆秀　胡　平　胡　珂*
胡　蓉*　胡文清　胡本祥　胡寿荣　胡志刚*　胡星园　胡俊涛
胡凌娟　胡浩彬　胡超逸　柯　芳　相　婷　查良平　柳　鑫
钟国跃*　钟瑞建　郜卫明　段国玲　段金廒*　段海燕　段绪红
侯文静　侯兴坤　侯芳洁　侯美利　俞　冰　俞静波　施枝江
闻崇炜*　姜　涛　洪　庆　姚　闽*　姚　媛　姚成合　秦　梦
秦双双　秦雪梅*　袁　强　袁　婷　袁源见　聂小忠　晋　玲*
贾世清　贾志伟　贾晓光　夏燕莉*　顾　选*　晁现民　钱大玮
钱江平　徐　涛　徐　嵬　徐　靖　徐建国　徐攀辉　栾　震
高　波　高　速　高　峰*　高天爱　高文远*　高文胜*　高建云
高雄志　高善荣　高微微　高慧敏*　高蕾红　郭　龙　郭　琦
郭文芳　郭兰萍*　郭利霄　郭宝林*　郭俊霞*　郭增祥　席倬霞
席鹏洲　唐于平　唐志书*　唐春风　唐海发　唐德英　谈宗华
黄　河　黄　浩*　黄开荣　黄文华　黄本锐　黄龙涛　黄必胜*
黄红宙　黄志芳　黄昌杰　黄泽豪*　黄宝优　黄胜良　黄桂福
黄雪彦　黄得栋　黄清泉　黄煜权　黄慧珍　黄璐琦*　曹　发
曹　林　曹　艳　曹　喆　曹有龙　曹兆军　曹丽娟　曹婷婷
龚文玲　常　晖　崔　灿　崔亚君　崔旭盛*　崔秀明*　崔秀梅
银福军*　康　彦　康乐红　康廷国*　康传志　康利平*　鹿顺庆

商国懋　梁　洁　梁　莹　梁　健　梁文霞　梁建宁　梁勇满
梁瑞雪　宿树兰　尉　捷　彭　亮　彭玉德　彭代银*　彭华胜*
葛丽清　董　琳　董政起　蒋　妮*　蒋桂华　蒋舜媛*　韩士凯
韩正洲*　韩邦兴*　韩丽丽　韩晓伟　覃　祝　景　浩　景松松
程文生　程再兴　程虎印　程铭恩　焦　倩　焦连魁*　焦春红*
舒　抒*　鲁增辉　鲁巍巍　曾　成　曾　涛　曾　瑾　曾　燕*
曾繁金　温子帅　温秀萍*　温春秀　谢月英　谢冬梅　谢成松
谢洪国　谢晓亮*　蒲雅洁　赖娟华　雷振宏　虞金宝*　路　静
路俊仙　詹志来*　詹若挺　褚红滔　蔡　犇　蔡丽娟　蔡沓栗
裴　林*　管仁伟*　谭　沛　谭小明　翟晓茹　缪　希　缪剑华*
颜永刚　潘丽梅　潘春柳　薛淑娟　薛紫鲸　穆文茹　戴甲木
戴衍朋*　魏　民　魏　渊　魏　锋*　魏　强　魏伟锋　魏建和*
瞿显友*

图片拍摄　彭华胜　尹旻臻　产清云　童珍珍

前言

中药材是特殊商品，既具有一般的商品属性，又具有药品的特殊属性，且来源广泛，如动植物等具有生物多样性特点。其从育种到种植（养殖）、采收、加工、储藏、运输到出售，整个过程链长、受生态环境因素影响大且不完全可控，同时还受种植管理、采收加工方法等人为因素影响，因此质量易不均一，而产生了品质与品相的差异，进而分化成了不同的商品规格等级。为了适应商品交易的需要，按照药材品质优劣、外观品相差异、大小分档等不同需求，进行了规格与等级的划分，方便市场交易。中药材商品规格等级伴随中药材交易而产生，自古以来就有“看货评级，分档定价”的传统。早在西汉时期《范子计然》中就有80多种药材的商品规格，历代本草均有对药材品质评价的论述，尤其是产地的差异，以及大量气味、形态、色泽等评价的描述。其历经萌芽期、初步形成期、深化认识期、成熟期、发展期、继承与转变期，最终伴随着中药材产业化的逐渐发展而形成今天的商品规格。

新中国成立以来，行业主管部门先后制订过多个中药材商品规格等级标准，其中明确为部颁标准的有1959年卫生部颁布的《三十八种药材商品规格标准》、1964年卫生部与商务部联合颁布的《五十四种中药材商品规格标准》，以及1984年国家医药管理局与卫生部联合下达的《七十六种药材商品规格标准》。以上这些标准是在统一收购、调拨药材背景下制订形成的，对当时的药材分级发展、促进优质优价起到了积极的作用。然而《七十六种药材商品规格标准》颁布至今已经过去近30余年，随着20世纪90年代药材经营管理的放开，当前药材市场采纳的“标准”已发生较大变化。现常用大宗药材也由野生品转向了栽培品为主，加之各地无序引种，重量轻质，照搬农作物的栽培生产方式，滥用化肥、农药、植物生长调节剂等农业投入品，导致栽培药材的形态特征、质量等均发生了较大的改变。当前市场自我形成的“标准”随意性较大，无法统一，导致药材市场中部分药材商品品别、规格、等级混乱。随着人民群众对中药材质量及其他不同要求的增加，迫切需要制订适合当前中药材规格等级划分的标准，规范中药材市场交易，引导上游生产环节以品质为导向，推动优质优价，实现良性循环。

制修订中药材商品规格标准的工作，受到国家相关部门的高度重视。2012年8月国家发展与改革委员会办公厅下发《国家发展改革委办公厅关于落实中药材价格综合整治政策措施部门分工方案的通知》（发改办价监〔2012〕2308号），文件第四项第二条明确指出“加强中药材质量监管，完善中药材商品规格等级标准”，要求“选取常用大宗家种道地的中药材品种，依托《中华人民共和国药典》标准和药企商业流通标准，制订出一套科学合理的商品规格等级标准，使中药材商业流通质量有据可循（商务部牵头负责，国家食品药品监管局、国家中医药管理局、财政部、林业局、国家标准委参加）”。为进一步加强对中药材流通的管理，促进中药材交易市场的规范化和秩序化，文件明确提出了制修订中药材商品规格等级标准。

2013年，商务部和国家中医药管理局共同支持中国中医科学院中药资源中心成立“中药材商品规格等级标准技术研究中心”，为中药材商品规格等级标准的研究制定等工作提供技术支撑。2014年中药材商品规格等级标准编制通则及五种中药材商品规格等级标准制定工作列入商务部《2014年流通行业标准项目计划》。2015年3月，国务院印发了《深化标准化工作改革方案》，同年6月，国务院标准管理委员会下发《国家标准委办公室关于下达团体标准试点工作任务的通知》，决定将包括中华中医药学会在内的12家单位作为试点单位，进行为期两年的团体标准试点工作。在首批试点工作中，200种常用中药材商品规格标准制修订在中华中医药学会立项。

由中国中医科学院中药资源中心牵头，组织全国中医药领域的科研、教学、监管、企业等共60余家单位共同开展了常用中药材商品规格等级标准的研究和制修订工作。本次制修订工作是在遵循《中华人民共和国药典》的基础上，突出质量导向，基于市场实际情况，注重影响质量的关键因素，制订实用性强、简便易懂的中药材商品规格等级标准。通过5年多的系统整理、调查与研究，制修订完成了230余种常用中药材商品规格等级标准。

为了方便中药材商品规格等级标准的使用，已发布的标准以汇编的形式于2019年9月由中国中医药出版社出版。为配合标准的使用，特将各单位制定标准中所收集的样品进行遴选并拍摄，形成配套图集，以供标准使用中参考。希望本书的出版，能为从事中药材生产、流通、管理、使用等方面的从业人员以及大中专院校师生的教学提供参考。本图集实物拍摄由彭华胜教授带领团队完成，在此表示感谢。

编者

2021年5月

目 录

人 参

GINSENG RADIX ET RHIZOMA

按照生长模式、重量、主根长度等进行人参规格划分；在规格项下，按照外在感官特性、内在品质的判定等进行等级划分。

（一）全须长脖生晒参

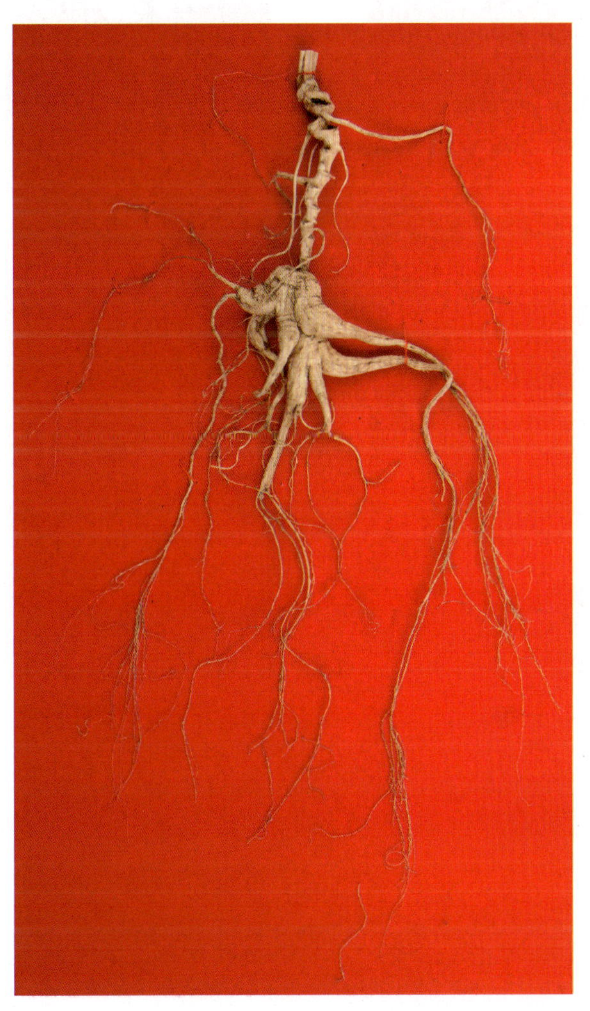

全须长脖生晒参　特等

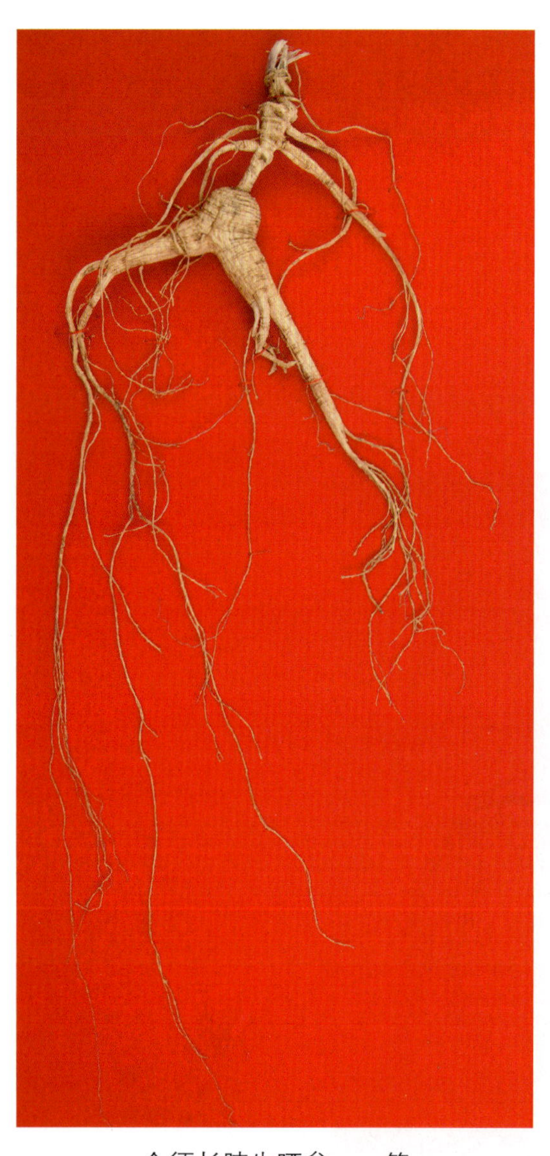

全须长脖生晒参　一等

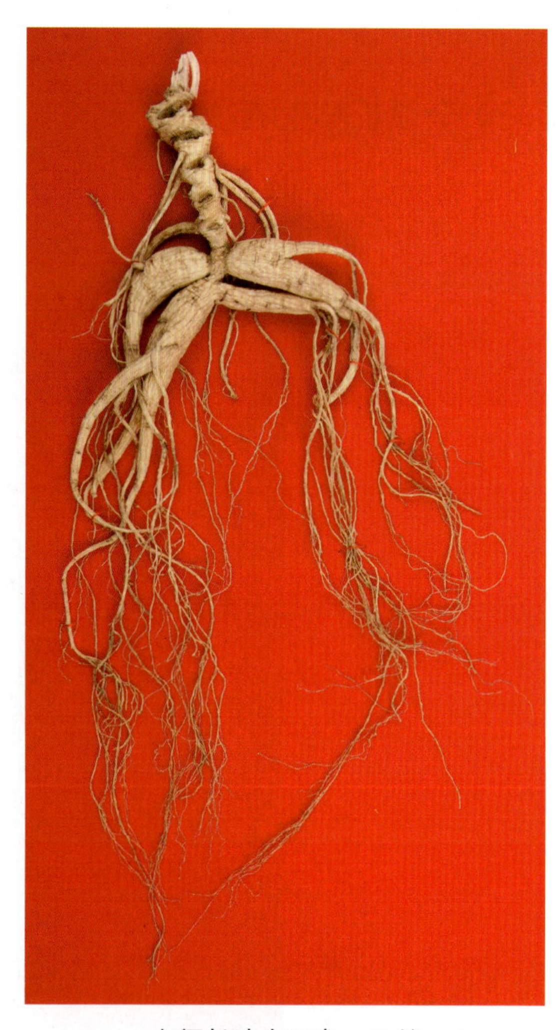

全须长脖生晒参　二等

（二）全须边条生晒参

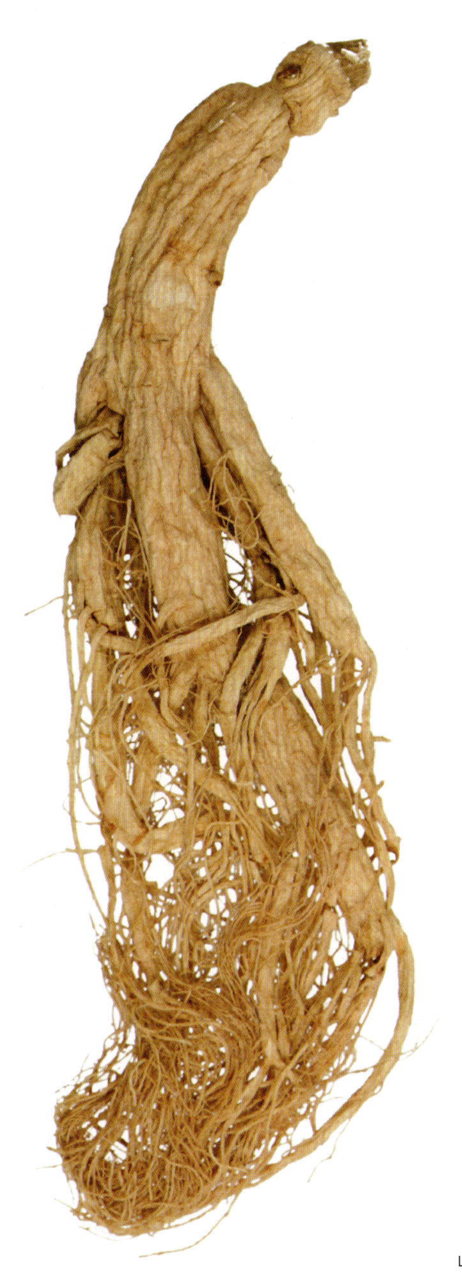

全须边条生晒参　10 支

全须边条生晒参　15 支

全须边条生晒参　20 支

全须边条生晒参　30 支

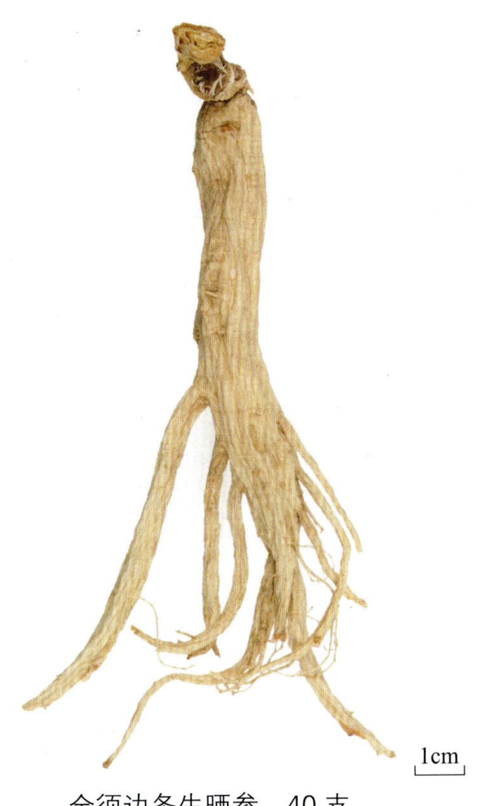

全须边条生晒参 40 支

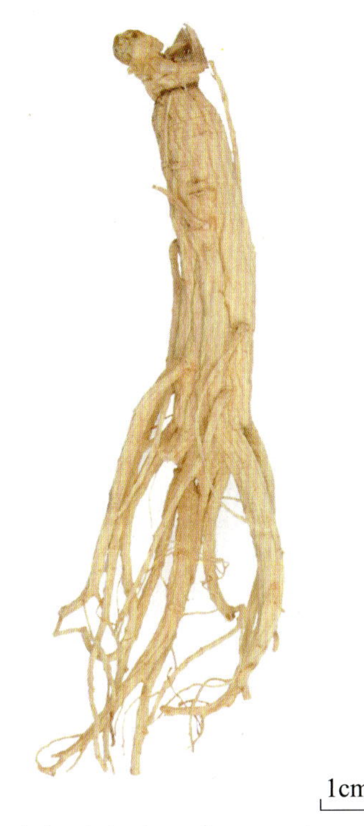

全须边条生晒参 50 支

全须边条生晒参　60 支

全须边条生晒参　80 支

（三）全须普通生晒参

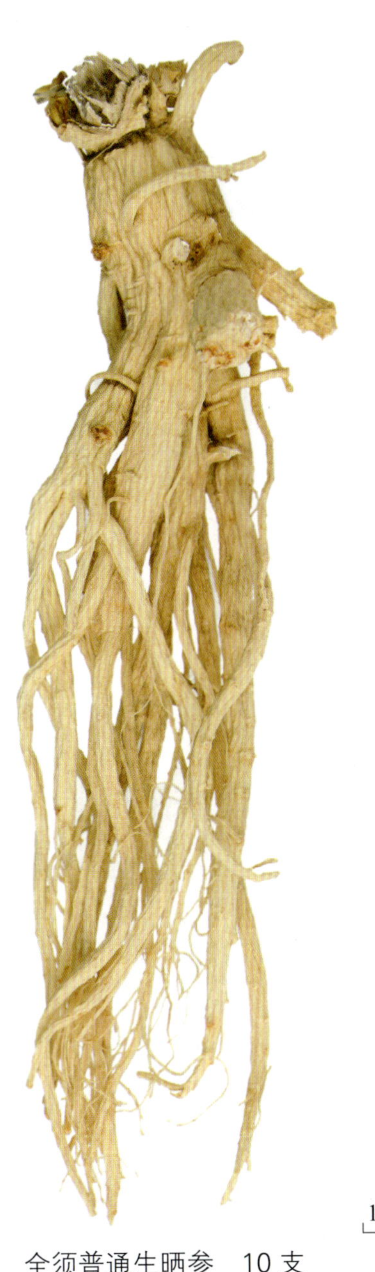

全须普通生晒参　10 支

全须普通生晒参　15 支

全须普通生晒参　20 支

全须普通生晒参　25 支

全须普通生晒参 30 支

全须普通生晒参 40 支

全须普通生晒参　50 支

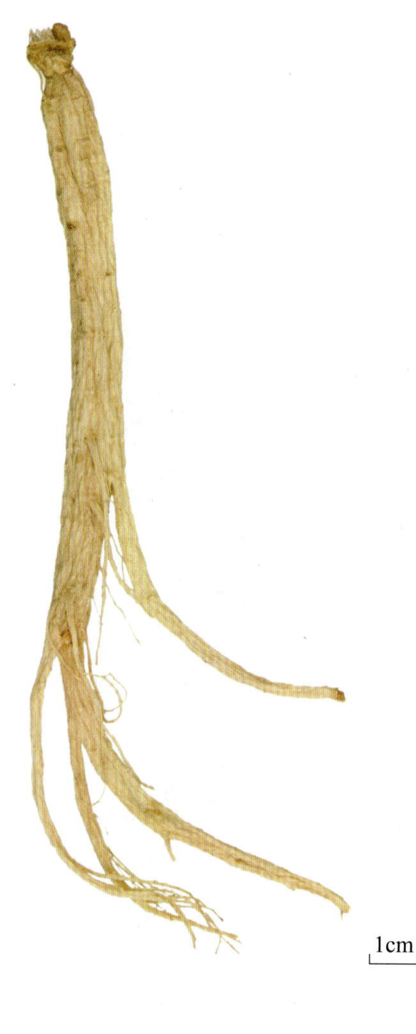

全须普通生晒参　60 支

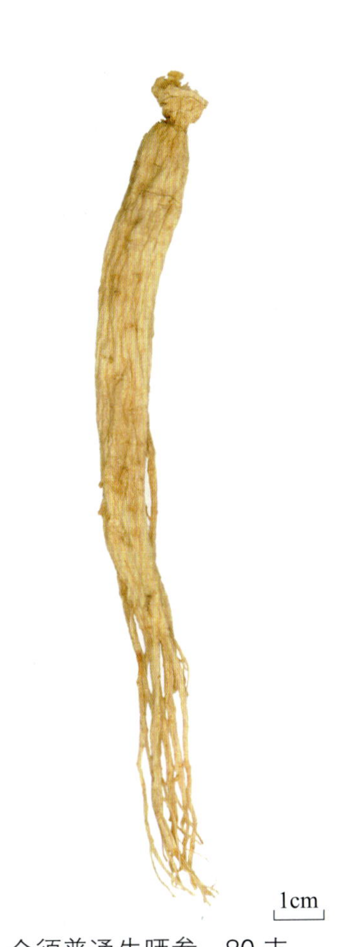

全须普通生晒参 80 支

全须普通生晒参 100 支

（四）生晒野山参

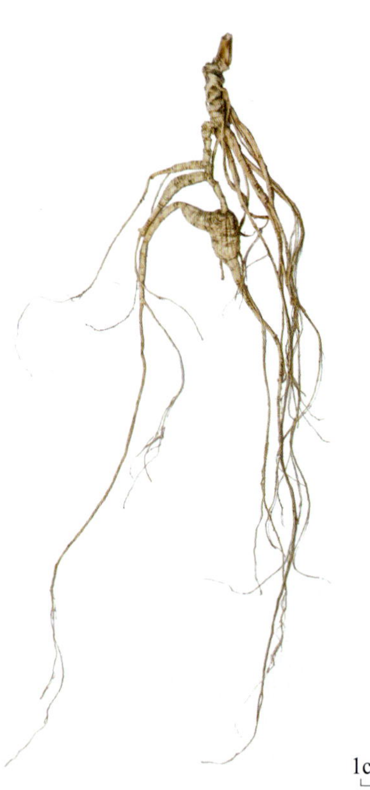

生晒野山参　特级

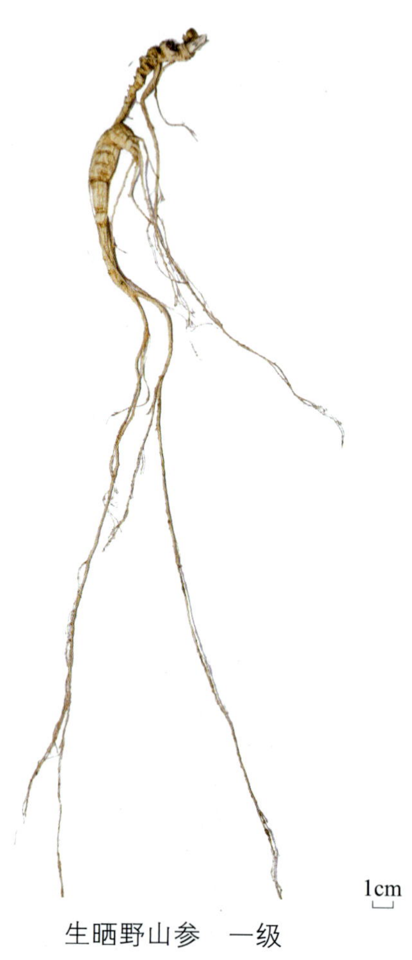

生晒野山参　一级

生晒野山参　二级

生晒野山参　三级

生晒野山参　四级

生晒野山参　五级

生晒野山参　六级

生晒野山参　七级

（五）生晒移山参

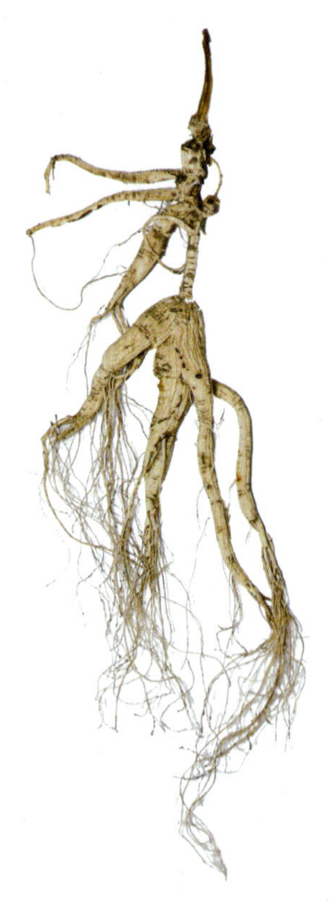

生晒移山参　一级

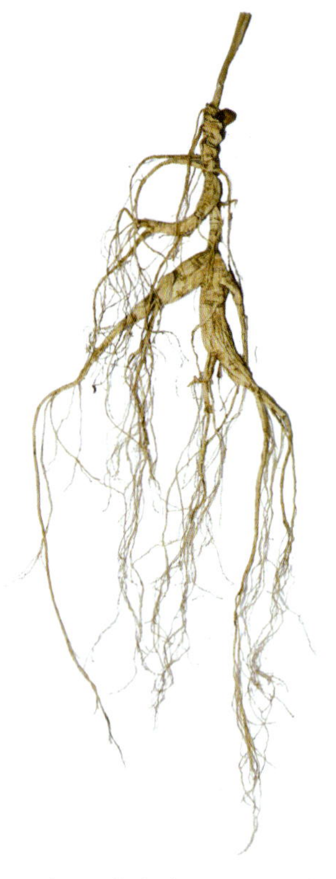

生晒移山参　二级

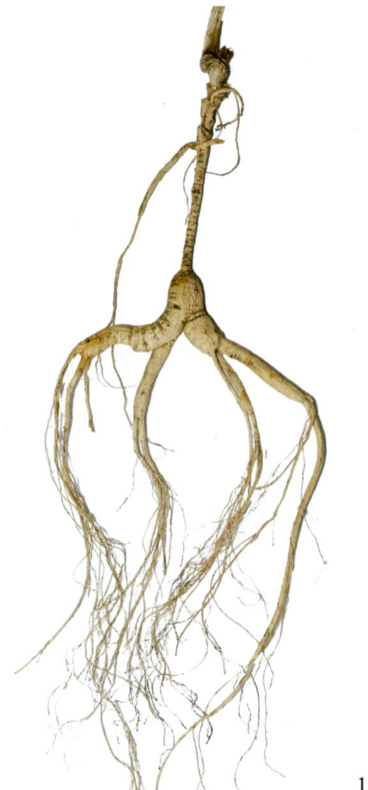

生晒移山参　三级

生晒移山参　四级

1cm

生晒移山参　五级

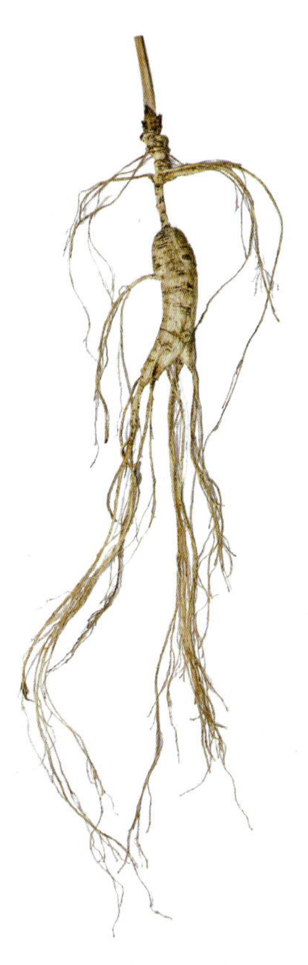

生晒移山参　六级

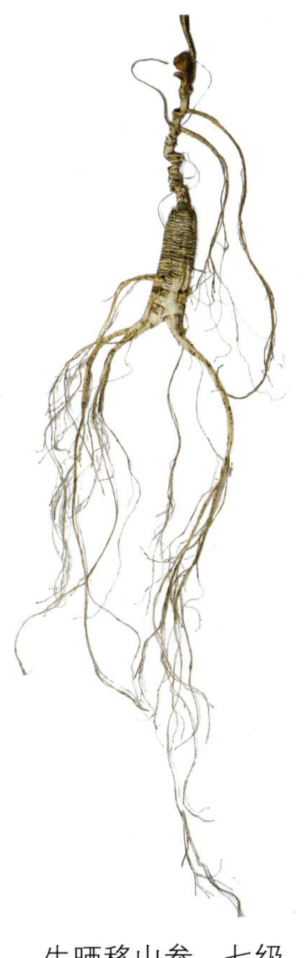

1cm

生晒移山参　七级

（六）边条生晒参

边条生晒参　10 支

边条生晒参　15 支

边条生晒参 20 支

边条生晒参 30 支

边条生晒参　35 支

边条生晒参　40 支

边条生晒参 60 支

边条生晒参 80 支

（七）普通生晒参

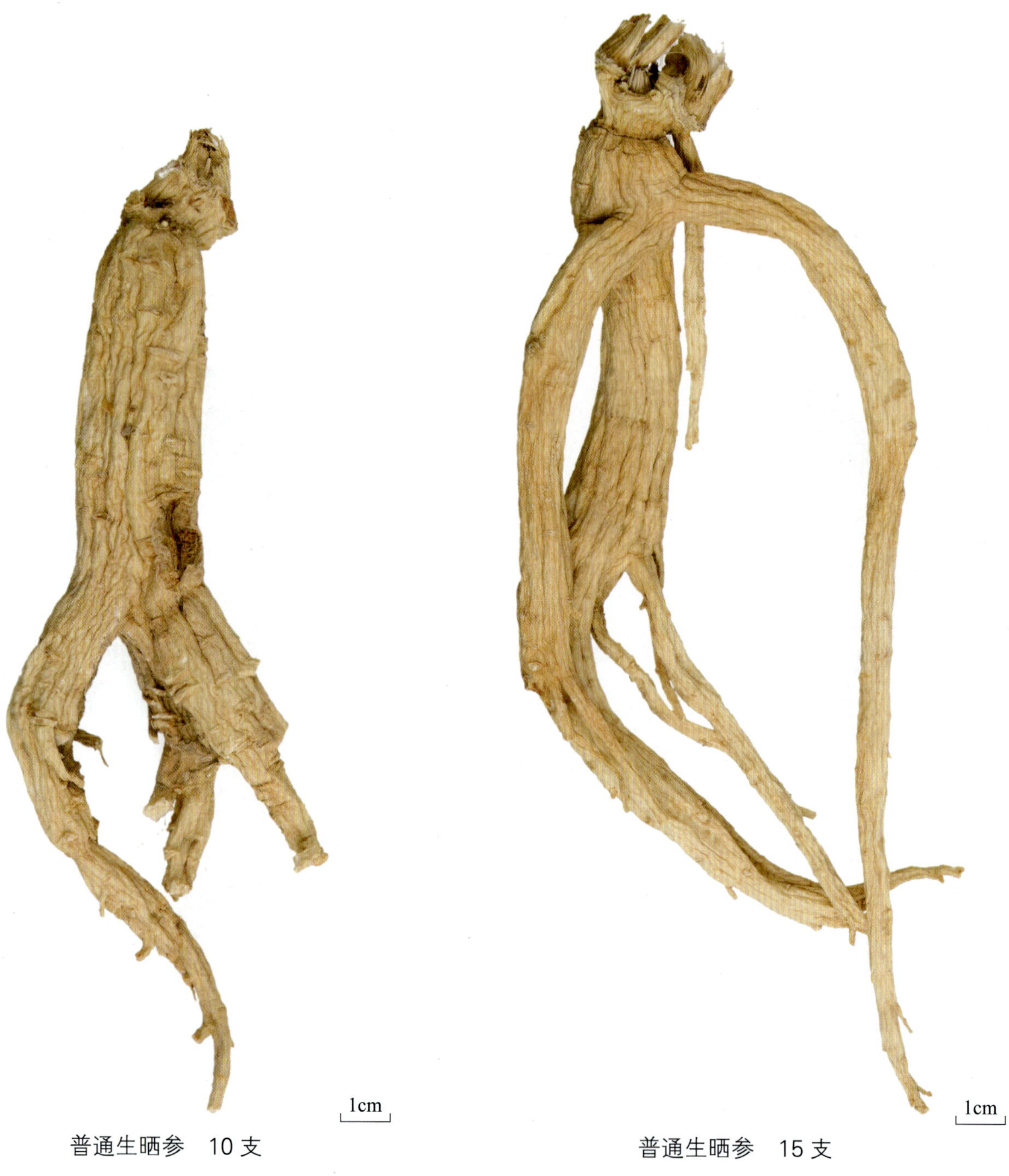

普通生晒参　10 支

普通生晒参　15 支

普通生晒参 20 支

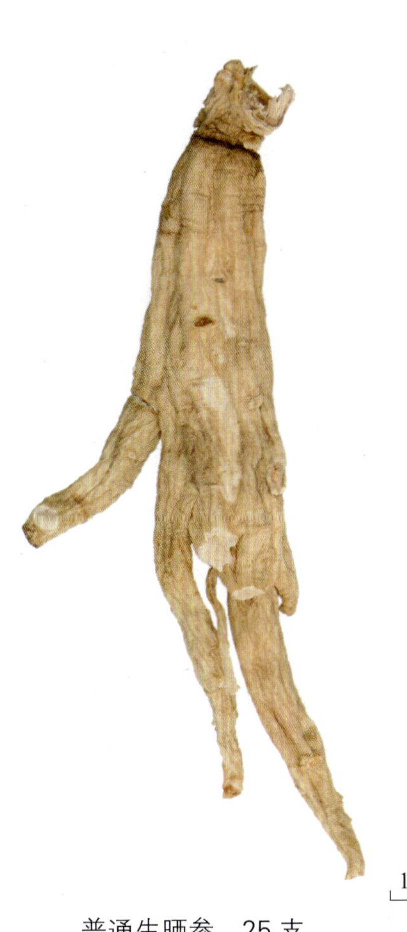

普通生晒参 25 支

普通生晒参　30 支

1cm

普通生晒参　40 支

普通生晒参　50 支

普通生晒参　60 支

西洋参

PANACIS QUINQUEFOLII RADIX

根据加工方法，将西洋参药材分为“硬支西洋参”和“软支西洋参”两大类产品；根据修剪后的外观形状，将西洋参药材分为“原丛”“粒头”“枝条”三个规格；在规格项下，根据外在感官特性进行等级划分。

（一）原丛

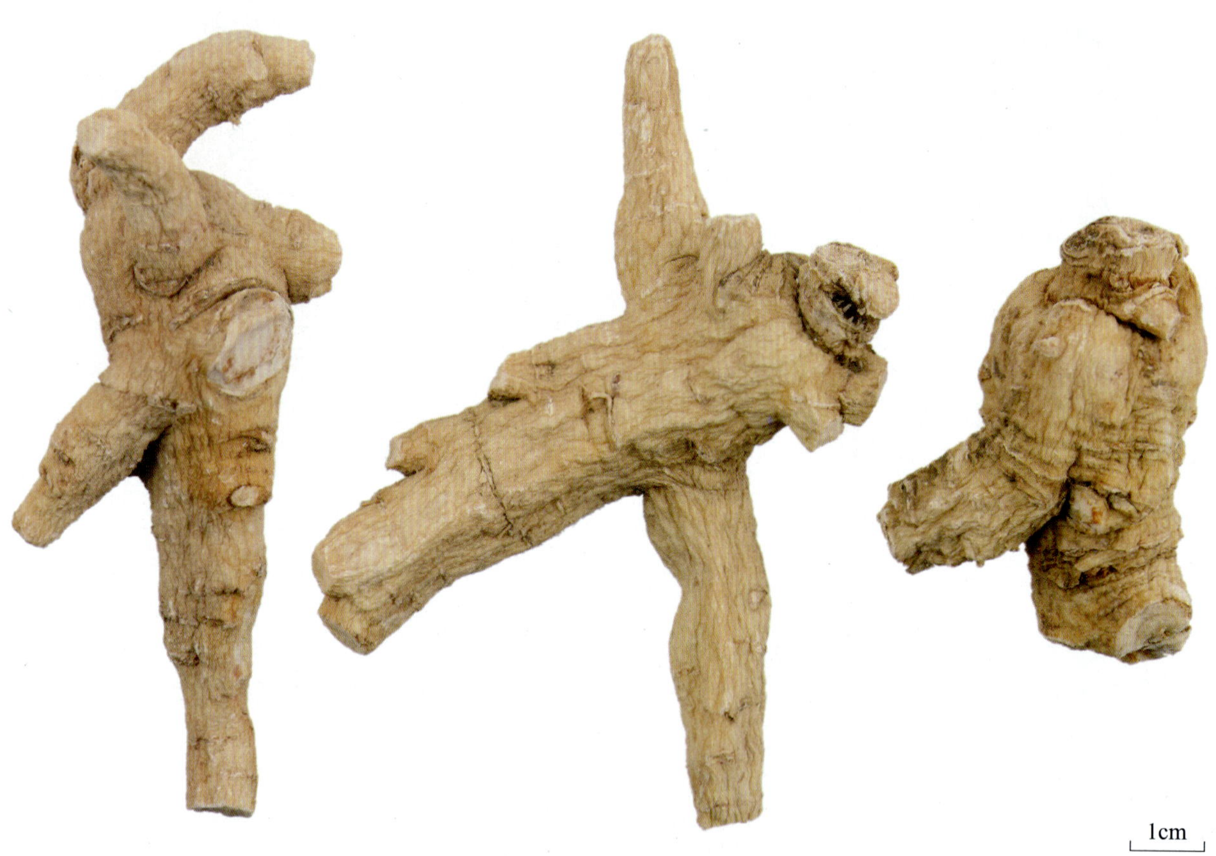

原丛 26g 以上

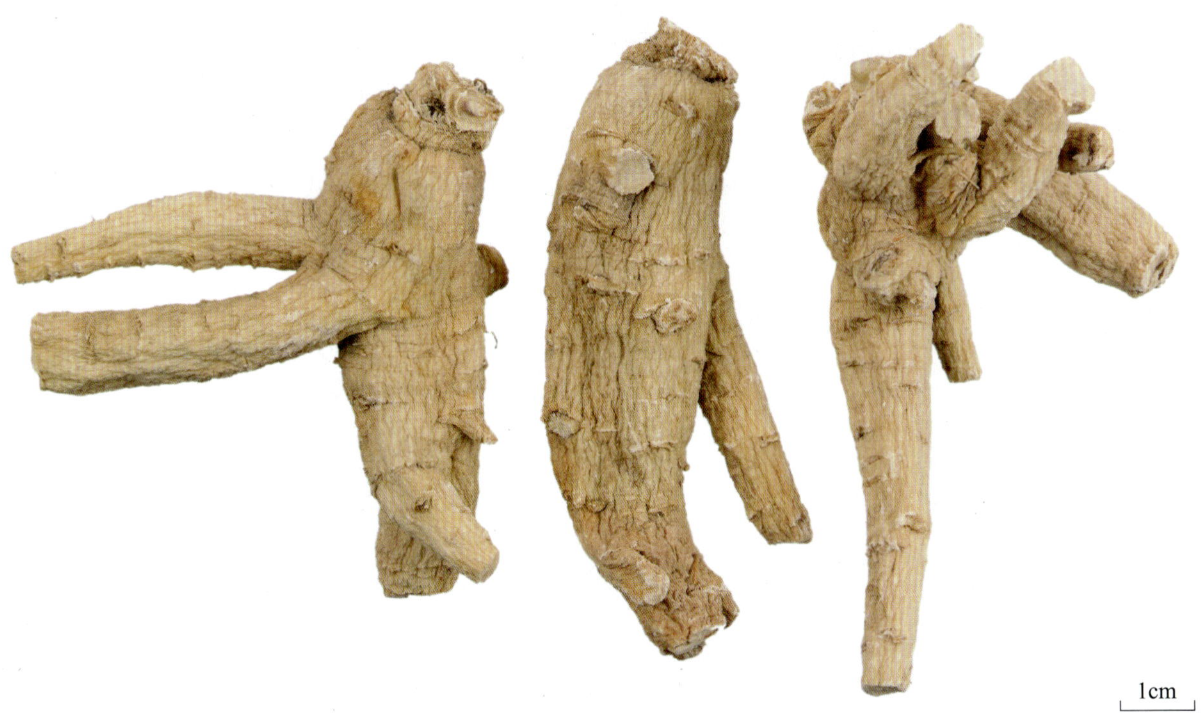

原丛 25g

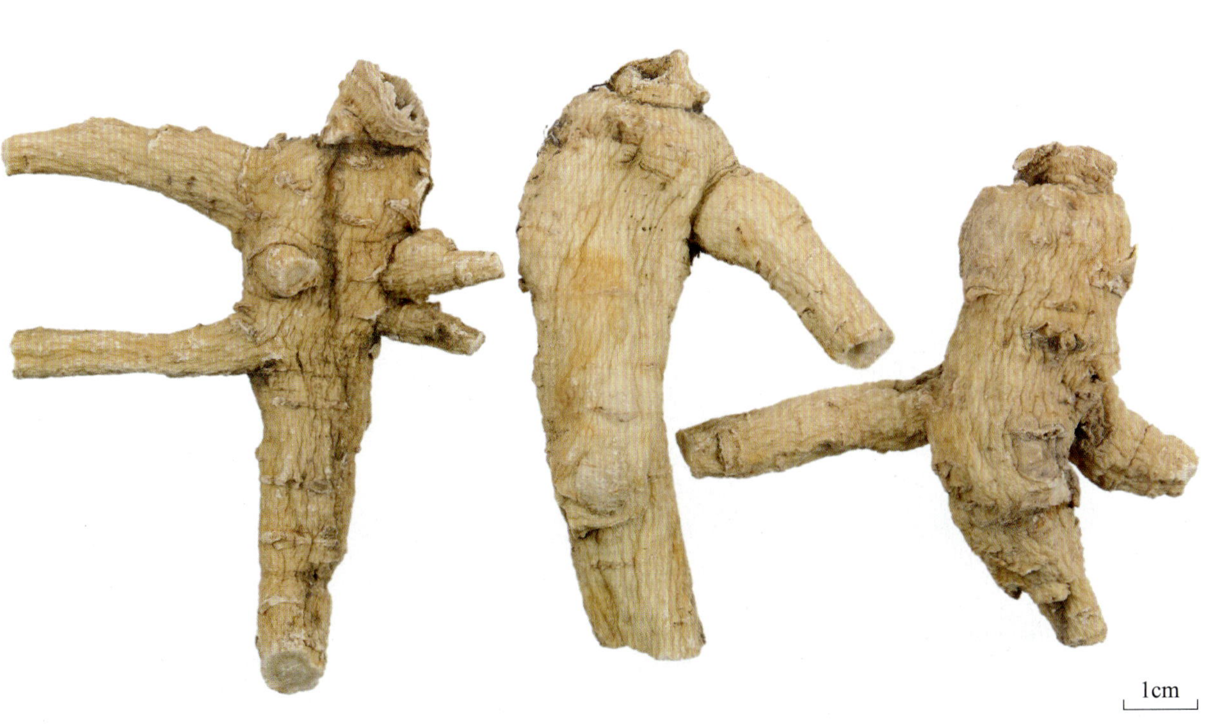

原丛 20g

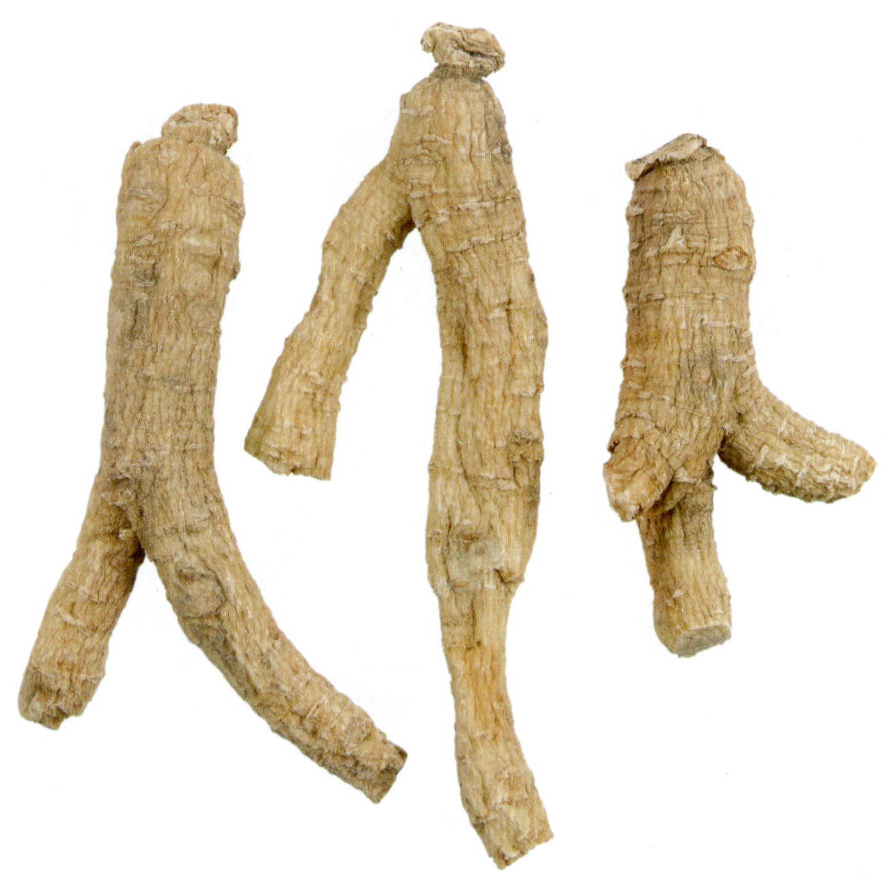

1cm

原丛 15g

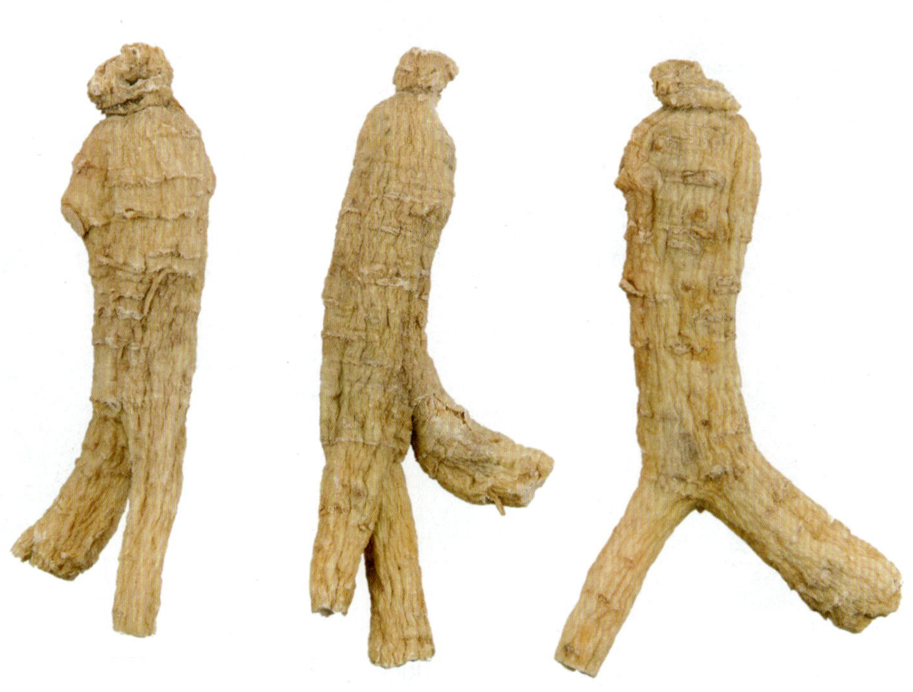

1cm

原丛 10g

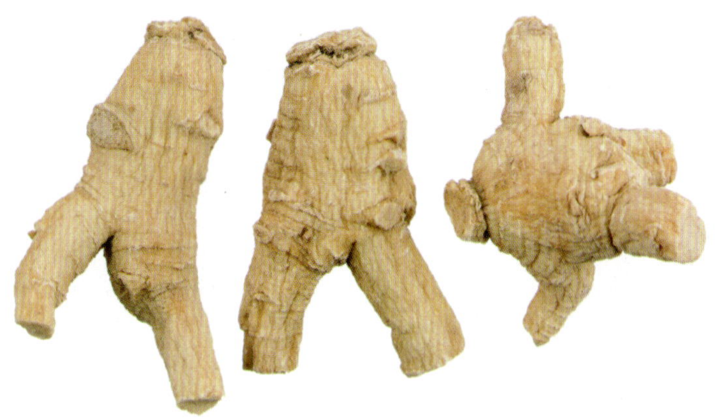

原丛 7g

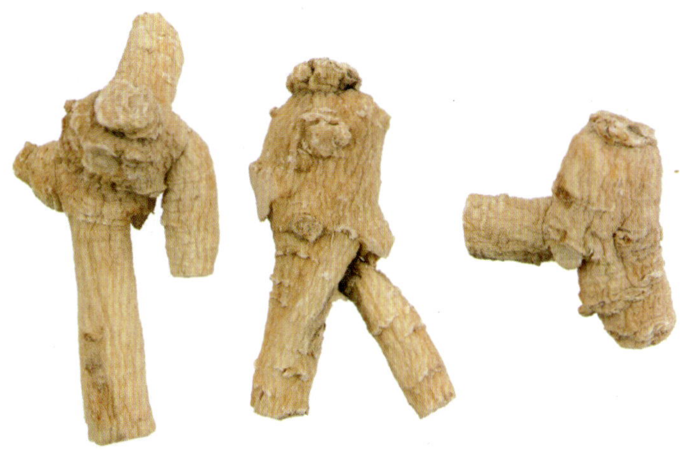

原丛 5g

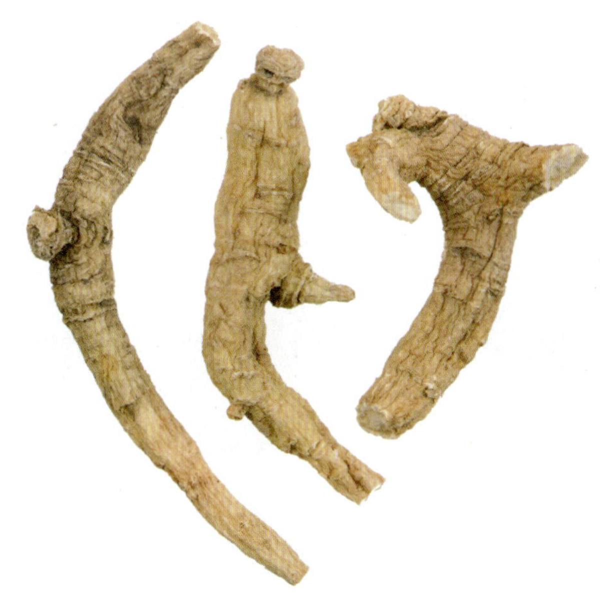

原丛 3g

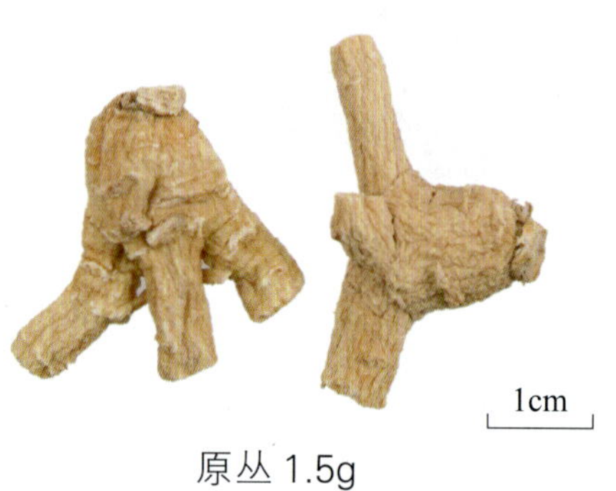

原丛 1.5g

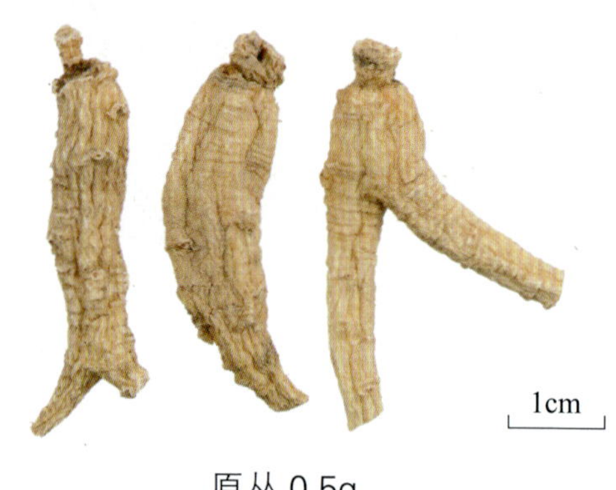

原丛 0.5g

（二）粒头

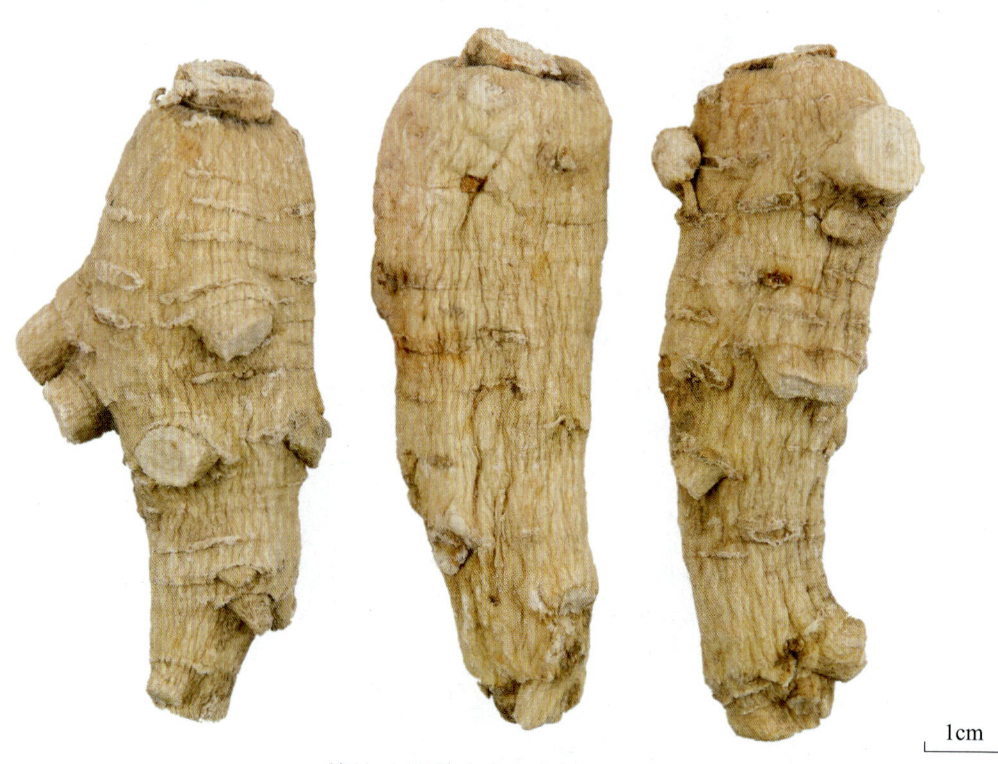

粒头（短粒）26g 以上

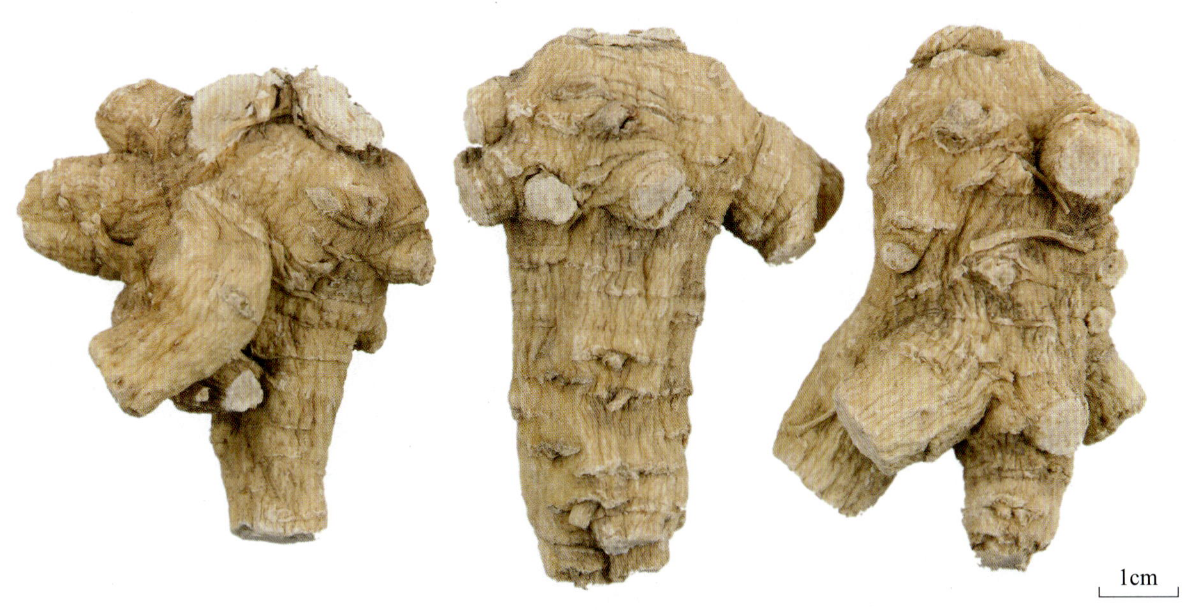

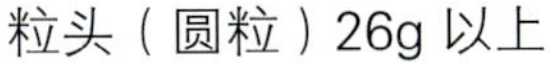
粒头（圆粒）26g 以上

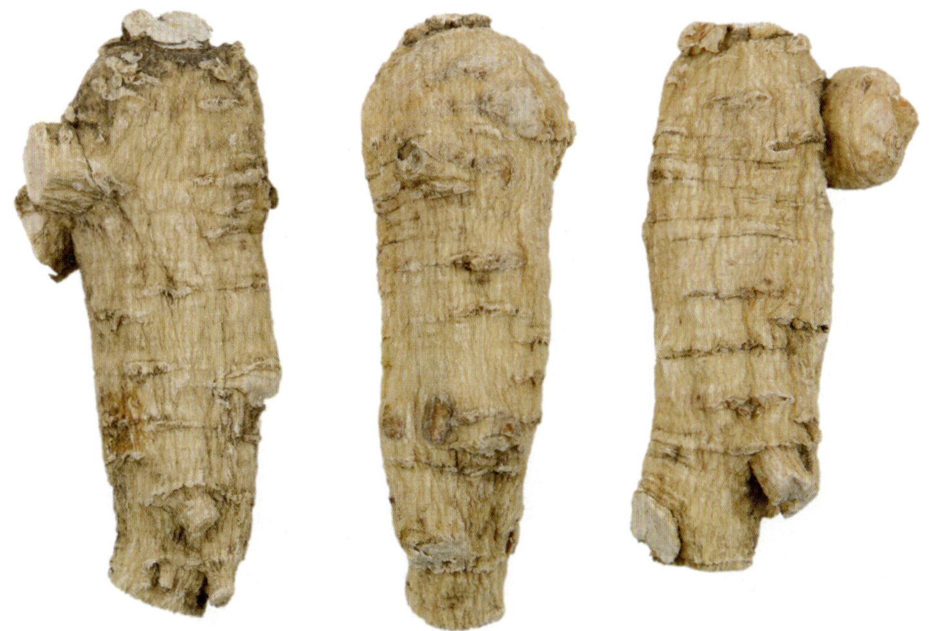

粒头（短粒）25g

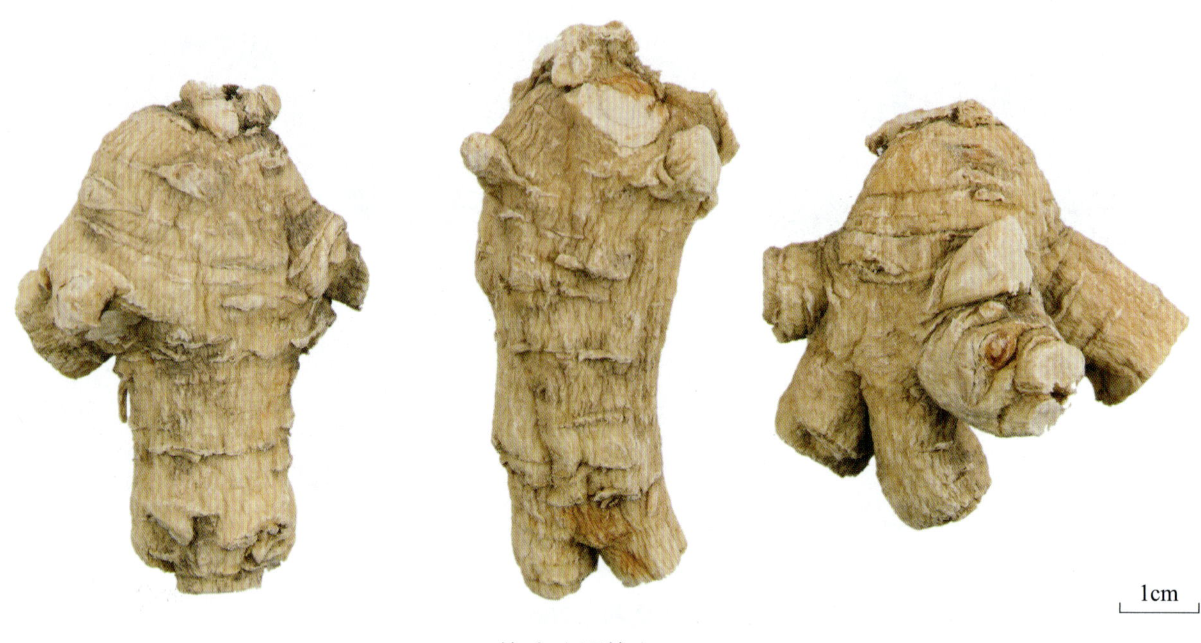

粒头（圆粒）25g

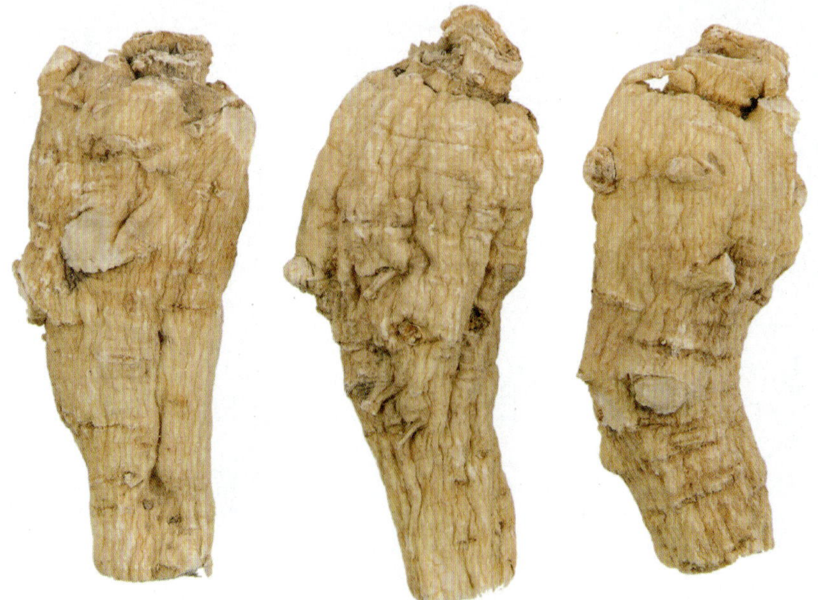

粒头（短粒）20g

1cm

粒头（圆粒）20g

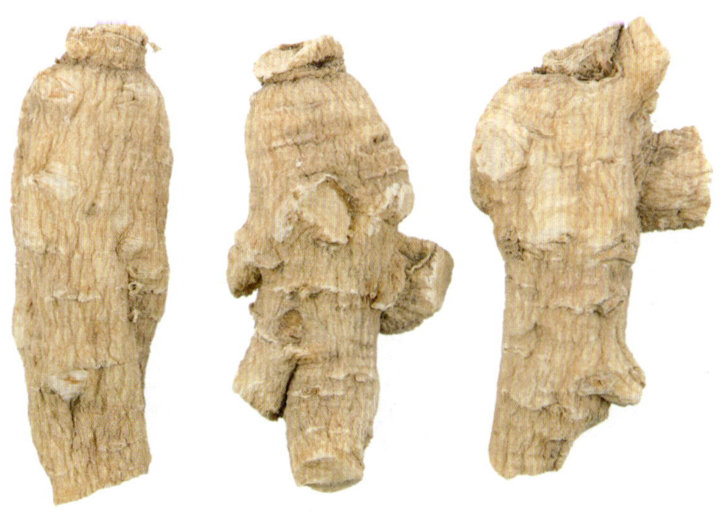

1cm

粒头（短粒）15g

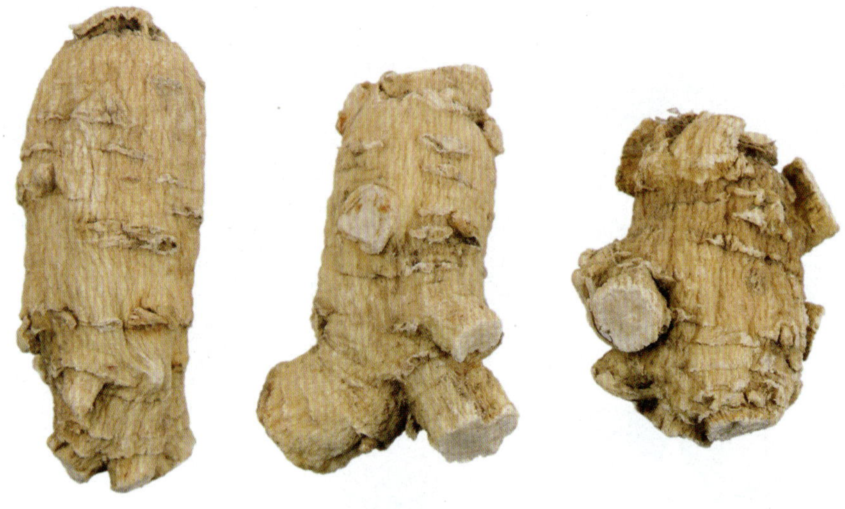

粒头（圆粒）15g

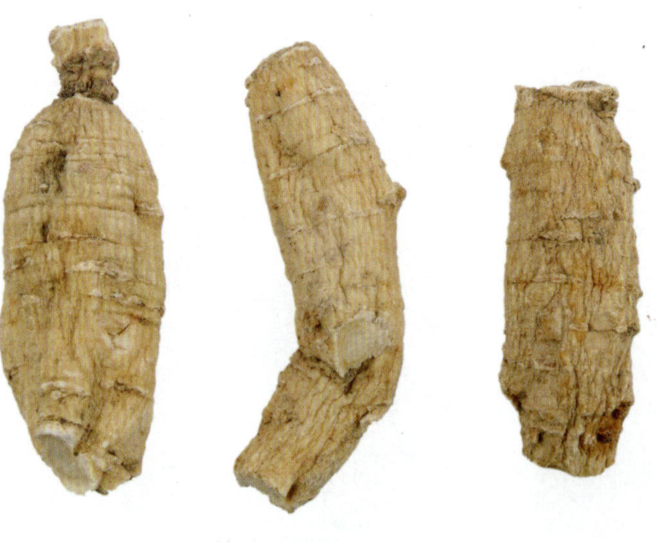

粒头（短粒）10g

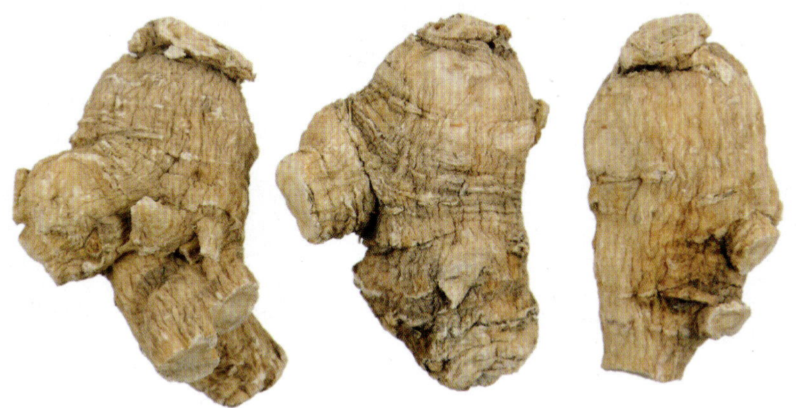

粒头（圆粒）10g

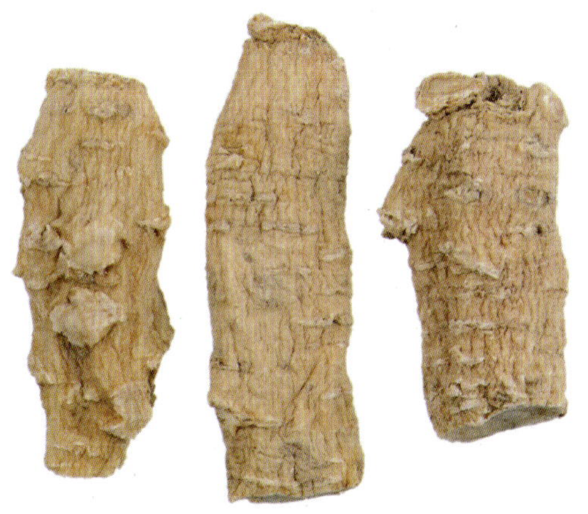

粒头（短粒）7g

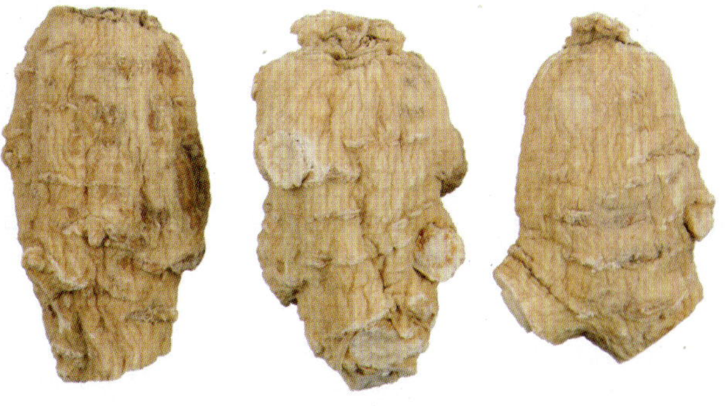

粒头（圆粒）7g

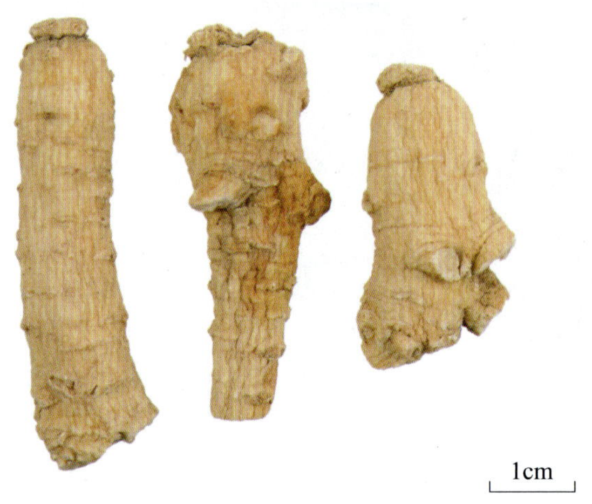

粒头（短粒）5g

粒头（圆粒）5g

粒头（短粒）3g

粒头（圆粒）3g

粒头（短粒）1.5g

粒头（圆粒）1.5g

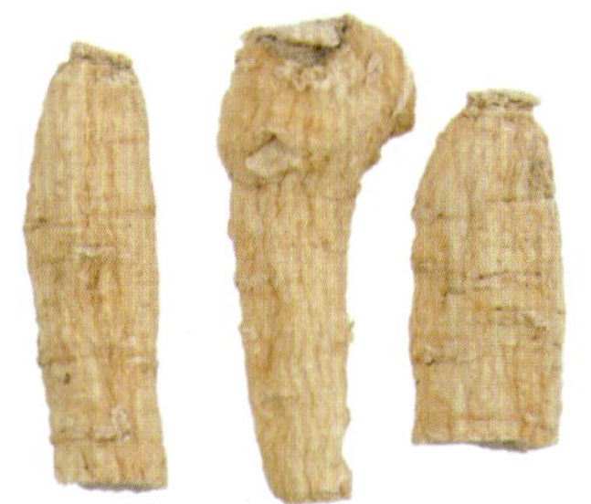

粒头（短粒）0.5g 以下

粒头（圆粒）0.5g 以下

（三）枝条

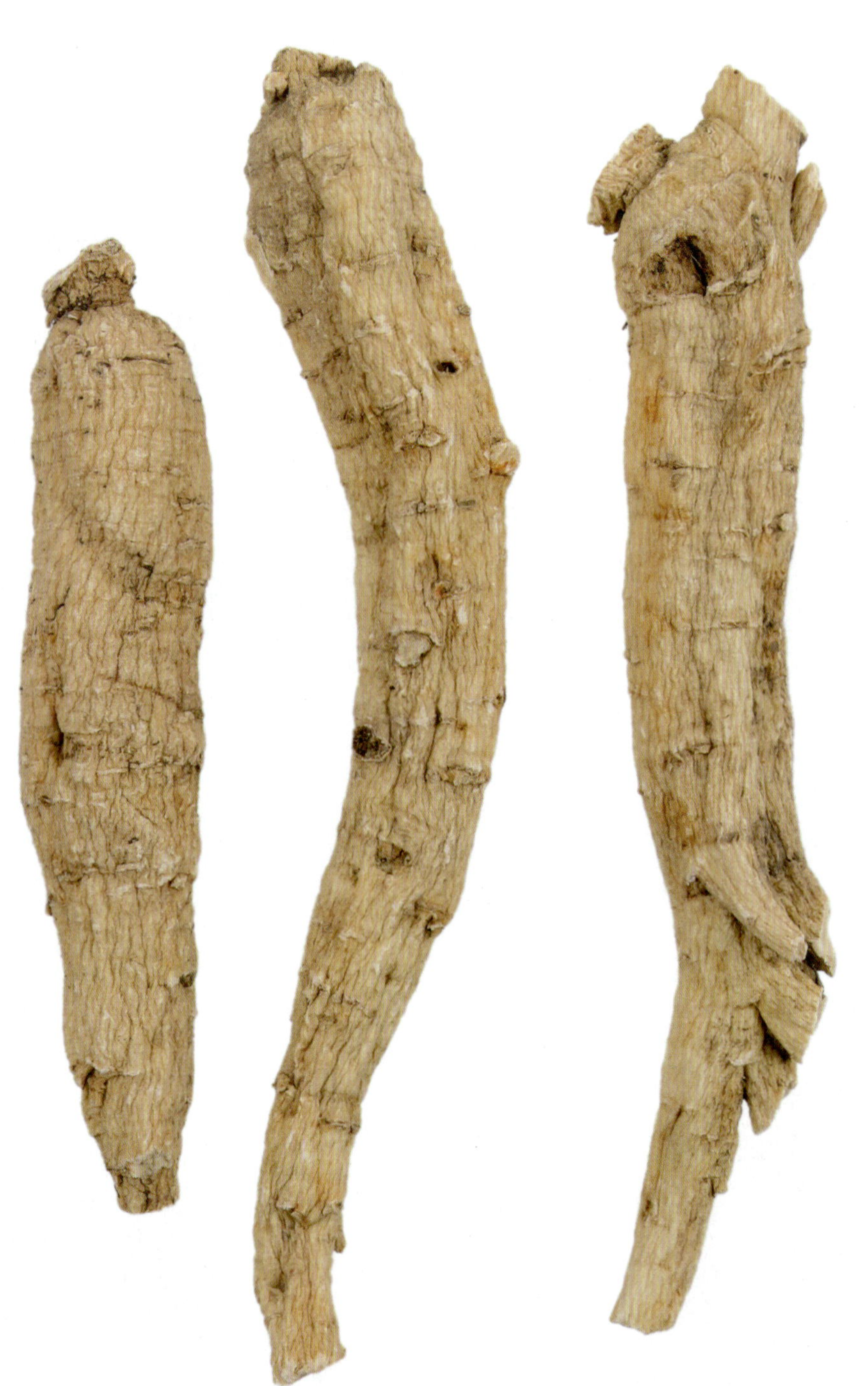

枝条（长枝）26g 以上

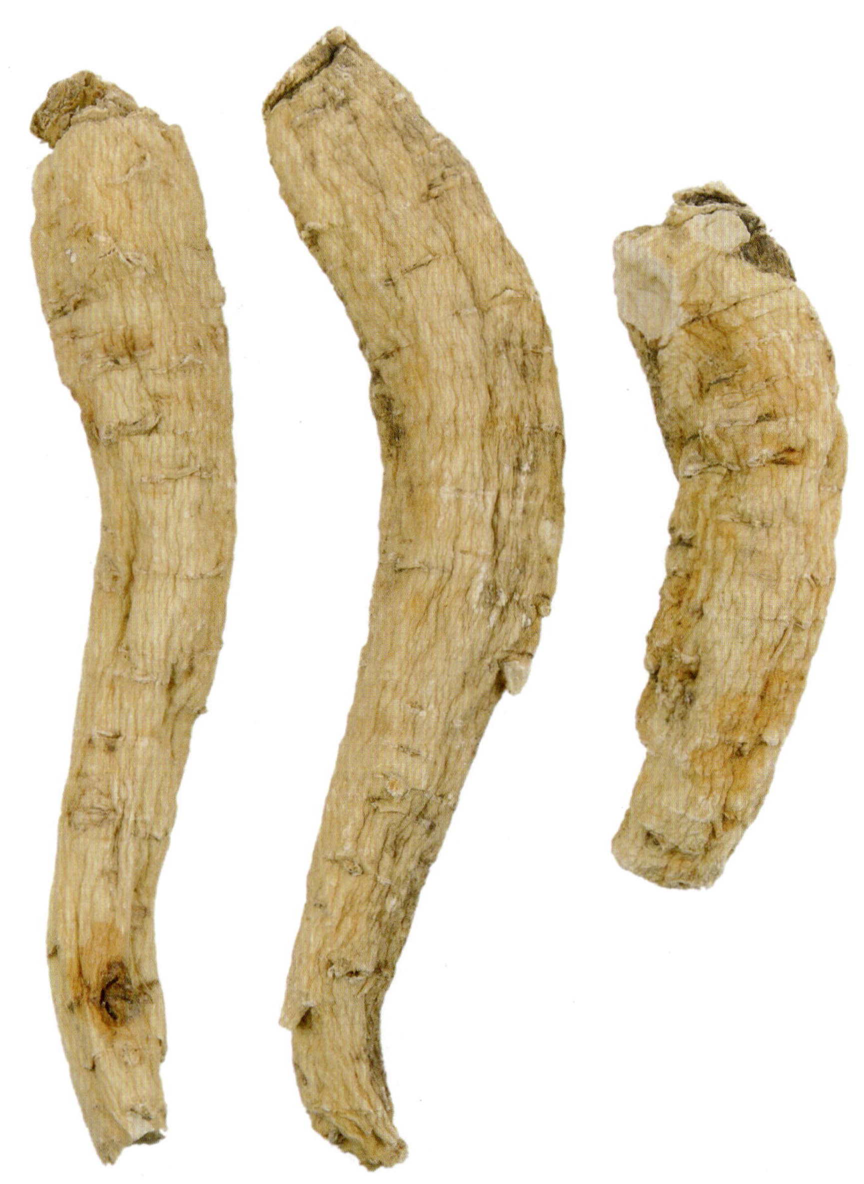

枝条（长枝）25g

枝条（长枝）20g

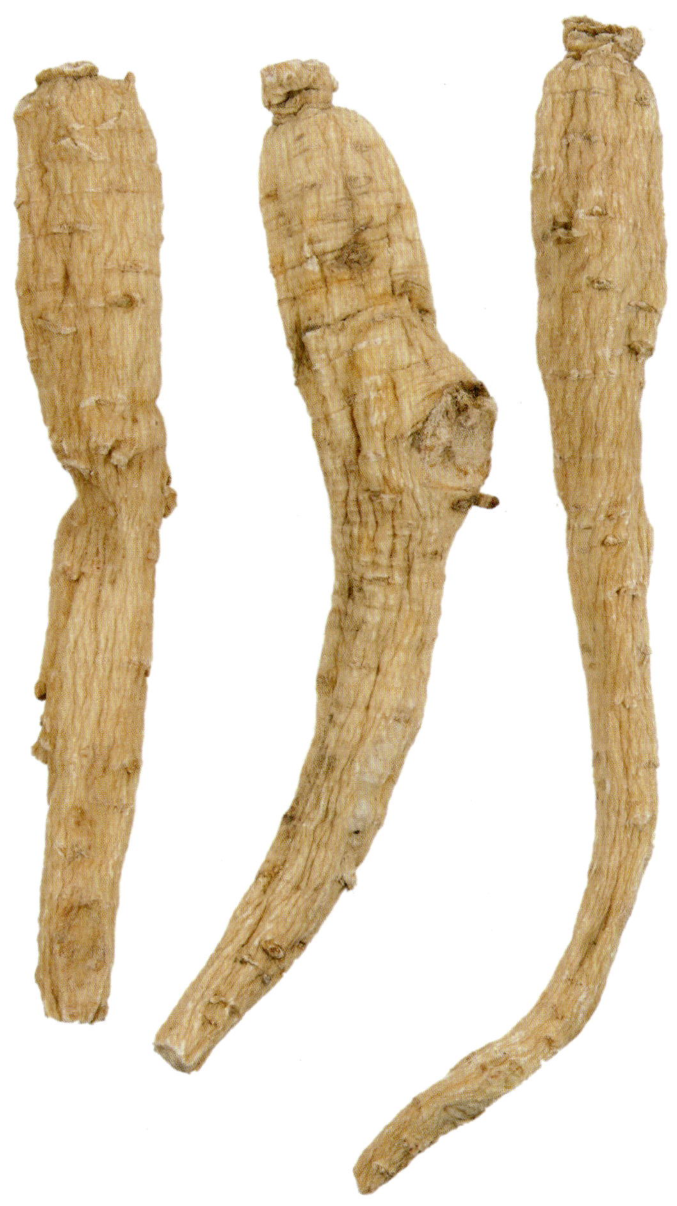

枝条（长枝）15g

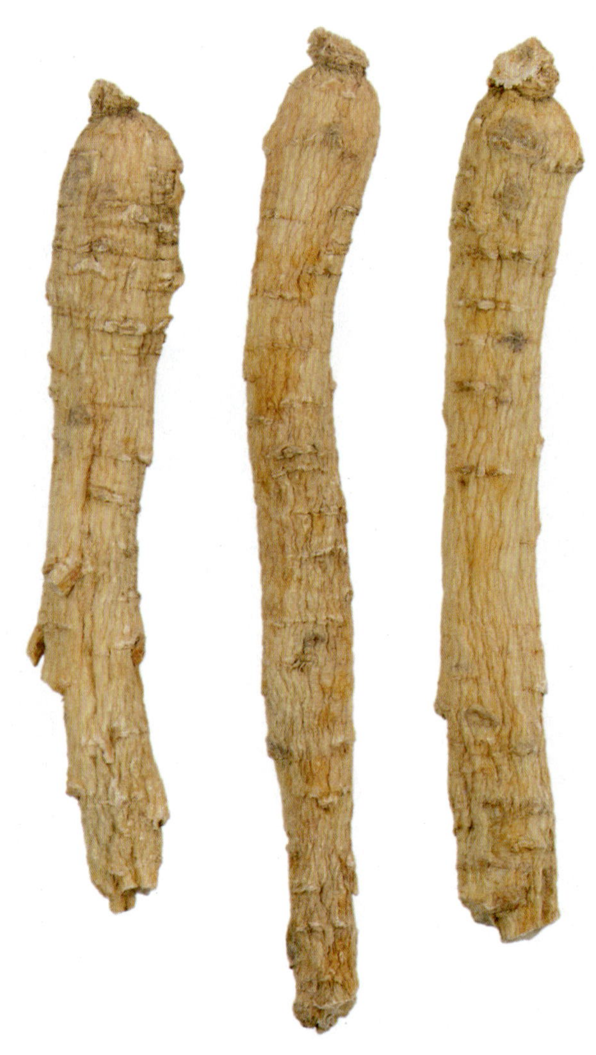

1cm

枝条（长枝）10g

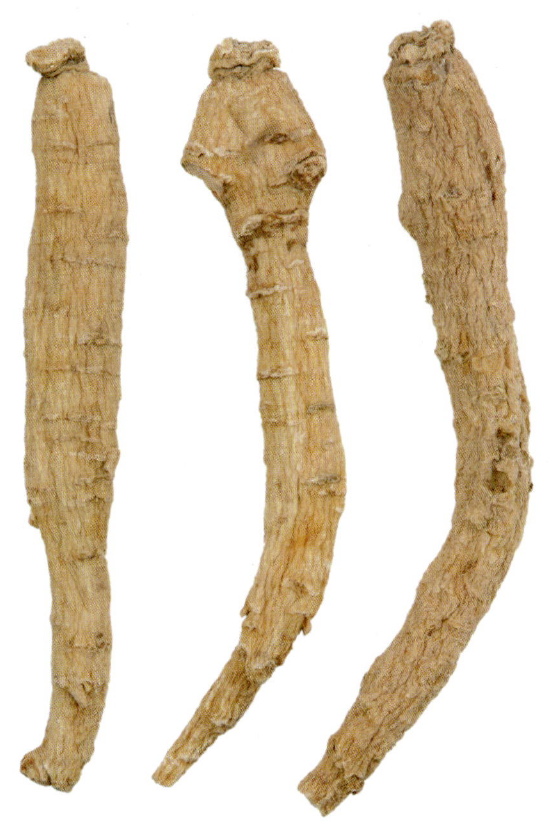

1cm

枝条（长枝）7g

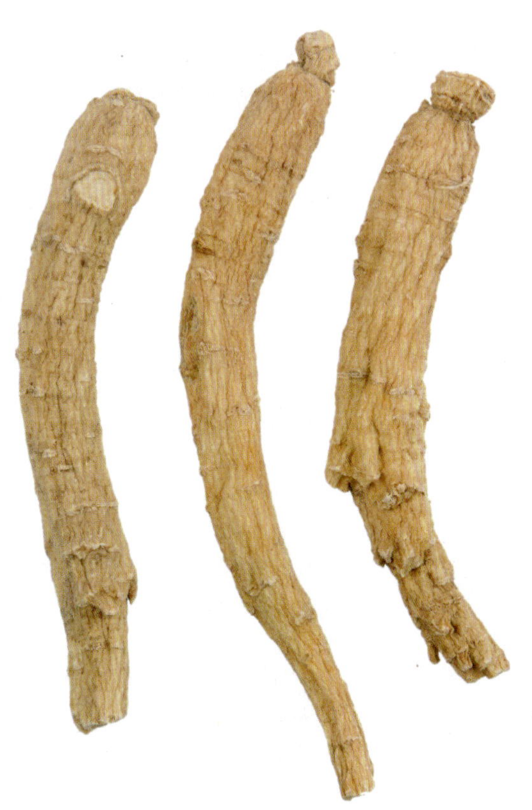

1cm

枝条（长枝）5g

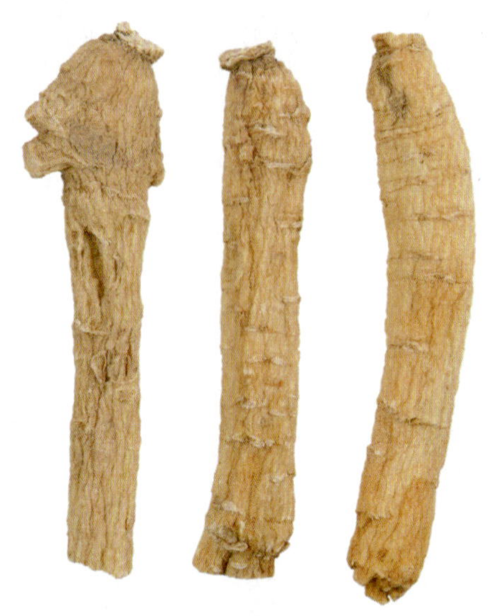

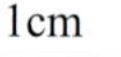

枝条（长枝）3g

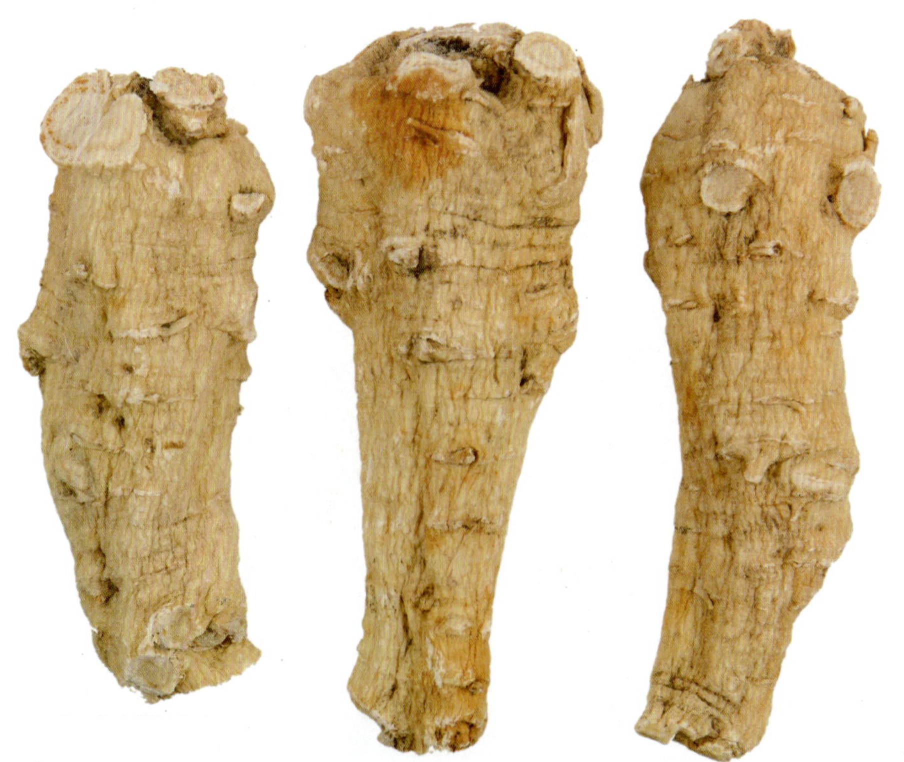

1cm

枝条（短枝）26g 以上

枝条（短枝）25g

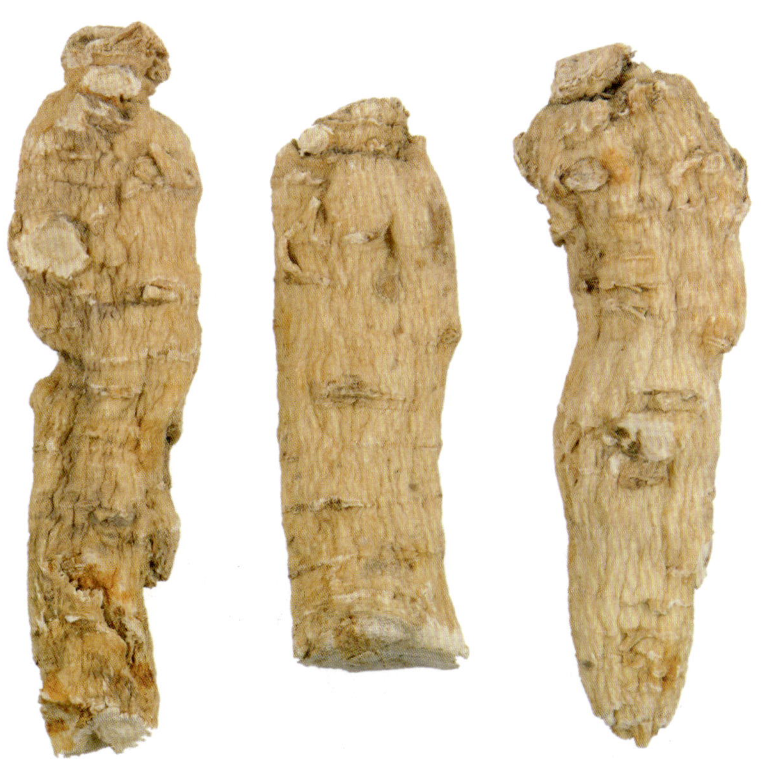

枝条（短枝）20g

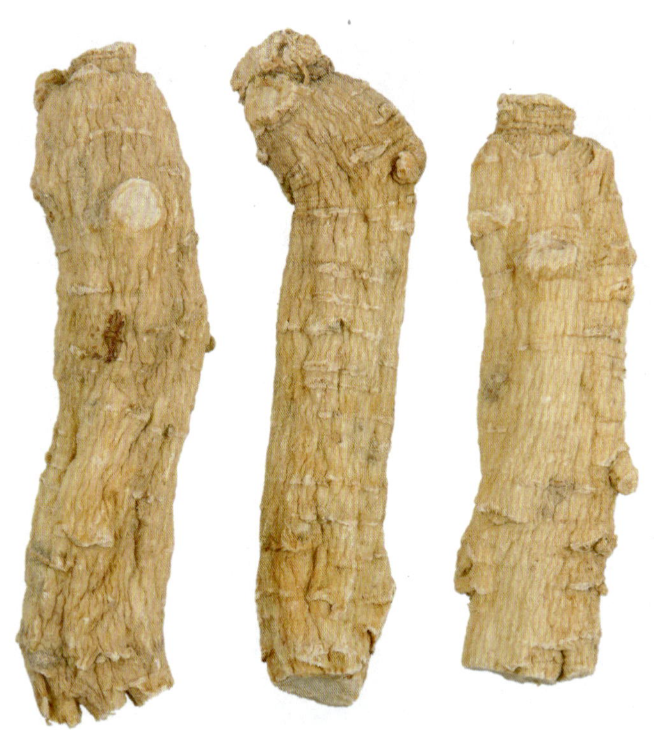

1cm

枝条（短枝）15g

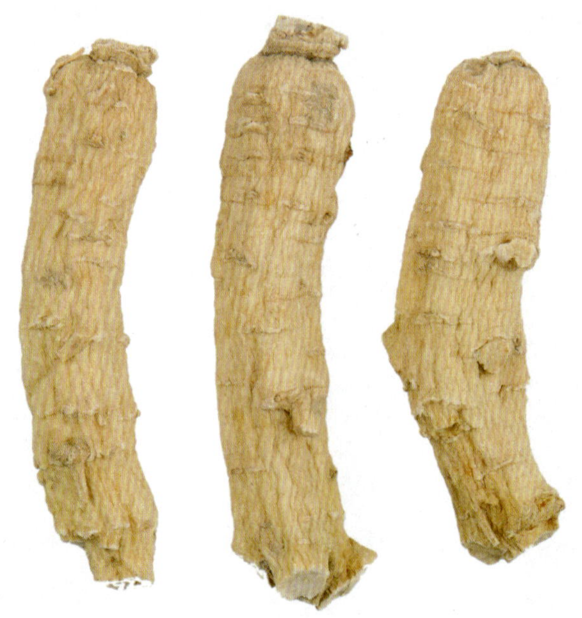

1cm

枝条（短枝）10g

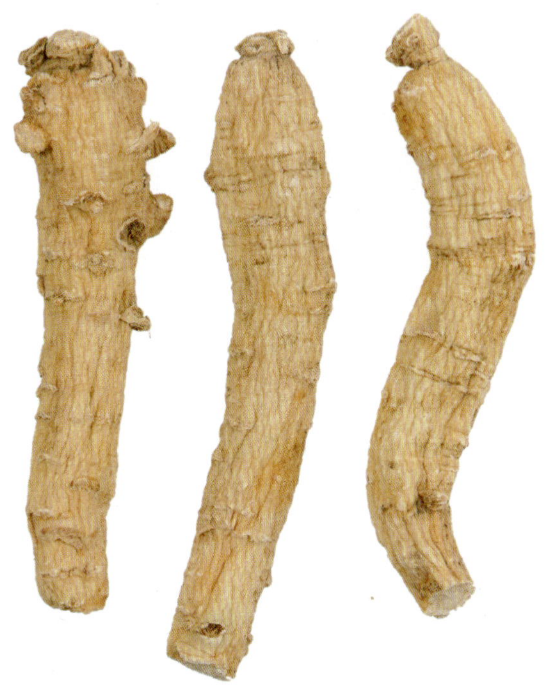

枝条（短枝）7g

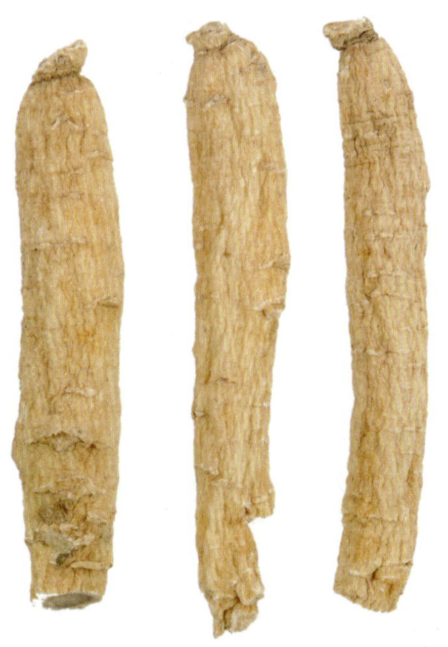

枝条（短枝）5g

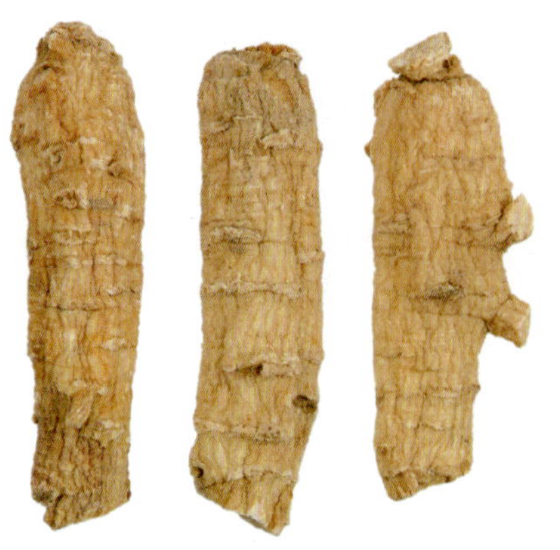

枝条（短枝）3g

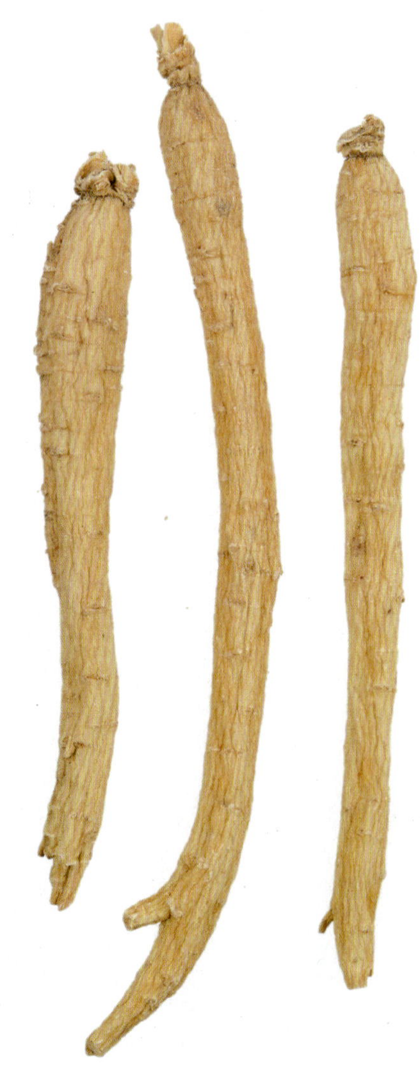

枝条（尖尾）3g 以下

枝条（尖尾）2g 以下

黄 芪

ASTRAGALI RADIX

根据栽培方式不同，将黄芪药材分为栽培黄芪与仿野生黄芪两个规格；在规格项下，根据长度、斩口下 3.5cm 处直径不同进行等级划分。

（一）栽培黄芪

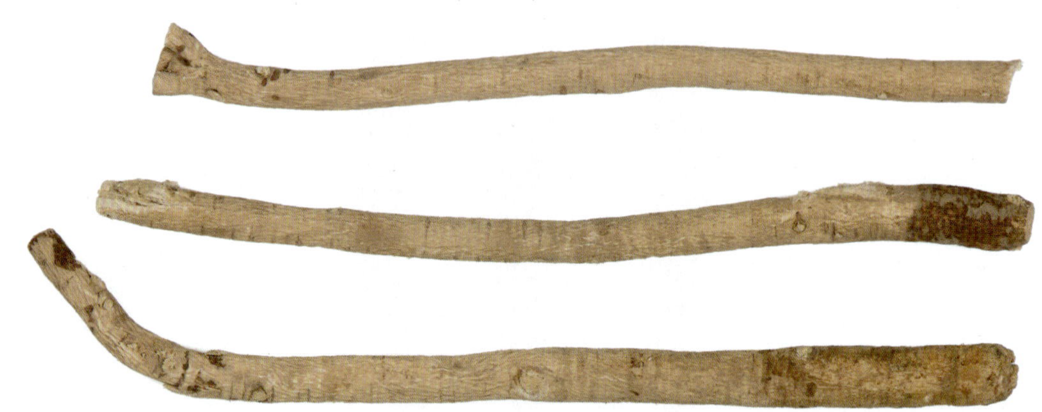

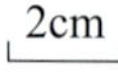

栽培黄芪　大选

断面

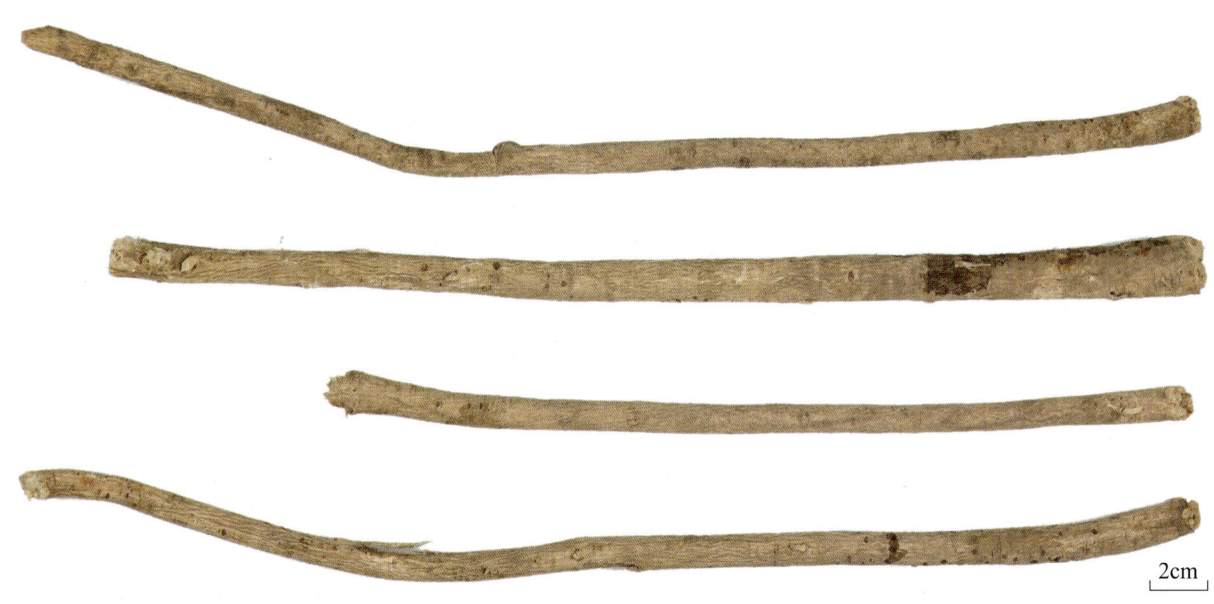

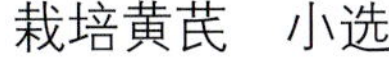
栽培黄芪　小选

栽培黄芪　统货

（二）仿野生黄芪

仿野生黄芪　特等

断面

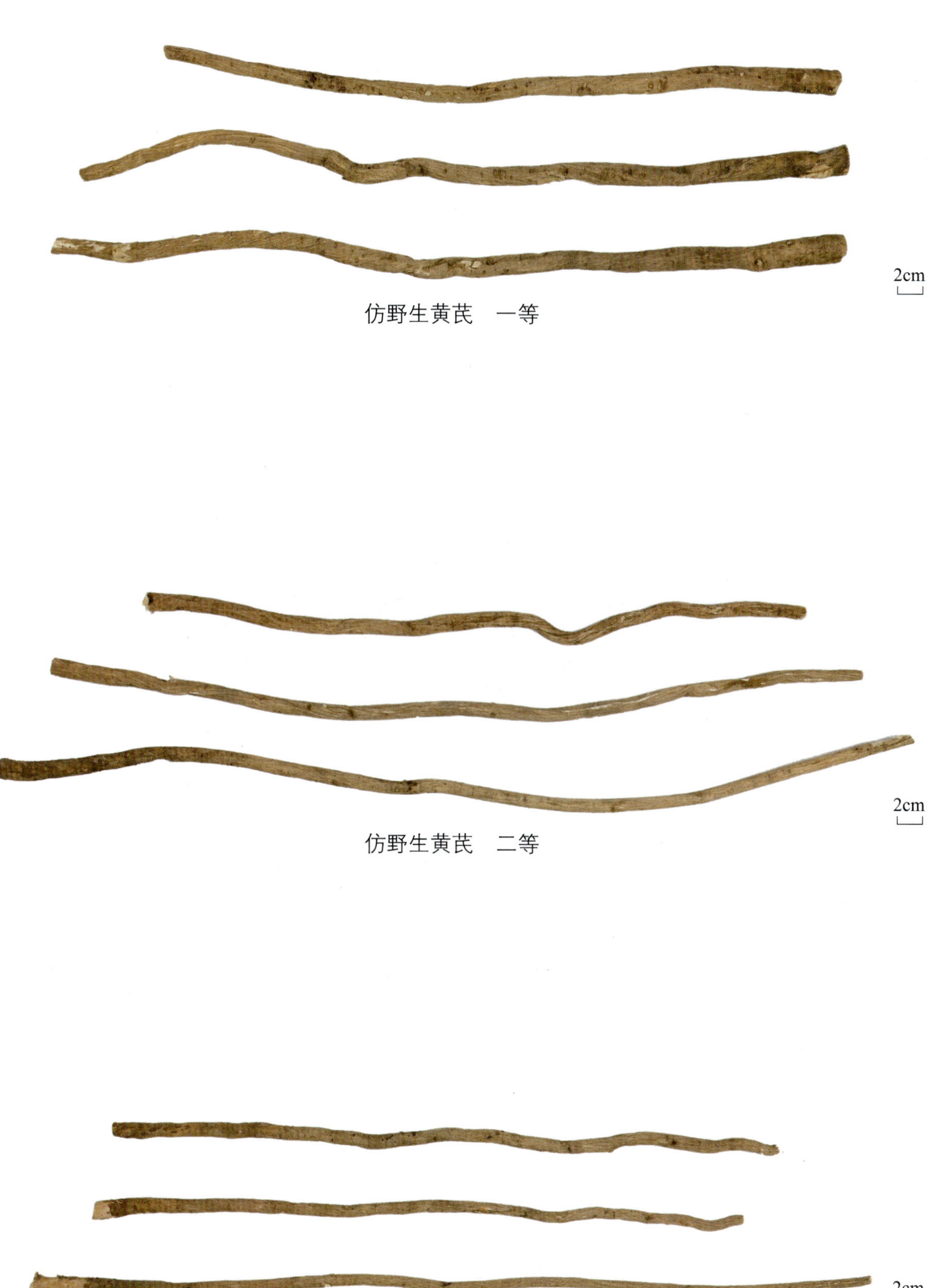

仿野生黄芪　一等

仿野生黄芪　二等

仿野生黄芪　三等

当　归

ANGELICAE SINENSIS RADIX

根据不同部位，将当归药材分为“全归”“归头”“归尾”三种规格；在规格项下，根据每公斤所含的支数进行等级划分。

（一）全归

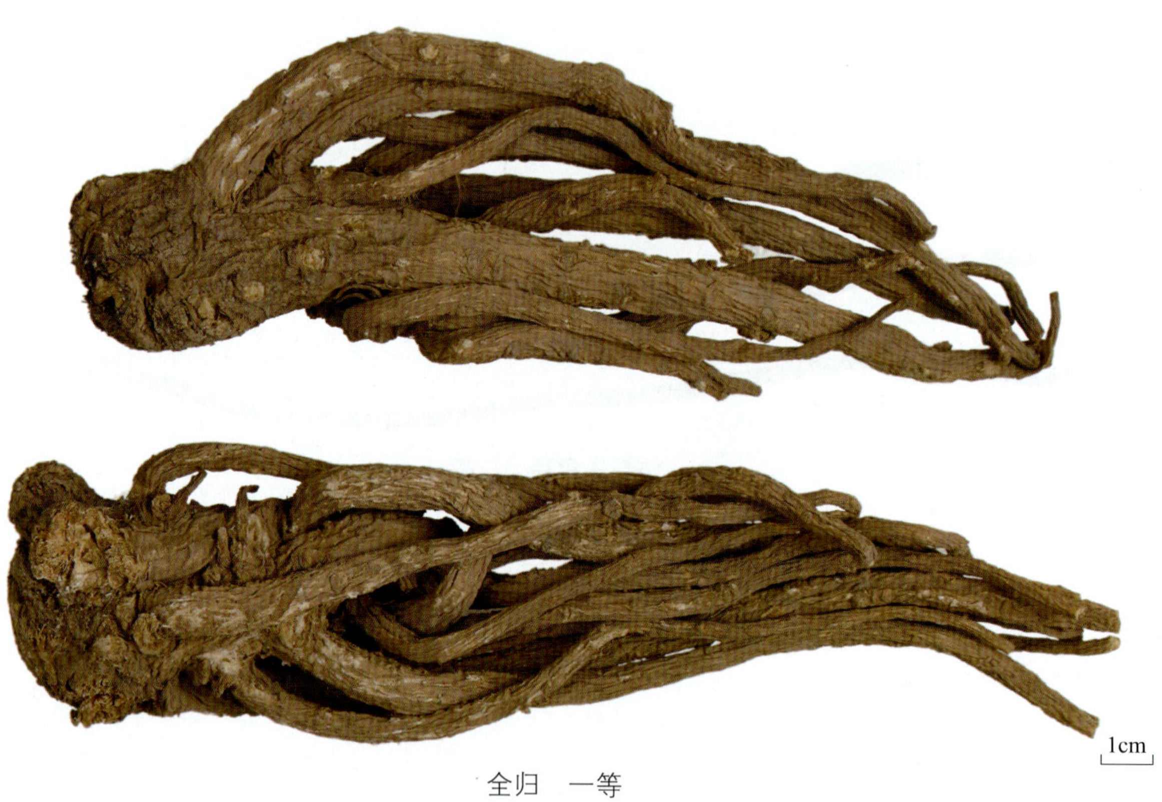

全归　一等

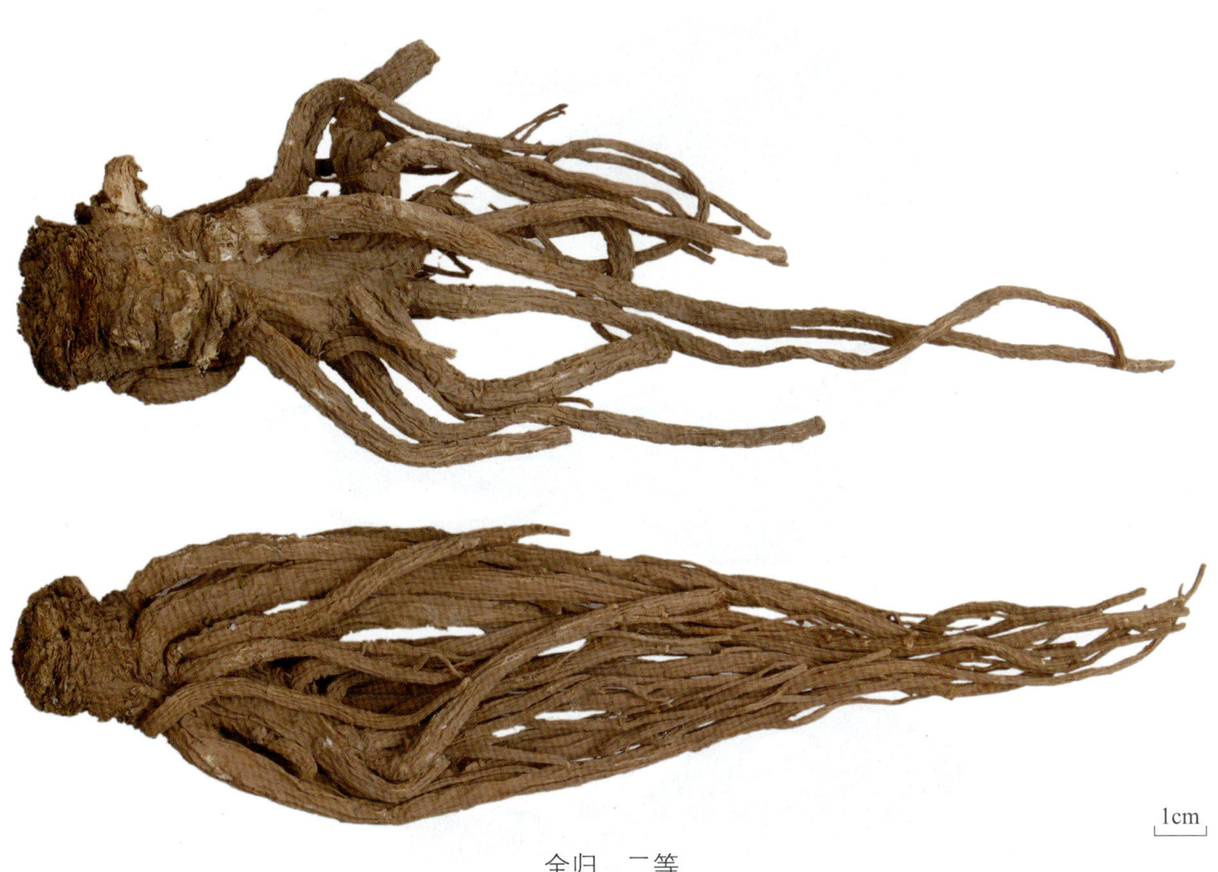

全归　二等

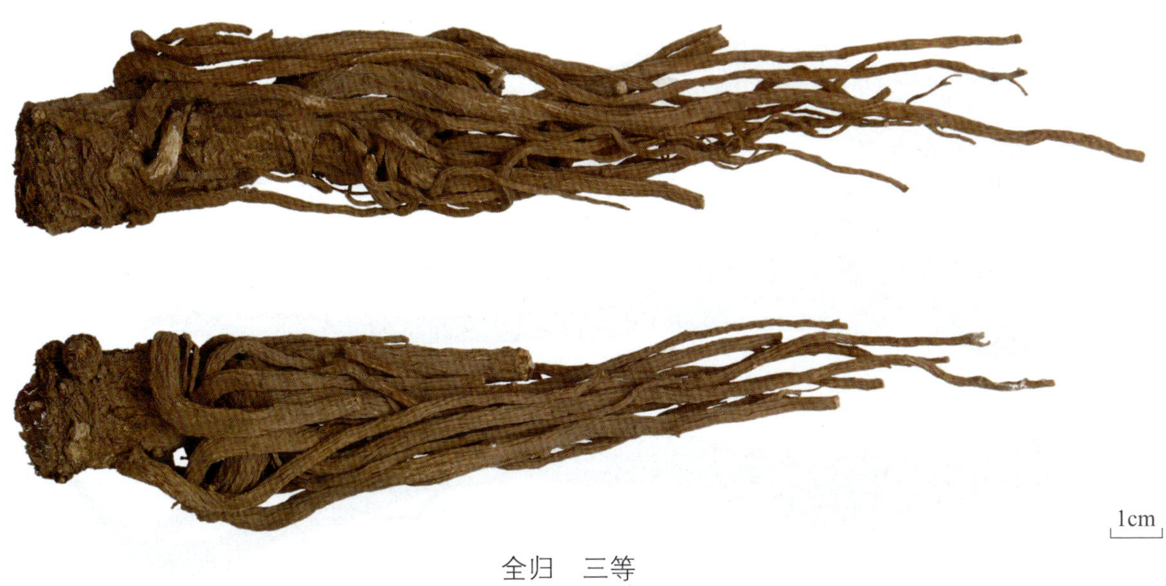

全归　三等

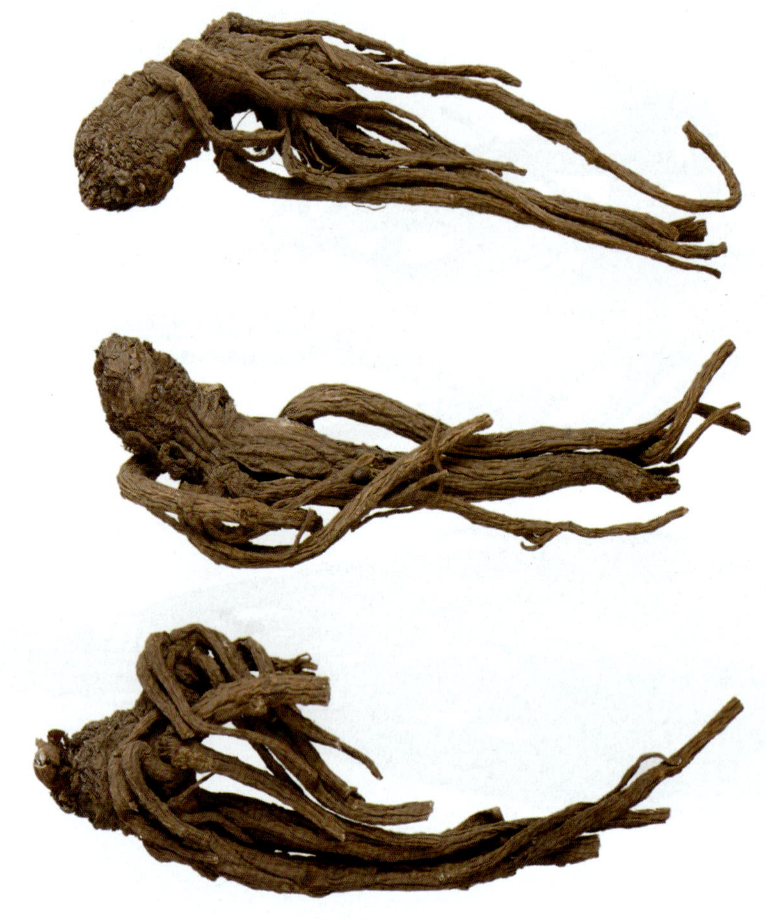

全归　四等

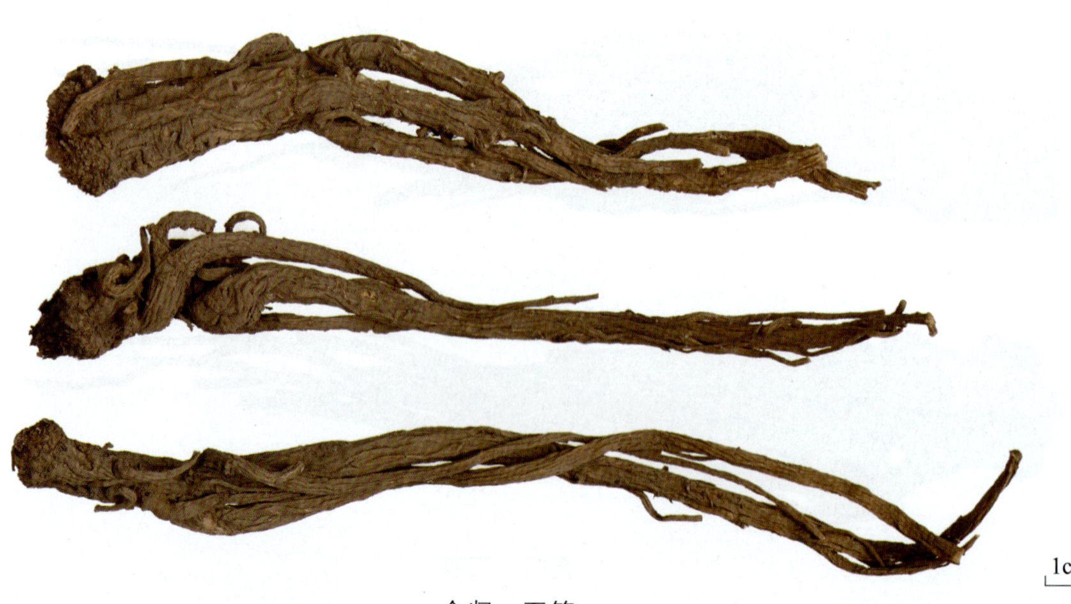

全归　五等

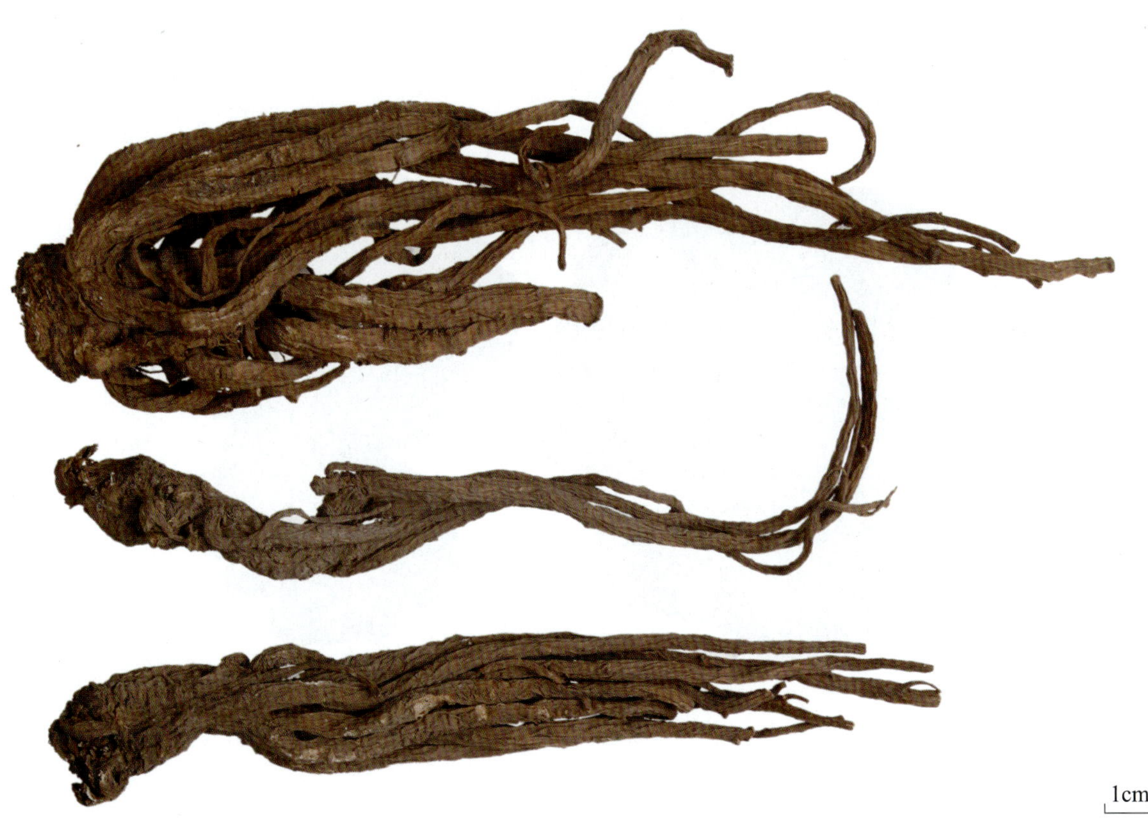

全归 统货

（二）归头

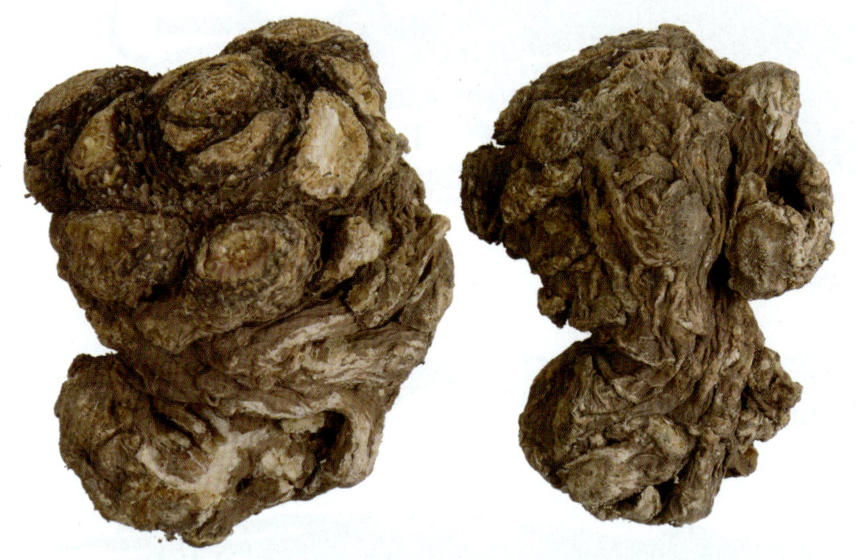

归头　一等

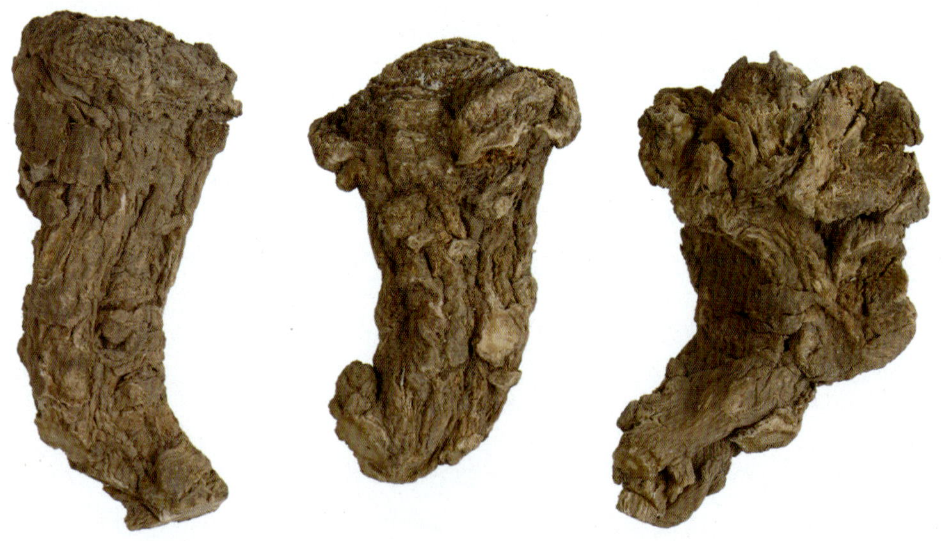

归头　二等

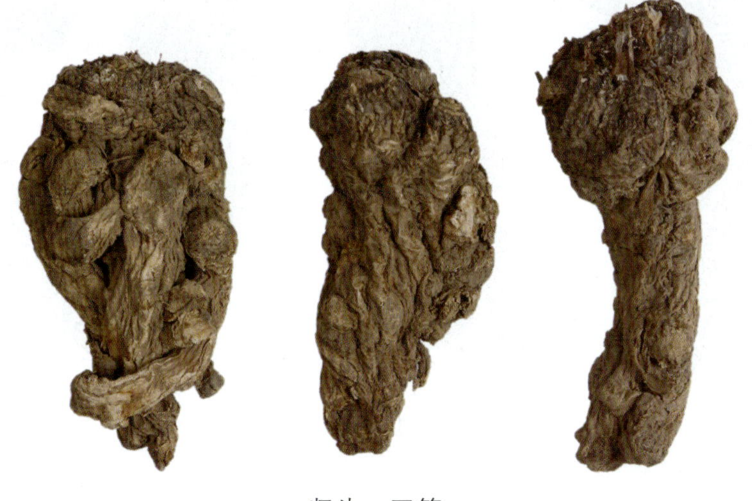

归头　三等

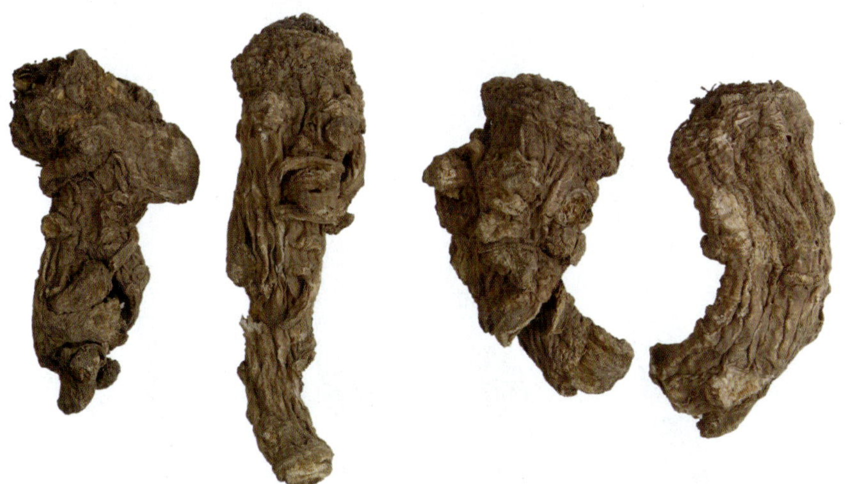

归头　四等

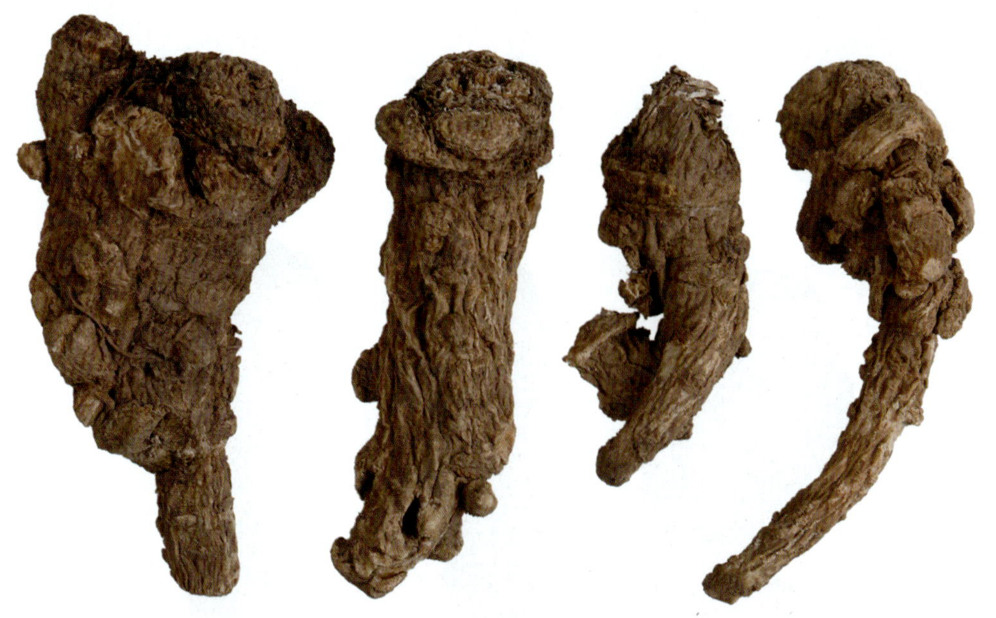

归头　统货

（三）归尾

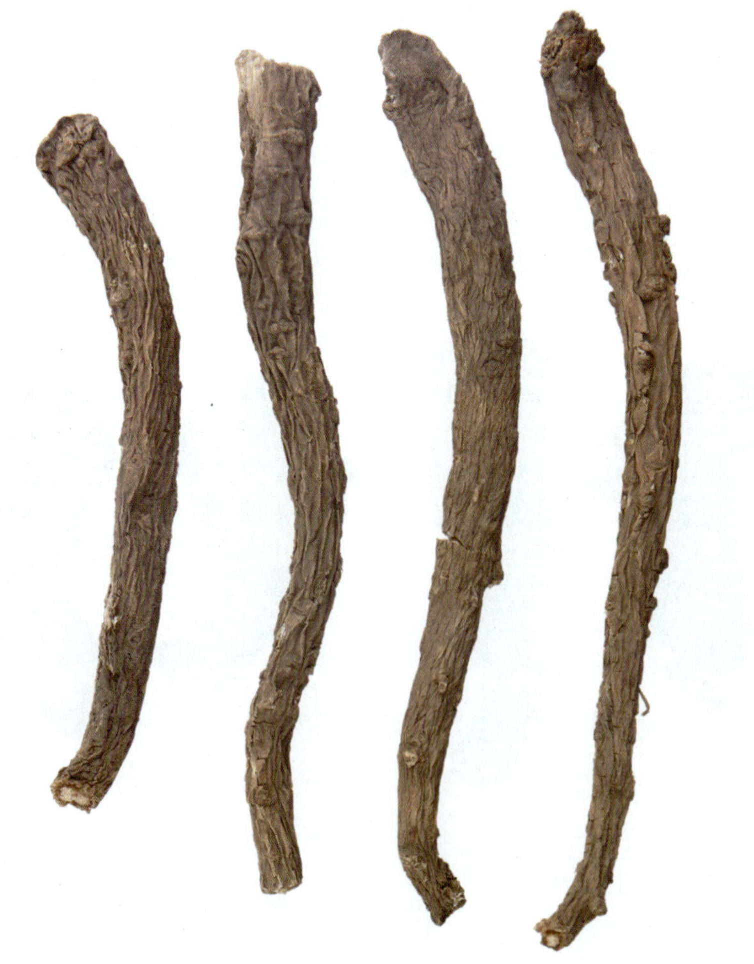

归尾　一等

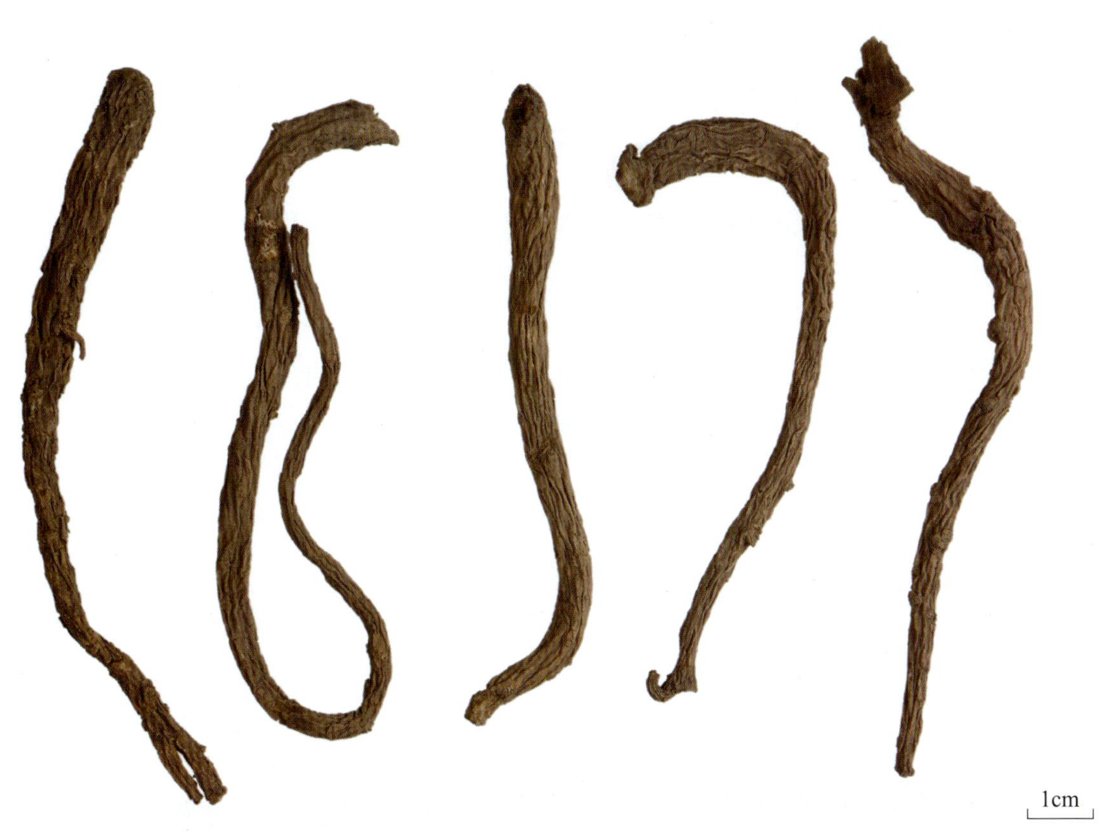

归尾　二等

归尾　统货

甘　草

GLYCYRRHIZAE RADIX ET RHIZOMA

根据甘草根和根茎加工后的部位，将甘草药材分为“条草”“毛草”“草节”“疙瘩头”四个规格；在规格项下，根据长度范围及口径、尾径范围进行等级划分。

（一）野生甘草

野生甘草　甘草　条草　一等

断面

野生甘草　甘草　条草　二等

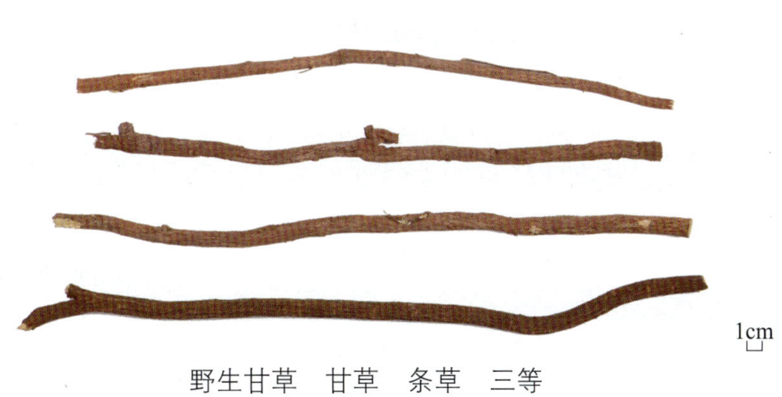

野生甘草　甘草　条草　三等

野生甘草　甘草　毛草　统货

野生甘草　甘草　草节　统货

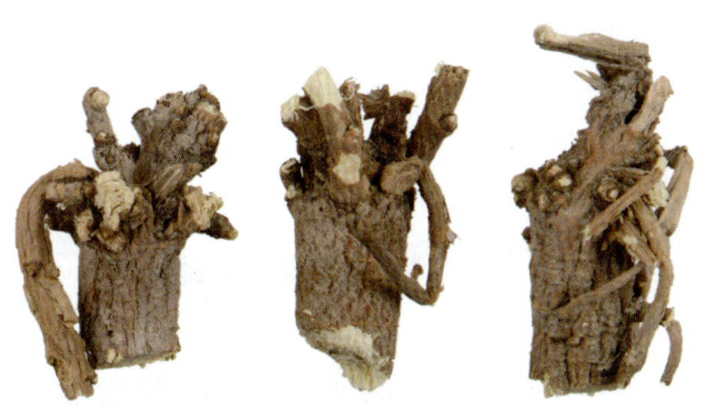

1cm

野生甘草 甘草 疙瘩头 统货

1cm

野生甘草 胀果甘草 条草 统货

1cm

野生甘草 胀果甘草 毛草 统货

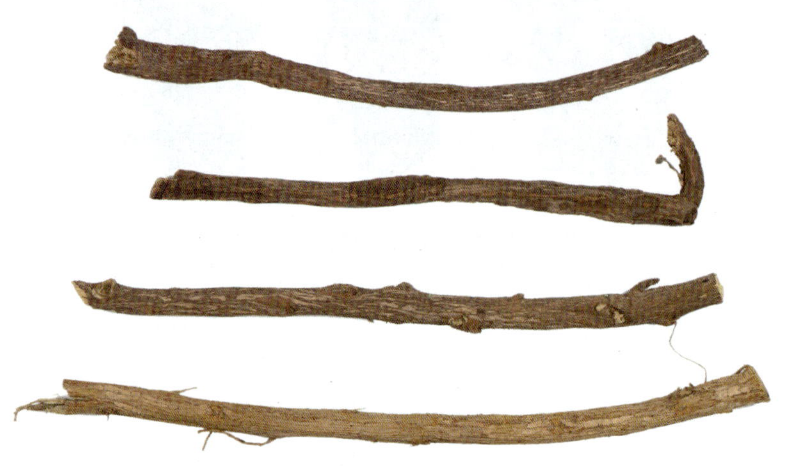

野生甘草　光果甘草　条草　统货

野生甘草　光果甘草　毛草　统货

（二）栽培甘草

断面

栽培甘草　条草　一等

栽培甘草　条草　二等

栽培甘草 条草 三等

栽培甘草　条草　统货

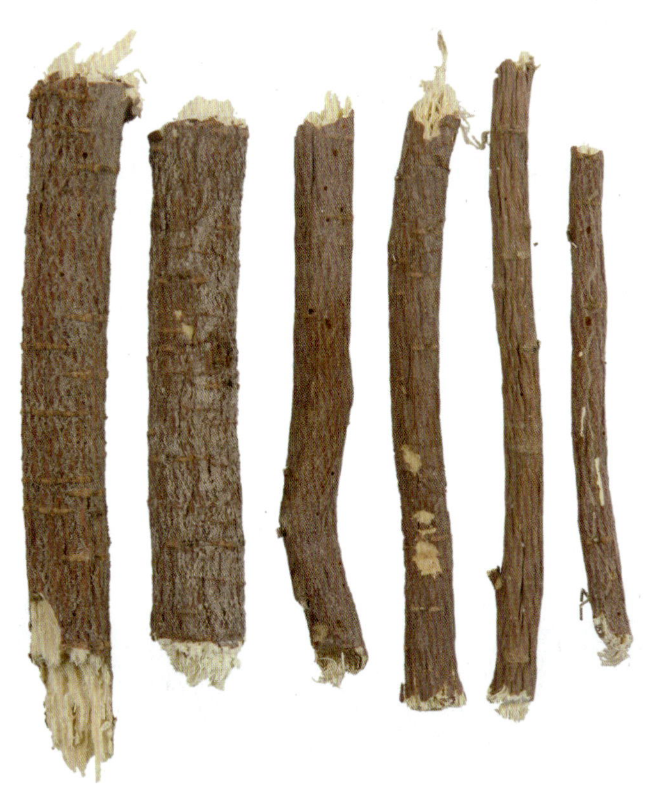

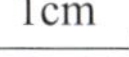

栽培甘草　草节　统货

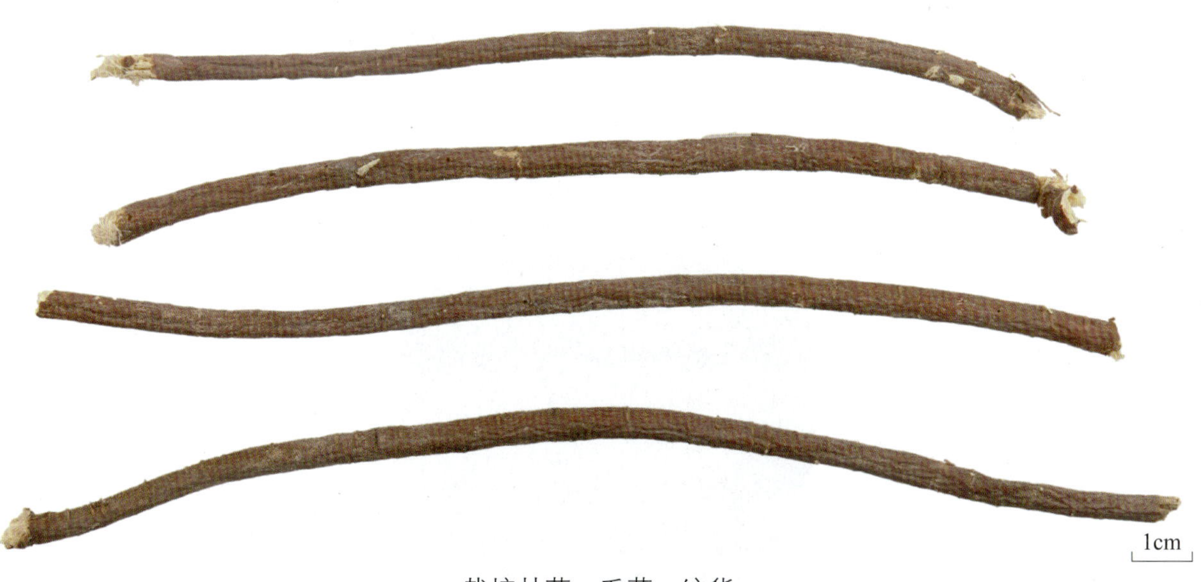

栽培甘草　毛草　统货

丹　参

SALVIAE MILTIORRHIZAE RADIX ET RHIZOMA

根据市场流通情况，按照产地的不同，将丹参药材分为“川丹参”“山东丹参”和“其他产区丹参”三个规格；在规格项下，根据是否进行等级划分，分成“选货”和“统货”两个等级，“选货”项下根据主根中部直径、长度等进行等级划分。

（一）川丹参

川丹参　选货　特级

断面

川丹参　选货　一级

川丹参　选货　二级

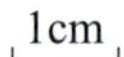

川丹参　选货　三级

1cm

川丹参　统货

（二）山东丹参

山东丹参 选货 一级

断面

山东丹参　选货　二级

山东丹参　统货

（三）其他产区丹参

安徽丹参 选货

断面

安徽丹参 统货

党　参

CODONOPSIS RADIX

根据不同产地和基原，将目前市场主流党参药材分为“潞党参”“白条党参”“纹党参”“板桥党参”四个规格。在规格项下，根据是否进行等级划分，分成“选货”和“统货”；在“选货”项下，根据芦头下直径进行等级划分。

（一）潞党参、白条党参

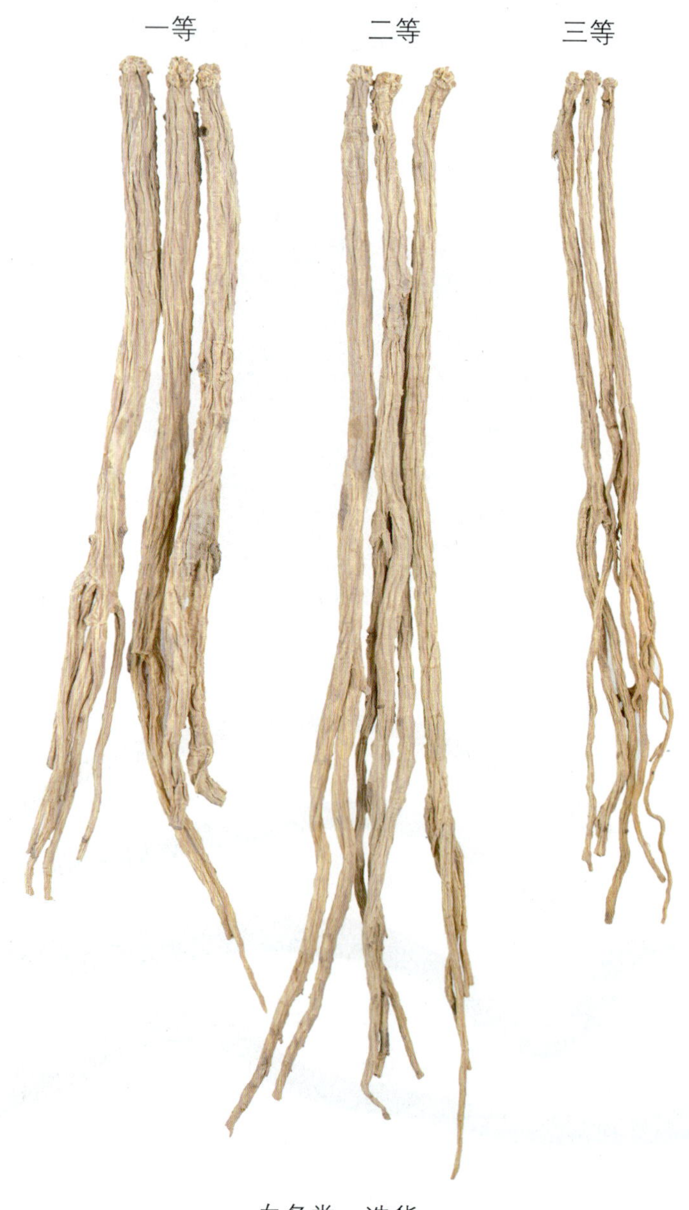

白条党　选货

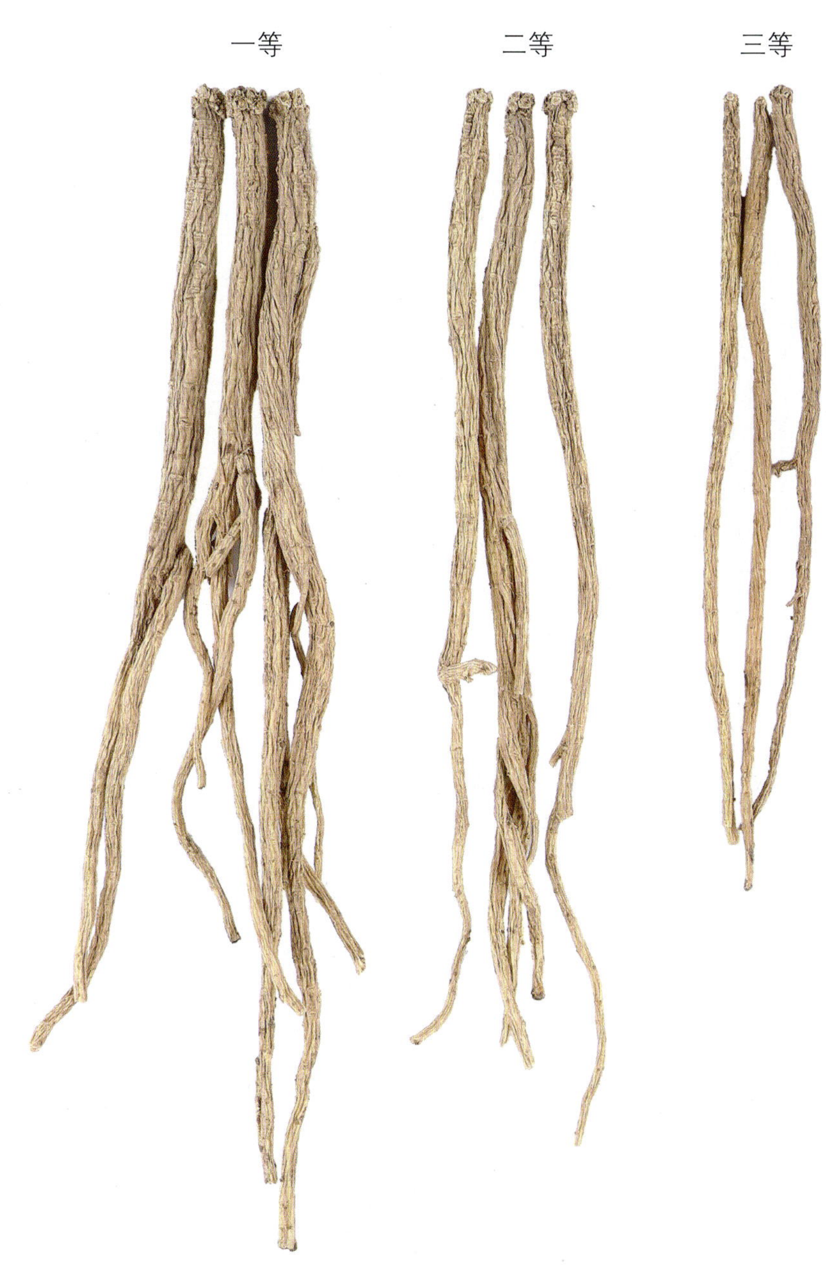

潞党参 选货

（二）纹党参

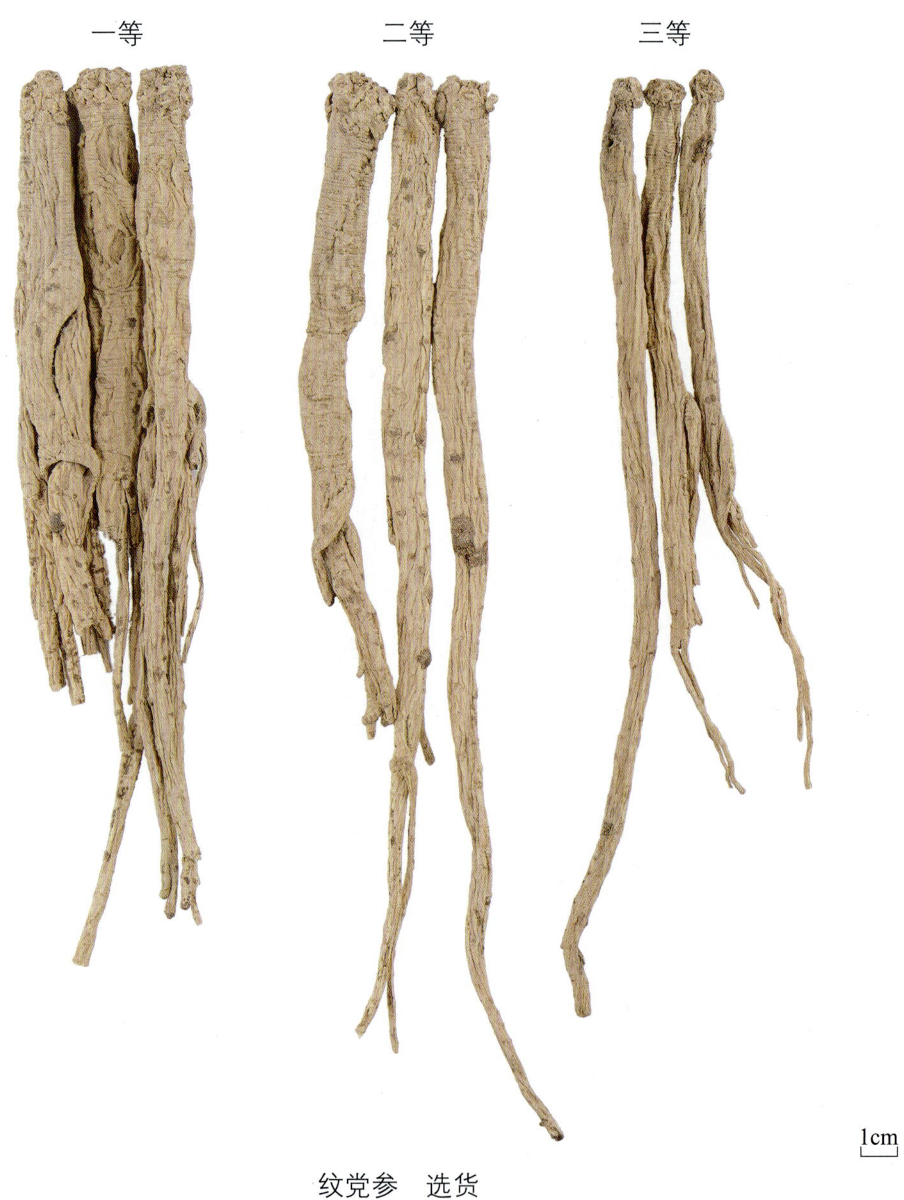

纹党参　选货

（三）板桥党参

板桥党参　选货

天　麻

GASTRODIAE RHIZOMA

根据市场流通情况，按照不同基原，将天麻药材分为“乌天麻”“红天麻”两大类规格；根据不同采收时期，将“乌天麻”“红天麻”各项下又细分为“冬麻”和“春麻”两种规格；根据单个重量和每公斤所含个数，将“冬麻”规格分为“一等”“二等”“三等”“四等”四个等级，将“春麻”规格分为“统货”一个等级。

（一）乌天麻

乌天麻　冬麻　一等

乌天麻　冬麻　二等

乌天麻　冬麻　三等

1cm

乌天麻　冬麻　四等

1cm

乌天麻　春麻　统货

（二）红天麻

红天麻 冬麻 一等

红天麻 冬麻 二等

红天麻　冬麻　三等

红天麻　冬麻　四等

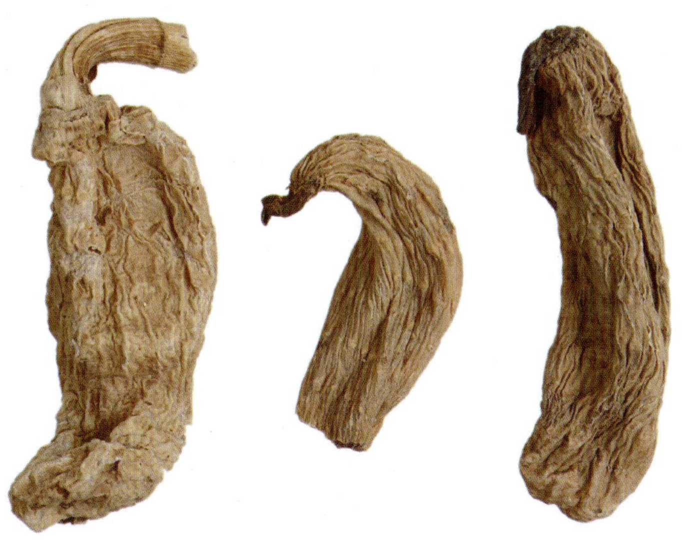

红天麻　春麻　统货

金银花

LONICERAE JAPONICAE FLOS

根据加工方式，将金银花药材分为“晒货”和“烘货”两个规格；在规格项下，根据开花率、枝叶率和黑头黑条率进行等级划分。

（一）晒货

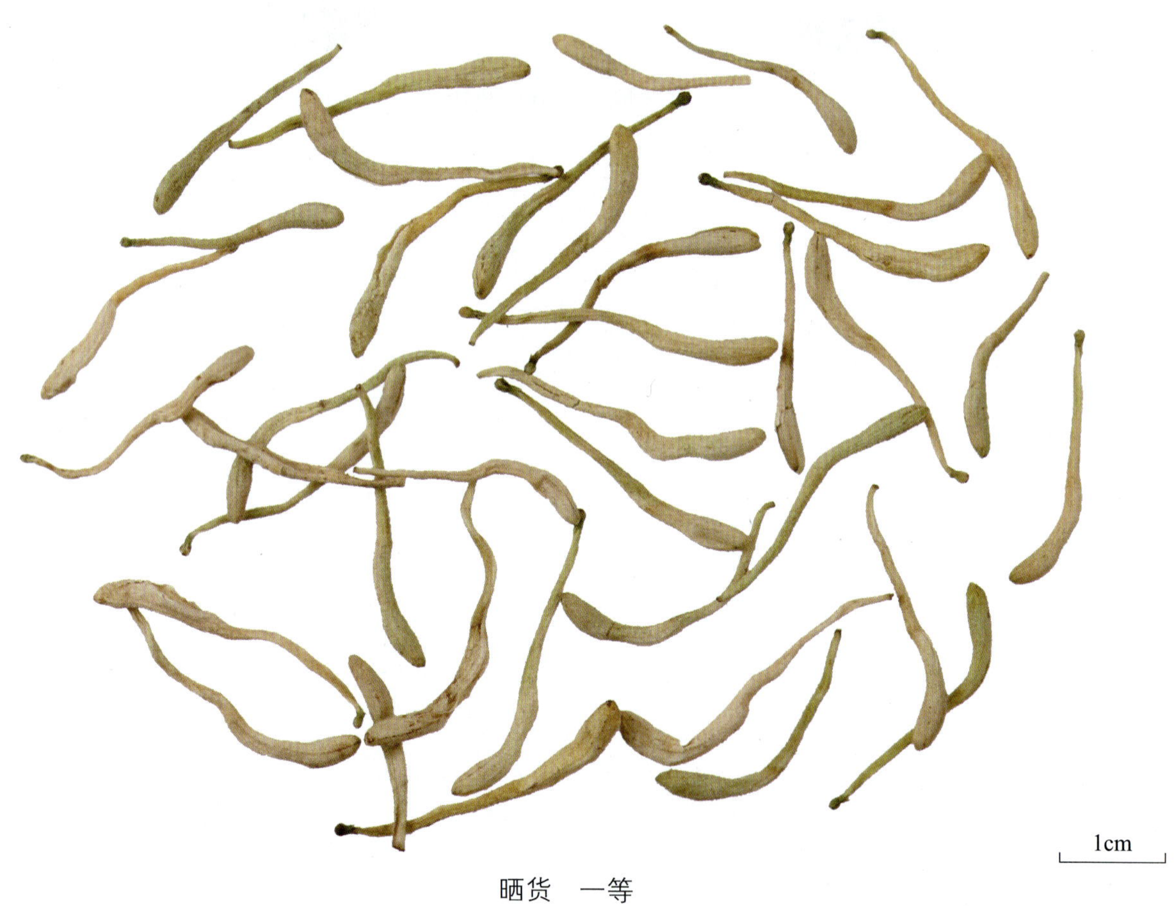

晒货　一等

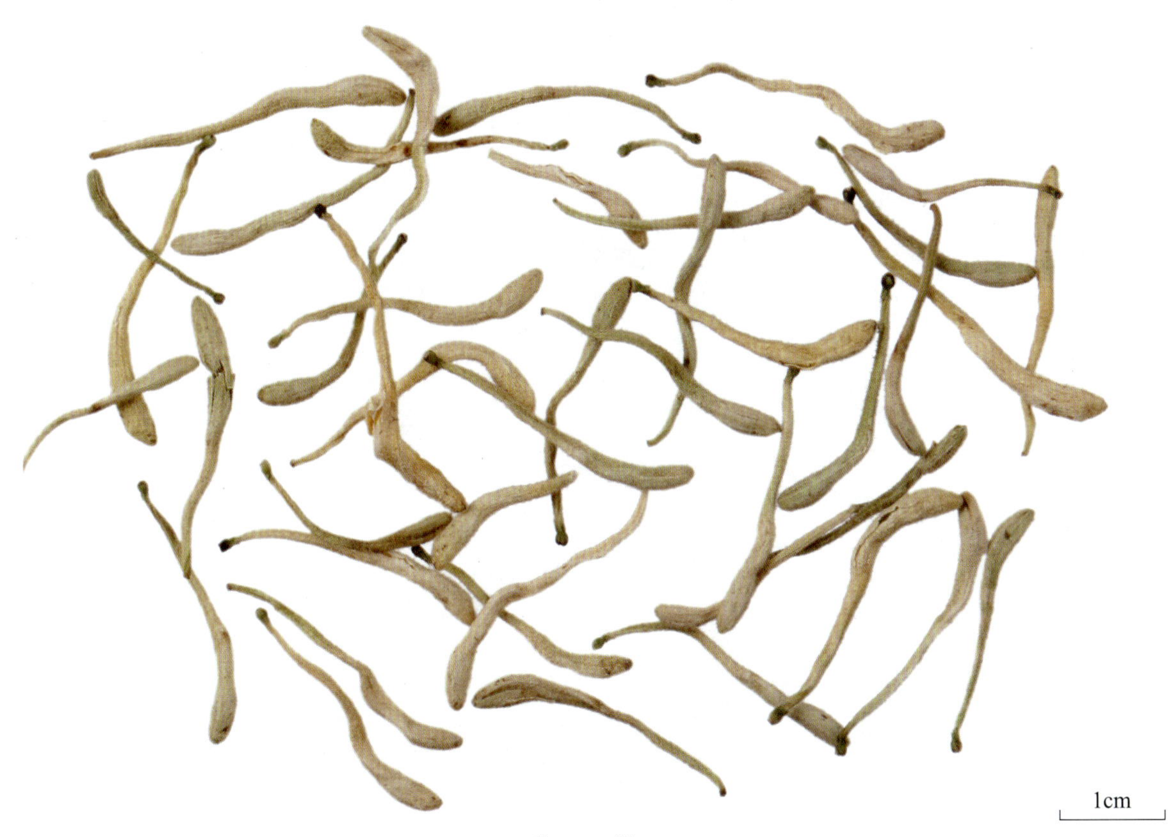

晒货　二等

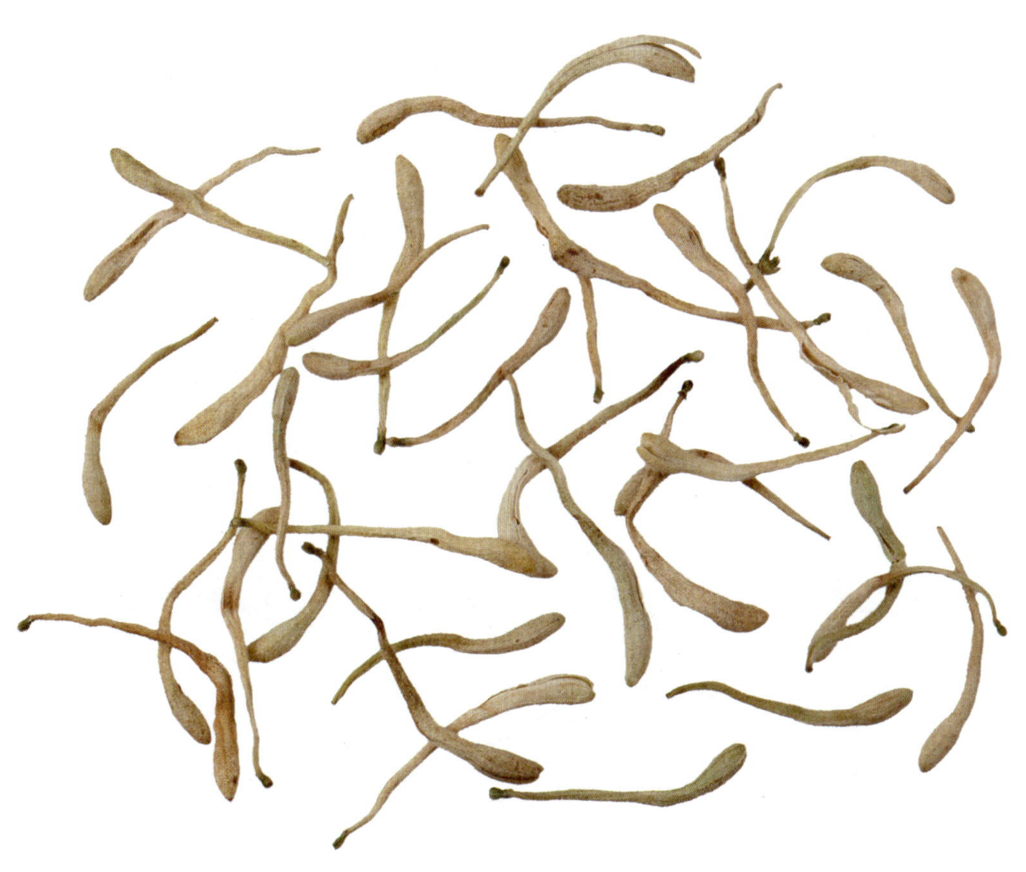

晒货　三等

（二）烘货

烘货　一等

烘货　二等

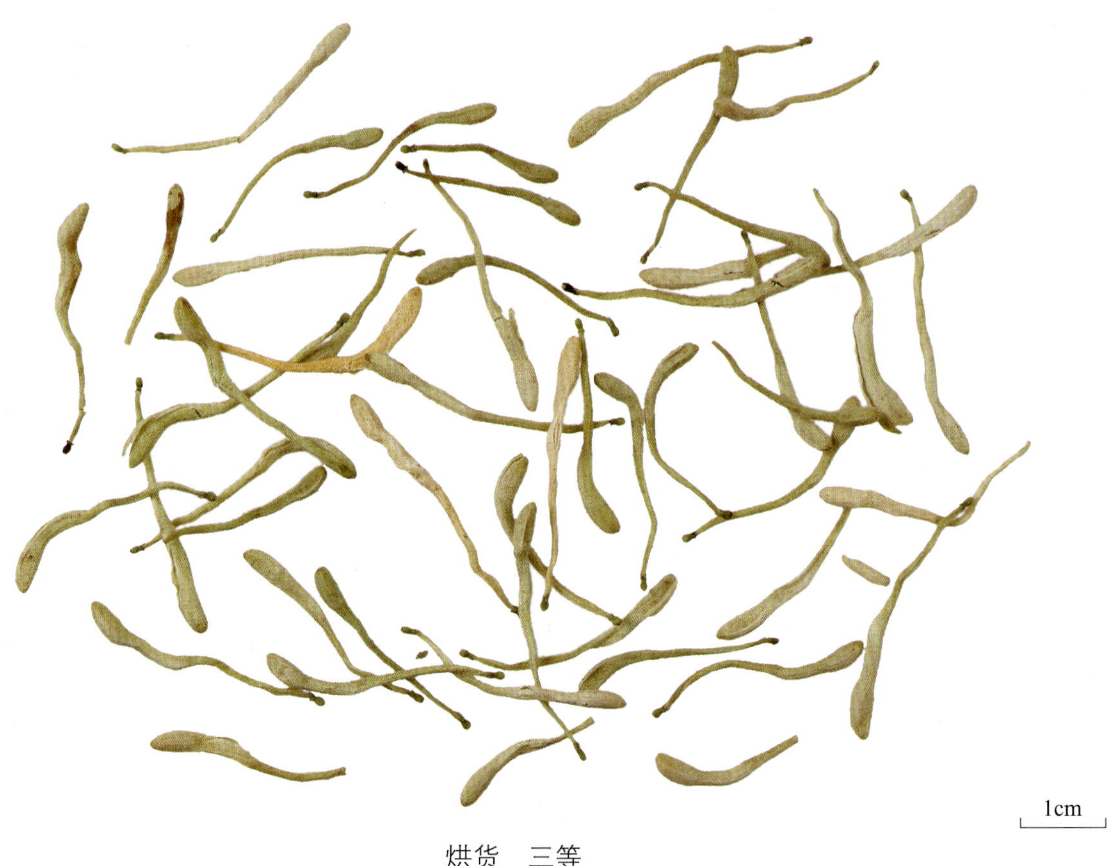

烘货 三等

灵　芝

GANODERMA

根据不同基原，将灵芝药材划分为“赤芝”和“紫芝”两种规格；根据不同生长方式，将灵芝药材划分为“野生品”和“栽培品”两种规格；根据不同栽培方式，将栽培品灵芝药材分为“段木”和“代料”两种规格；根据不同采收时间，将赤芝药材分为“产孢”和“未产孢”两种规格。根据灵芝菌盖直径的大小，将段木赤芝（未产孢）规格分为“特级”和“一级”两个等级；其他规格项下均为统货。

（一）野生赤芝

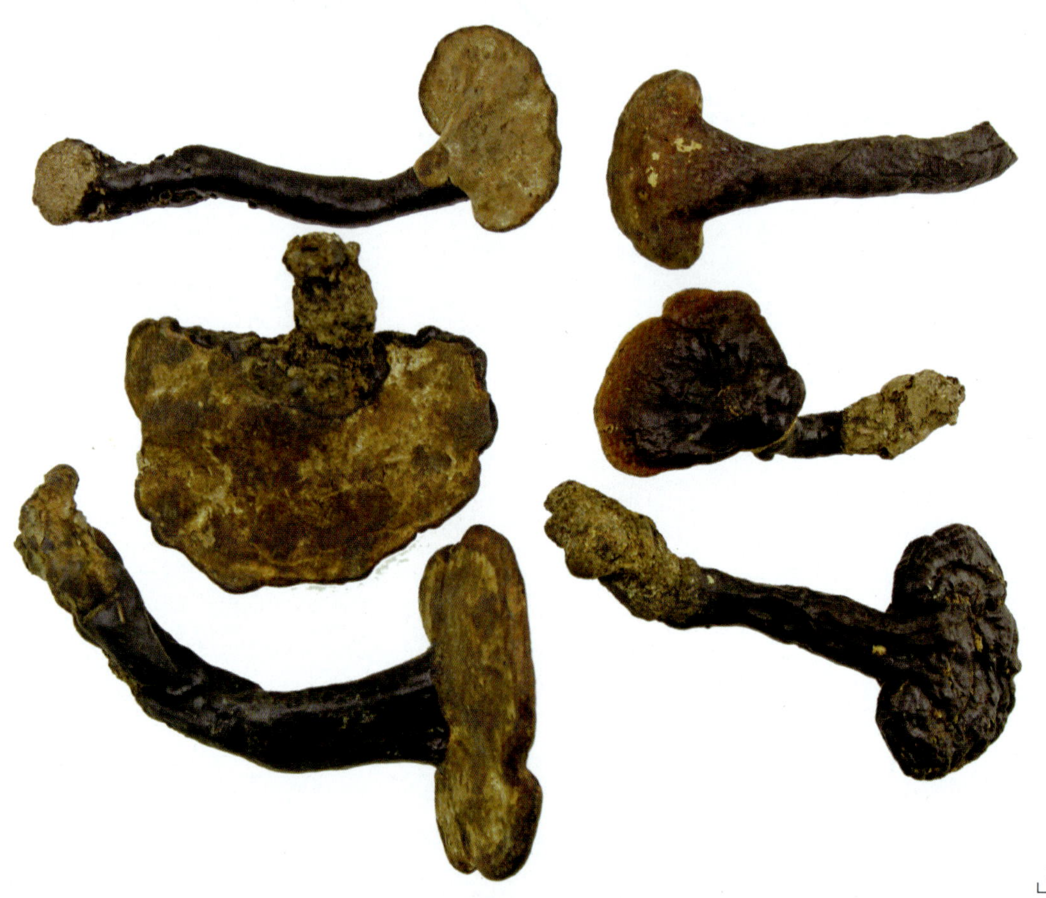

野生赤芝　统货

（二）野生紫芝

野生紫芝　统货

（三）段木赤芝（未产孢）

段木赤芝（未产孢）特级

段木赤芝（未产孢）一级

段木赤芝（未产孢）统货

（四）段木赤芝（产孢）

段木赤芝（产孢）统货

（五）代料赤芝（未产孢）

代料赤芝（未产孢）统货

（六）代料赤芝（产孢）

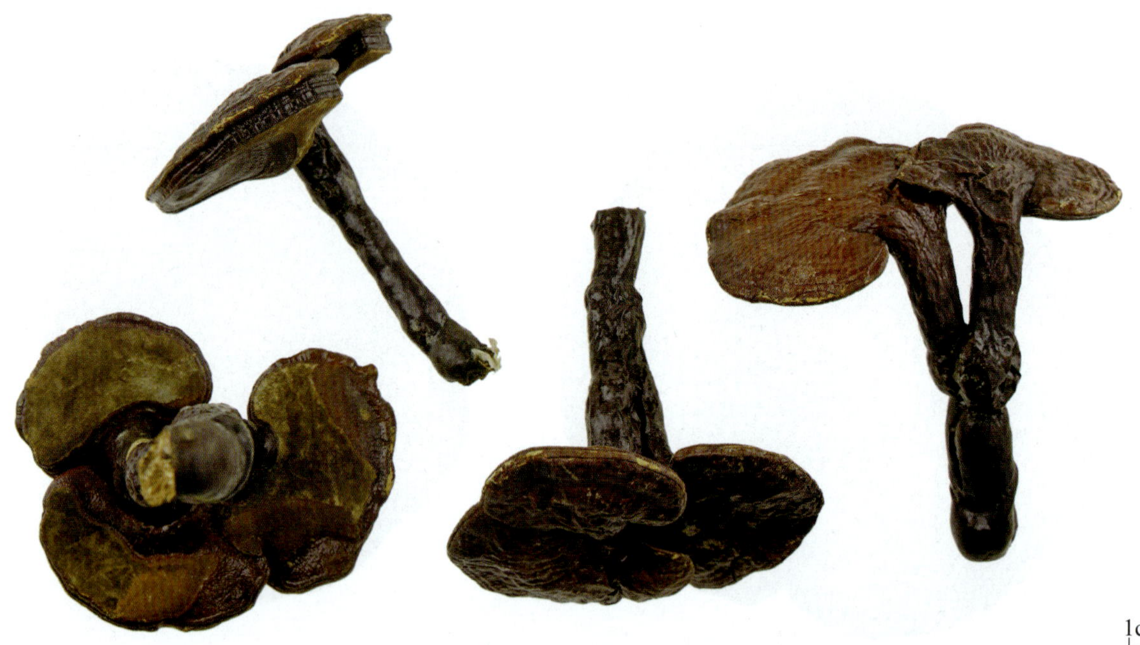

代料赤芝（产孢）统货

（七）段木紫芝

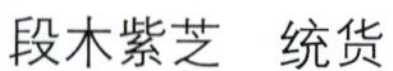

段木紫芝　统货

（八）代料紫芝

代料赤芝 统货

铁皮石斛

DENDROBII OFFICINALIS CAULIS

根据不同加工方式，将铁皮石斛药材分为“铁皮枫斗”和“铁皮石斛”两个规格；在铁皮枫斗规格下，根据形状、旋纹、单重、表面特征等，将铁皮枫斗选货规格分为“特级”“优级”“一级”和“二级”四个等级；在铁皮石斛规格下，根据形状等，将铁皮石斛选货规格分为“一级”和“二级”两个等级。

（一）铁皮枫斗

铁皮枫斗　特级

铁皮枫斗 优级

铁皮枫斗 一级

铁皮枫斗　二级

（二）铁皮石斛

铁皮石斛　一级

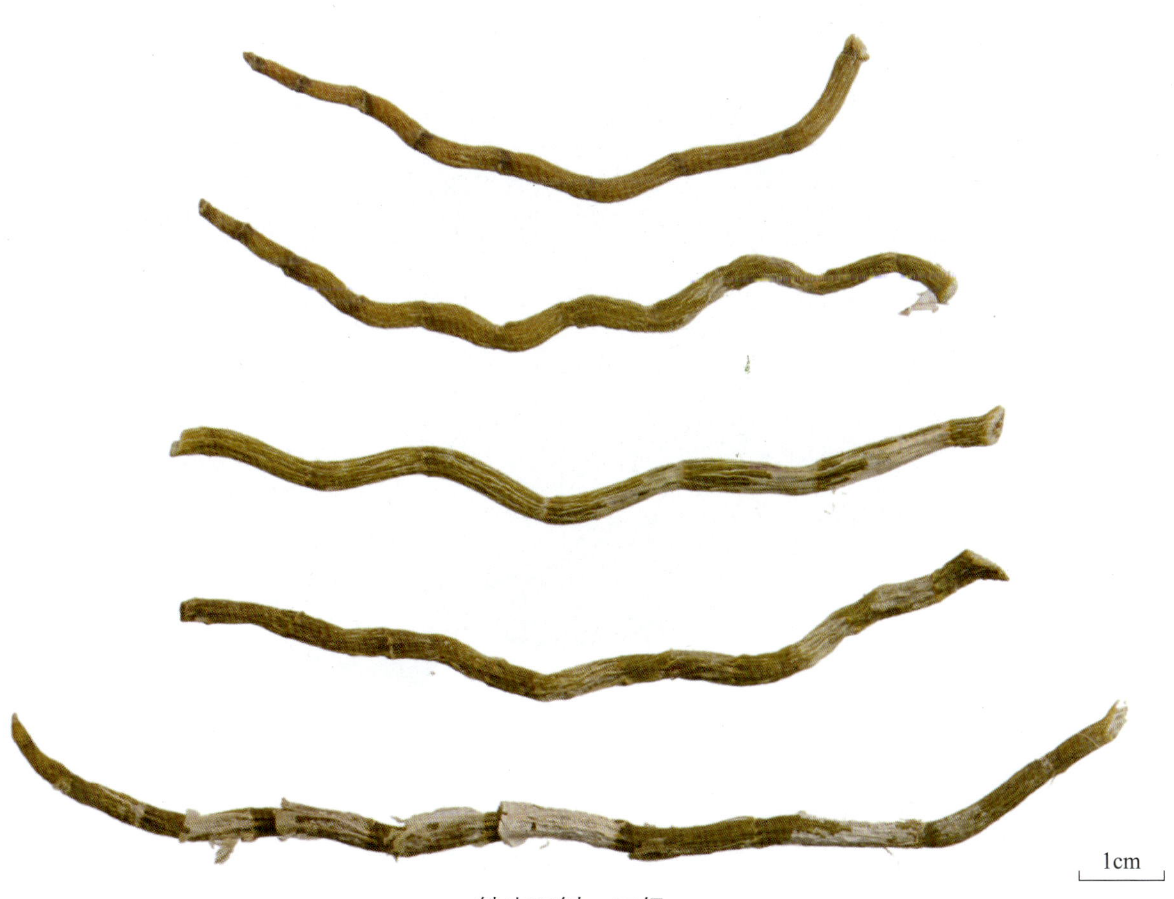

铁皮石斛　二级

茯　苓

PORIA

根据加工方式和外观性状的不同，将茯苓药材分为“个苓”“茯苓片”“白苓块”“白苓丁”“白碎苓”“赤苓块”“赤苓丁”“赤碎苓”“茯苓卷”“茯苓刨片”等十个规格；根据颜色、质地等，将茯苓部分规格的“选货”分为“一等”和“二等”两个等级。

（一）个苓

个苓　选货

个苓　统货

（二）茯苓片

茯苓片　选货　一等

茯苓片　选货　二等

茯苓片　统货

（三）白苓块

白苓块　选货　一等

白苓块　选货　二等

白苓块　统货

（四）白苓丁

白苓丁　选货　一等

白苓丁　选货　二等

白苓丁　统货

（五）白碎苓

1cm

白碎苓　统货

（六）赤苓块

1cm

赤苓块　统货

（七）赤苓丁

赤苓丁　选货

赤苓丁　统货

（八）赤碎苓

赤碎苓　统货

（九）茯苓卷

茯苓卷　统货

（十）茯苓刨片

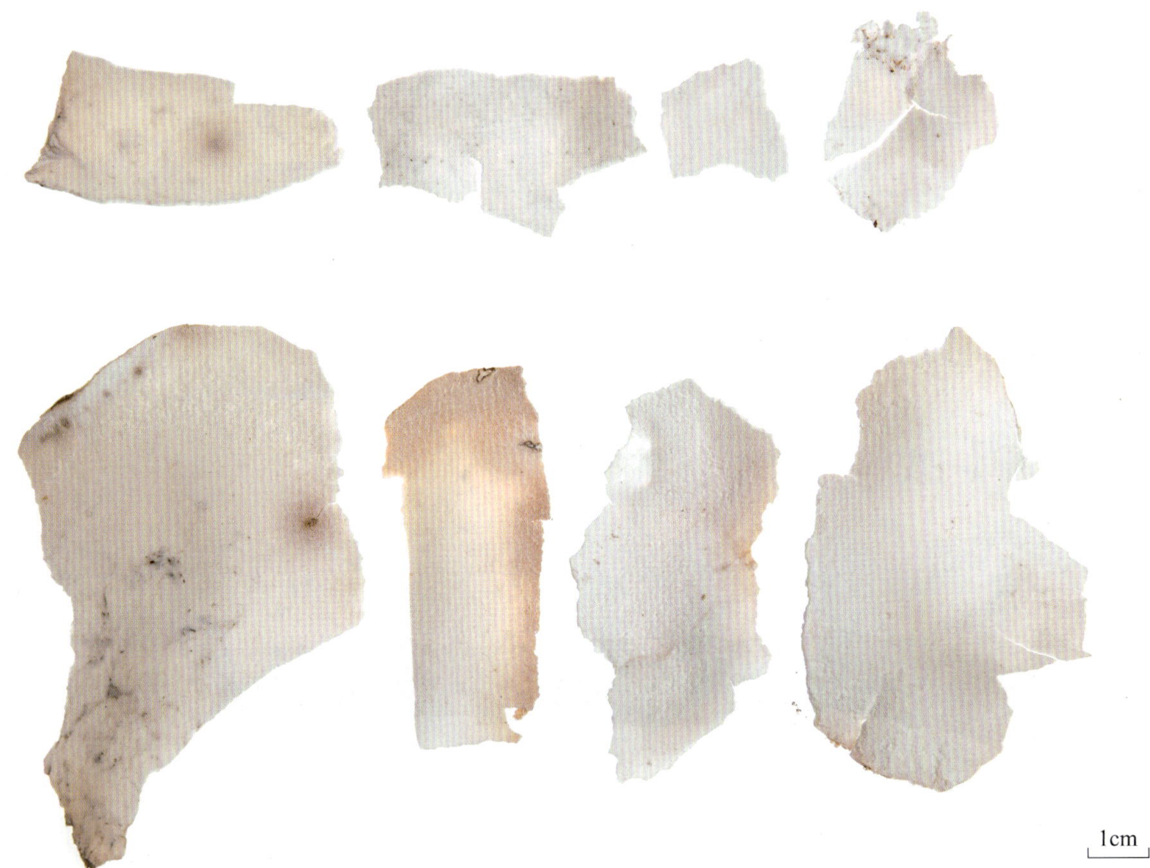

茯苓刨片　统货

牡丹皮

MOUTAN CORTEX

根据市场流通情况，按照产地的不同以及是否刮去外表栓皮，将牡丹皮药材分为凤丹皮、刮丹皮（又称粉丹皮）和连丹皮（又称原丹皮）三种规格；在规格项下，主要根据药材长度和中部直径进行等级划分。

（一）凤丹皮

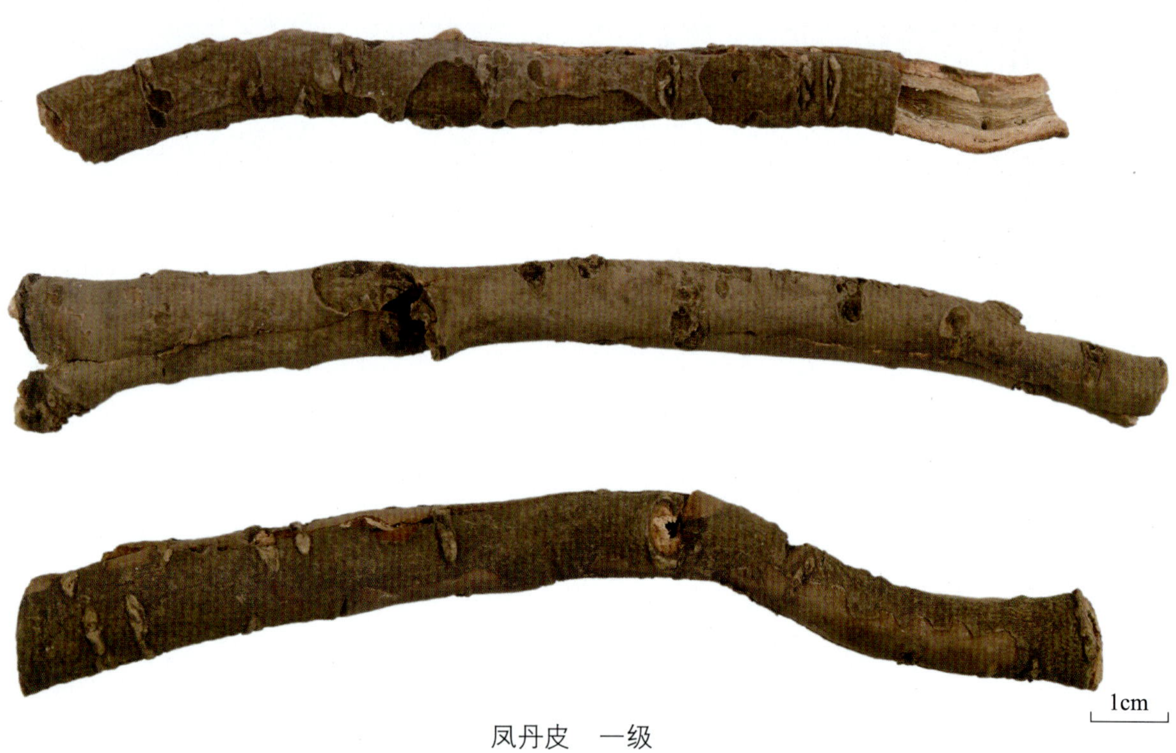

凤丹皮 一级

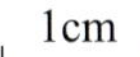

凤丹皮 二级

1cm

凤丹皮 三级

凤丹皮　统货

（二）连丹皮

连丹皮　一级

连丹皮　二级

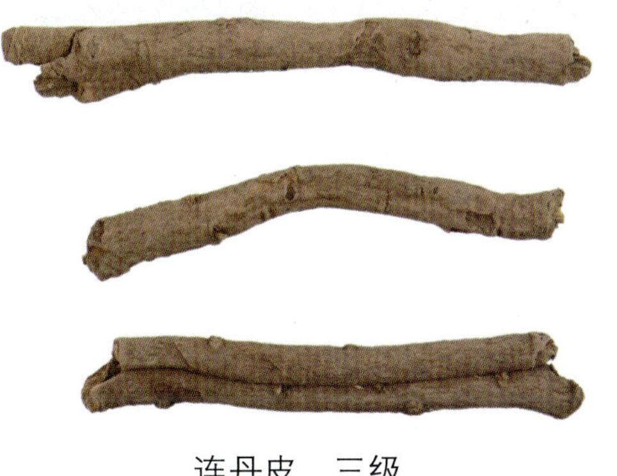

连丹皮　三级

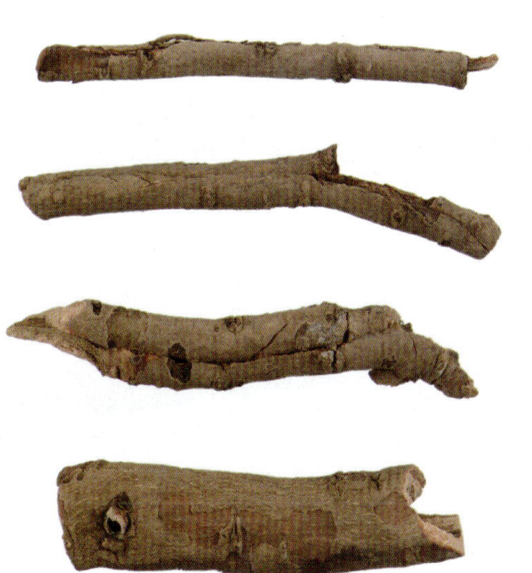

连丹皮　统货

（三）刮丹皮

刮丹皮　一级

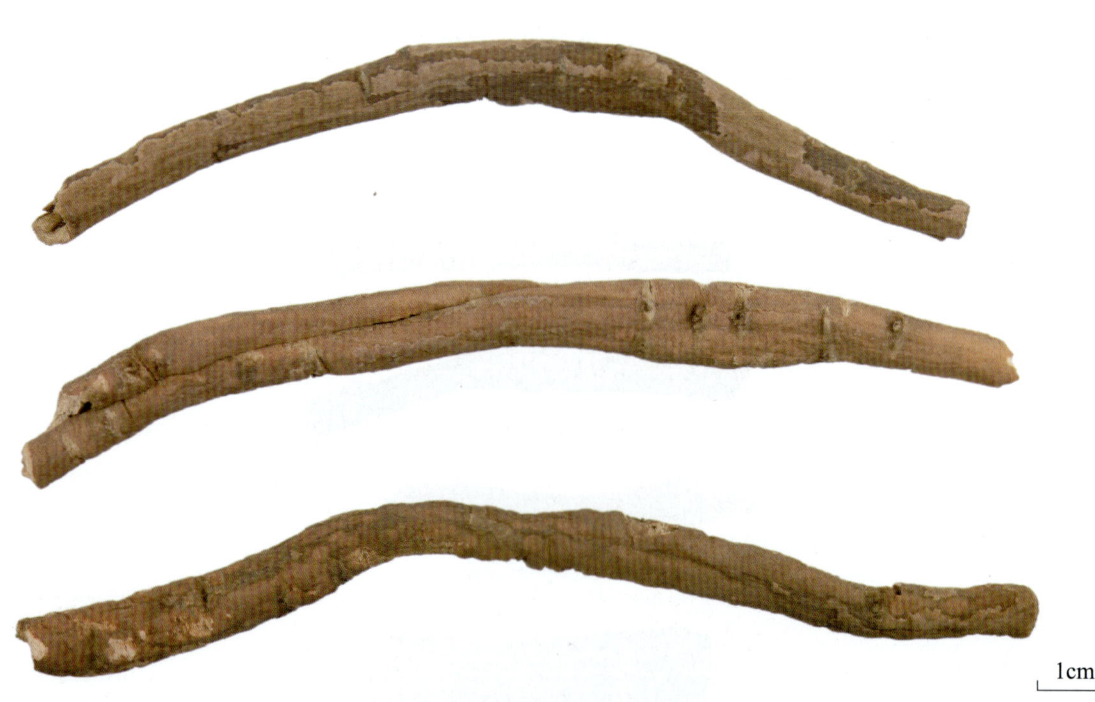

刮丹皮　二级

刮丹皮　三级

刮丹皮　统货

红　花

CARTHAMI FLOS

根据市场流通情况，将红花药材分为“选货”和“统货”两个等级。

（一）选货

红花　选货

（二）统货

红花　统货

山　楂

CRATAEGI FRUCTUS

根据核的有无，将山楂药材分为“去核山楂”和“带核山楂”两个规格。“带核山楂”根据片径大小、杂质率的高低等划分等级；“去核山楂”则主要根据中间片所占比例、片径大小等划分等级。

（一）带核山楂

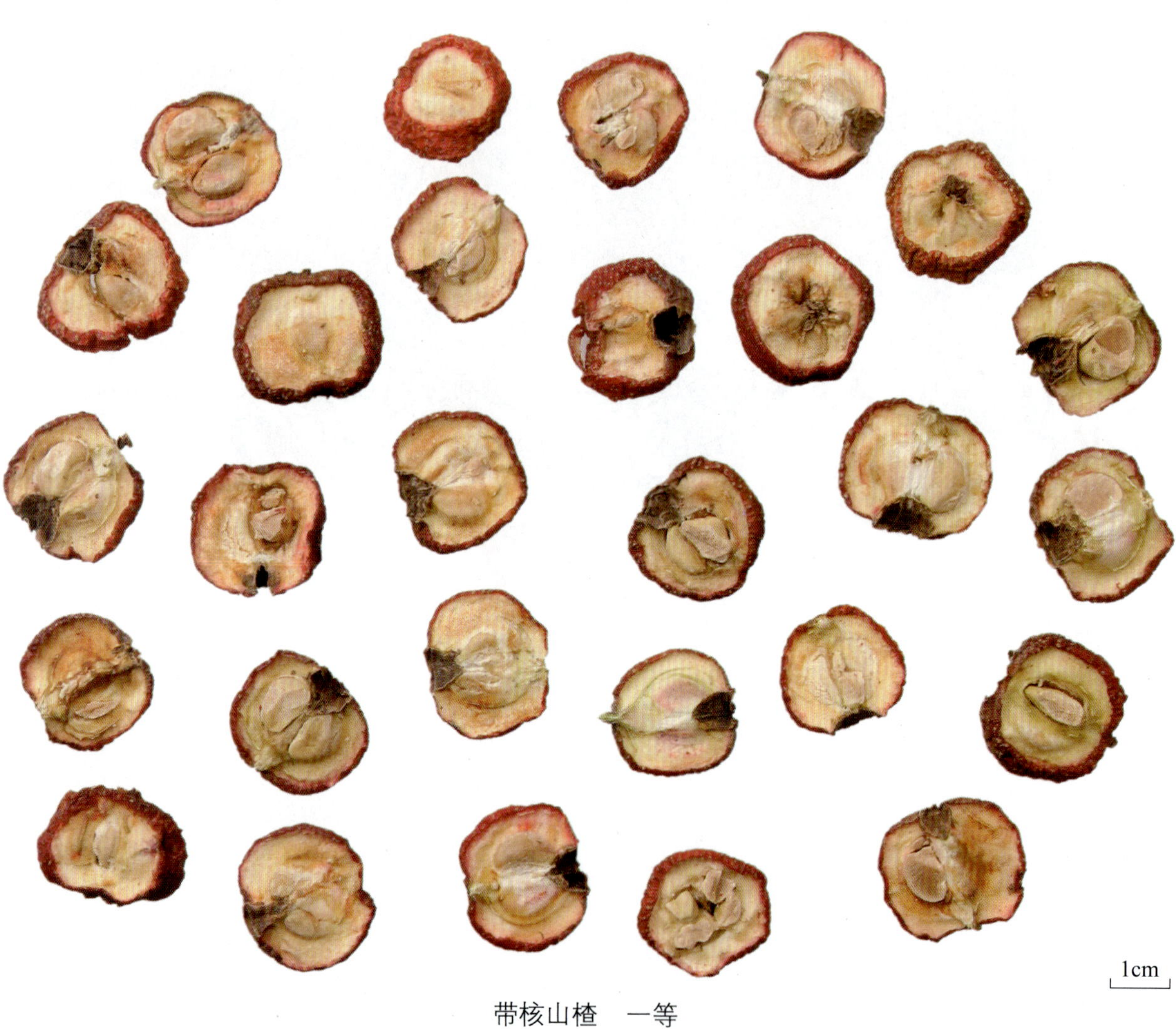

带核山楂　一等

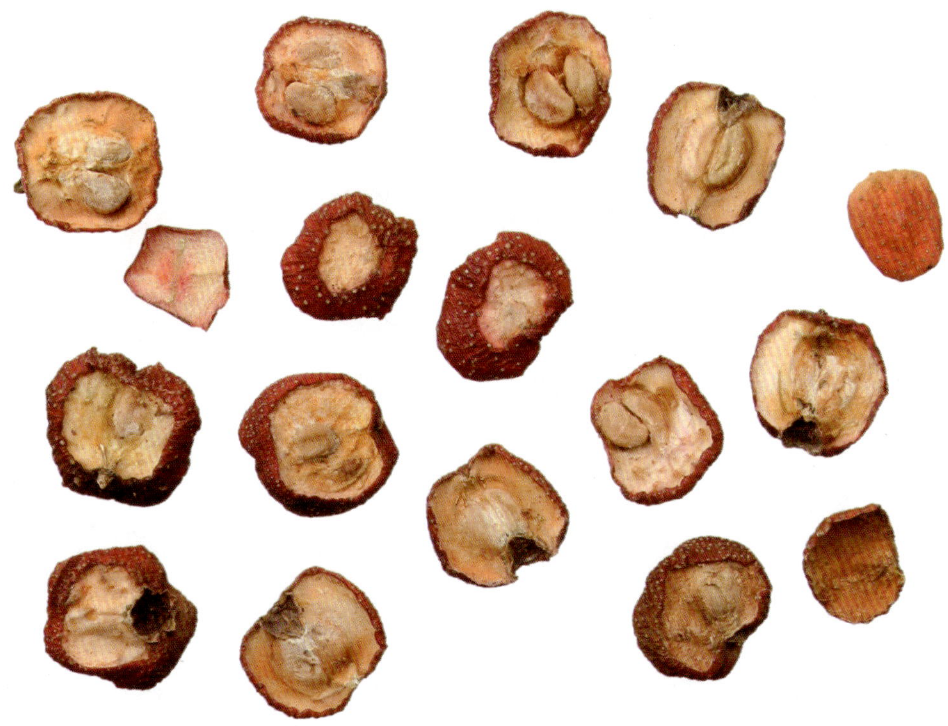

带核山楂 二等

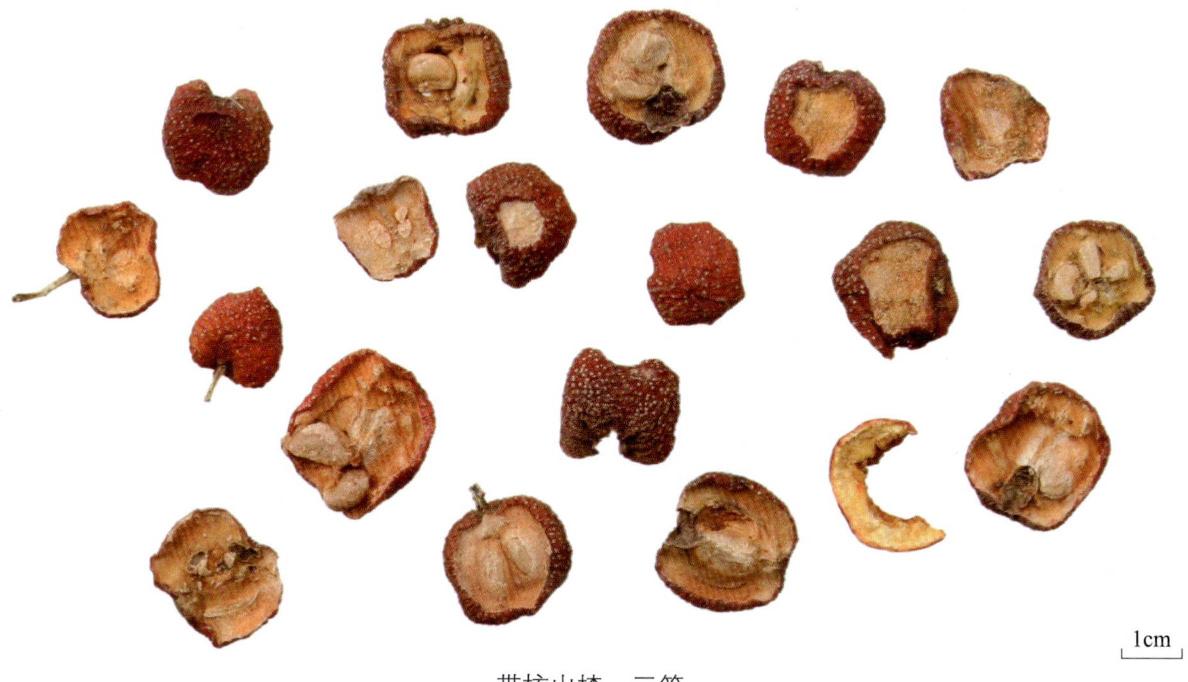

带核山楂 三等

（二）去核山楂

去核山楂　一等

去核山楂　二等

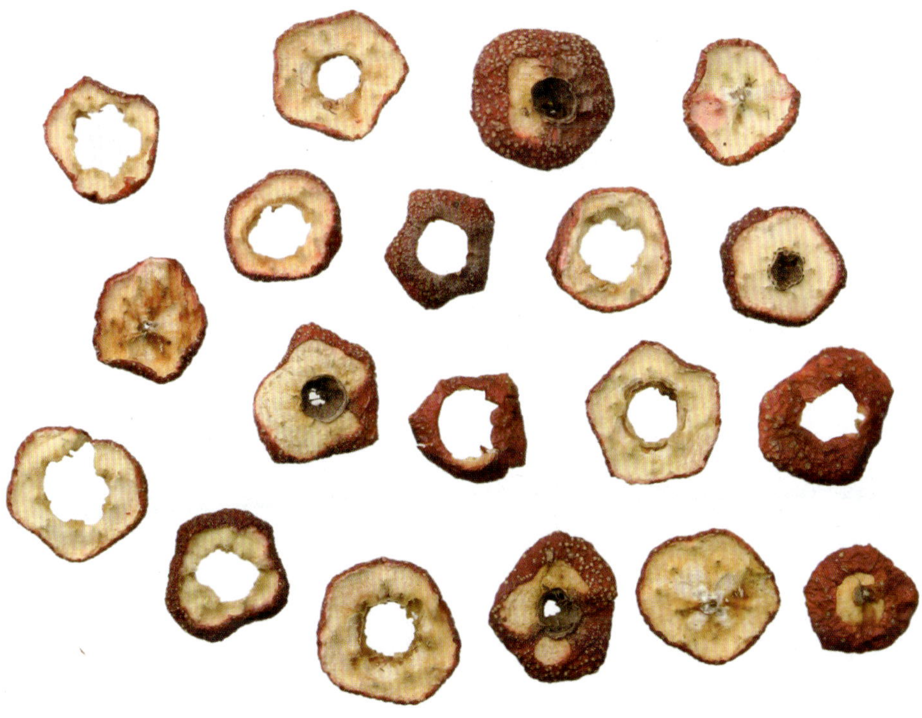

去核山楂　三等

山　药

DIOSCOREAE RHIZOMA

根据市场流通情况，将山药药材分为“光山药”“毛山药”“山药片”三个规格。在规格项下，根据直径和长度，将“光山药”和“毛山药”各划分为“一等”“二等”“三等”“四等”四个等级；根据直径，将“山药片”划分为“一等”“二等”两个等级。

（一）光山药

光山药　一等

光山药　二等

光山药　三等

光山药　四等

（二）毛山药

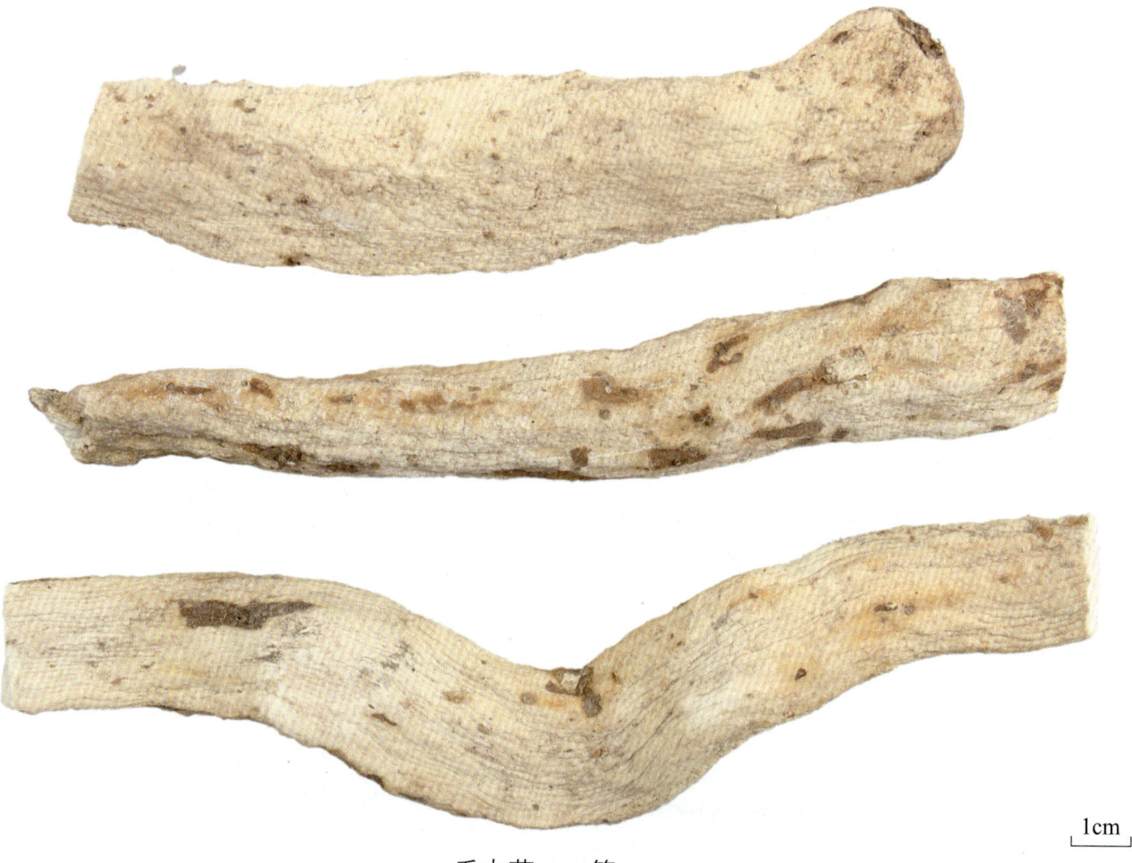

毛山药　一等

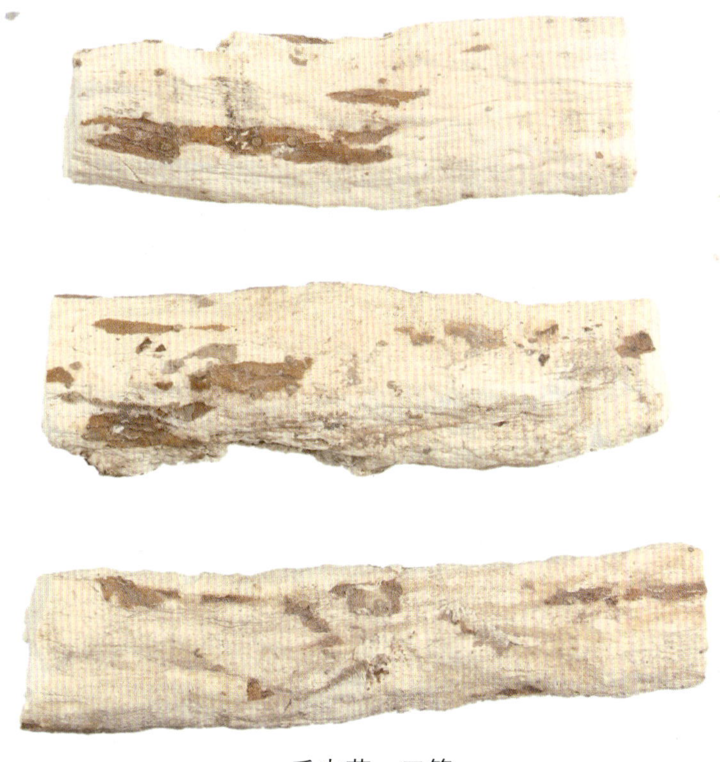

毛山药 二等

毛山药 三等

1cm

毛山药　四等

（三）山药片

1cm

山药片　一等

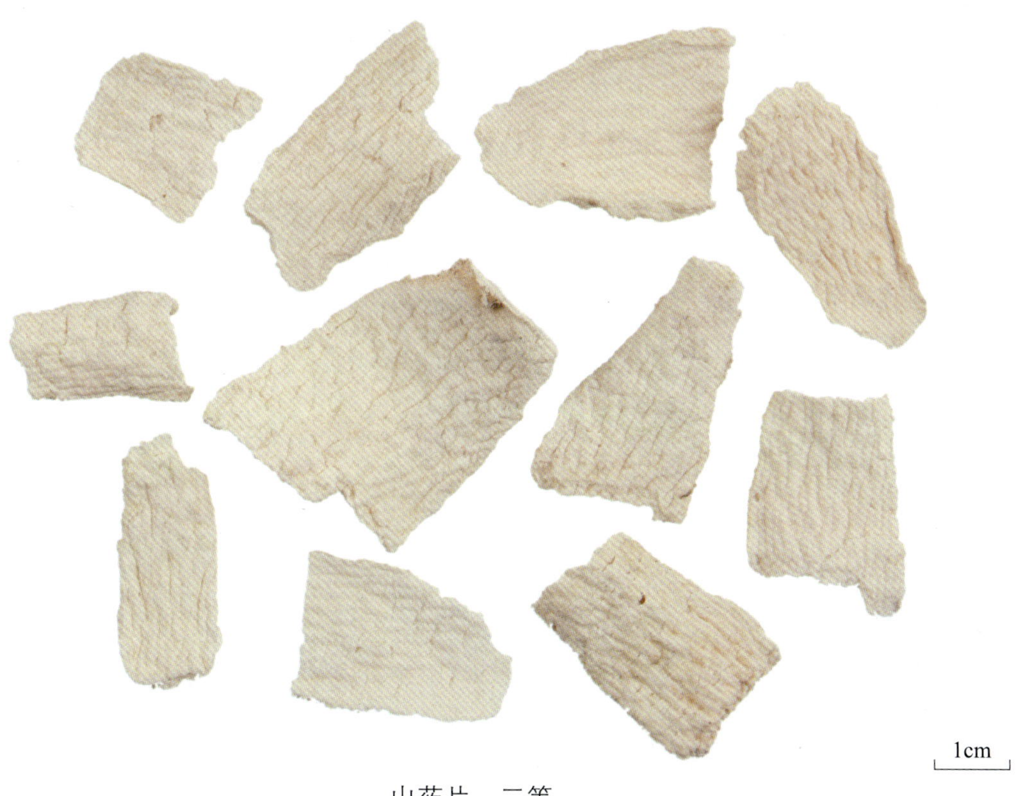

山药片 二等

黄　芩

SCUTELLARIAE RADIX

根据市场流通情况，将黄芩药材分为“栽培”和“野生”两个规格。在栽培黄芩规格项下，根据形状、直径和长度进行等级划分。

（一）栽培黄芩

栽培黄芩　选货　一等

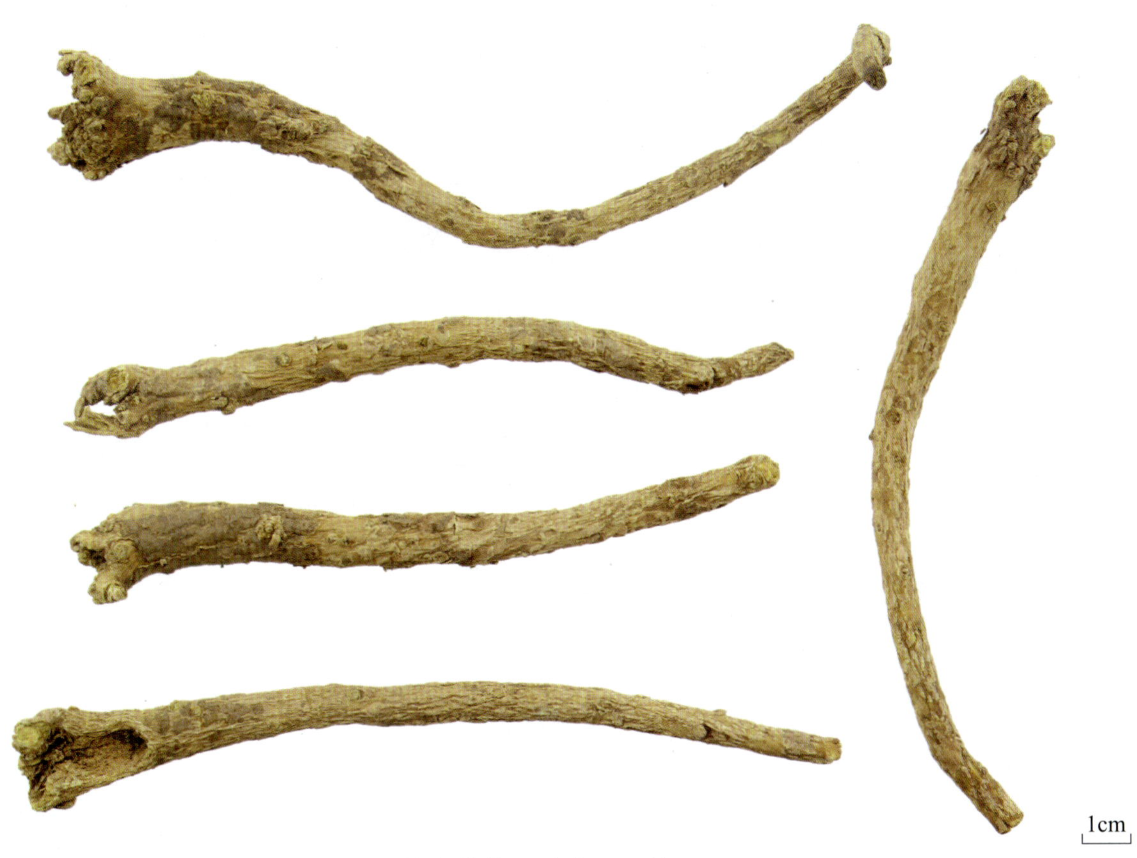

栽培黄芩 选货 二等

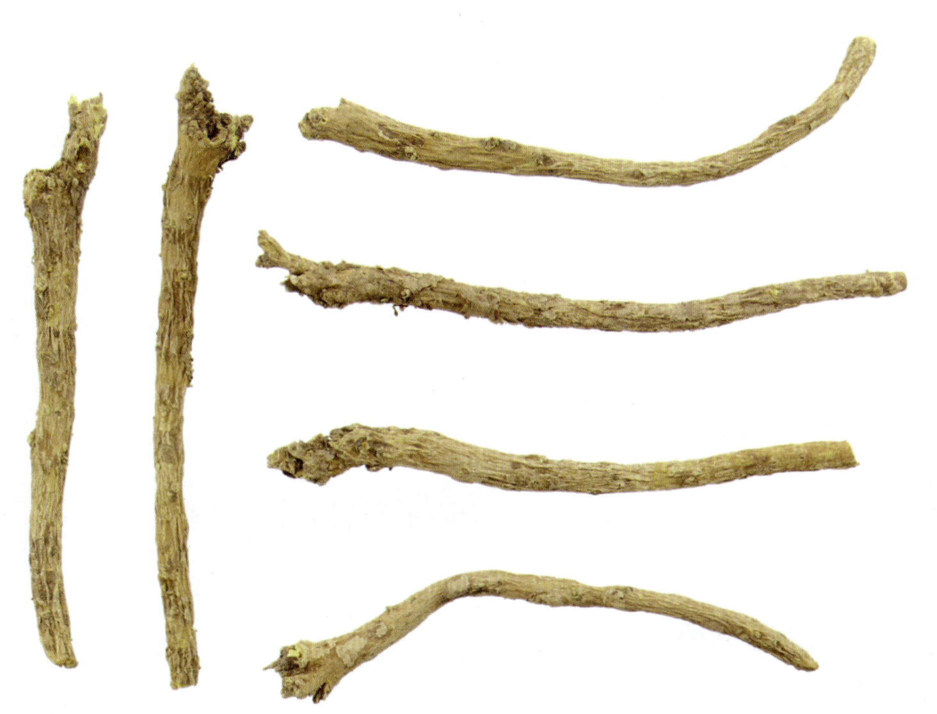

栽培黄芩 选货 三等

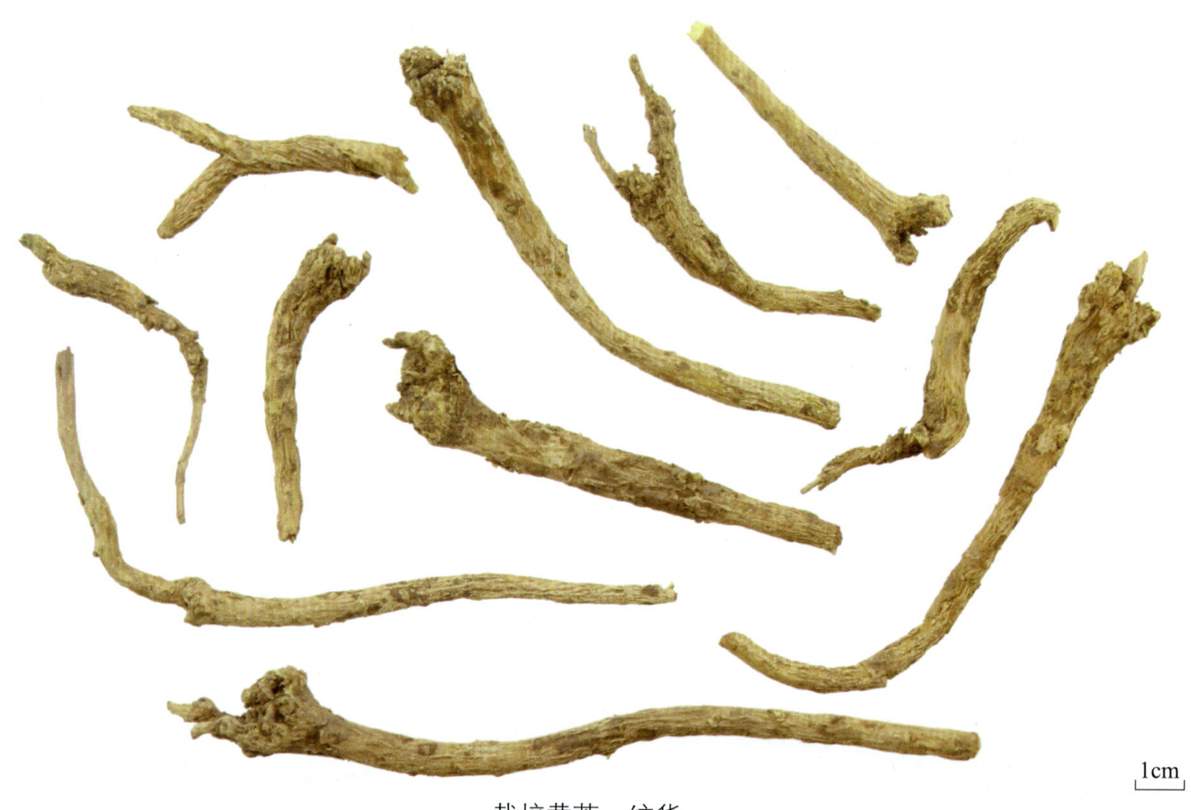

栽培黄芩　统货

（二）野生黄芩

野生黄芩　统货

白 芷

ANGELICAE DAHURICAE RADIX

根据市场流通情况，对药材进行等级划分，将白芷分为“选货”和“统货”，“选货”项下根据每千克所含的个数进行等级划分。

（一）选货

白芷 选货 一等

白芷　选货　二等

白芷　选货　三等

（二）统货

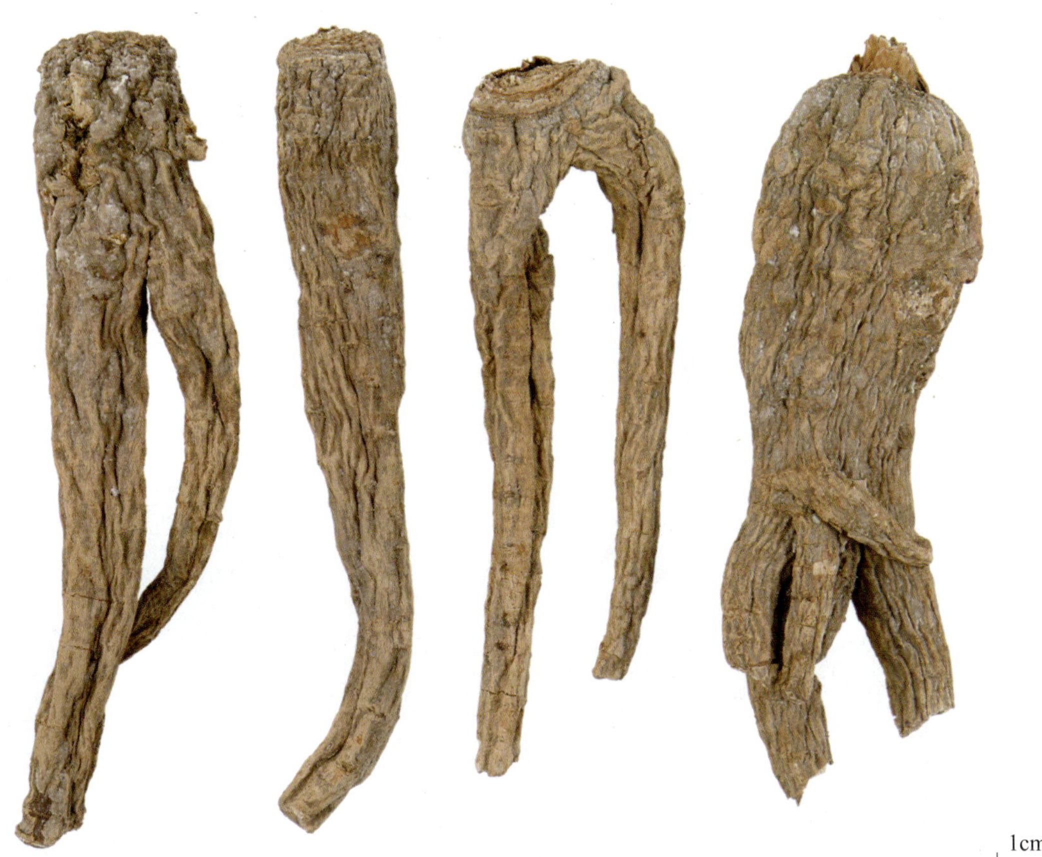

白芷 统货

砂 仁

AMOMI FRUCTUS

根据基原和产地不同，将砂仁药材分为“其他产区阳春砂”“春砂仁”“绿壳砂”“海南砂”四个规格；在规格下，根据每 100g 果实数、种子饱满度及其他商品外观性状等进行等级划分。

（一）其他产区阳春砂

其他产区阳春砂 一等

其他产区阳春砂　二等

其他产区阳春砂　三等

（二）春砂仁

春砂仁　统货

（三）绿壳砂

绿壳砂　统货

（四）海南砂

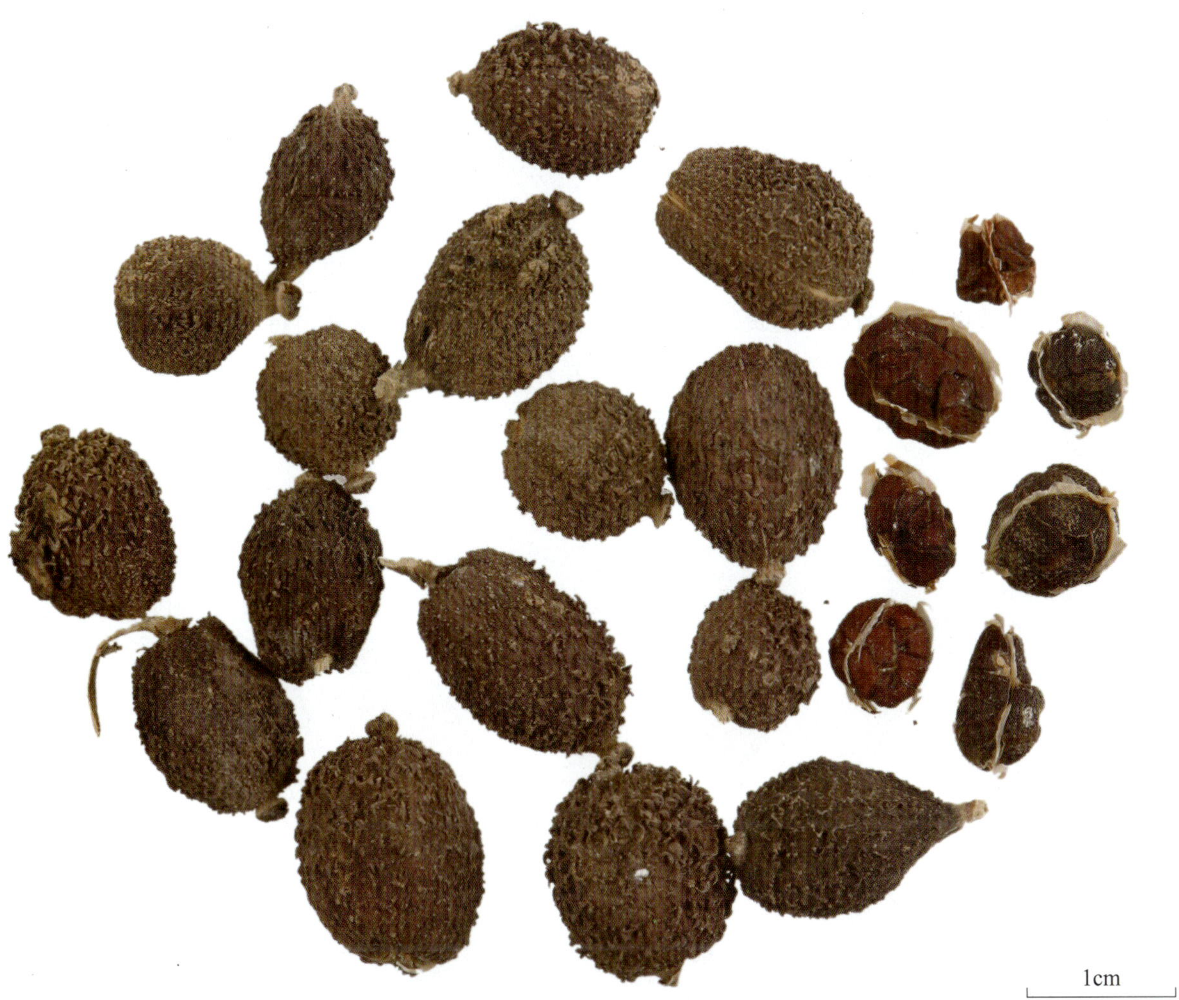

海南砂　统货

百 合

LILII BULBUS

根据不同基原，将百合药材分为“卷丹百合”“龙牙百合”两个规格。在规格项下，根据市场流通情况，将“卷丹百合”分为“选货”和“统货”；再根据百合鳞叶长宽，将“卷丹百合”选货规格分为“一等”“二等”和“三等”三个等级；将“卷丹百合”统货规格分为“大统”和“小统”；将“龙牙百合”选货规格分为“一等”“二等”和“三等”三个等级。

（一）卷丹百合

卷丹百合　选货　一等

卷丹百合 选货 二等

卷丹百合 选货 三等

卷丹百合　统货　大统

卷丹百合　统货　小统

（二）龙牙百合

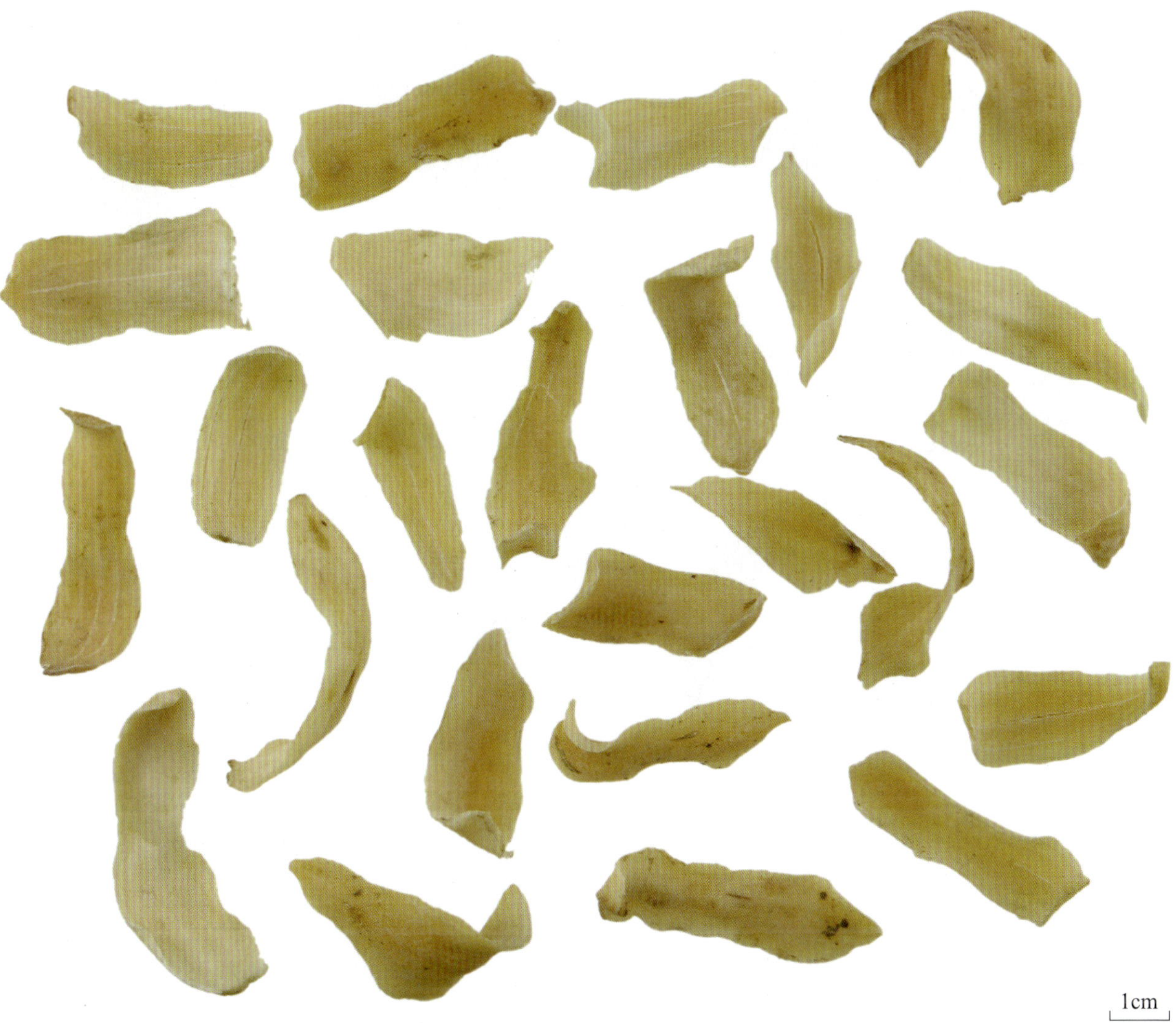

龙牙百合　选货　一等

龙牙百合　选货　二等

龙牙百合　选货　三等

淫羊藿

EPIMEDII FOLIUM

根据市场流通情况，将淫羊藿药材分为“小叶淫羊藿”“大叶淫羊藿”两个规格；在规格项下，根据叶片色泽、叶占比、碎叶占比进行等级划分。

（一）小叶淫羊藿

小叶淫羊藿　一等

小叶淫羊藿　二等

（二）大叶淫羊藿

大叶淫羊藿（柔毛淫羊藿）一等

大叶淫羊藿（朝鲜淫羊藿）一等

大叶淫羊藿（箭叶淫羊藿）一等

大叶淫羊藿（柔毛淫羊藿）二等

大叶淫羊藿（朝鲜淫羊藿）二等

1cm

大叶淫羊藿（箭叶淫羊藿）二等

1cm

大叶淫羊藿（柔毛淫羊藿）统货

1cm

大叶淫羊藿（朝鲜淫羊藿）统货

羌 活

NOTOPTERYGII RHIZOMA ET RADIX

根据生长模式的不同将羌活药材分为“野生羌活”“栽培羌活”“栽培宽叶羌活”三大规格。野生药材按市场交易习惯划分为“选货”和“统货”，在“选货”项下，根据药材质量差异进行等级划分；栽培药材不划分等级。

（一）野生羌活

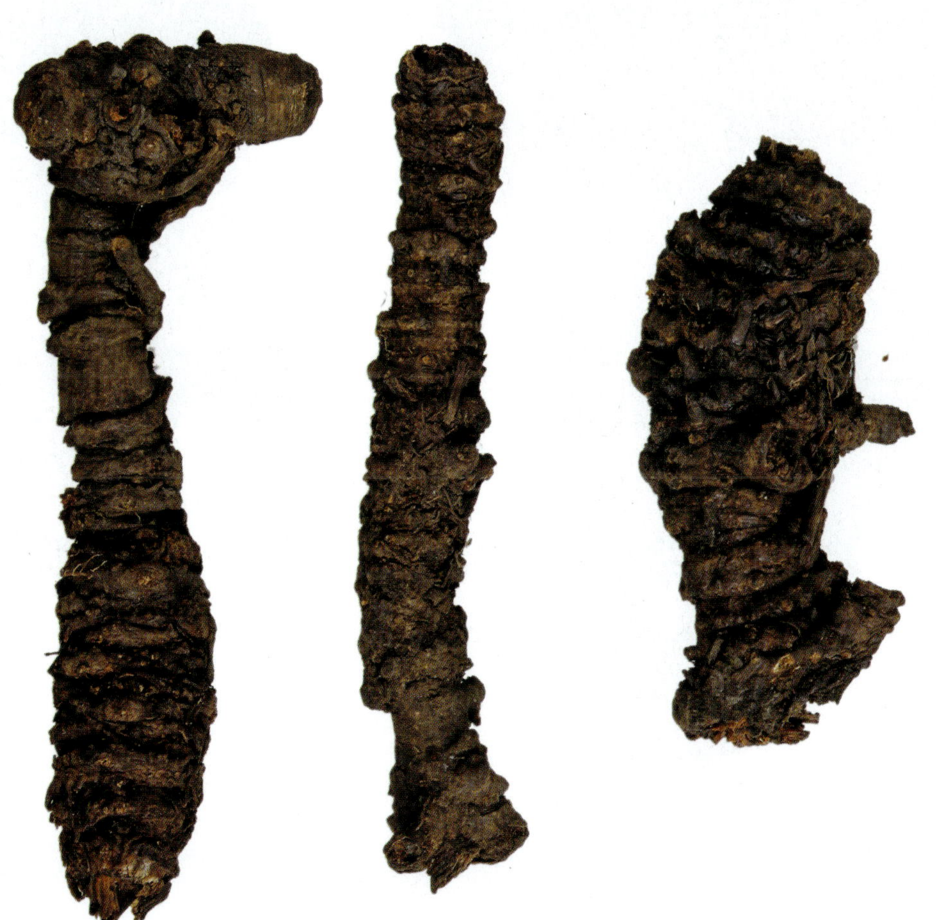

野生羌活　选货　一等（蚕羌）

野生羌活　选货　二等（大头羌）

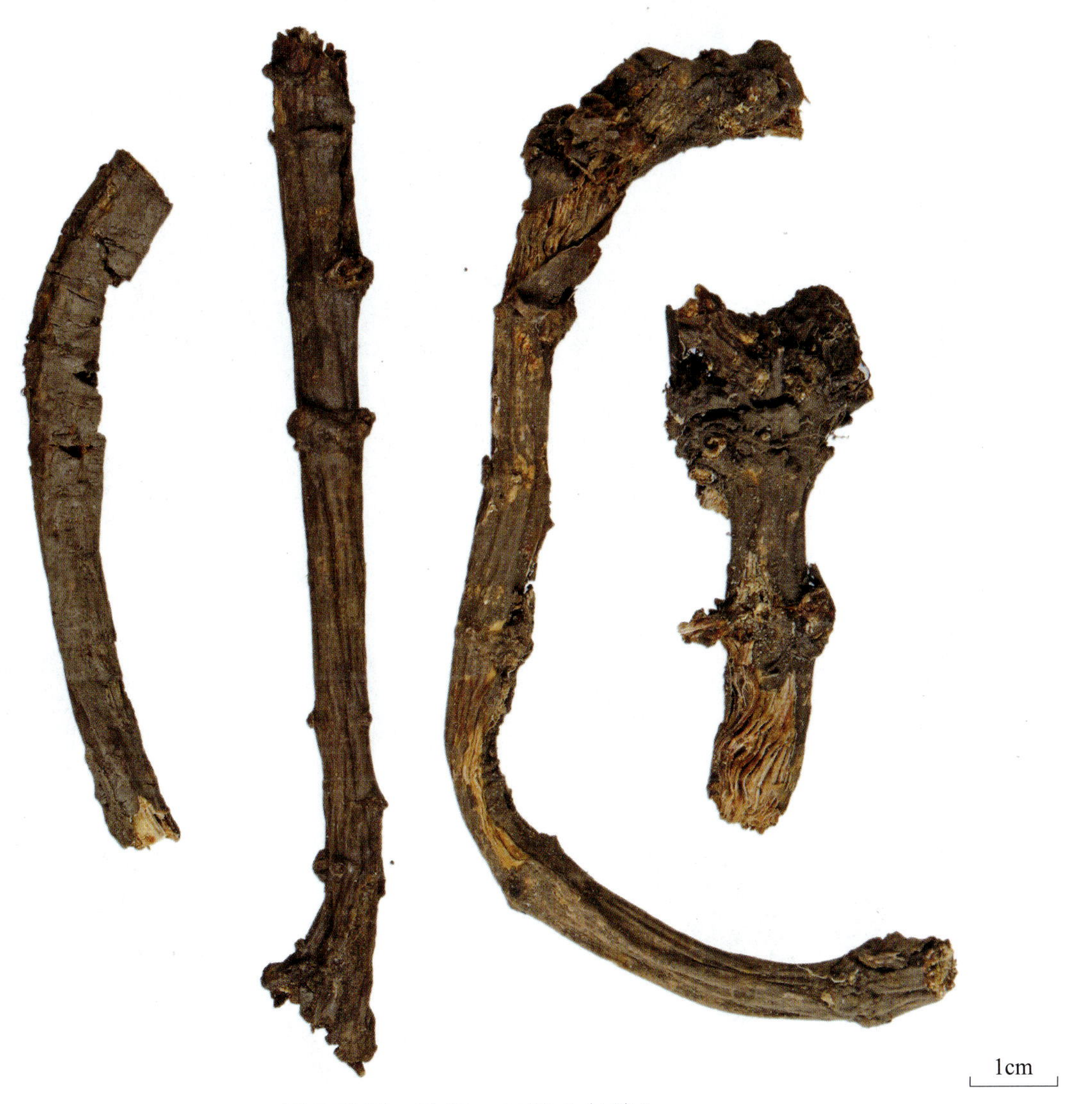

野生羌活 选货 三等（条羌）

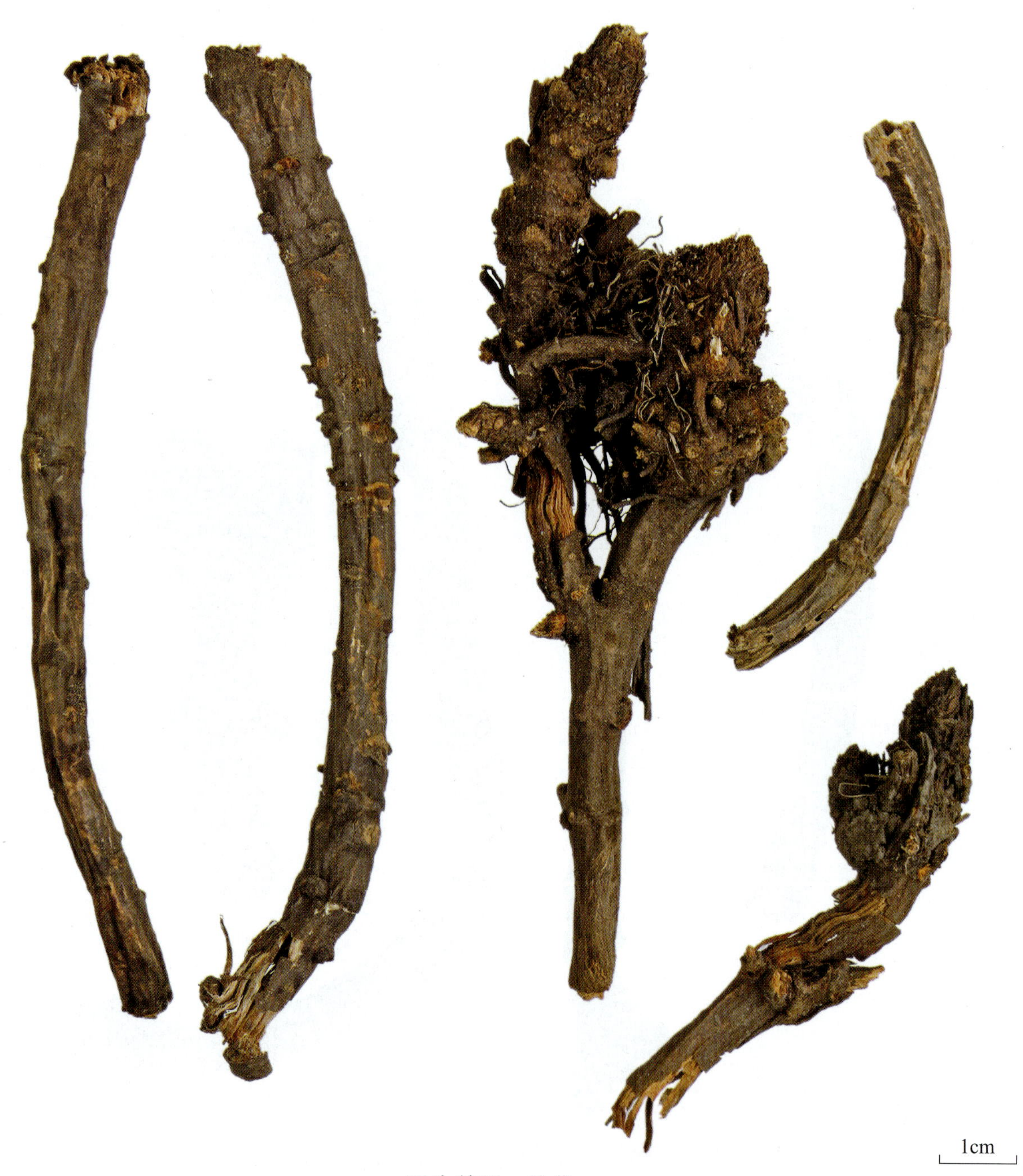

野生羌活　统货

（二）栽培羌活

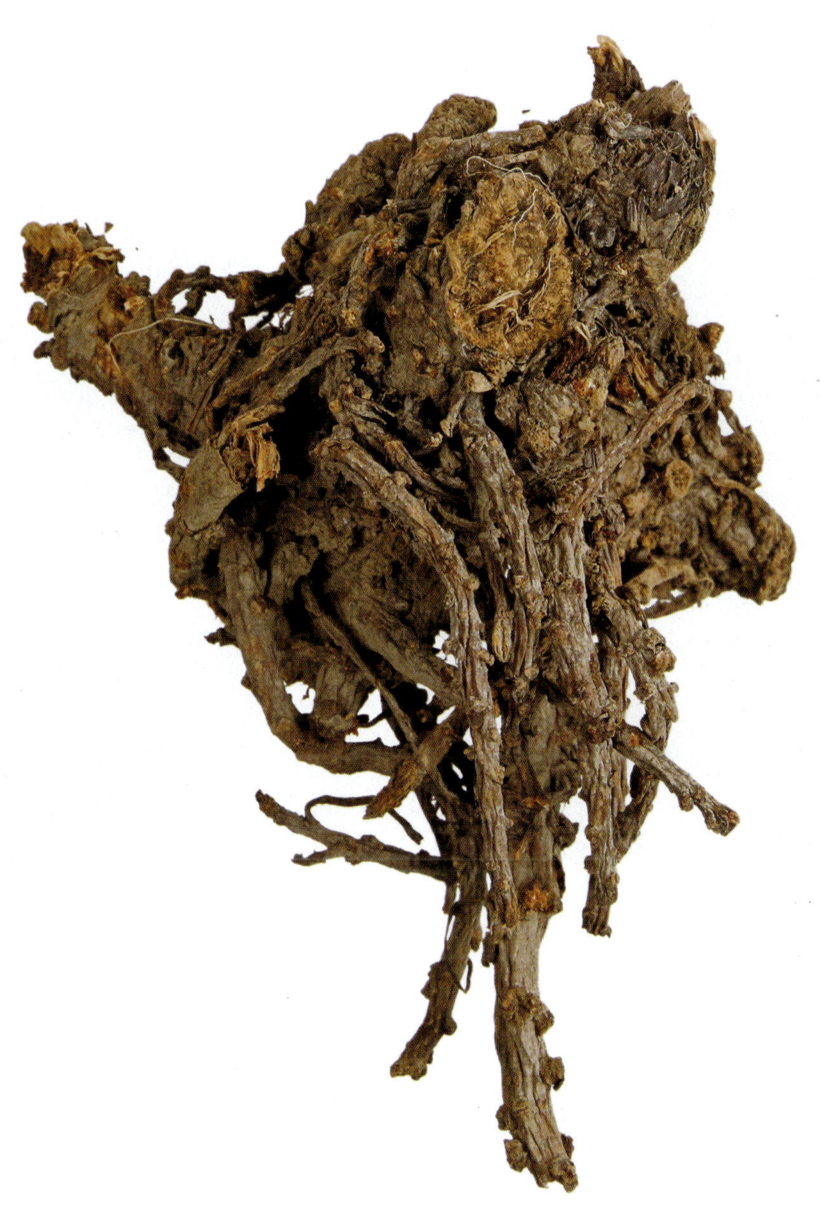

栽培羌活　统货

（三）栽培宽叶羌活

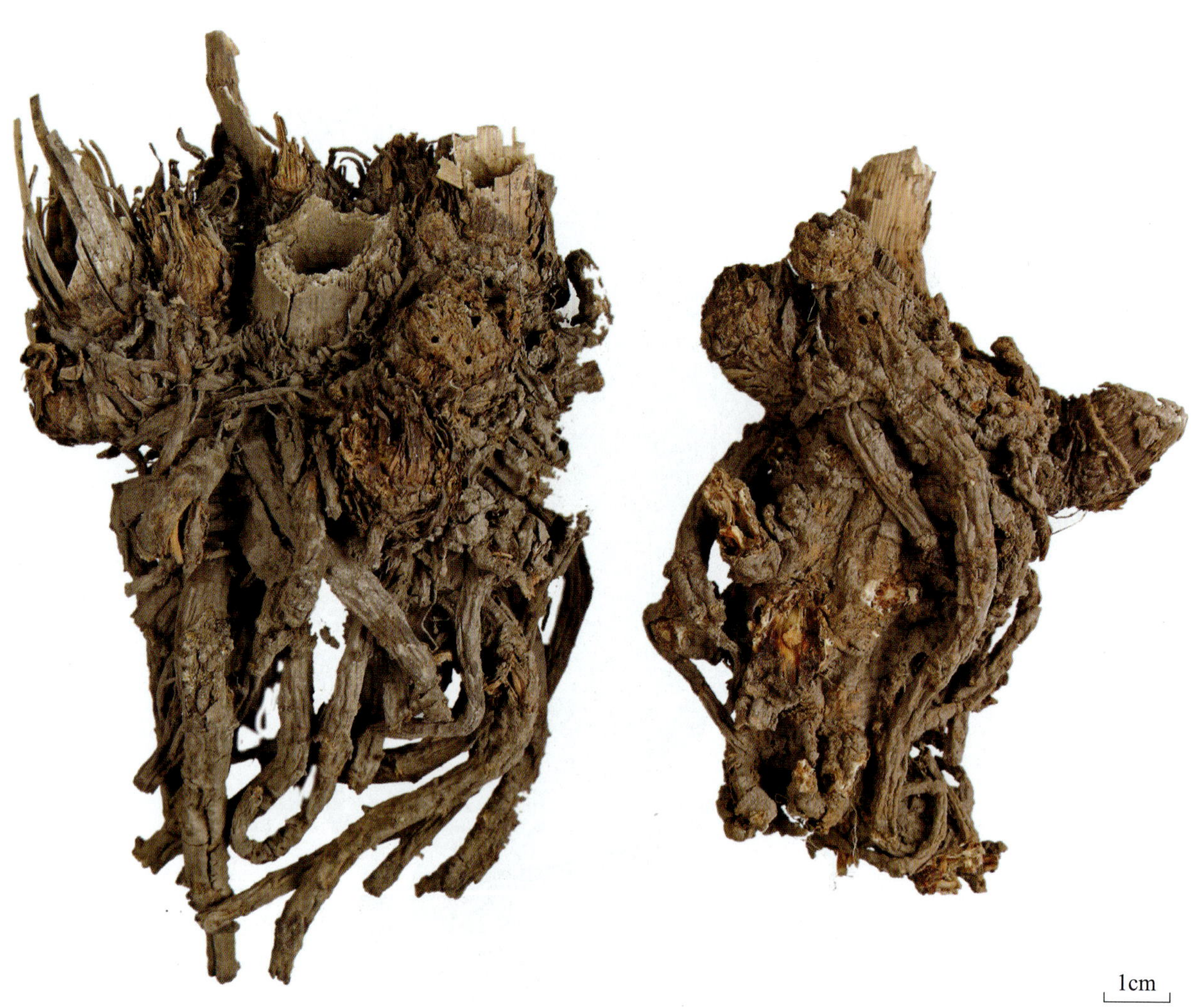

栽培宽叶羌活　统货

浙贝母

FRITILLARIAE THUNBERGII BULBUS

根据不同采收时期和不同的产地加工方法，将浙贝母药材分成浙贝片和珠贝两个规格；在规格项下，根据上中部直径、单个重量等进行等级划分。

（一）浙贝片

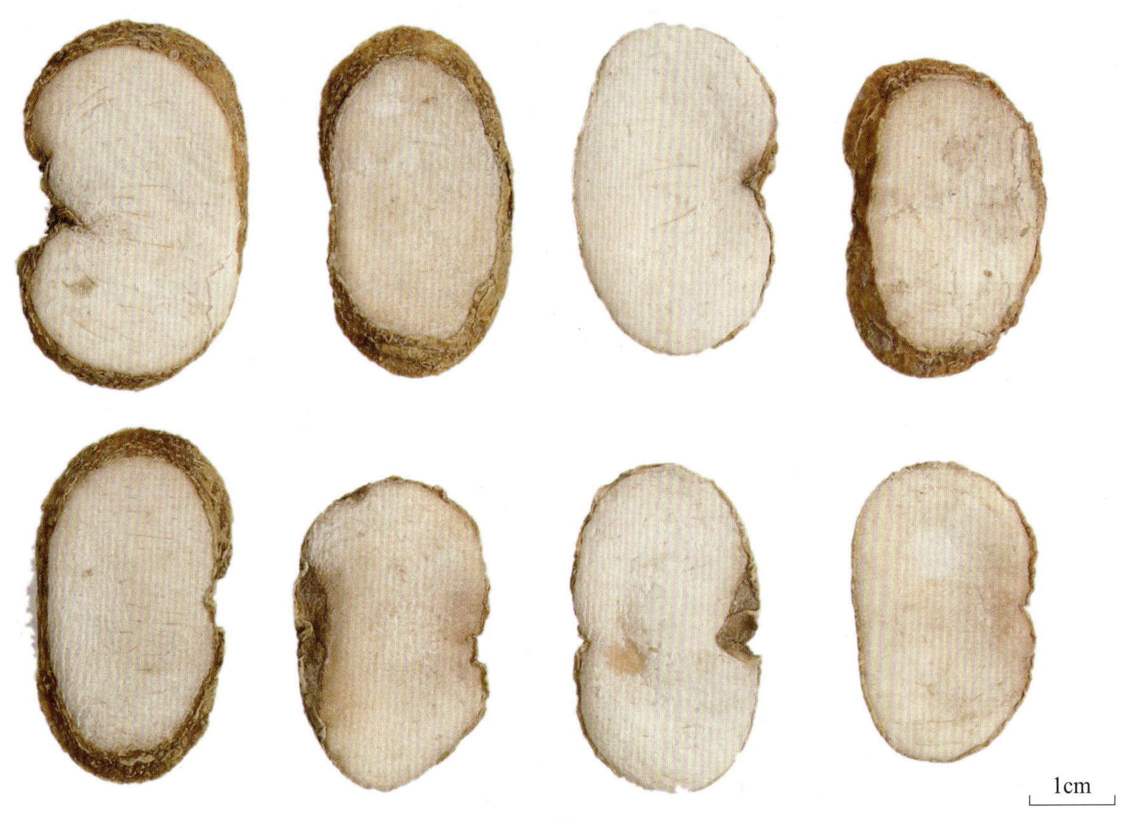

浙贝片 特级

浙贝片　一级

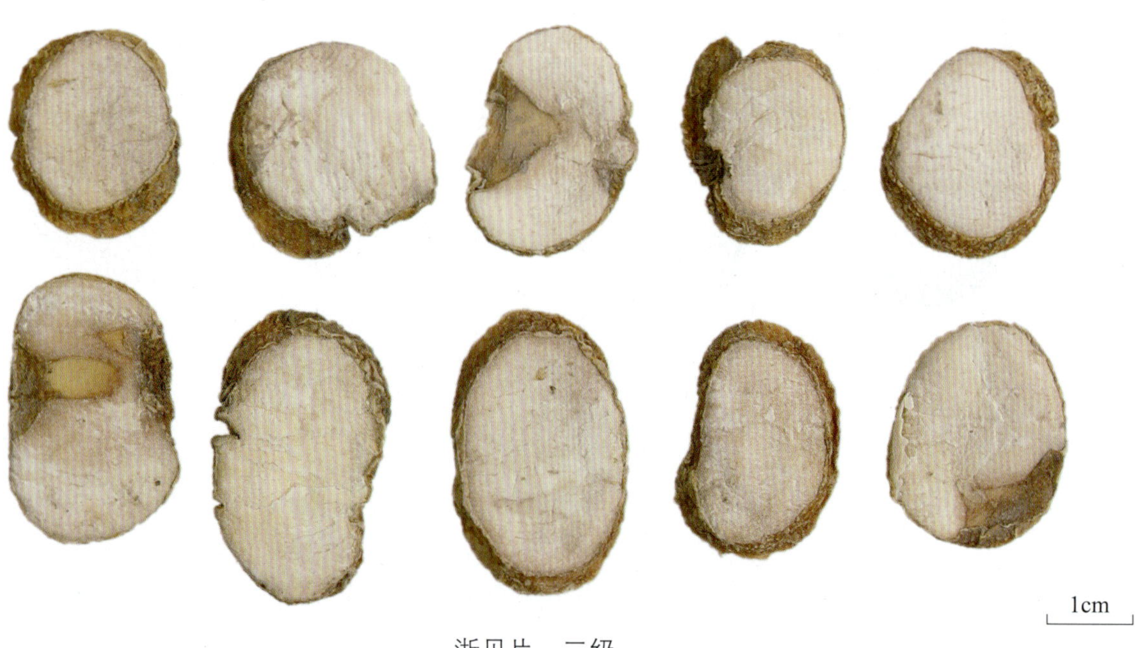

浙贝片　二级

浙贝片　统货

（二）珠贝

珠贝　特级

珠贝　一级

珠贝　二级

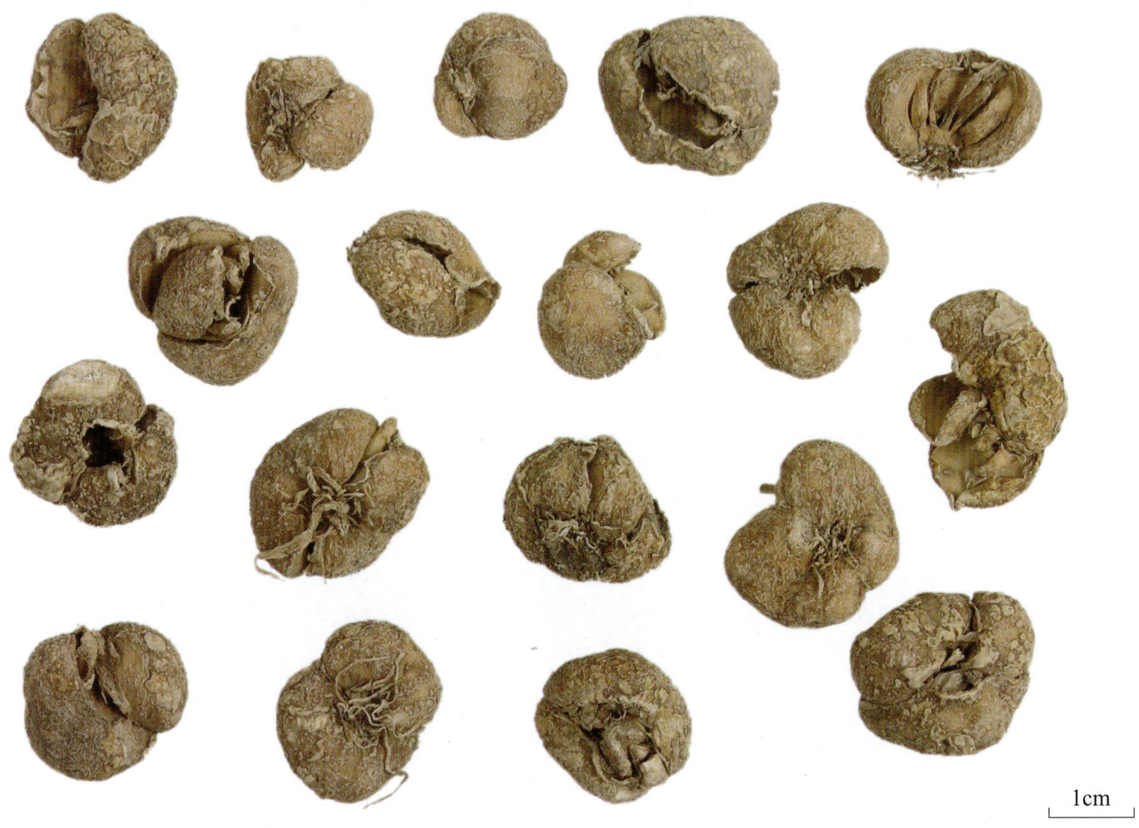

珠贝　统货

杜 仲

EUCOMMIAE CORTEX

根据市场流通情况，按照杜仲商品的厚度、形状等指标进行等级划分。

杜仲　一等　内表面

杜仲　一等　外表面

杜仲　一等　厚度

杜仲　二等　内表面

杜仲　二等　外表面

杜仲　二等　厚度

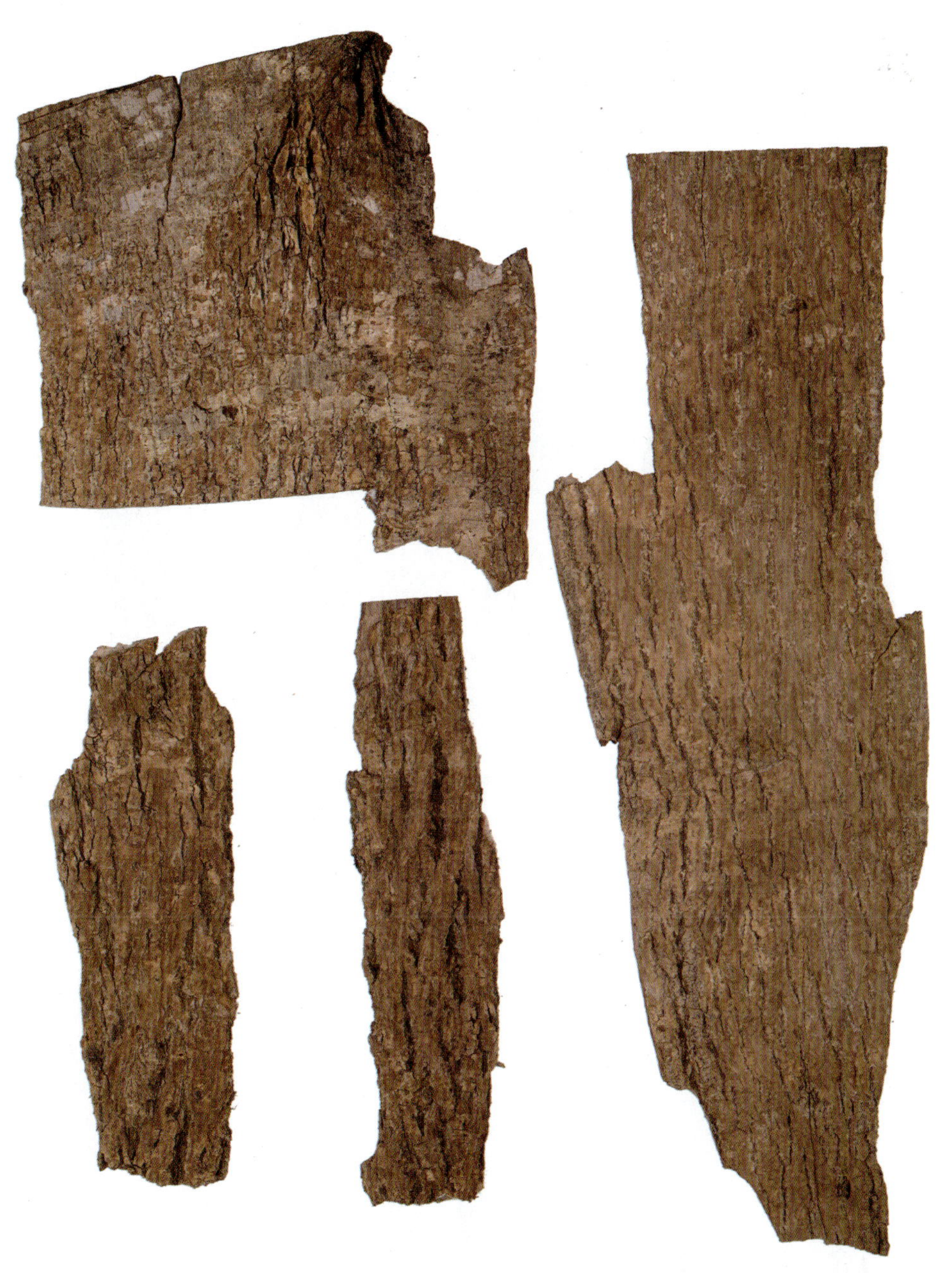

杜仲 统货

防　风

SAPOSHNIKOVIAE RADIX

根据市场流通情况，按照生长模式，将防风药材分为“野生防风”和“栽培防风”。在规格项下，根据药材芦头下直径与药材长度划分等级。

（一）野生防风

野生防风　选货　一等

野生防风 选货 二等

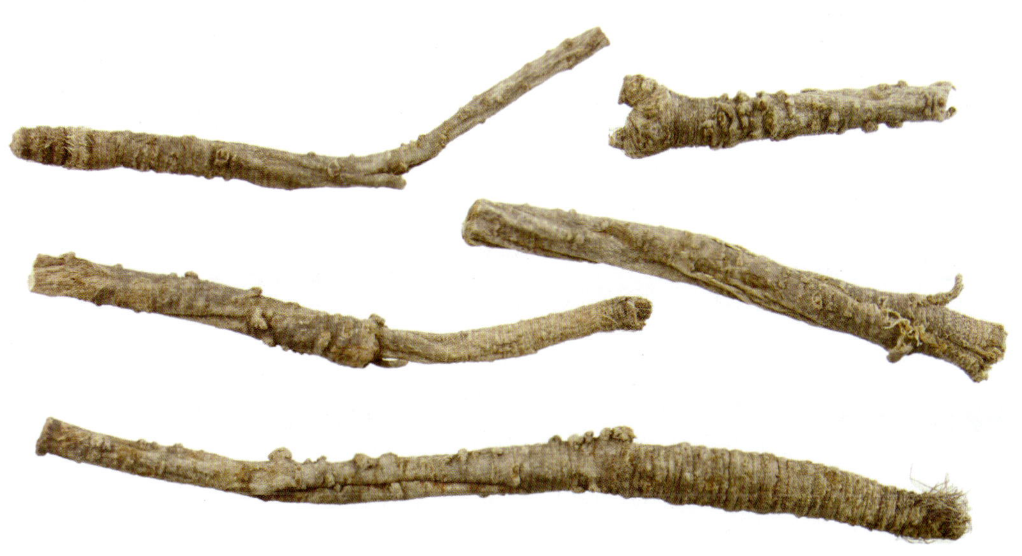

野生防风 统货

（二）栽培防风

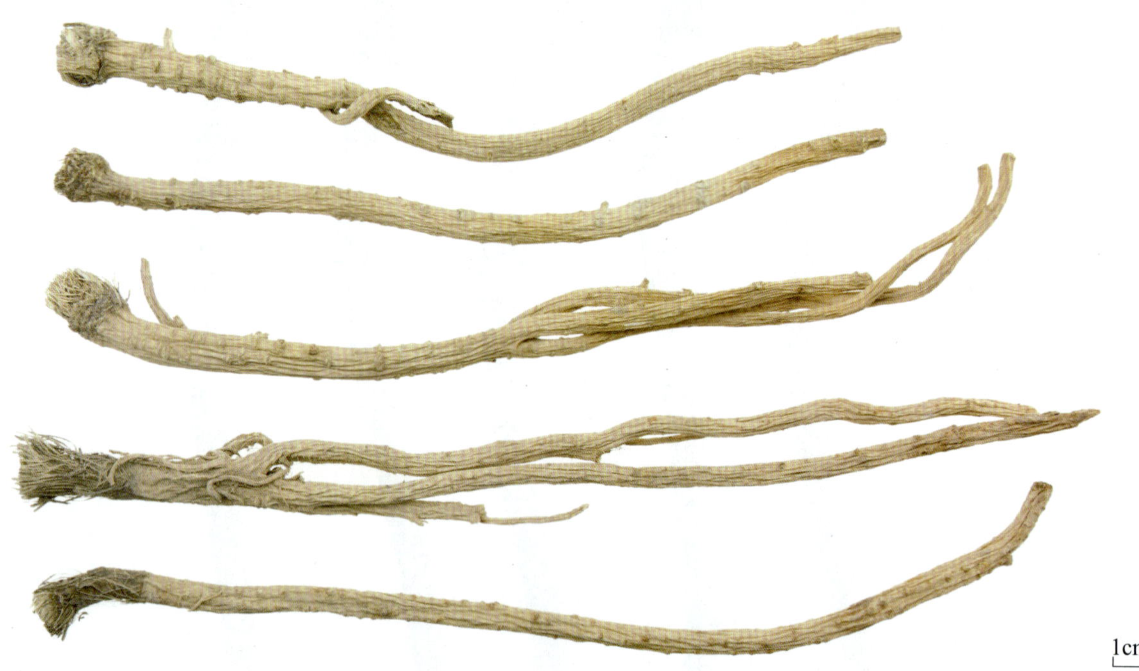

栽培防风　选货　一等

栽培防风　选货　二等

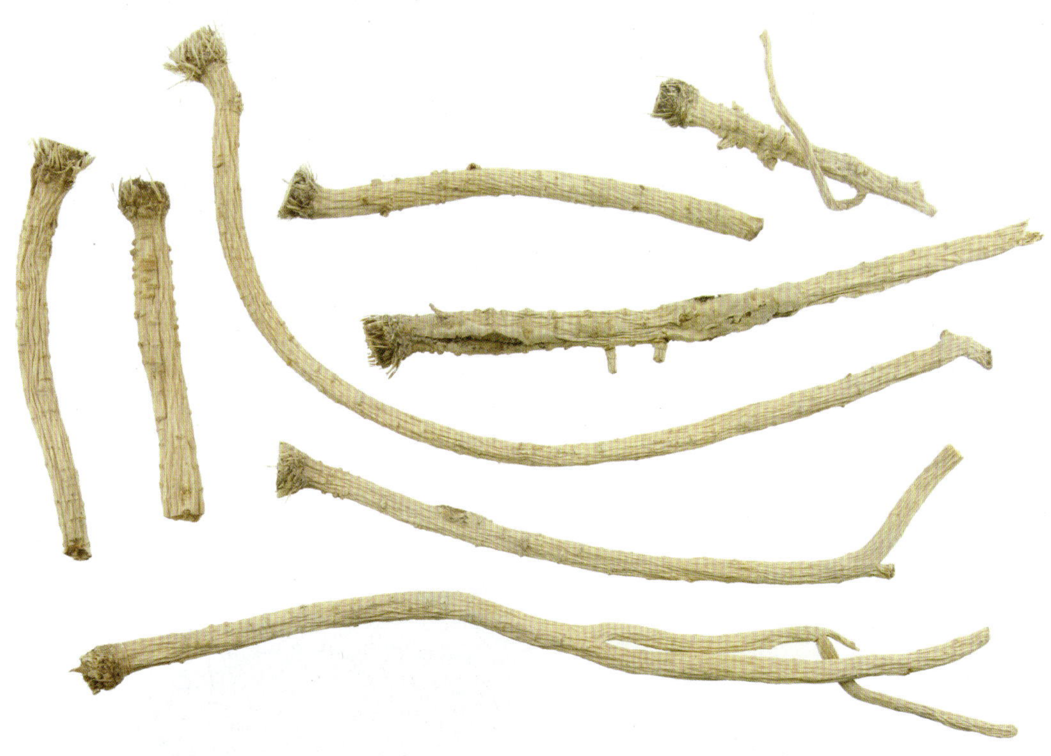

栽培防风 统货

地　黄

REHMANNIAE RADIX

根据市场流通情况，将地黄分为“选货”和“统货”两个规格。在“选货”项下，根据每千克所含的个数进行等级划分。

（一）选货

地黄　选货　16 支

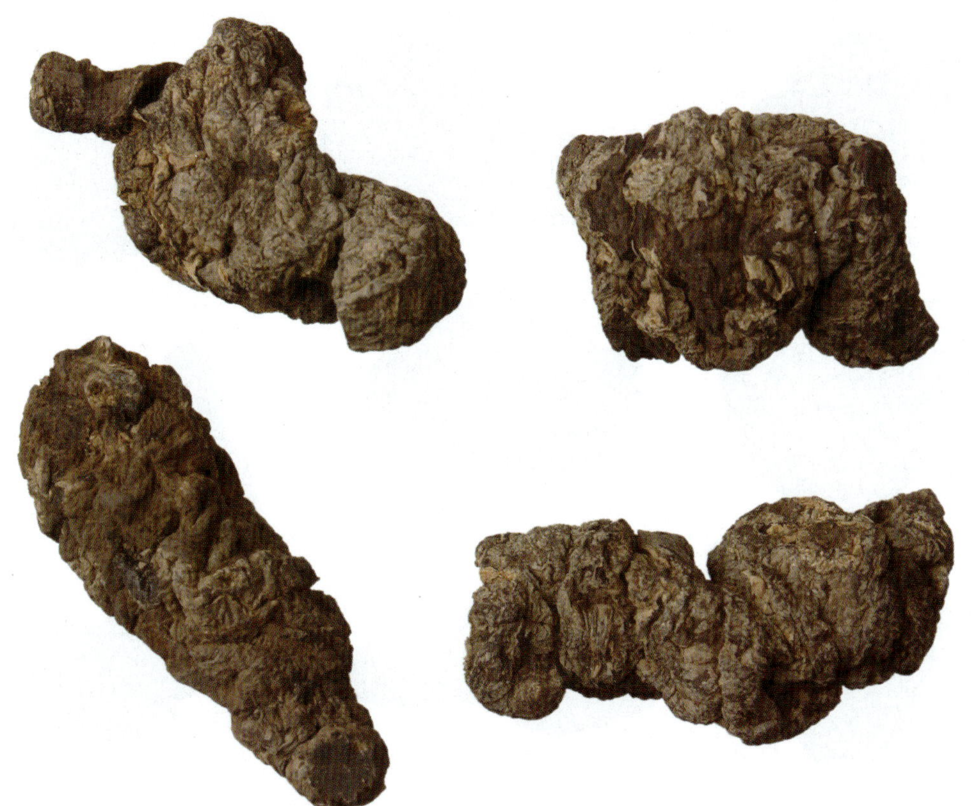

地黄 选货 32 支

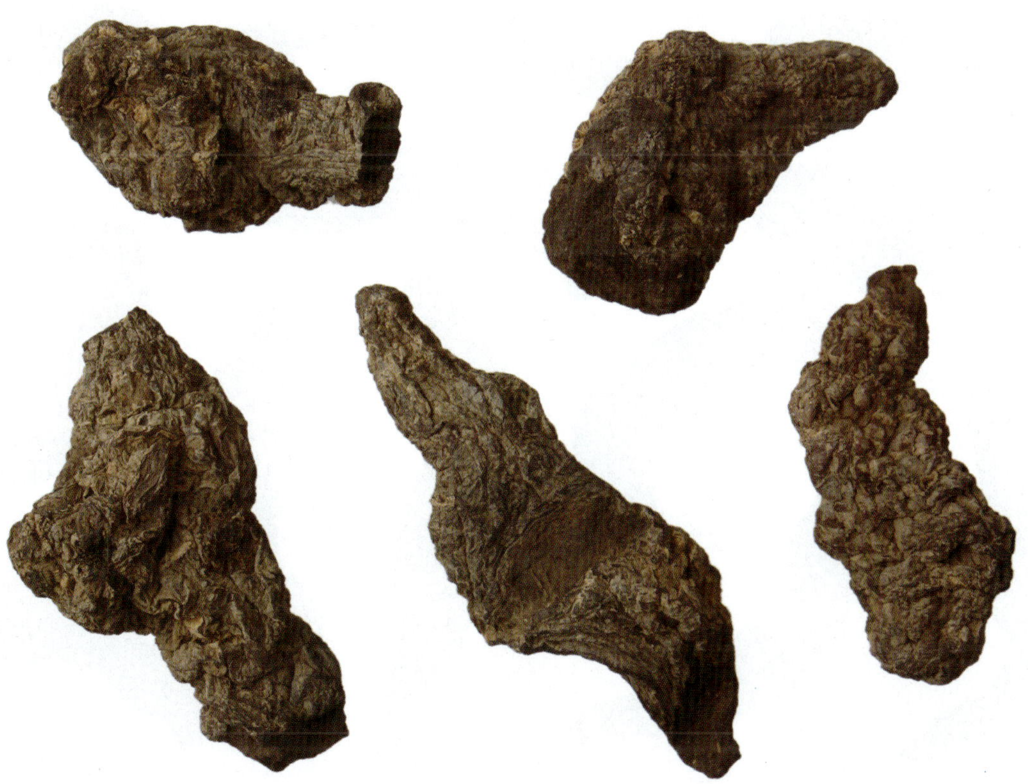

地黄 选货 60 支

地黄　选货　100支

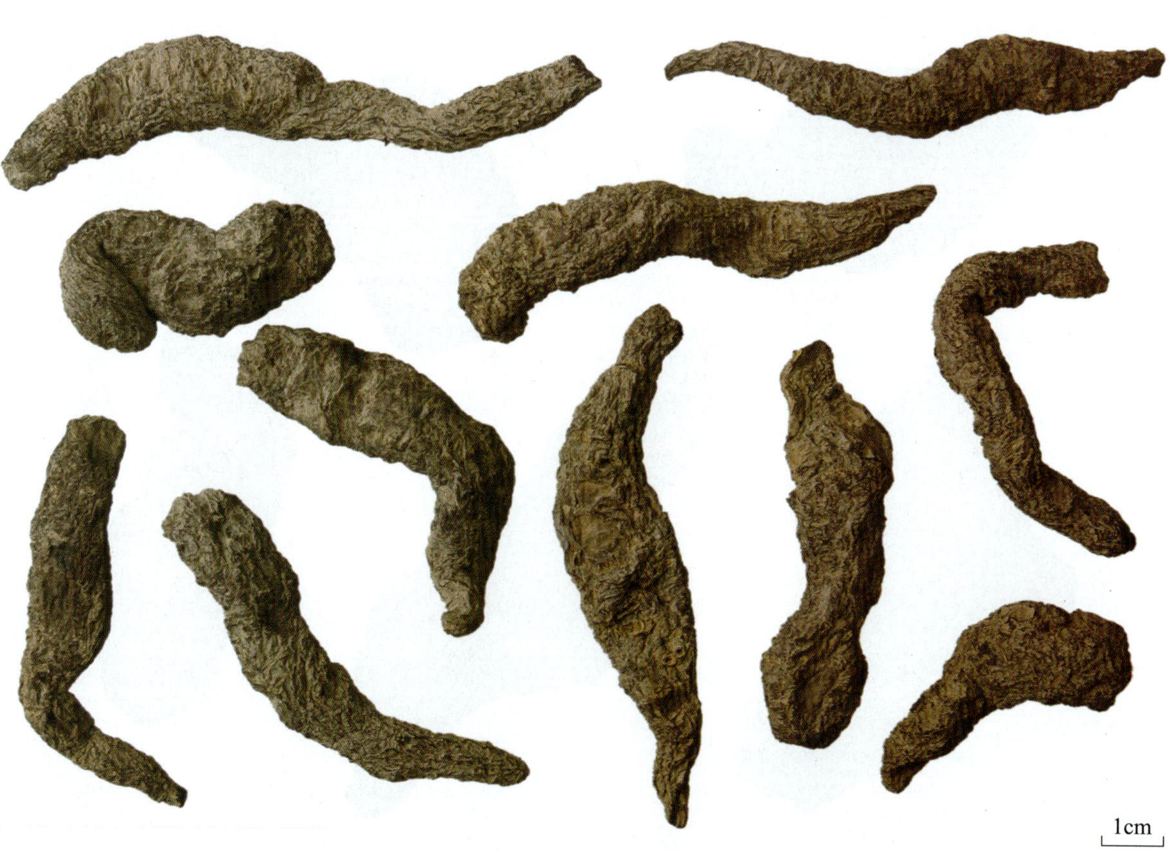

地黄　选货　无数支

（二）统货

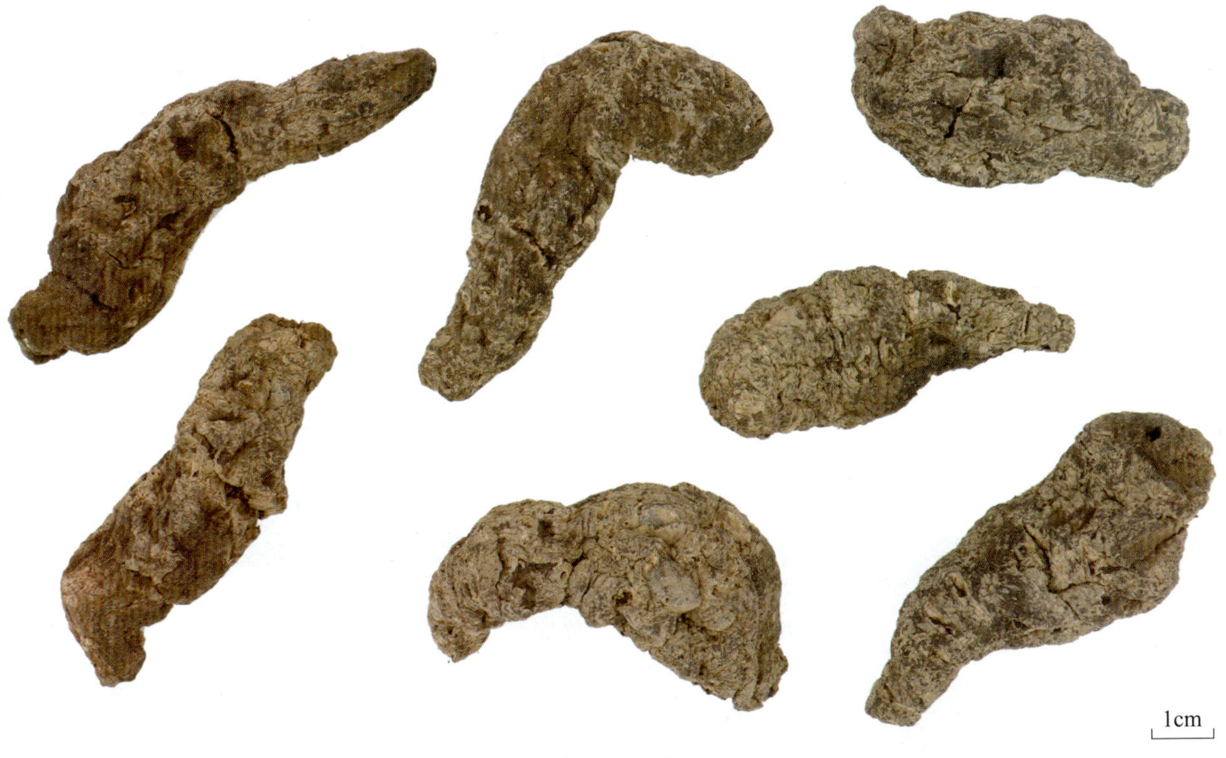

地黄 统货

薄　荷

MENTHAE HAPLOCALYCIS HERBA

根据市场流通情况，将薄荷分为选货与统货；根据药材所含叶的比例，将薄荷选货分为“一等”“二等”。

（一）选货

薄荷　选货　一等

薄荷　选货　二等

（二）统货

薄荷　统货

栀　子

GARDENIAE FRUCTUS

根据市场流通情况，将栀子药材分为“选货”和“统货”；在“选货”项下，根据青黄个重量占比和果梗重量占比等进行等级划分。

（一）选货

栀子　选货　一等

栀子 选货 二等

（二）统货

栀子 统货

枳 壳

AURANTII FRUCTUS

根据市场流通情况，将枳壳按产地划分为江西、四川、湖南、浙江四个规格。根据是否进行等级划分，将枳壳药材分为“选货”“统货”两个规格。“选货”项下，根据中果皮厚度和气香程度进行等级划分。

（一）江枳壳

江枳壳 选货 一等

1cm

江枳壳 选货 二等

（二）川枳壳

1cm

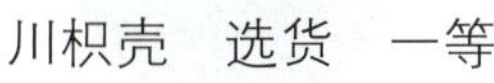

川枳壳 选货 一等

1cm

川枳壳　选货　二等

（三）湘枳壳

1cm

湘枳壳　选货　一等

湘枳壳 选货 二等

（四）其他产区枳壳

其他产区枳壳 统货

黄　连

COPTIDIS RHIZOMA

根据加工方法和外形特征不同，将黄连（味连）药材分为“单枝连”“鸡爪连”两个规格。在规格项下，根据黄连肥壮程度、直径、“过桥”有无和长度等划分等级。

（一）单枝连

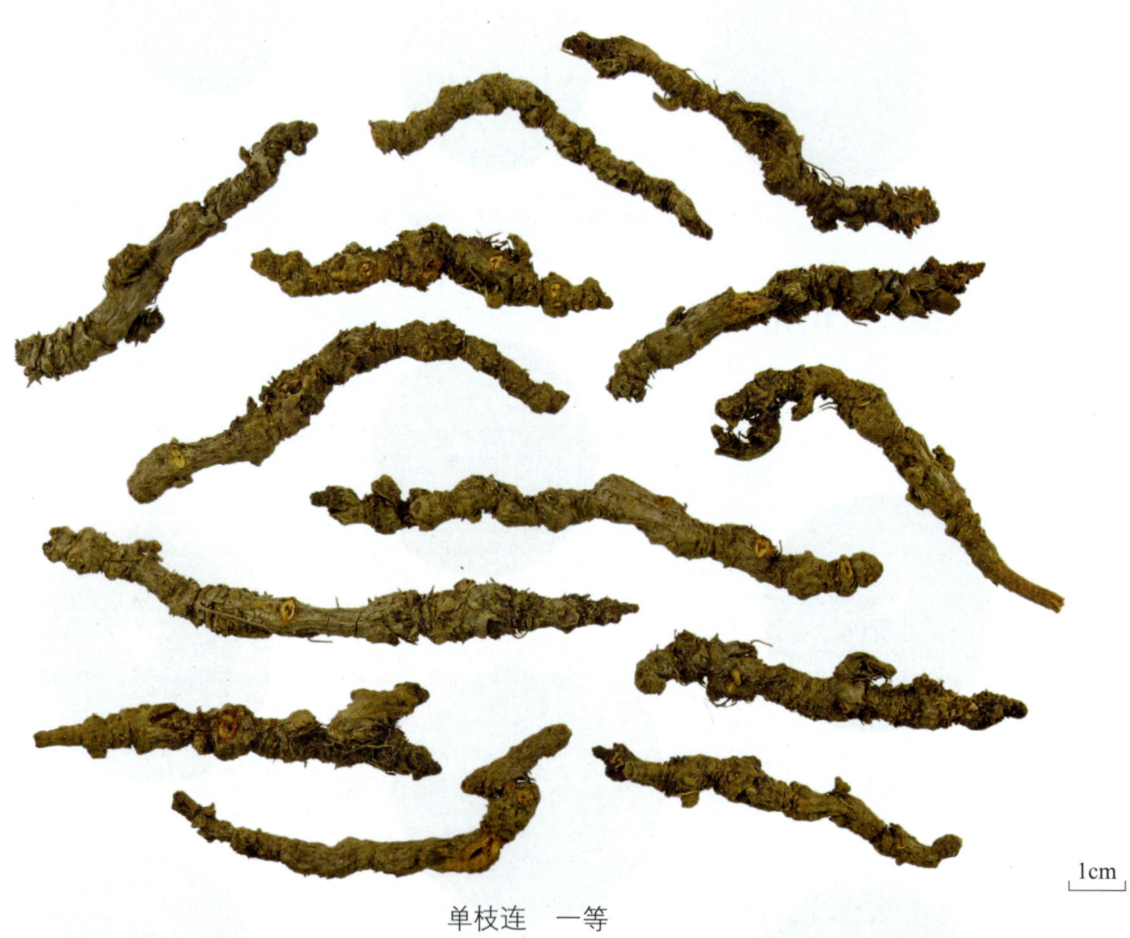

单枝连　一等

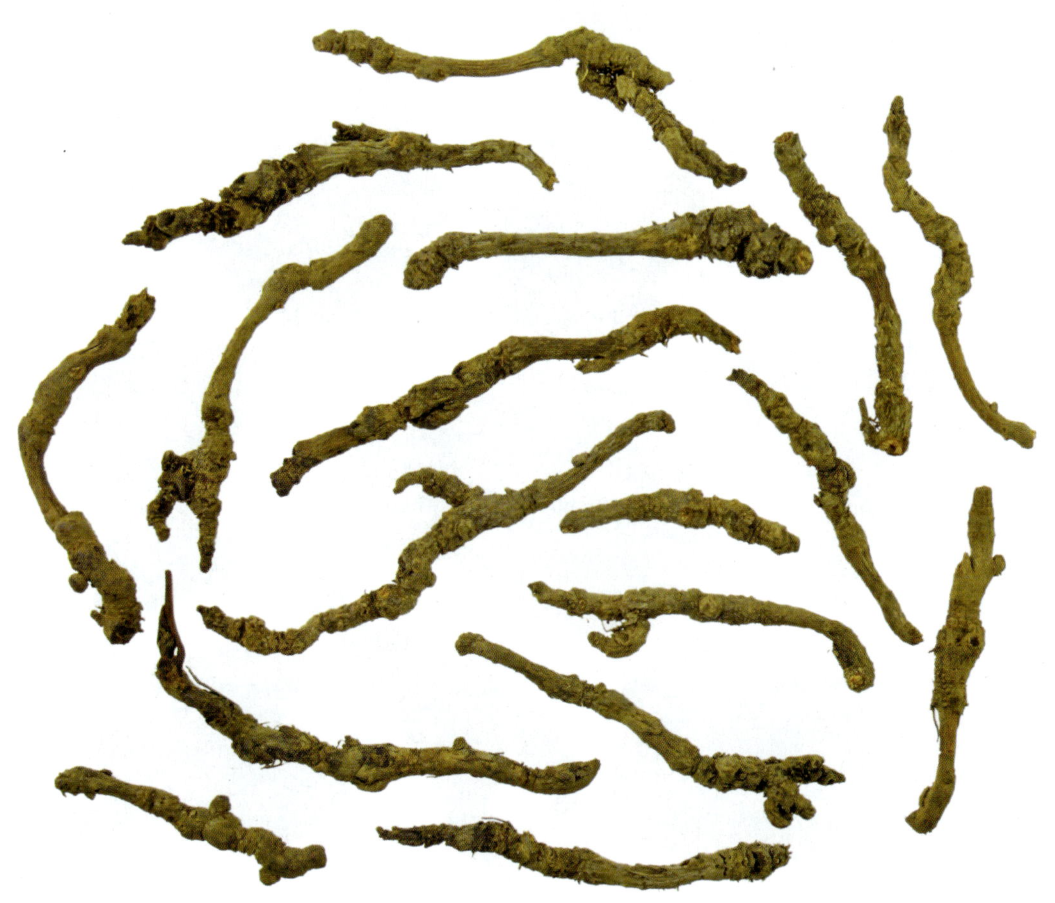

单枝连　二等

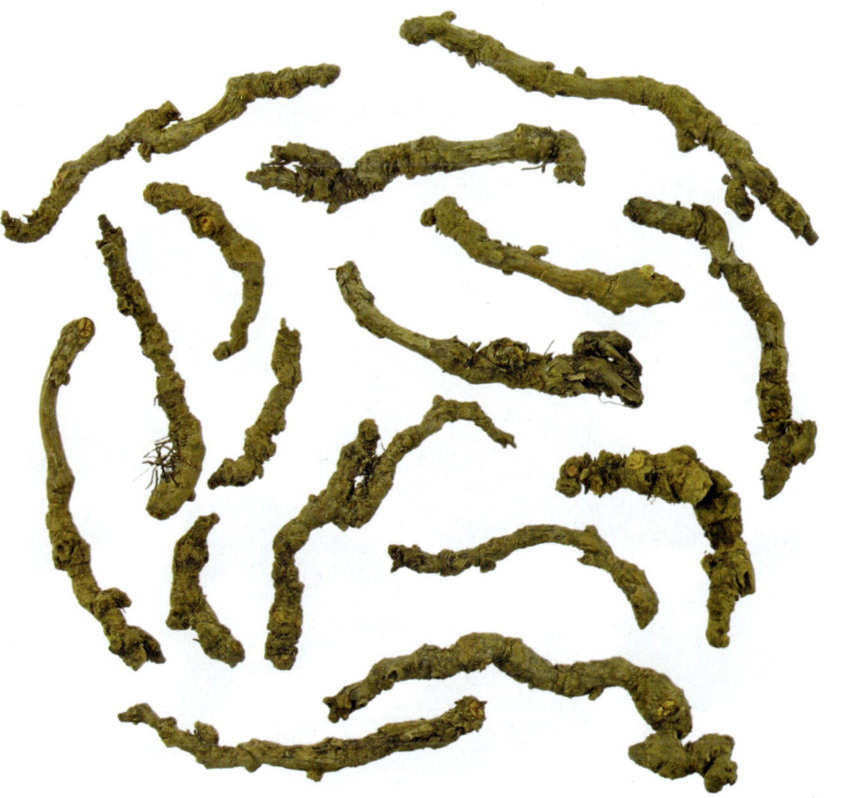

单枝连　统货

（二）鸡爪连

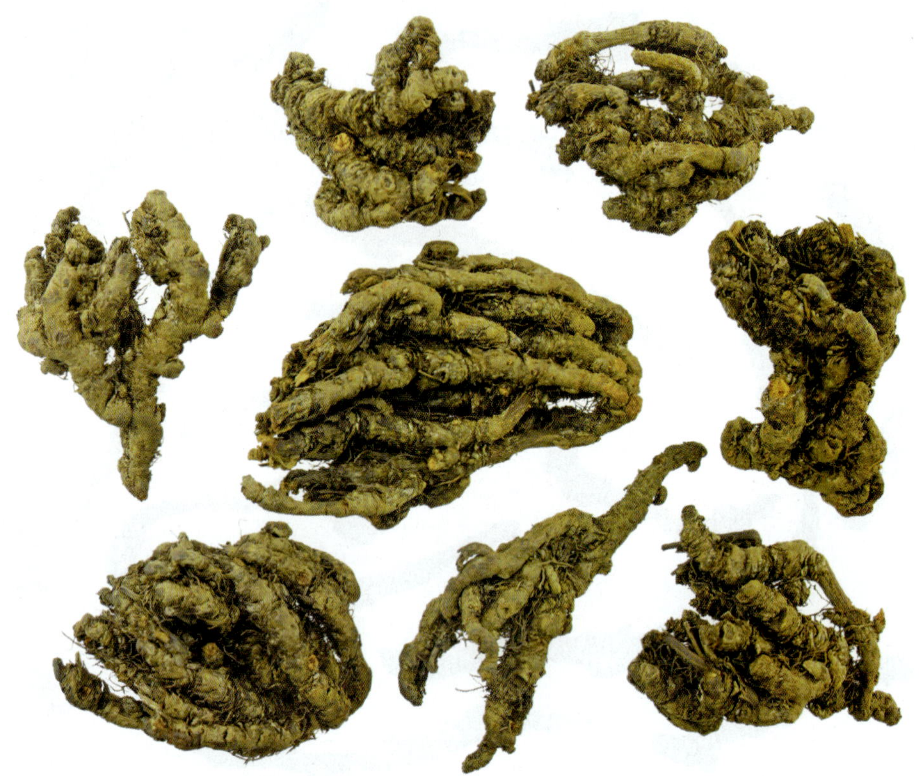

鸡爪连　一等

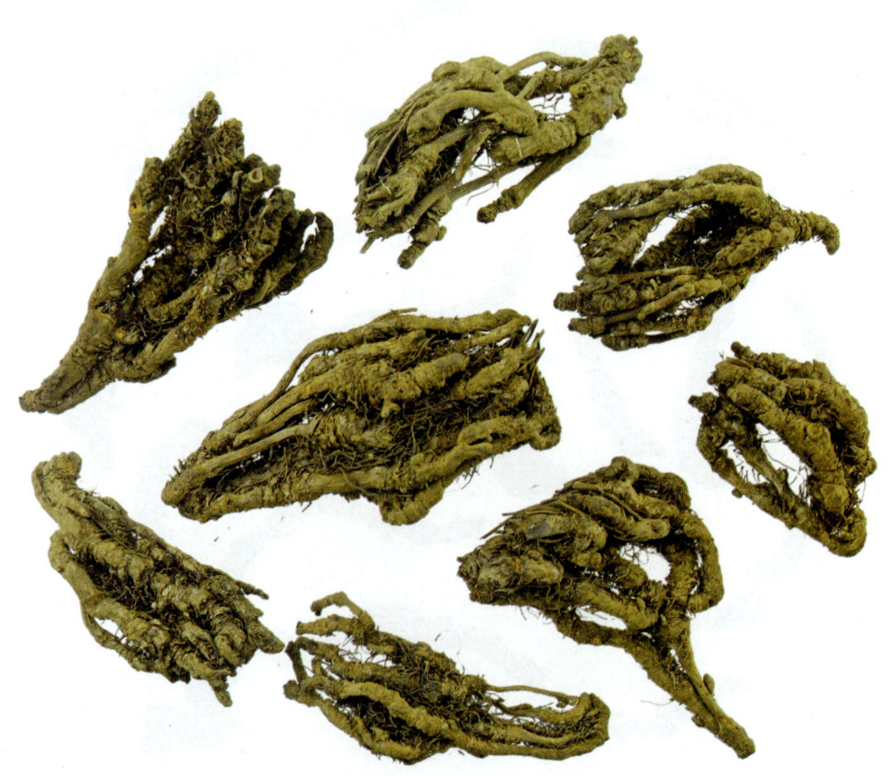

鸡爪连　二等

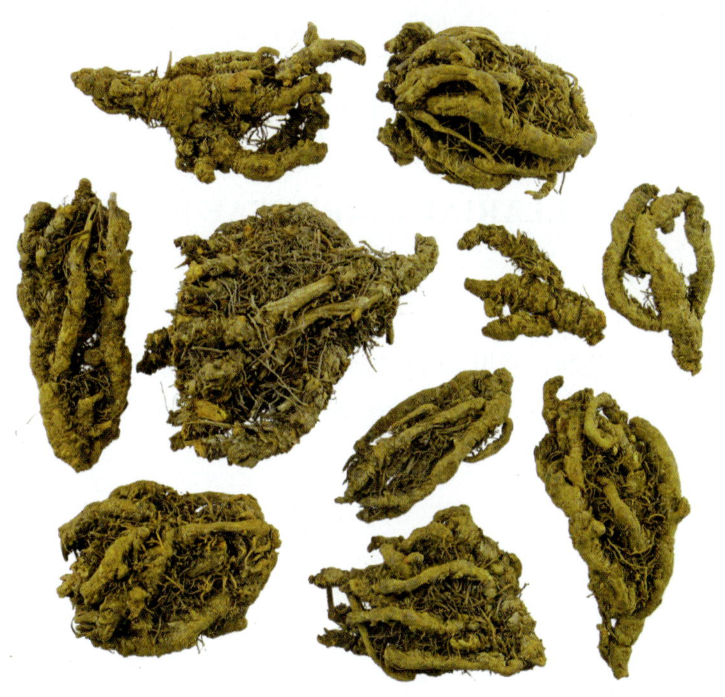

鸡爪连 统货

川贝母

FRITILLARIAE CIRRHOSAE BULBUS

根据市场流通情况，按照性状，将川贝母药材分为“松贝”“青贝”“炉贝”三个规格。在规格项下，根据是否进行等级划分，分成“选货”和“统货”;“选货”项下，根据直径及开花粒、碎瓣、芯籽、油粒的比例等进行等级划分。

（一）松贝

松贝 选货 一等

松贝　选货　二等

松贝　选货　三等

松贝　选货　四等

松贝　选货　五等

松贝 统货

（二）青贝

青贝 选货 一等

青贝　选货　二等

青贝　统货

（三）炉贝

炉贝 选货 一等

炉贝 选货 二等

炉贝　统货

冬虫夏草

CORDYCEPS

冬虫夏草药材可按西藏、青海、四川等不同地进行规格划分，在各规格项下，根据每千克所含的条数进行等级划分。

（一）选货

冬虫夏草　选货　一等

冬虫夏草　选货　二等

冬虫夏草　选货　三等

1cm

冬虫夏草　选货　四等

1cm

冬虫夏草　选货　五等

冬虫夏草　选货　六等

冬虫夏草　选货　七等

（二）统货

冬虫夏草　统货

黄 精

POLYGONATI RHIZOMA

根据市场流通情况，将黄精药材分为“大黄精”“鸡头黄精”和“姜形黄精”三个规格。在各规格项下，根据每1kg个数进行等级划分。

（一）大黄精

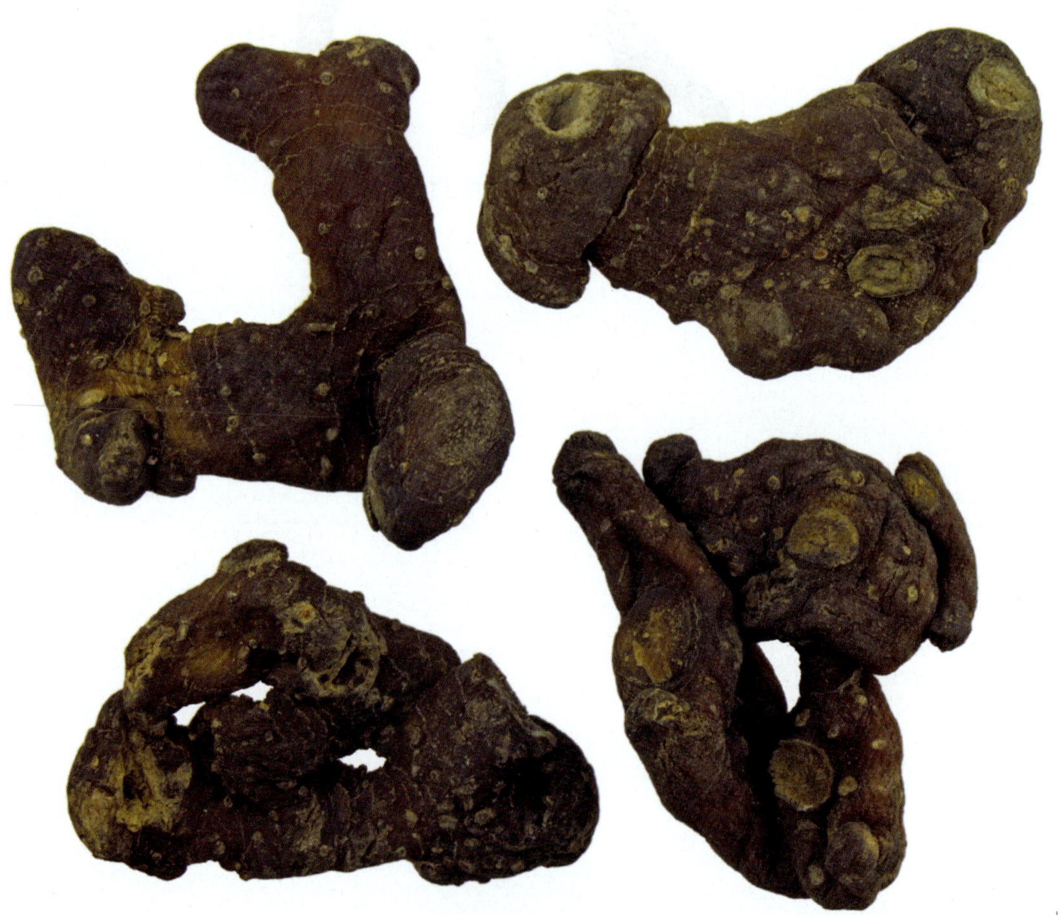

大黄精 一等

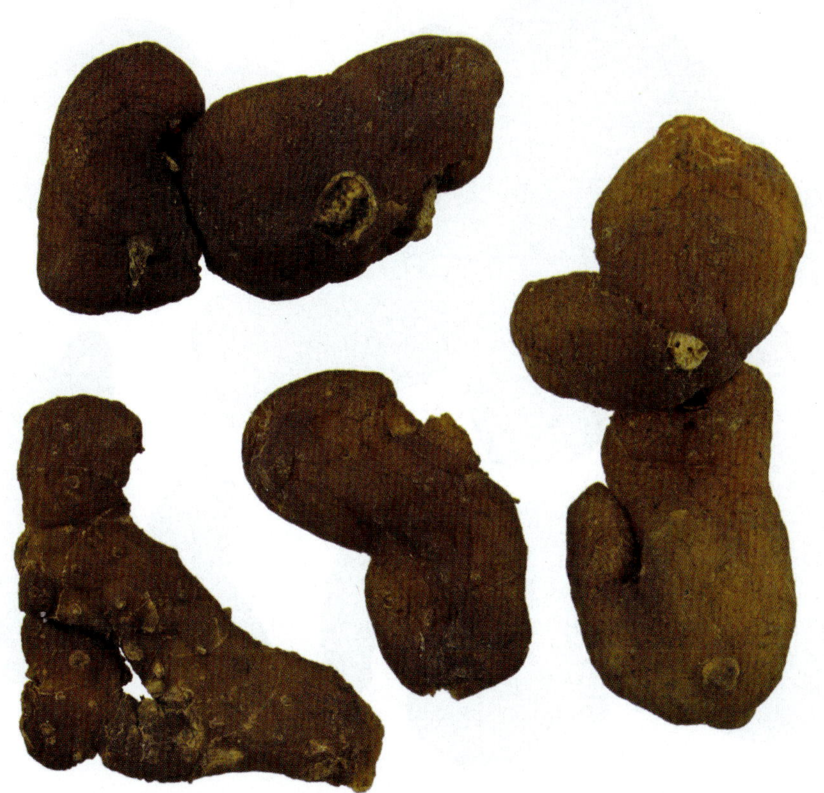

大黄精 二等

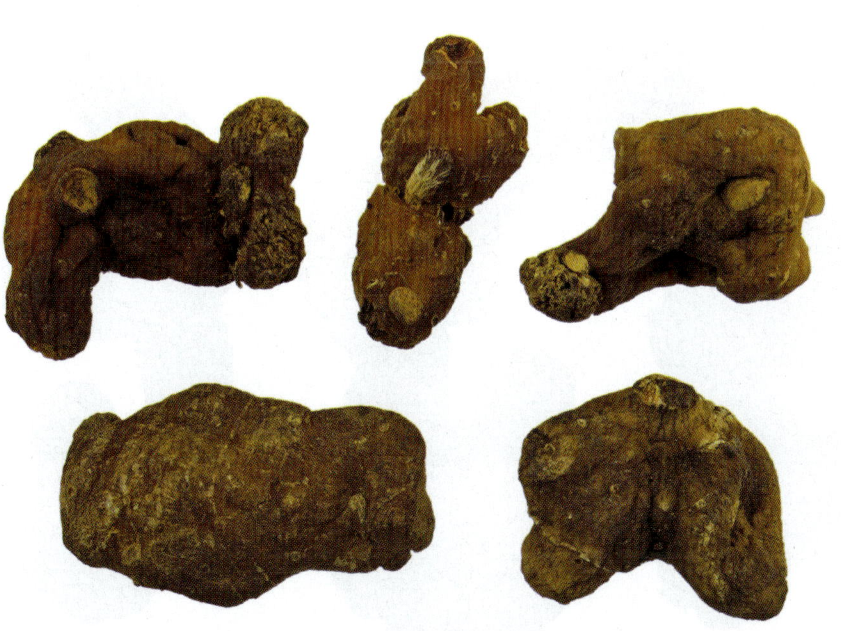

大黄精 三等

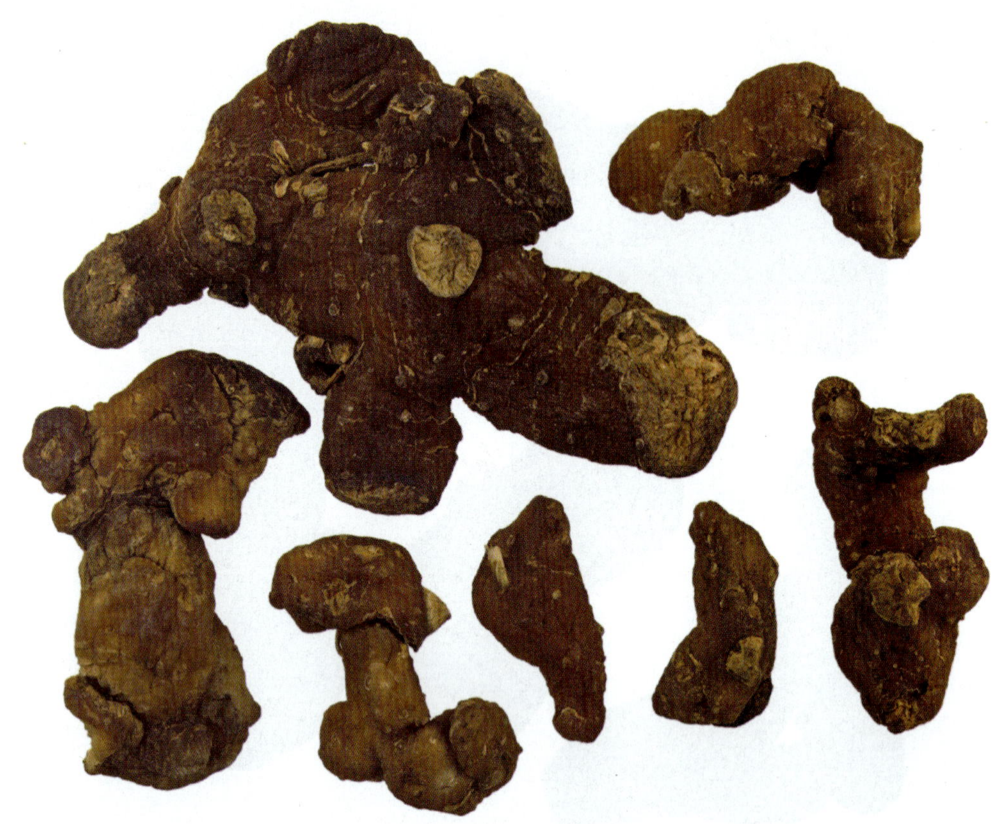

大黄精　统货

（二）鸡头黄精

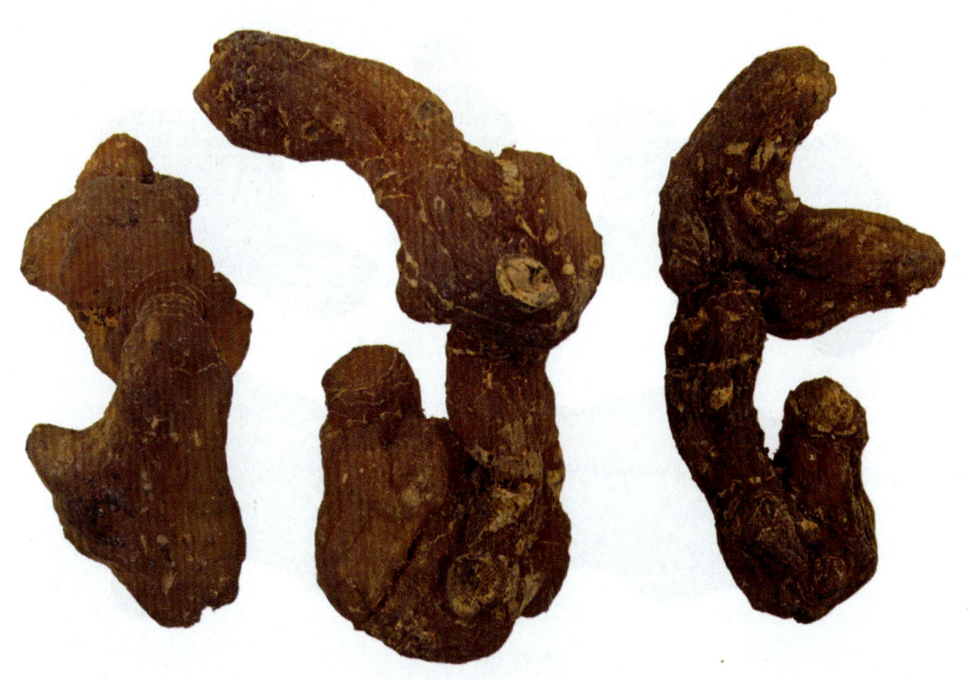

鸡头黄精　一等

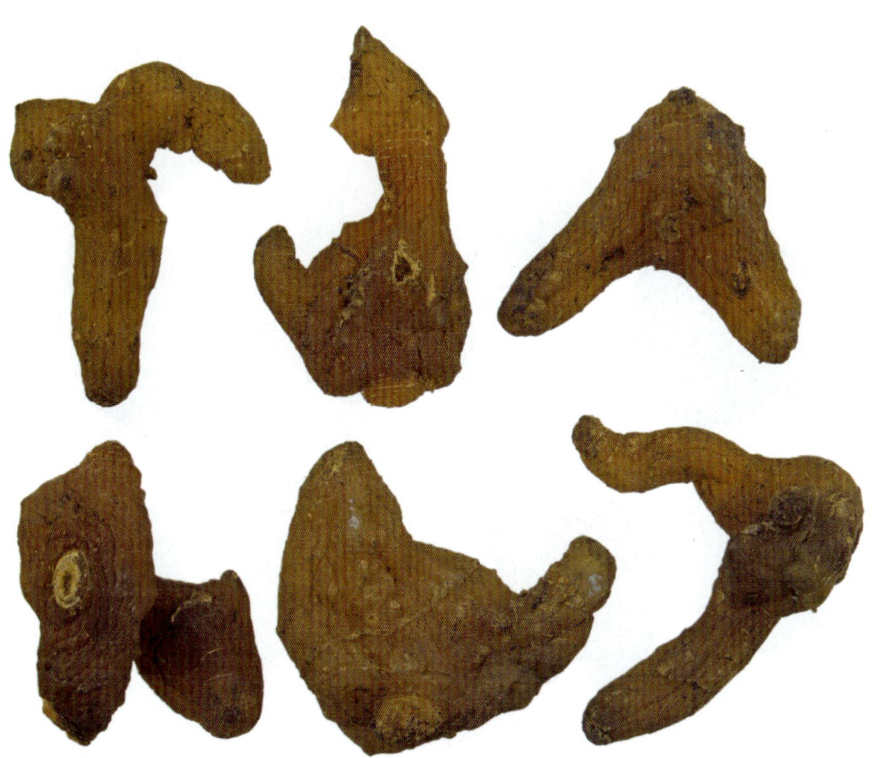

鸡头黄精　二等

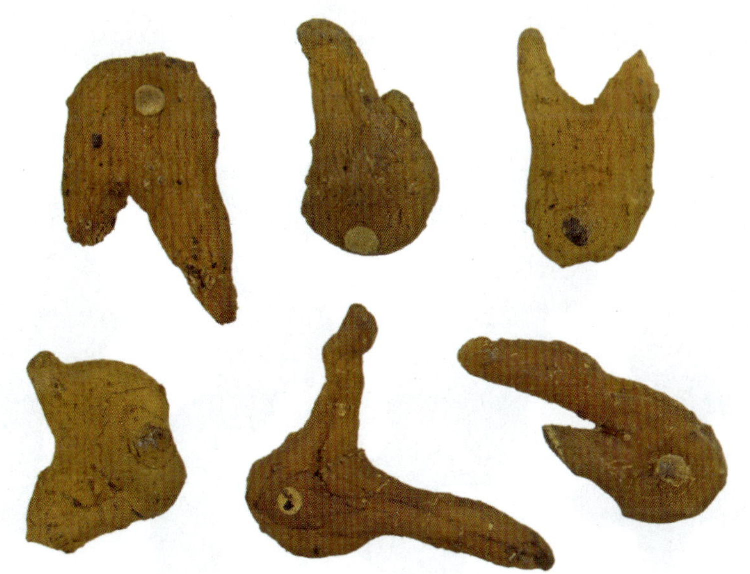

鸡头黄精　三等

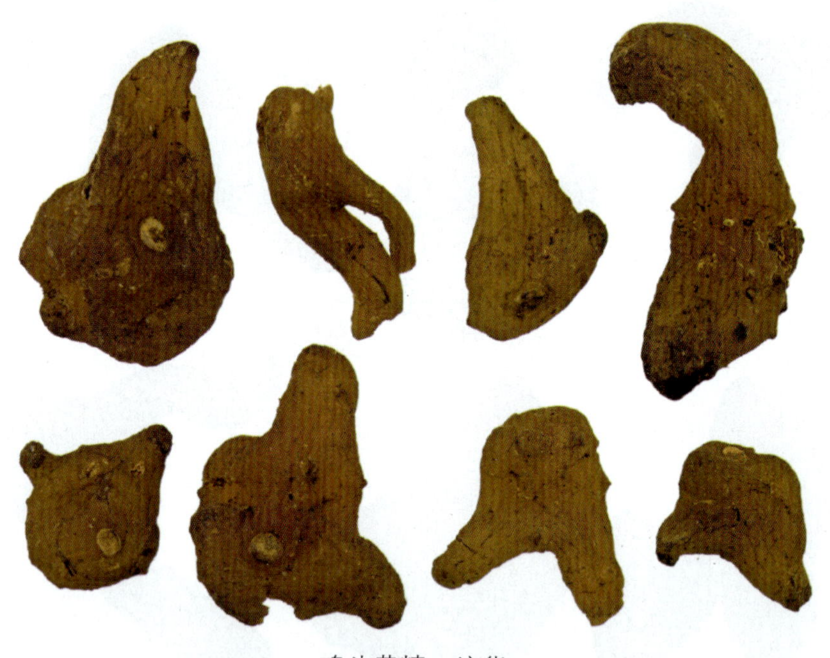

鸡头黄精　统货

（三）姜形黄精

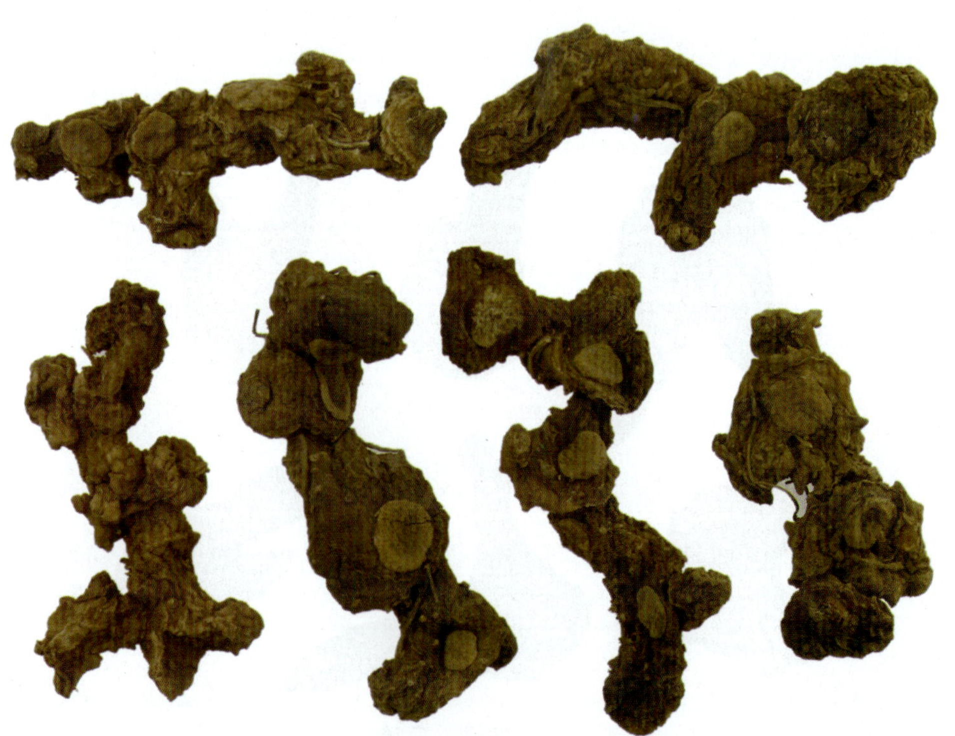

姜形黄精　一等

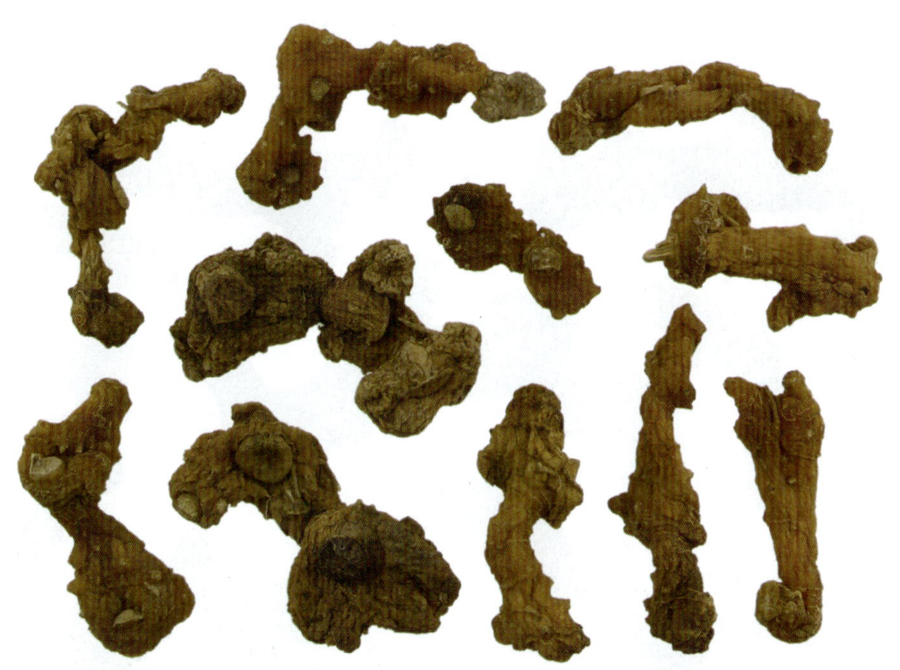

姜形黄精　二等

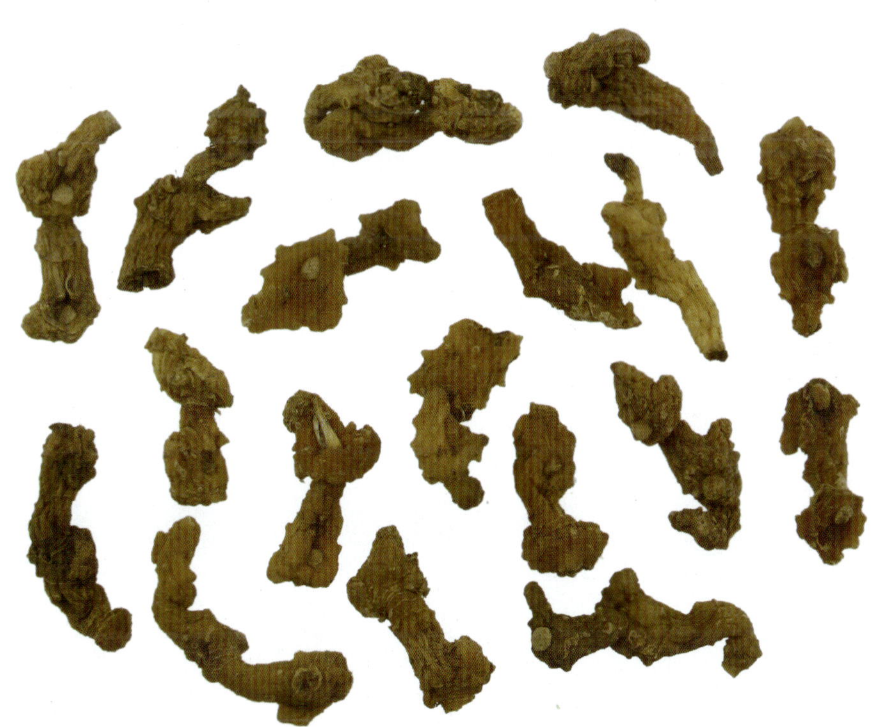

姜形黄精　三等

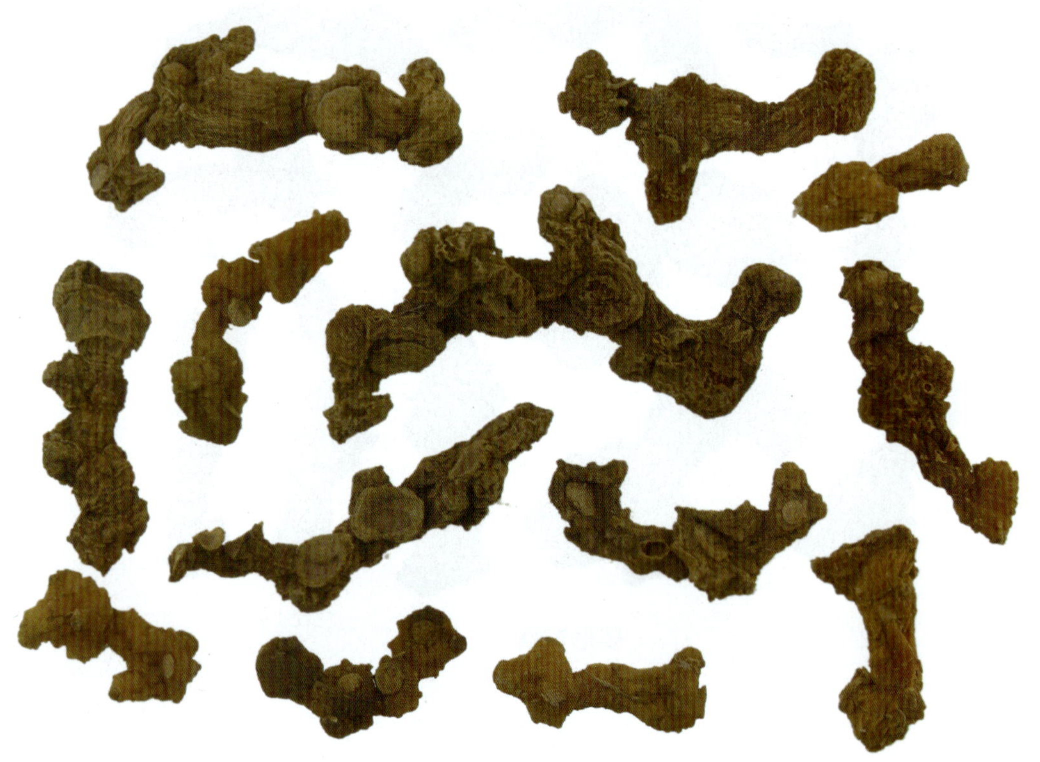

姜形黄精　统货

麦　芽

HORDEI FRUCTUS GERMINATUS

根据出芽率、胚芽露出稃外的比例，将麦芽药材划分为“一等”“二等”和“三等”三个等级。

麦芽　一等

麦芽　二等

麦芽（安徽）三等

麦芽（山东） 三等

芡　实

EURYALES SEMEN

根据芡实种子（除去外种皮）直径的大小，将芡实分为 12 厘、11 厘、10 厘、9 厘、8 厘、7 厘六个等级。

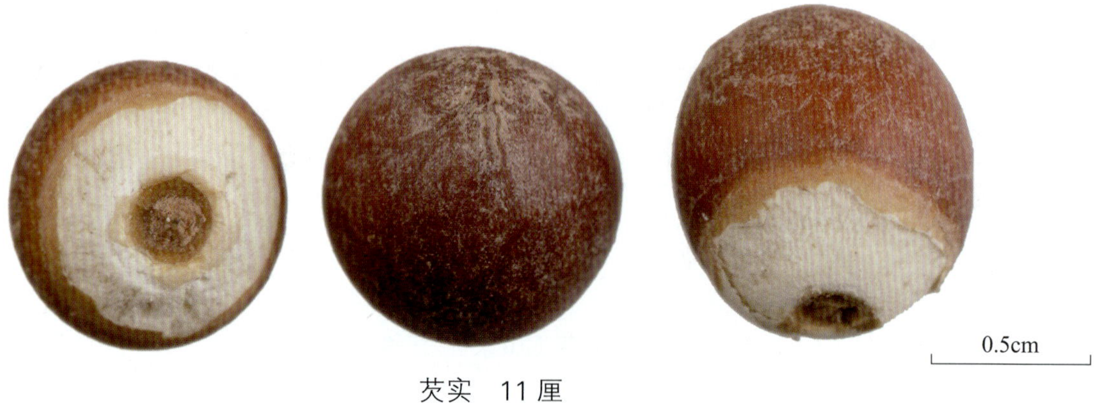

芡实　11 厘

芡实　10 厘

芡实 9 厘

芡实 8 厘

芡实 7 厘

连 翘

FORSYYHIAE FRUCTUS

根据采收时间不同，将连翘分为“青翘”和“老翘”两个规格；在“青翘”规格项下，根据市场流通情况，分为“选货/去柄货”和“统货”两个等级。

（一）青翘

青翘　选货

青翘 统货

（二）老翘

老翘（黄翘） 统货

远　志

POLYGALAE RADIX

根据加工方式不同，将远志药材分为“远志筒”“远志肉”“全远志”三个规格。在“远志筒”项下，依据药材中部直径大小、结合抽心率高低进行等级划分。

（一）远志筒

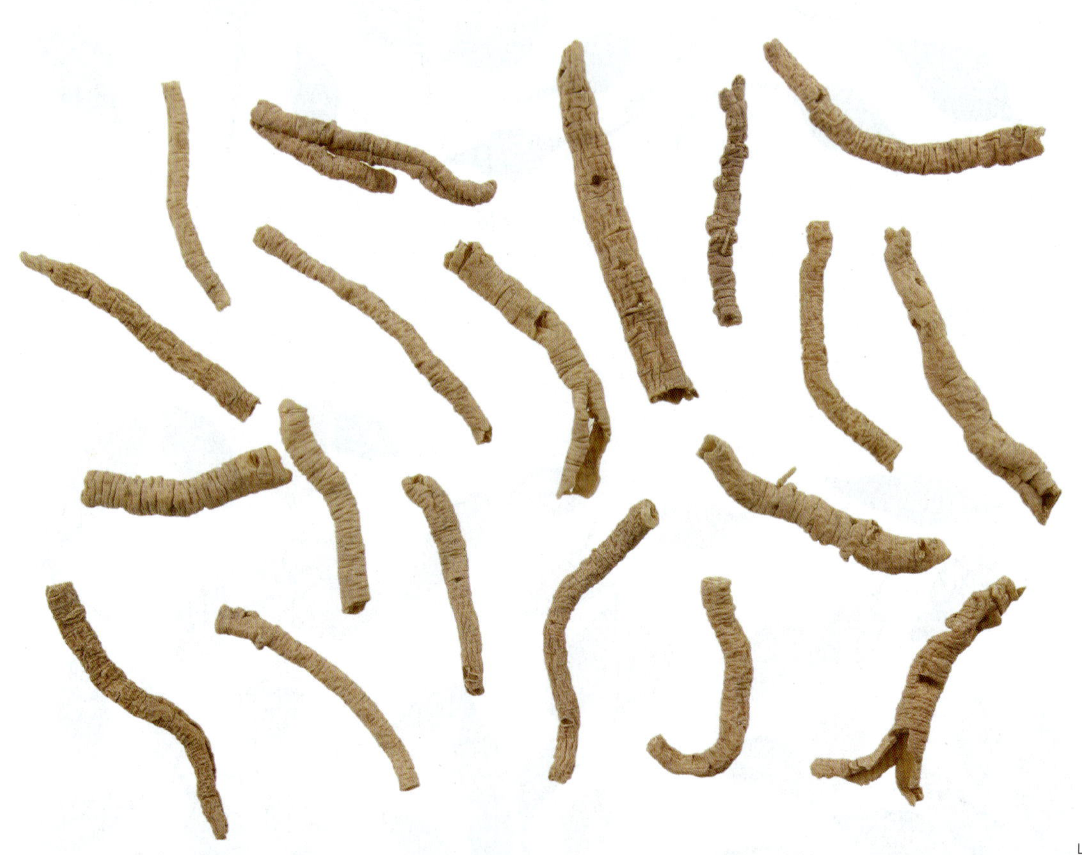

远志筒　大筒

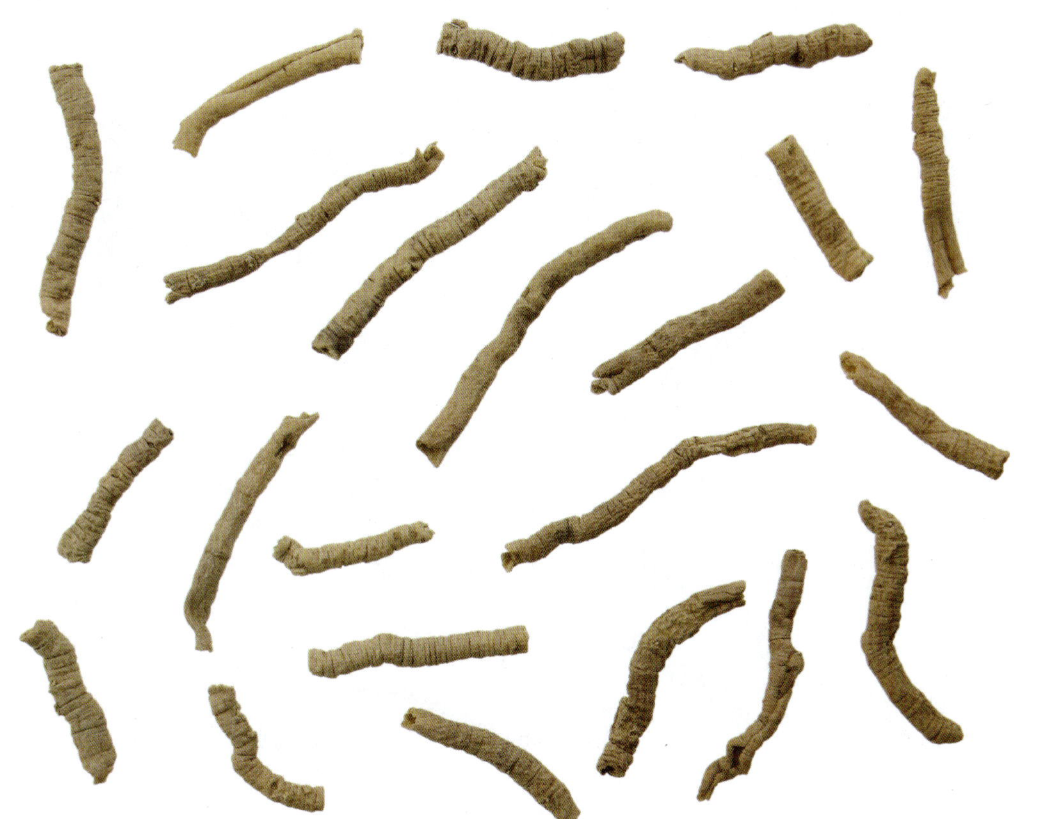

1cm

远志筒 中筒

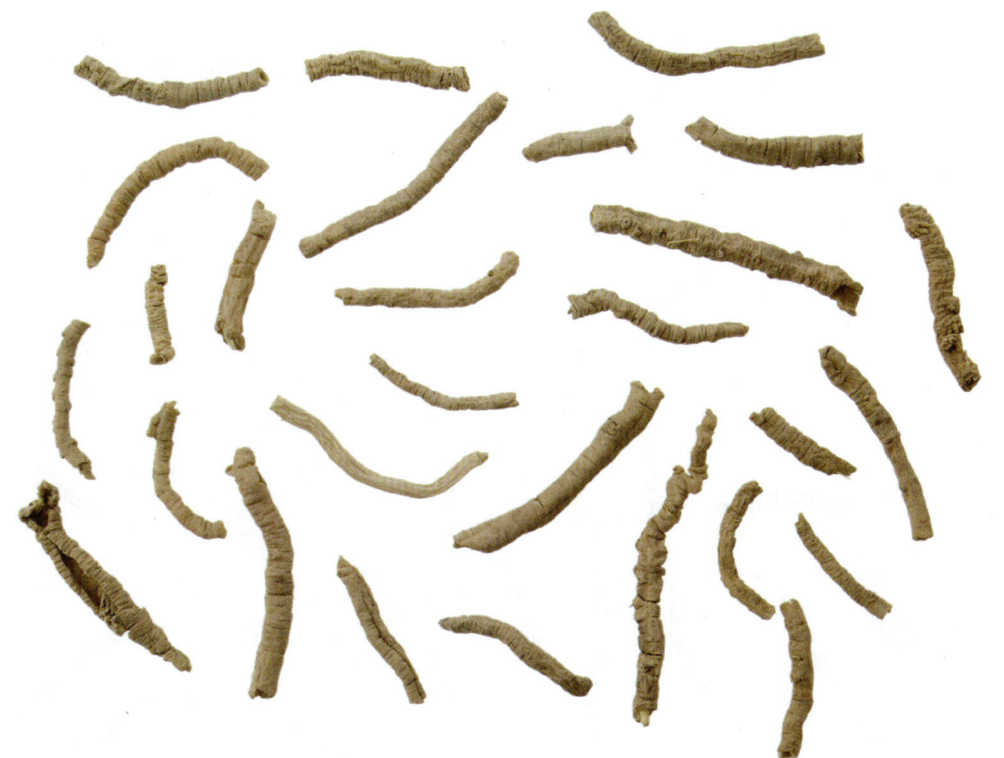

1cm

远志筒 统货

（二）远志肉

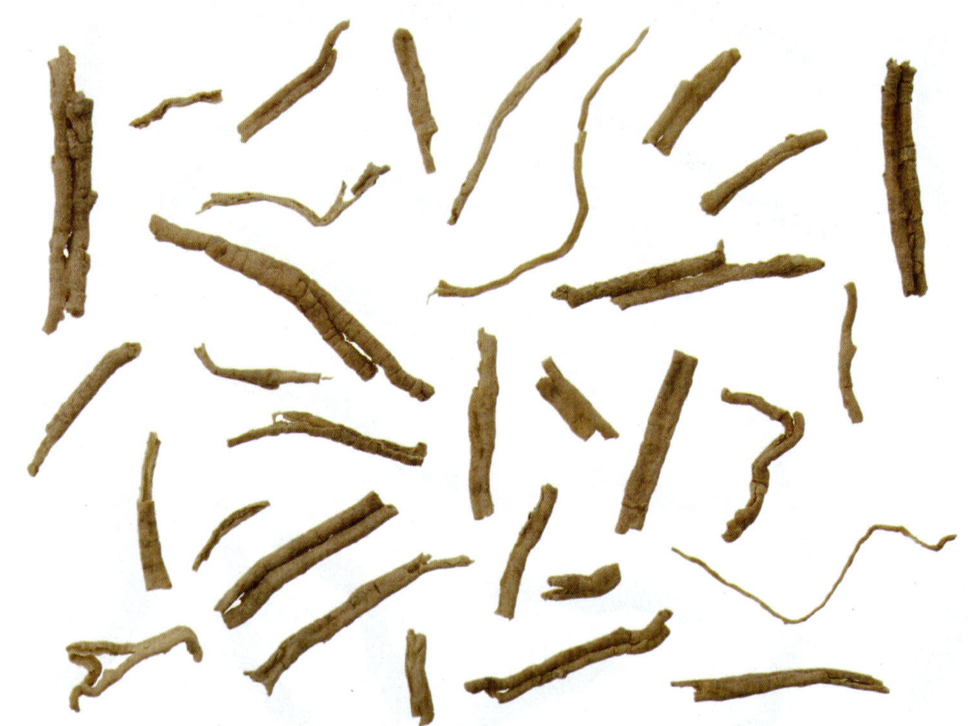

远志肉　统货

（三）全远志

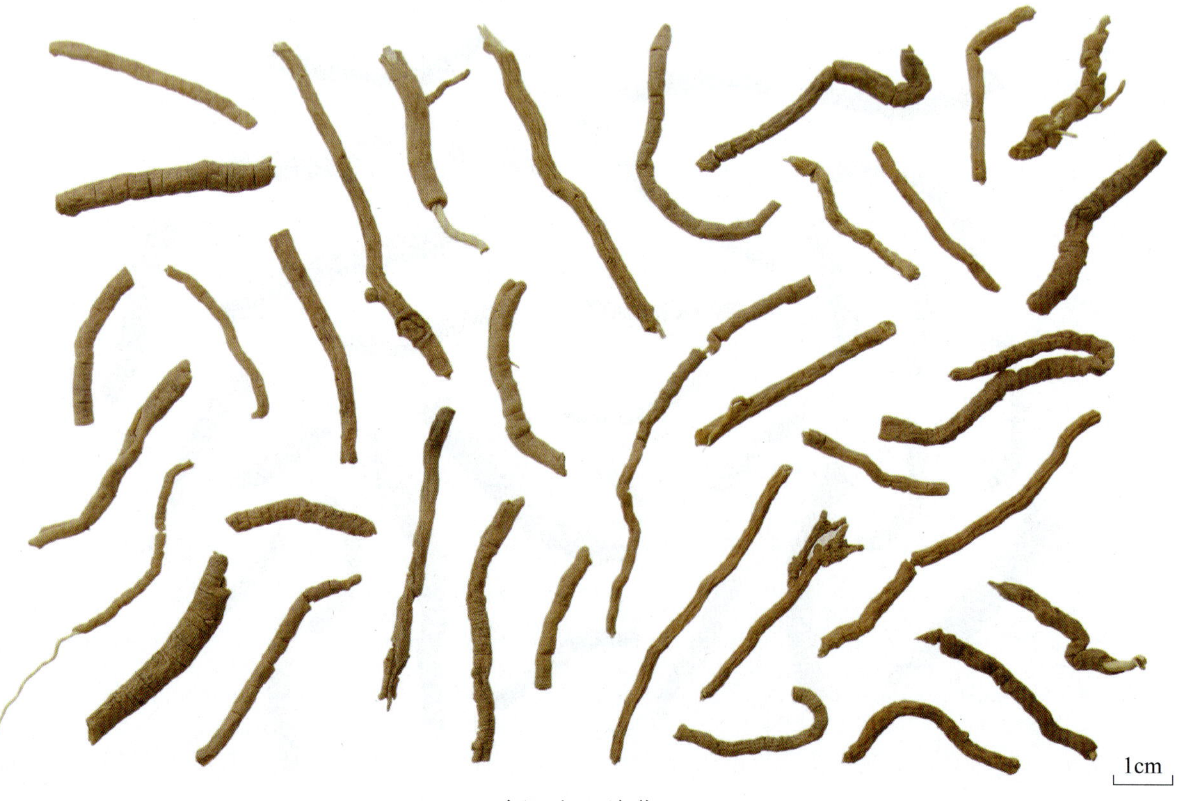

全远志　统货

肉苁蓉

CISTANCHES HERBA

根据不同基原，将肉苁蓉药材分为“肉苁蓉”“管花肉苁蓉”两个规格。在规格项下，根据是否进行等级划分，分成“选货”和“统货”；再根据肉质茎长度、直径和1千克肉质茎数，将肉苁蓉“选货”分为“一等”和“二等”两个等级。

（一）肉苁蓉（软苁蓉）

肉苁蓉（软苁蓉）选货　一等

肉苁蓉（软苁蓉）选货　二等

肉苁蓉（软苁蓉）统货

（二）管花肉苁蓉（硬苁蓉）

管花肉苁蓉（硬苁蓉）选货　一等

管花肉苁蓉（硬苁蓉）选货　二等

管花肉苁蓉（硬苁蓉）统货

玄　参

SCROPHULARIAE RADIX

根据市场流通情况，将玄参药材分为“统货”和“选货”；在“选货”项下，根据每千克所含的支数划分等级，分为“一等”“二等”和“三等”三个等级。

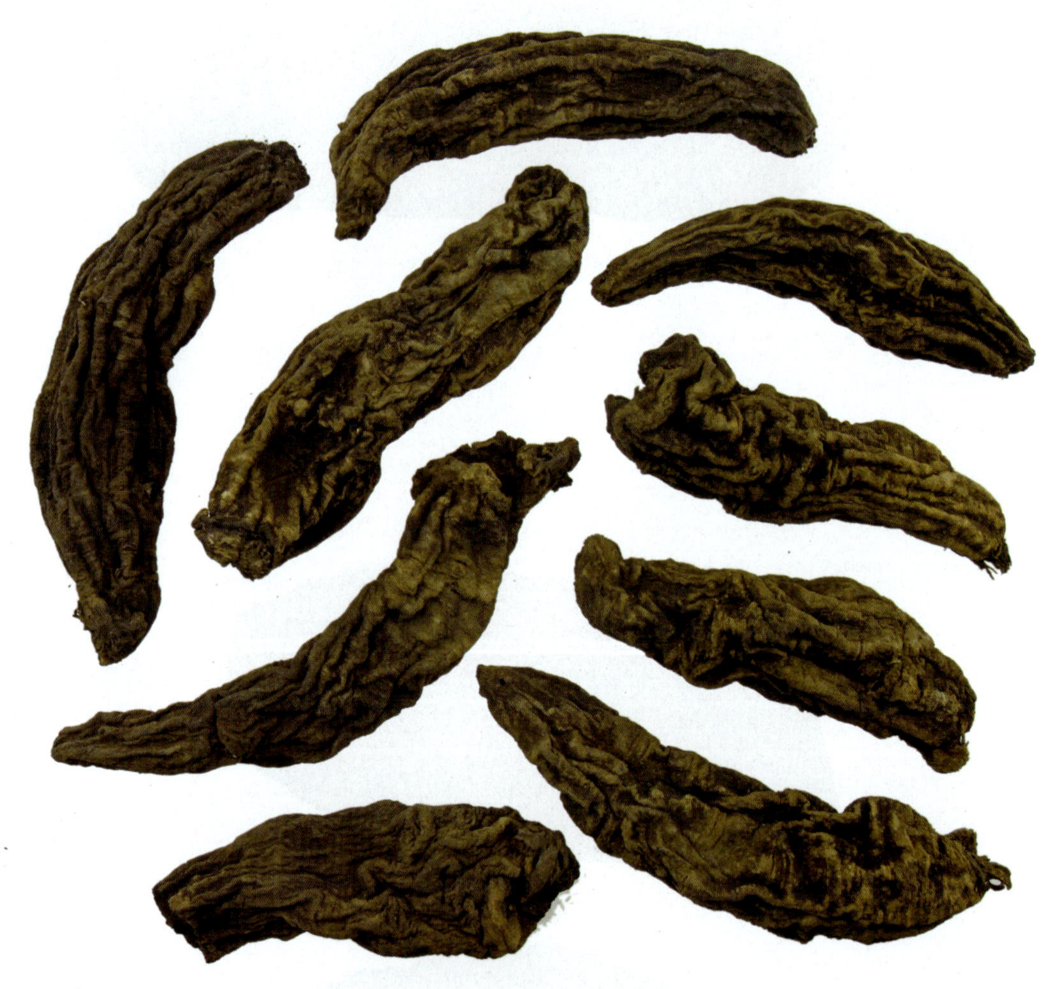

1cm

玄参　选货　一等

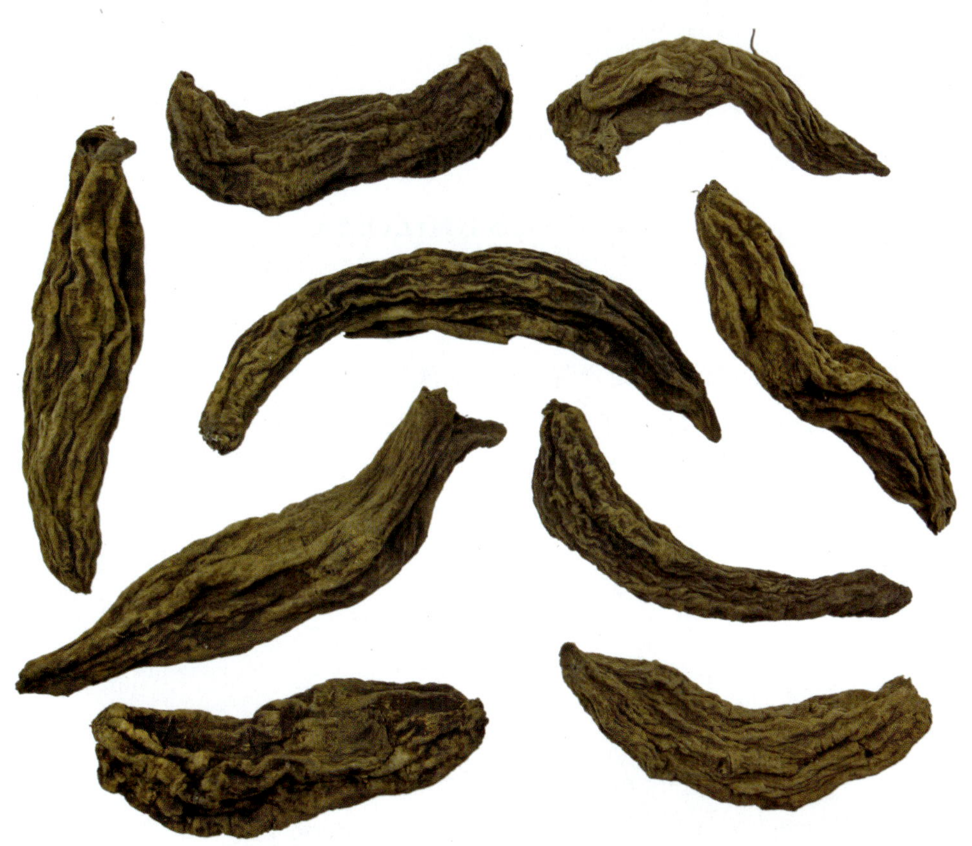

玄参　选货　二等

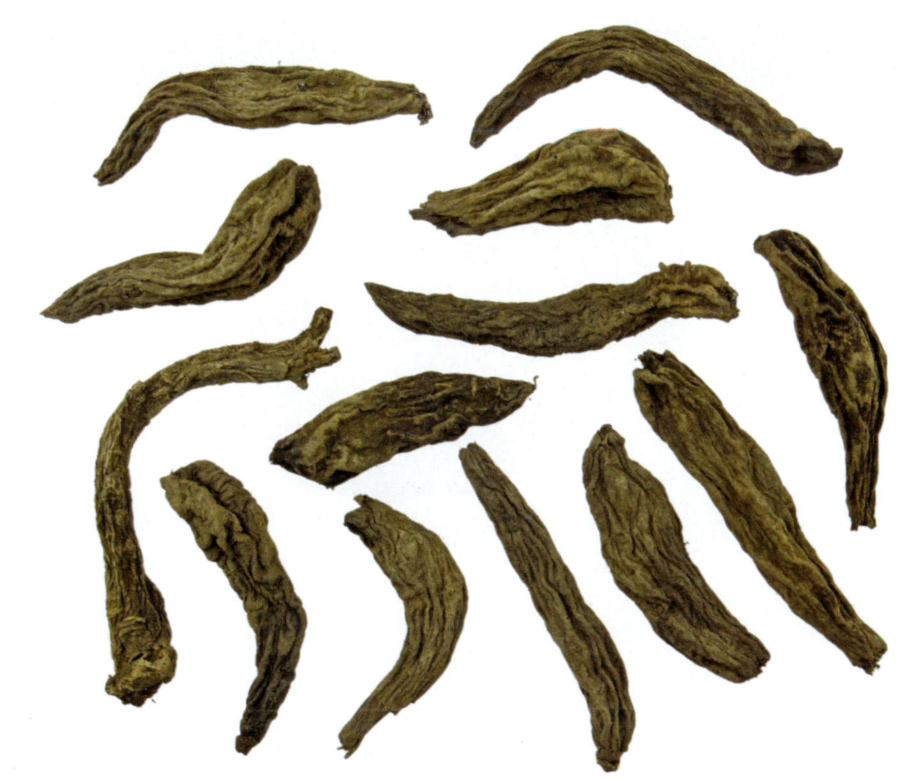

玄参　选货　三等

泽 泻

ALISMATIS RHIZOMA

根据不同产地，将泽泻药材分为“建泽泻”和“川泽泻”两个规格。其他地区引自哪里，即按哪种标准执行。在泽泻条规格下，根据每千克所含的个数划分等级，将泽泻选货规格分为“一等”和“二等”两个等级。

（一）建泽泻

建泽泻 特等

建泽泻 一等

建泽泻 二等

建泽泻　统货

（二）川泽泻

川泽泻　一等

川泽泻 二等

川泽泻 统货

五味子

SCHISANDRAE CHINENSIS FRUCTUS

根据表面颜色和干瘪率，将五味子药材分为“一等”和“二等”两个等级。

五味子　一等

1cm

五味子　二等

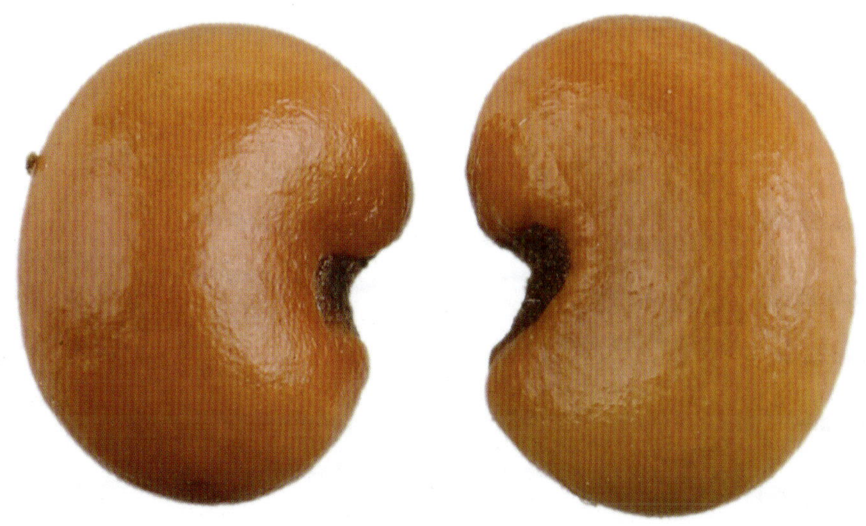

五味子　种子

牛 膝

ACHYRANTHIS BIDENTATAE RADIX

根据市场流通情况，按照药材是否进行等级划分，将牛膝药材分为“选货”和“统货”；在“选货”项下，根据牛膝的中部直径和长短进行等级划分。

（一）选货

牛膝 选货 特肥

牛膝 选货 头肥

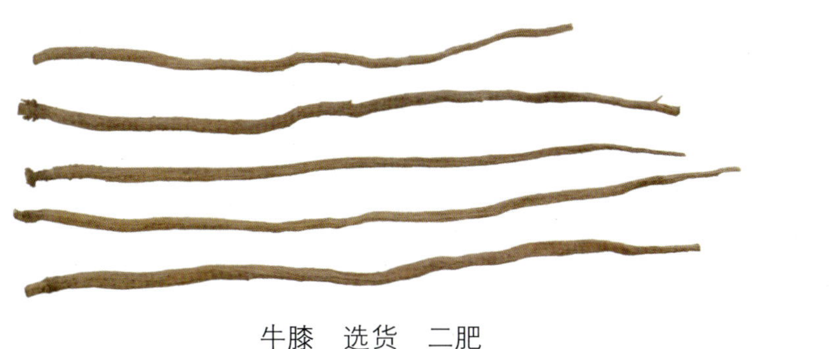

牛膝 选货 二肥

（二）统货

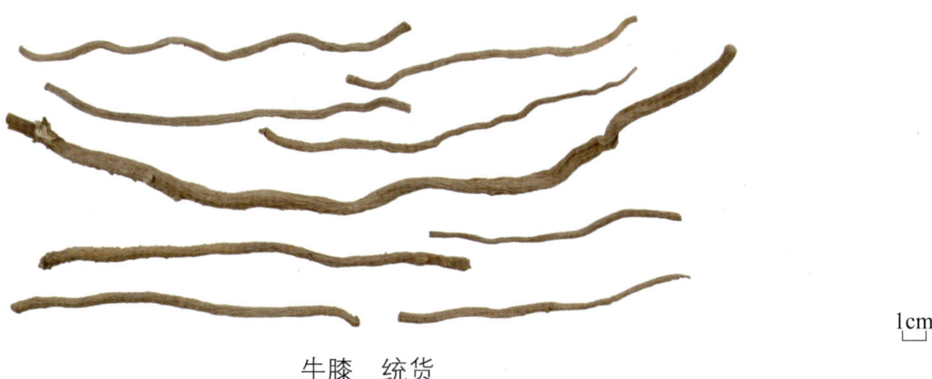

牛膝 统货

辛　夷

MAGNOLIAE FLOS

根据不同基原，将辛夷药材分为“望春花”“玉兰”“武当玉兰”三个规格。在各规格项下，根据花蕾长度大小和每千克的杂质多少等进行等级划分。

（一）望春花

望春花　一等

望春花　二等

望春花　三等

望春花　统货

（二）玉兰

玉兰

（三）武当玉兰

武当玉兰

艾　叶

ARTEMISIAE ARGYI FOLIUM

根据市场流通情况，该药材商品均为“统货”。

艾叶　统货

桂 枝

CINNAMOMI RAMULUS

根据桂枝片直径及破碎率，将桂枝药材分为“一等”“二等”“三等”三个等级。

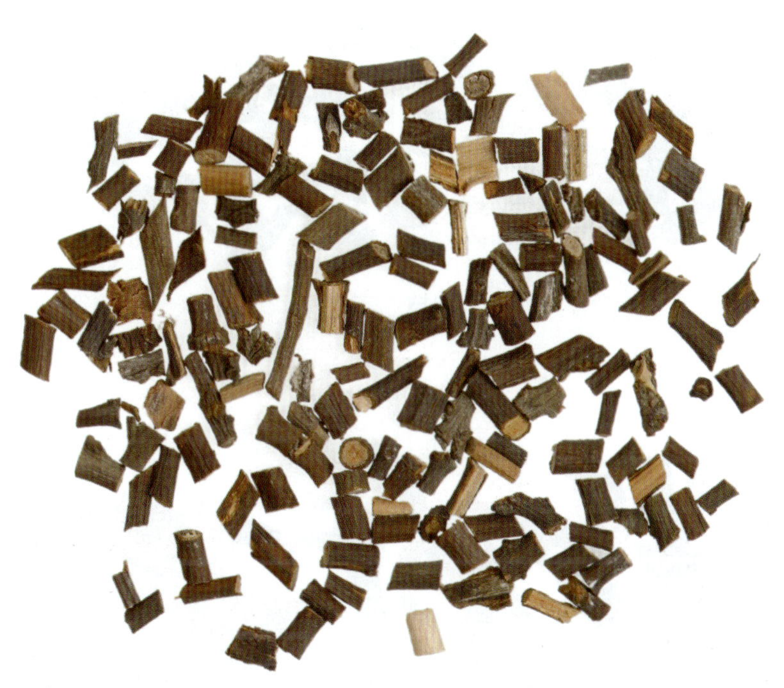

1cm

桂枝　一等

桂枝　二等

桂枝　三等

枳　实

AURANTII FRUCTUS IMMATURUS

根据不同基原，将枳实药材分为“酸橙枳实”“甜橙枳实”两个规格。根据市场流通情况，将“酸橙枳实”分为“选货”和“统货”两个规格。根据酸橙幼果直径大小，将“酸橙枳实”选货规格分为“一等”“二等”和“三等”三个等级。

（一）酸橙枳实

酸橙枳实　选货　一等

酸橙枳实　选货　二等

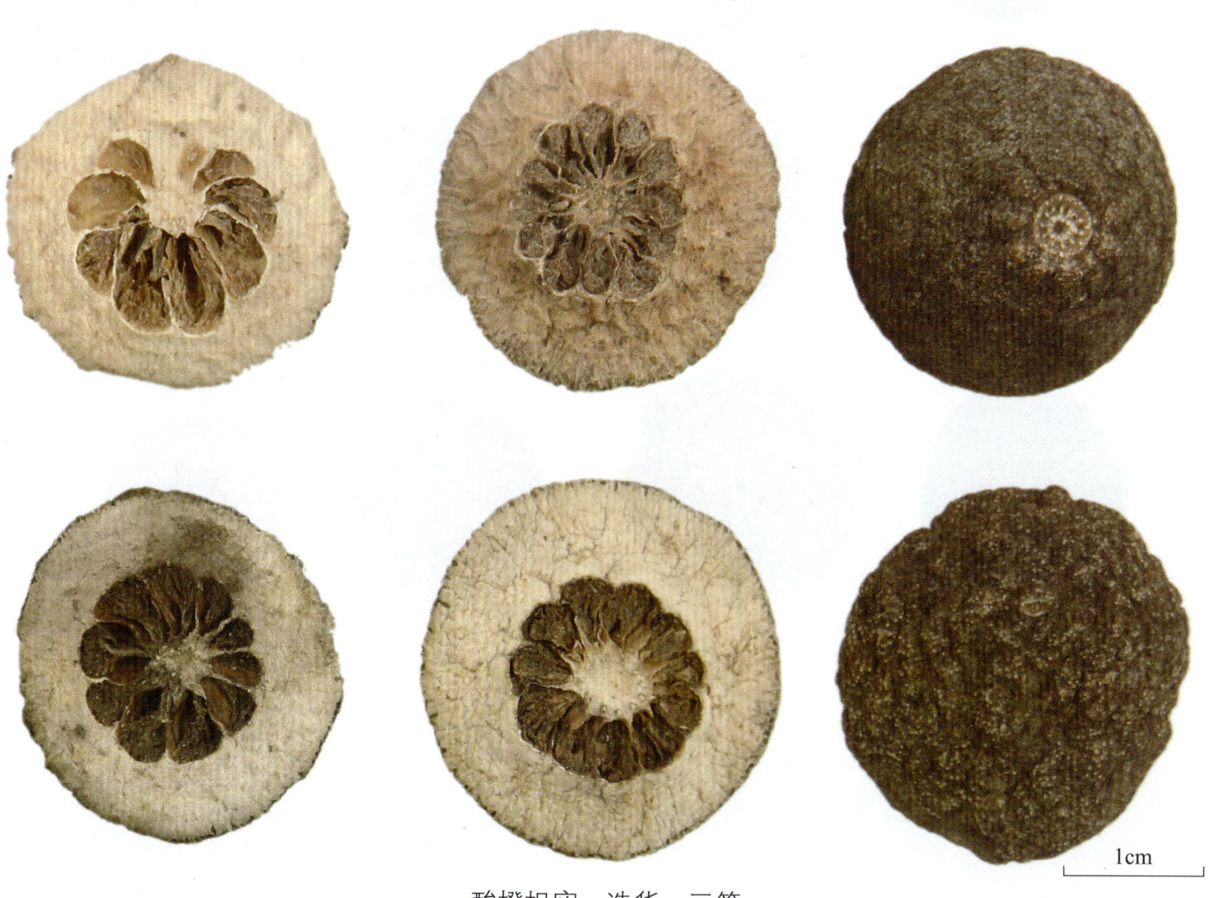

酸橙枳实　选货　三等

酸橙枳实　统货

（二）甜橙枳实

甜橙枳实　统货

青　皮

CITRI RETICULATAE PERICARPIUM VIRIDE

根据采收时间和加工方法不同，将青皮药材分为“个青皮”和“四花青皮”两种规格。在“青皮”规格项下，根据直径、均匀性、质地等特征进行等级划分；在“四花青皮”规格项下，根据颜色、瓣片完整度等特征进行等级划分。

（一）个青皮

个青皮　选货　小青皮

个青皮　选货　中青皮

个青皮　选货　大泡青

个青皮　统货

（二）四花青皮

四花青皮　选货

四花青皮　统货

山茱萸

CORNI FRUCTUS

根据市场流通情况，将山茱萸分为“选货”和“统货”；在“选货”项下，根据颜色和每千克杂质的多少进行等级划分。

（一）选货

山茱萸　选货　一等

山茱萸 选货 二等

山茱萸 选货 三等

山茱萸　选货　四等

（二）统货

山茱萸　统货

枸杞子

LYCII FRUCTUS

根据市场流通情况，按照产地和粒数等分为四个等级。

枸杞子　一等

枸杞子　二等

枸杞子　三等

枸杞子　四等

川　芎

CHUANXIONG RHIZOMA

根据市场流通情况，对药材进行等级划分，分为“选货”和“统货”两种规格。选货规格根据每千克所含的个数，再分为“一等”“二等”和“三等”三个等级。

（一）选货

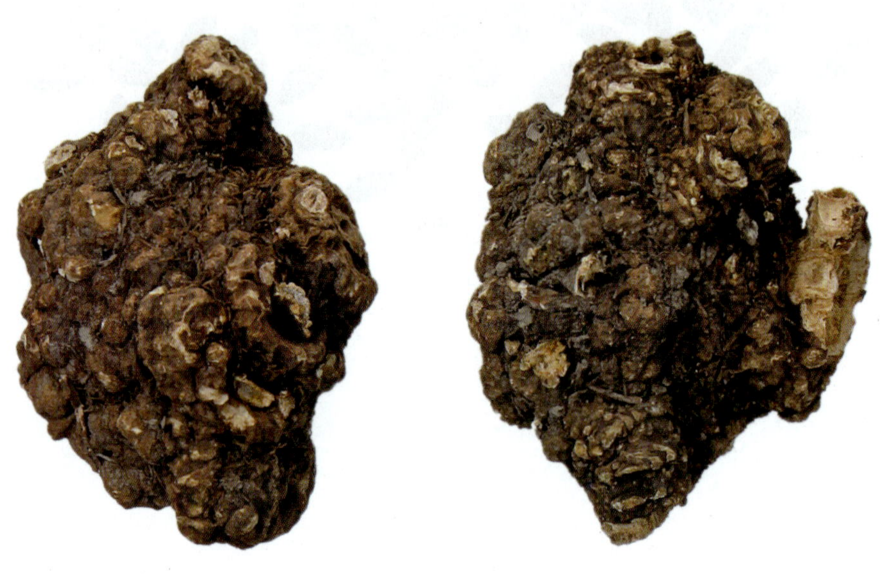

川芎　选货　一等

川芎 选货 二等

川芎 选货 三等

（二）统货

川芎　统货

桃 仁

PERSICAE SEMEN

根据不同基原，将桃仁药材分为“桃仁”“山桃仁”两个规格。在各规格下，根据种仁大小、整仁率划分为“一等”“二等”“三等”三个等级。

（一）桃仁

桃仁 一等

桃仁　二等

桃仁　三等

（二）山桃仁

山桃仁 一等

山桃仁 二等

山桃仁　三等

薏苡仁

COICIS SEMEN

根据大小及完整性划分将薏苡仁药材分为“选货”“统货”两个等级。

（一）选货

薏苡　选货

（二）统货

薏苡　统货

黄 柏

PHELLODENDRI CHINENSIS CORTEX

根据市场流通情况，将黄柏药材分为“选货”和“统货”两个规格。将选货黄柏根据商品的厚度、形状等指标，分为“一等”和“二等”两个等级。

（一）选货

黄柏 选货 一等 内表面

1cm

黄柏　选货　一等　外表面

黄柏　选货　一等　厚度

黄柏　选货　二等　内表面

1cm

黄柏　选货　二等　外表面

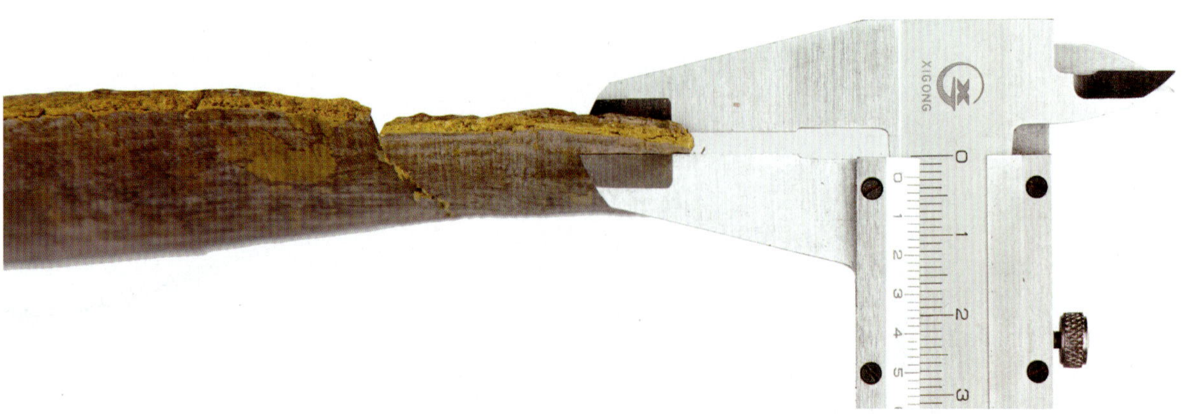

黄柏　选货　二等　厚度

（二）统货

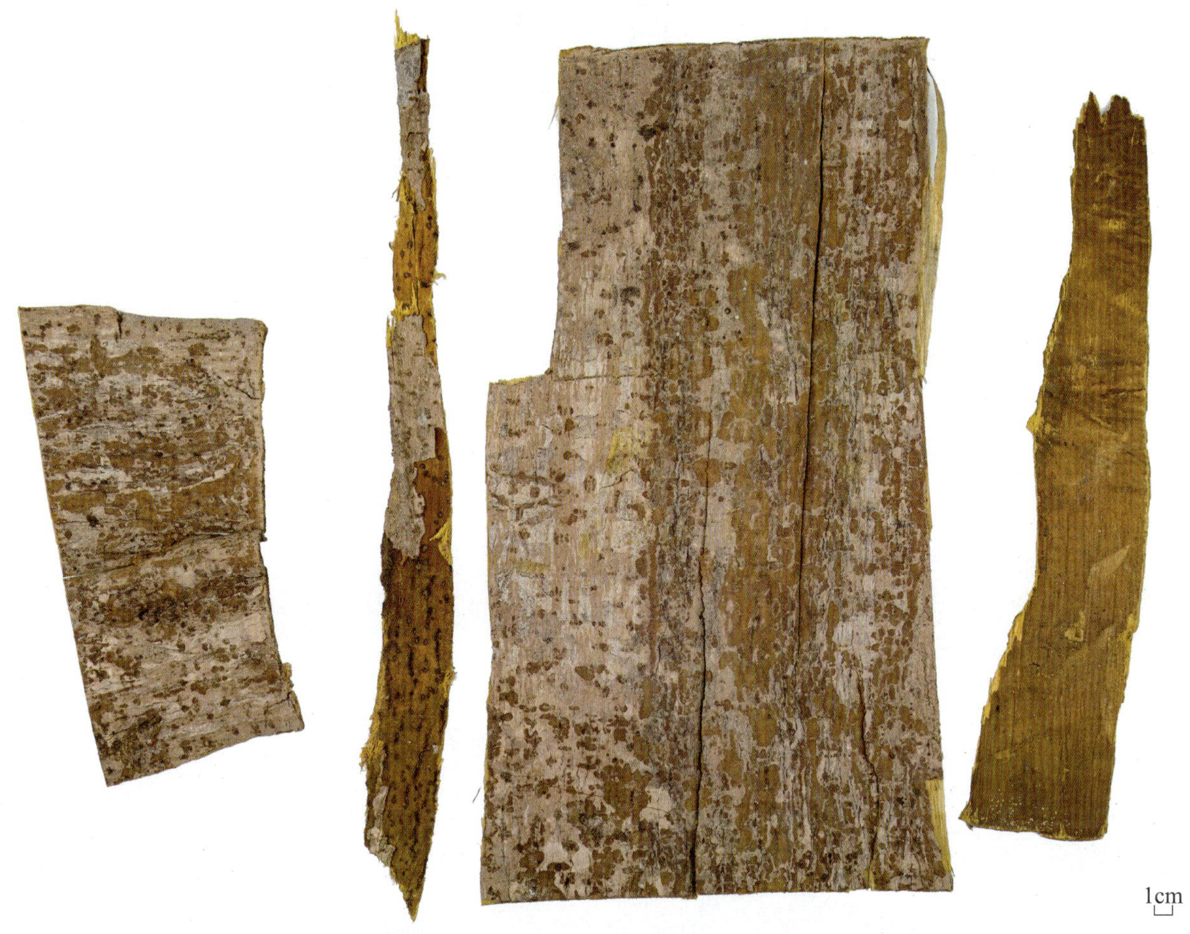

黄柏 统货

白 芍

PAEONIAE RADIX ALBA

根据市场流通情况，按照产地的不同，将白芍药材分为“杭白芍”“亳白芍”“川白芍”三个规格。根据市场流通情况，又将“杭白芍”“亳白芍”“川白芍”分为“选货”和“统货”两个等级。再根据药材直径大小，将亳白芍药材选货分为“一等”“二等”“三等”三个等级。

（一）杭白芍

杭白芍 选货

杭白芍 统货

（二）亳白芍

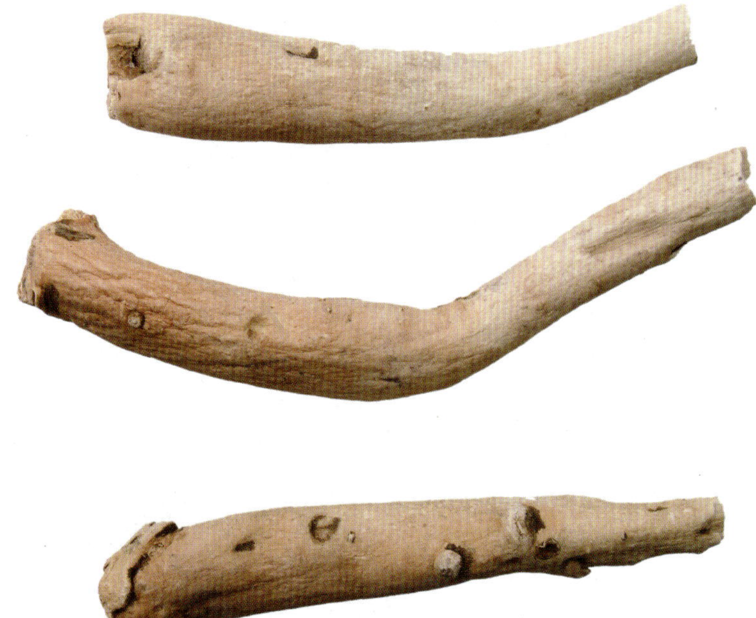

亳白芍　选货　一等

1cm

亳白芍　选货　二等

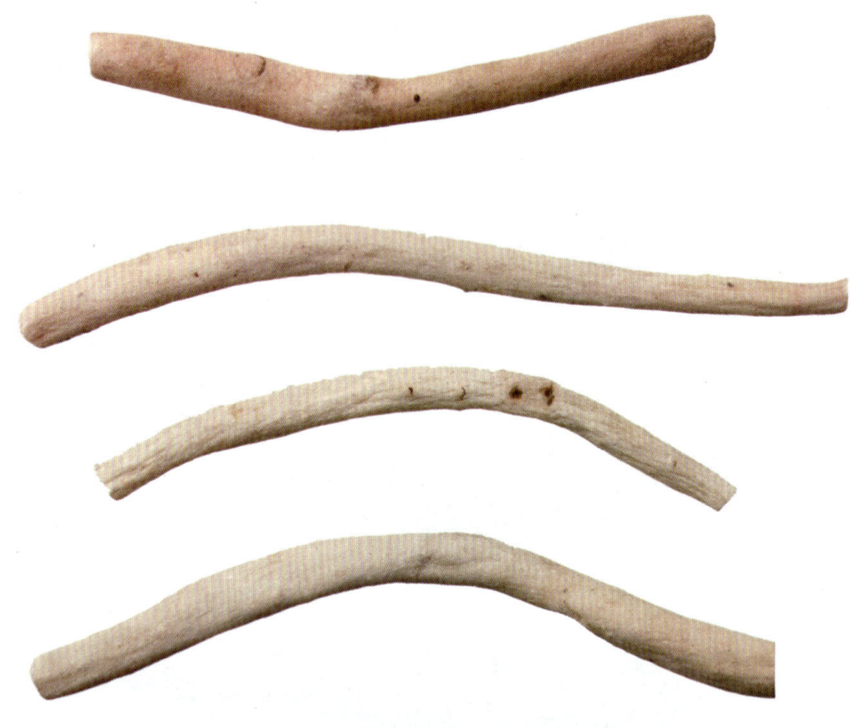

亳白芍　选货　三等

亳白芍　统货

（三）川白芍

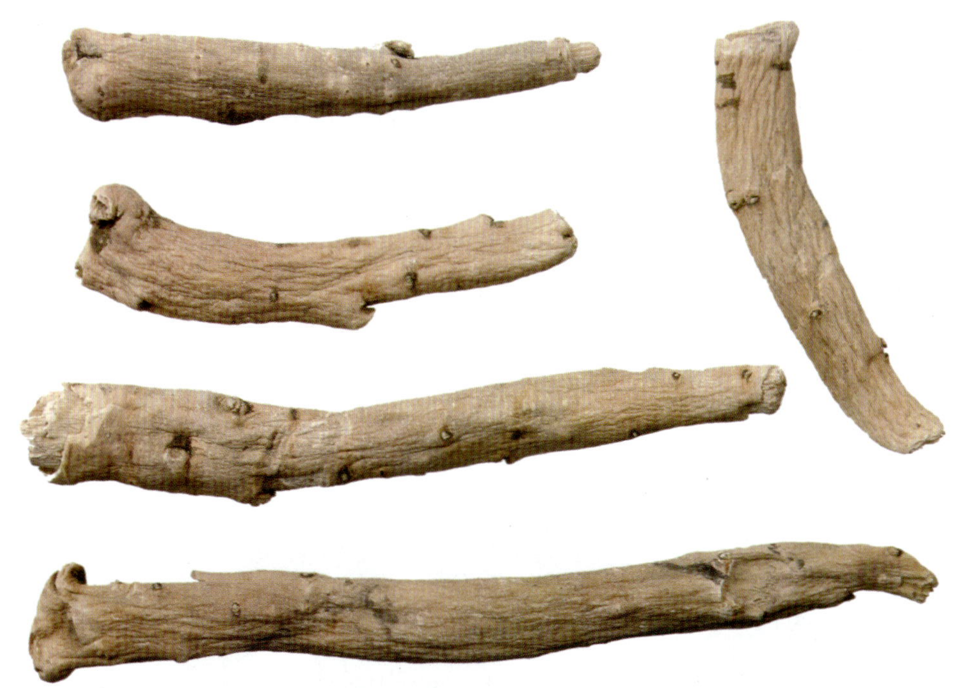

川白芍　选货

川白芍　统货

苍　术

ATRACTYLODIS RHIZOMA

根据市场流通情况，按照基原不同，分为“茅苍术”和“北苍术”两个规格；各规格下根据残茎，每500g头数等再分为“选货”和“统货”两个等级。

（一）茅苍术

1cm

茅苍术（湖北栽培品）选货

茅苍术　断面

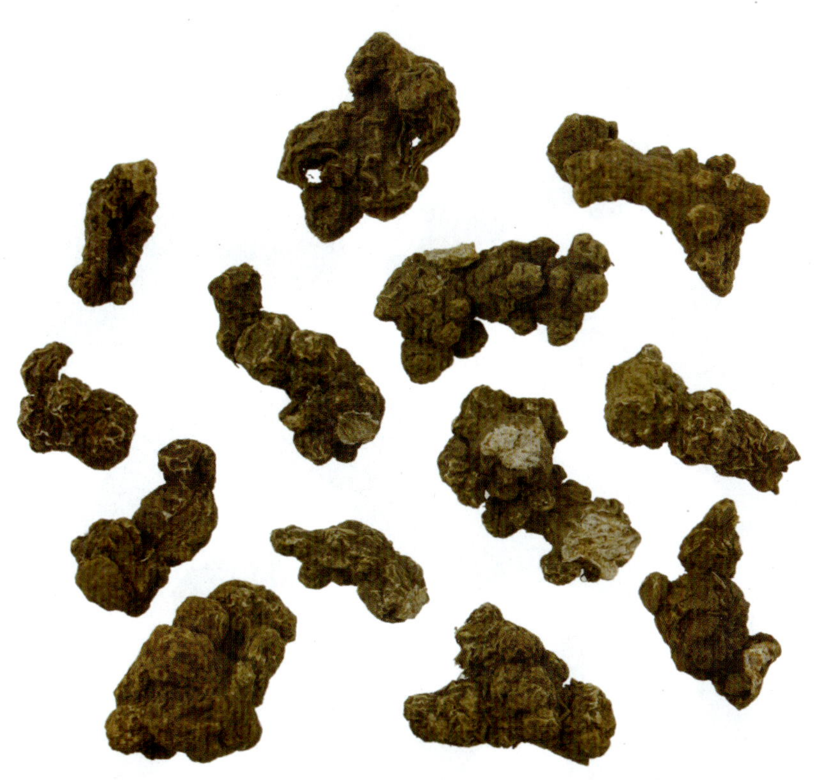

茅苍术（湖北栽培品）统货

茅苍术（江苏野生品）

（二）北苍术

北苍术　断面

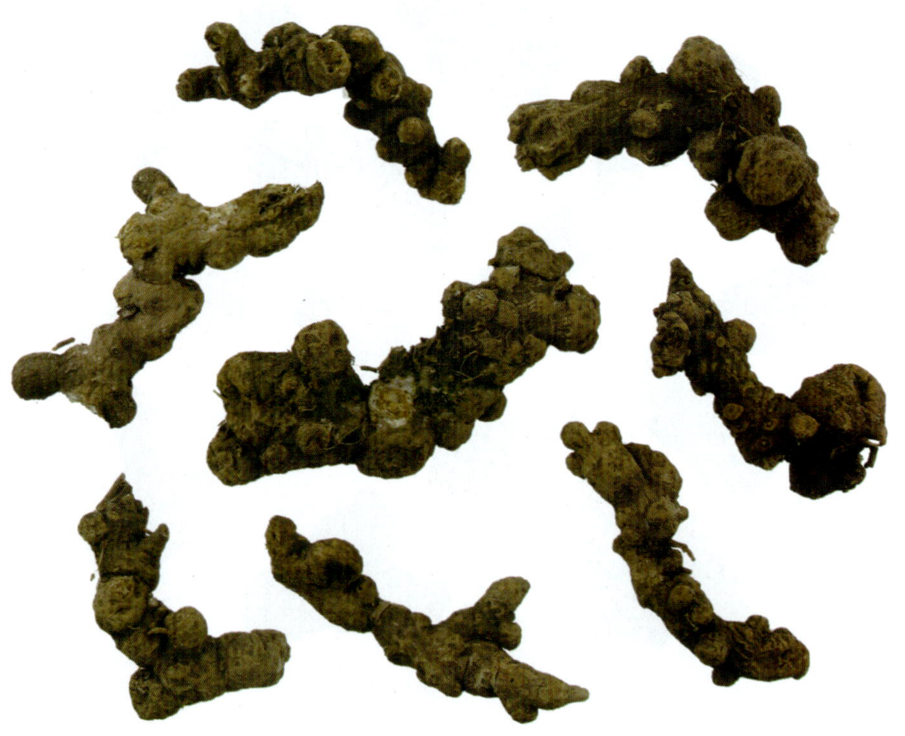

北苍术　选货

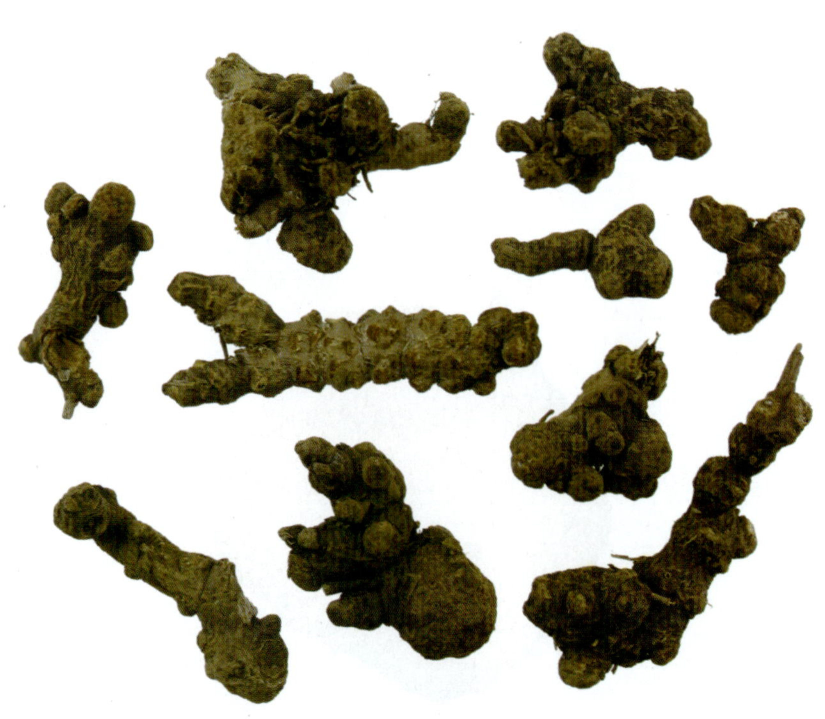

北苍术　统货

赤 芍

PAEONIAE RADIX RUBRA

根据市场流通情况，对赤芍药材进行规格划分，分为“原皮赤芍”和“原皮川赤芍”两个规格。根据中部直径和长度，各规格下分为“统货”“一等”和“二等”三个等级。

（一）原皮赤芍

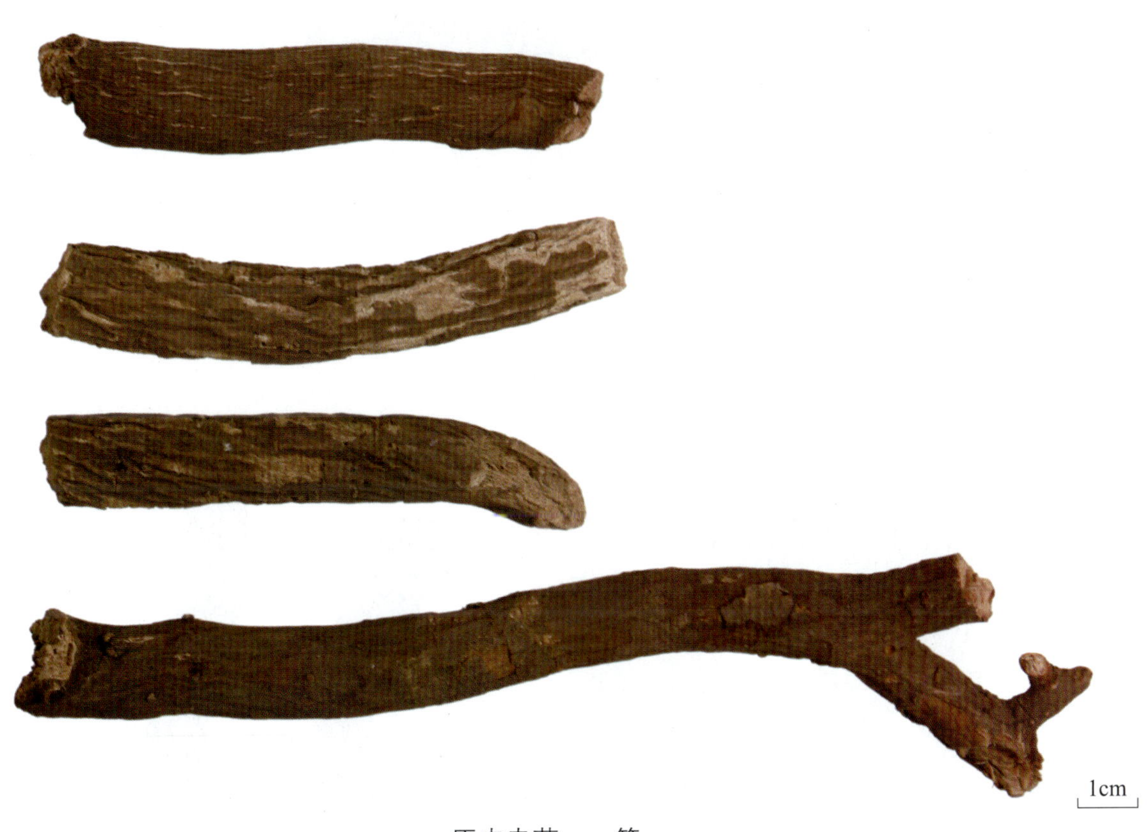

原皮赤芍 一等

1cm

原皮赤芍　二等

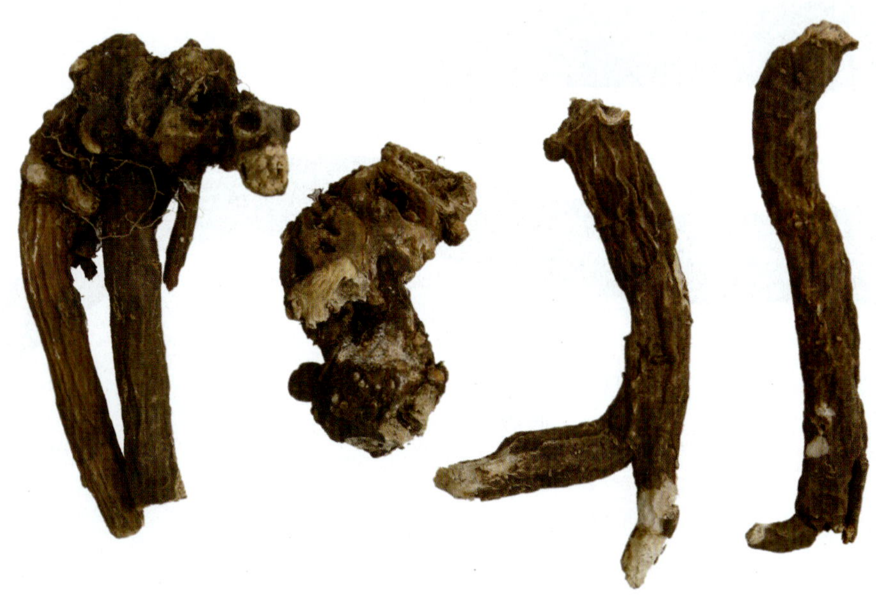

1cm

原皮赤芍　统货

（三）原皮川赤芍

原皮川赤芍　一等

原皮川赤芍　二等

原皮川赤芍　统货

鹿 茸

CERVI CORNU PANTOTRICHUM

根据市场流通情况，鹿茸分为鹿茸个和鹿茸片两类商品。其中鹿茸个根据基原不同，分为花鹿茸和马鹿茸两个规格，花鹿茸规格下根据茸的分岔情况及采收状态细分为二杠茸、三岔和再生茸，其中二杠茸项下分“一等”“二等”“三等”三个等级；三岔和再生茸均为统货等级。马鹿茸项下分“一等”“二等”“三等”三个等级。

鹿茸片根据不同部位切出的茸片分为蜡片、粉片、纱片、骨片等级，其中蜡片根据蜡质比例细分全蜡片和半蜡片级别；粉片根据颜色细分为白粉片、黄粉片、红粉片级别；纱片根据颜色细分为白纱片和红纱片级别；骨片则为统货。

（一）鹿茸个

1. 花鹿茸（二杠茸）

花鹿茸（二杠茸） 一等

花鹿茸（二杠茸） 二等

花鹿茸（二杠茸） 三等

2. 花鹿茸（三岔）

花鹿茸（三岔） 统货

3. 花鹿茸（再生茸）

花鹿茸（再生茸） 统货

4. 马鹿茸

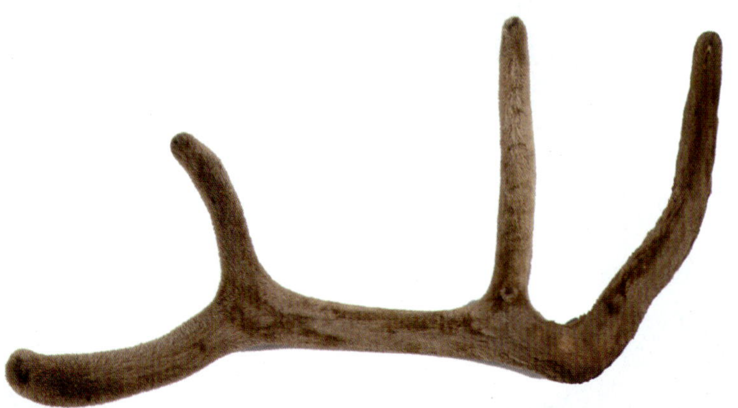

马鹿茸　一等

马鹿茸　二等

马鹿茸　三等

（二）鹿茸片

1. 蜡片

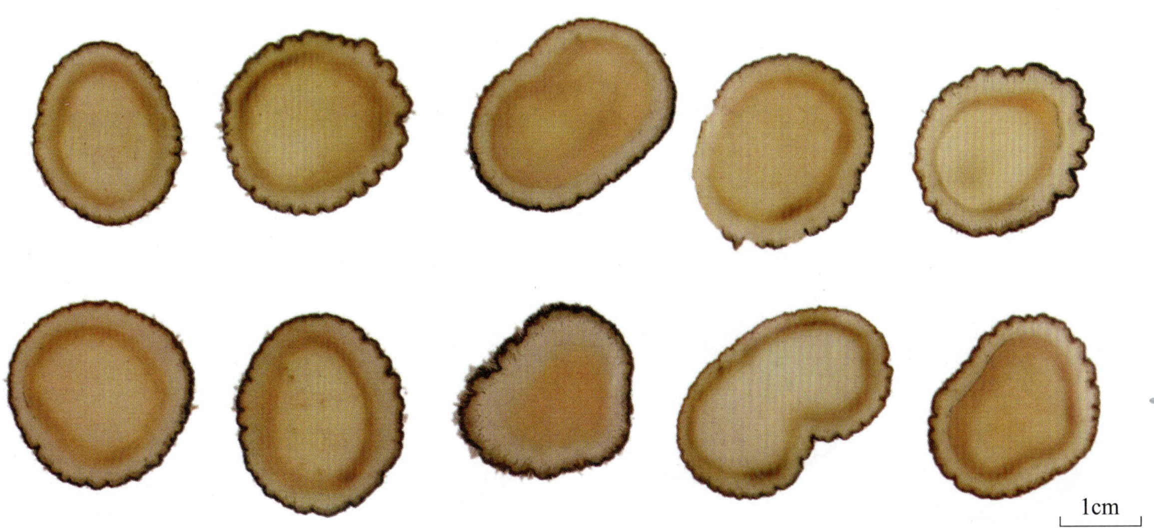

鹿茸片　蜡片　全蜡片

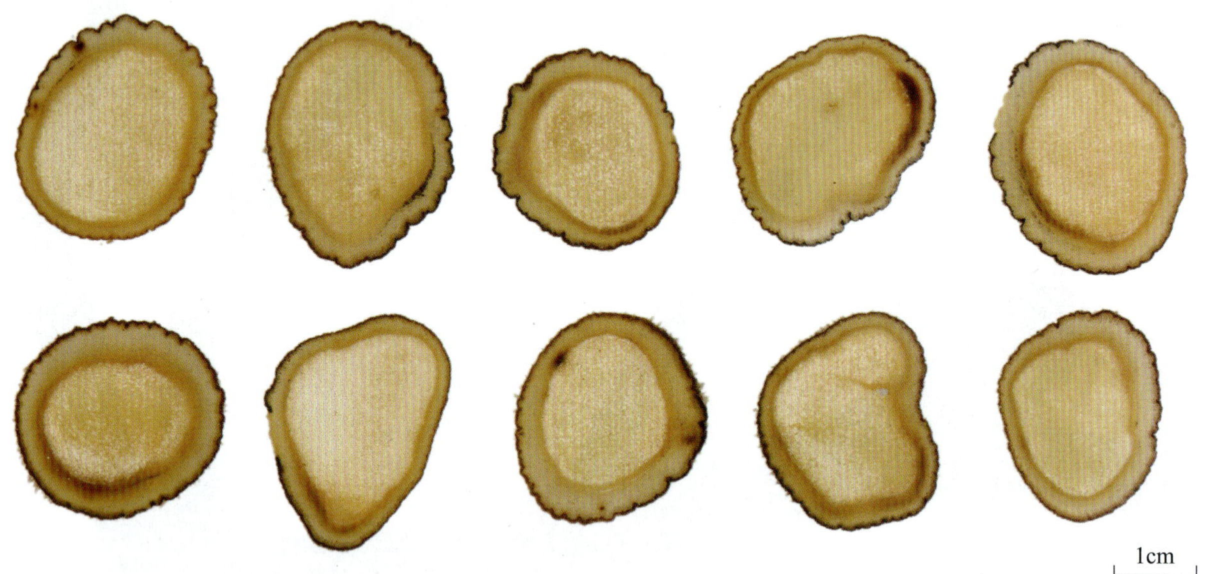

鹿茸片　蜡片　半蜡片

2. 粉片

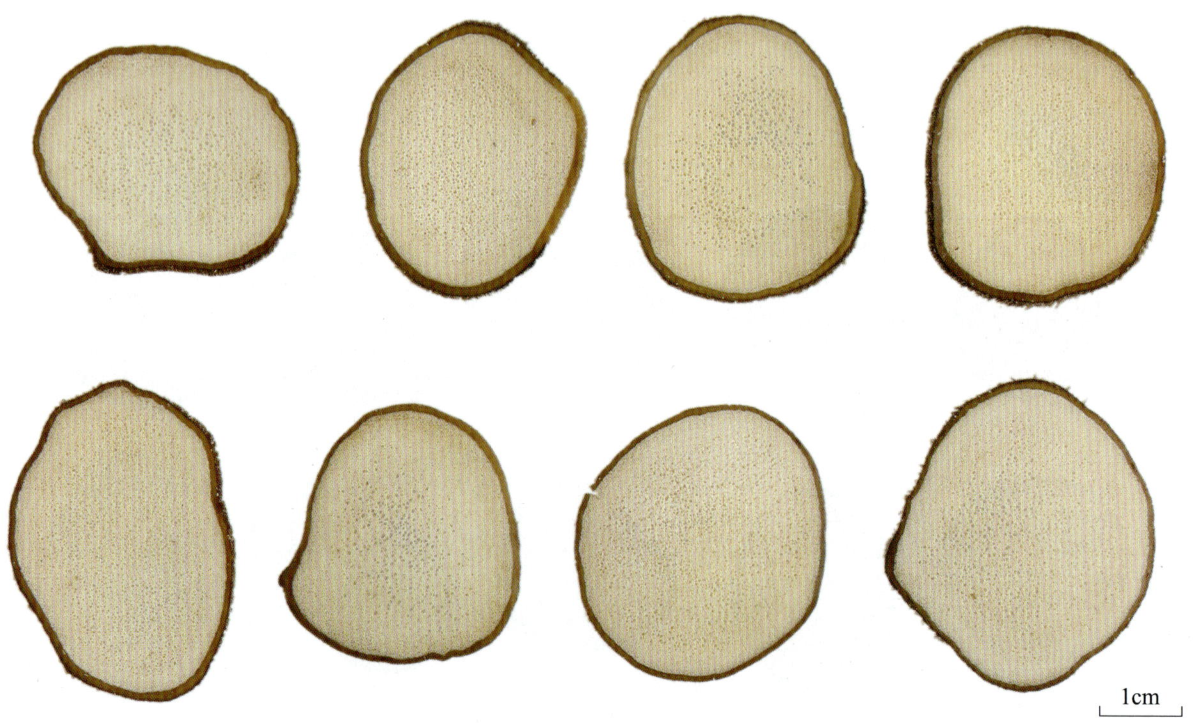

鹿茸片　粉片　白粉片

鹿茸片　粉片　黄粉片

鹿茸片　粉片　红粉片

3. 纱片

鹿茸片　纱片　红纱片

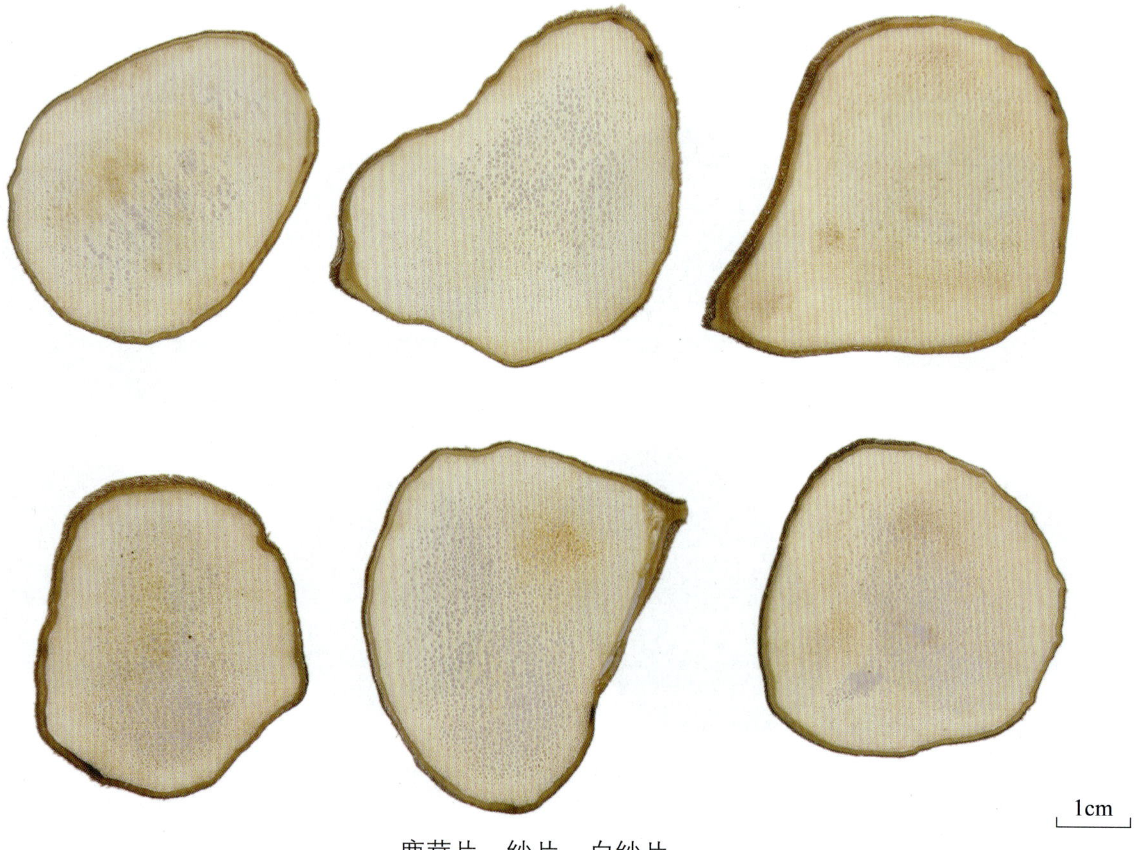

鹿茸片　纱片　白纱片

4. 骨片

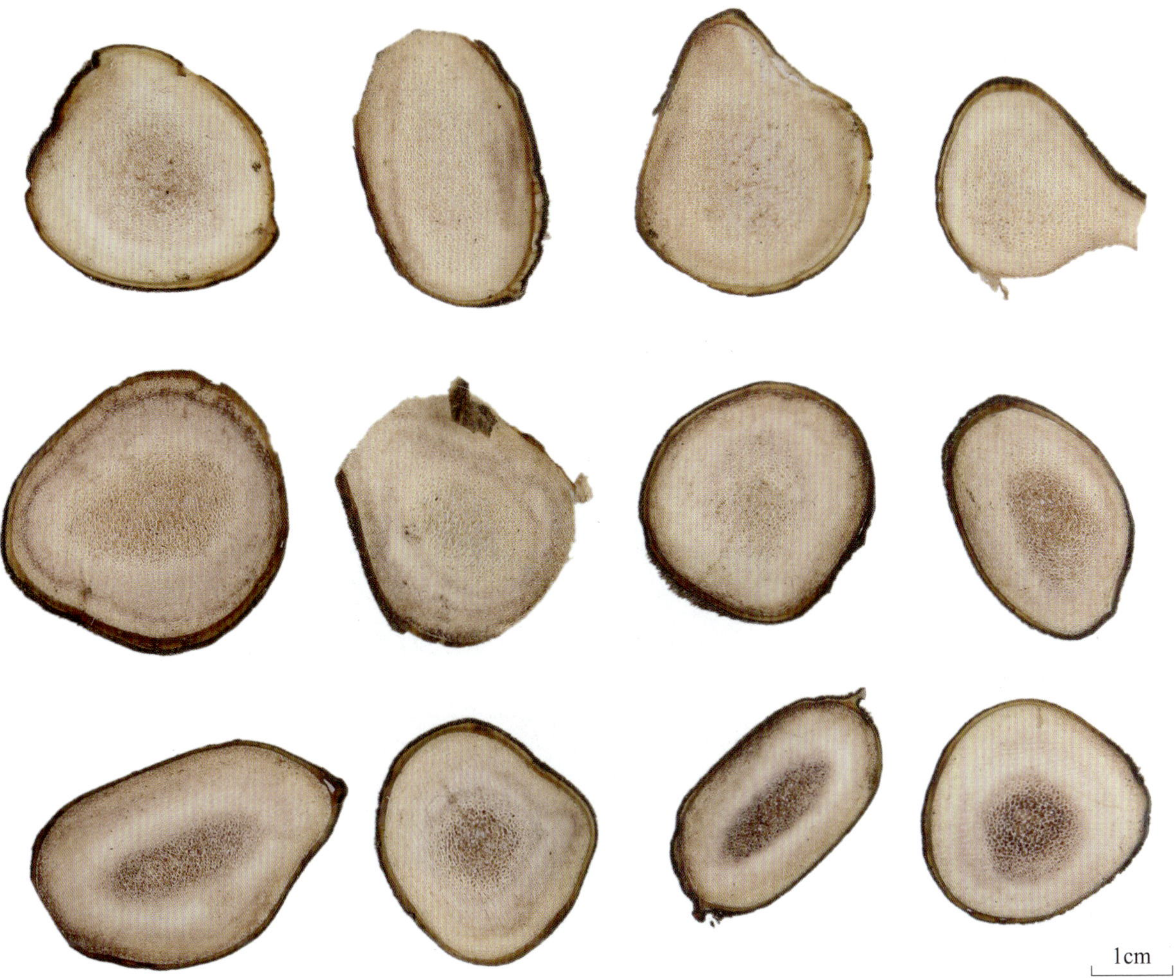

鹿茸片 骨片

沉　香

AQUILARAE LIGNUM RESINATUM

根据市场流通情况，按照药材色泽、气味等划分等级，将沉香选货项下分为“一等”和“二等”两个等级。

（一）选货

野生沉香　选货　一等

栽培沉香　选货　一等

野生沉香 选货 二等

栽培沉香 选货 二等

（二）统货

野生沉香　统货

栽培沉香　统货

木 瓜

CHAENOMELIS FRUCTUS

根据市场流通情况，对木瓜药材进行等级划分，将木瓜分为“选货”和“统货”两个等级。

（一）选货

木瓜 选货

（二）统货

木瓜　统货

僵 蚕

BOMBYX BATRYTICATUS

根据市场流通情况，对药材进行等级划分，将僵蚕分为“选货”和“统货”两个规格。再根据单体重量（或头数）、单体长度、单体直径及断面丝腺环，将僵蚕选货规格分为“一等”和“二等”两个等级。

（一）选货

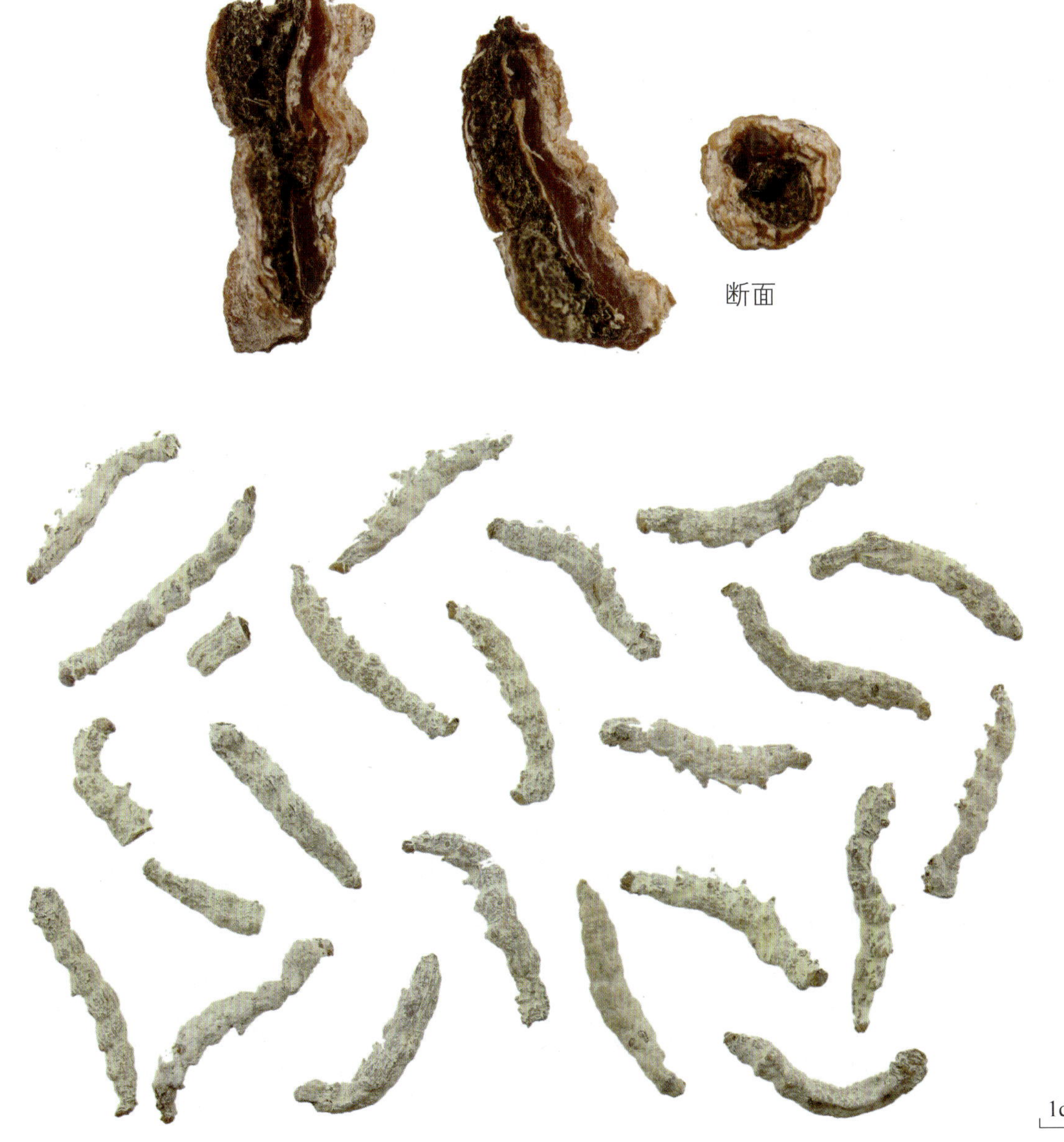

僵蚕 选货 一等

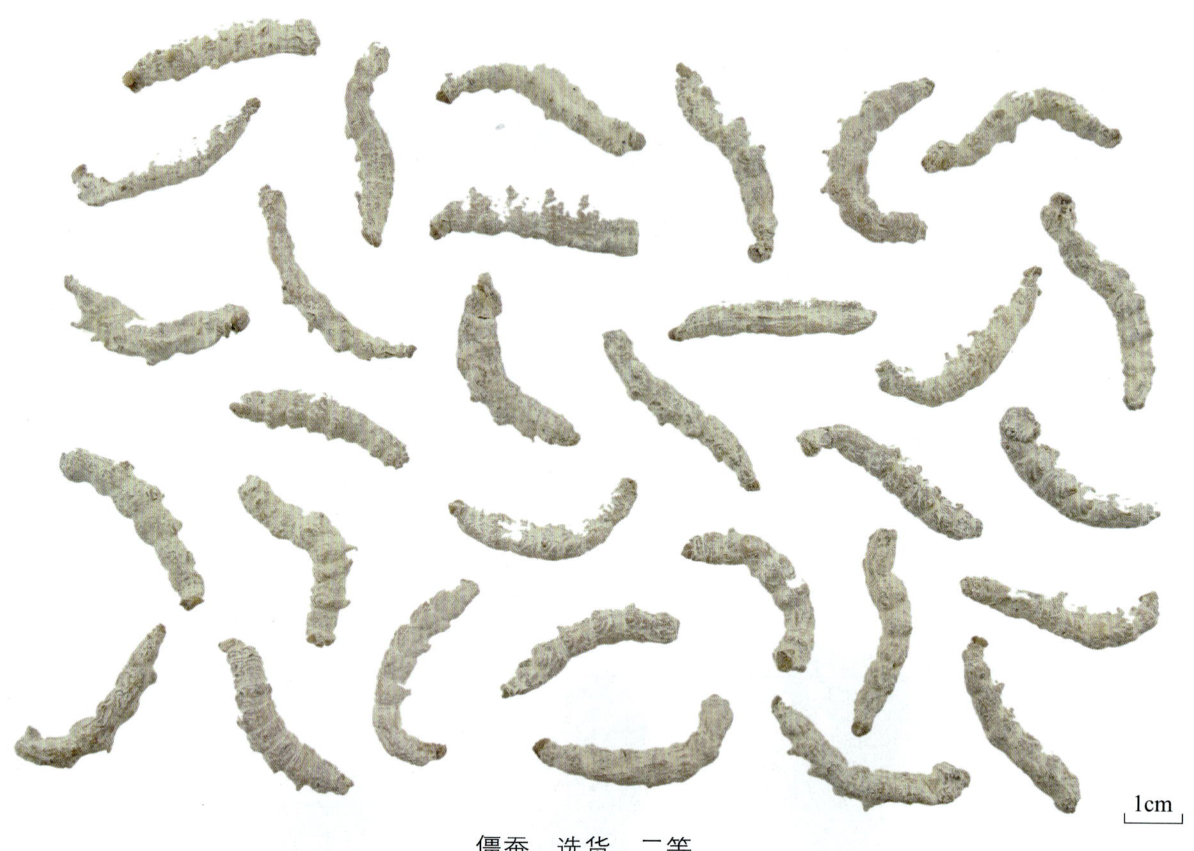

僵蚕　选货　二等

（二）统货

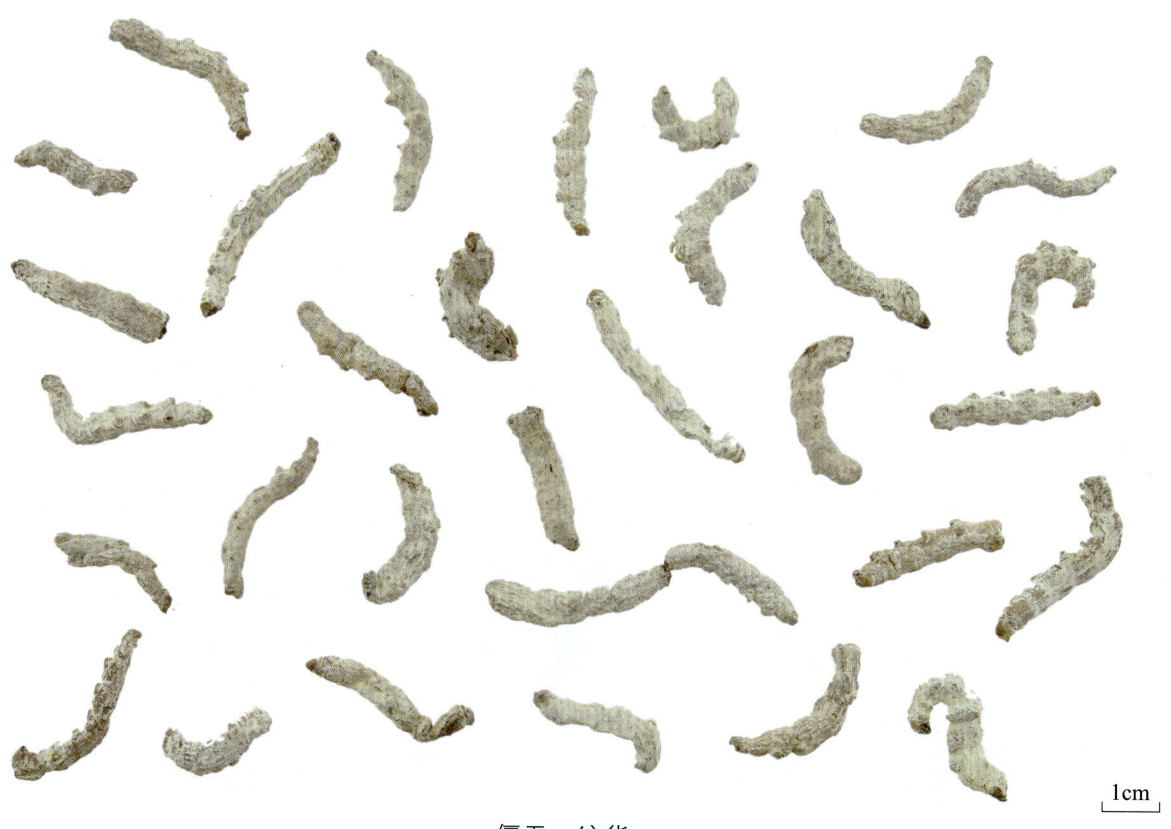

僵蚕　统货

姜　黄

CURCUMAE LONGAE RHIZOMA

本品根据不同产地，将姜黄药材分为“川姜黄”“其他产区姜黄”两个规格。川姜黄根据母姜重量占比划分为“选货”和“统货”两个等级。

（一）川姜黄

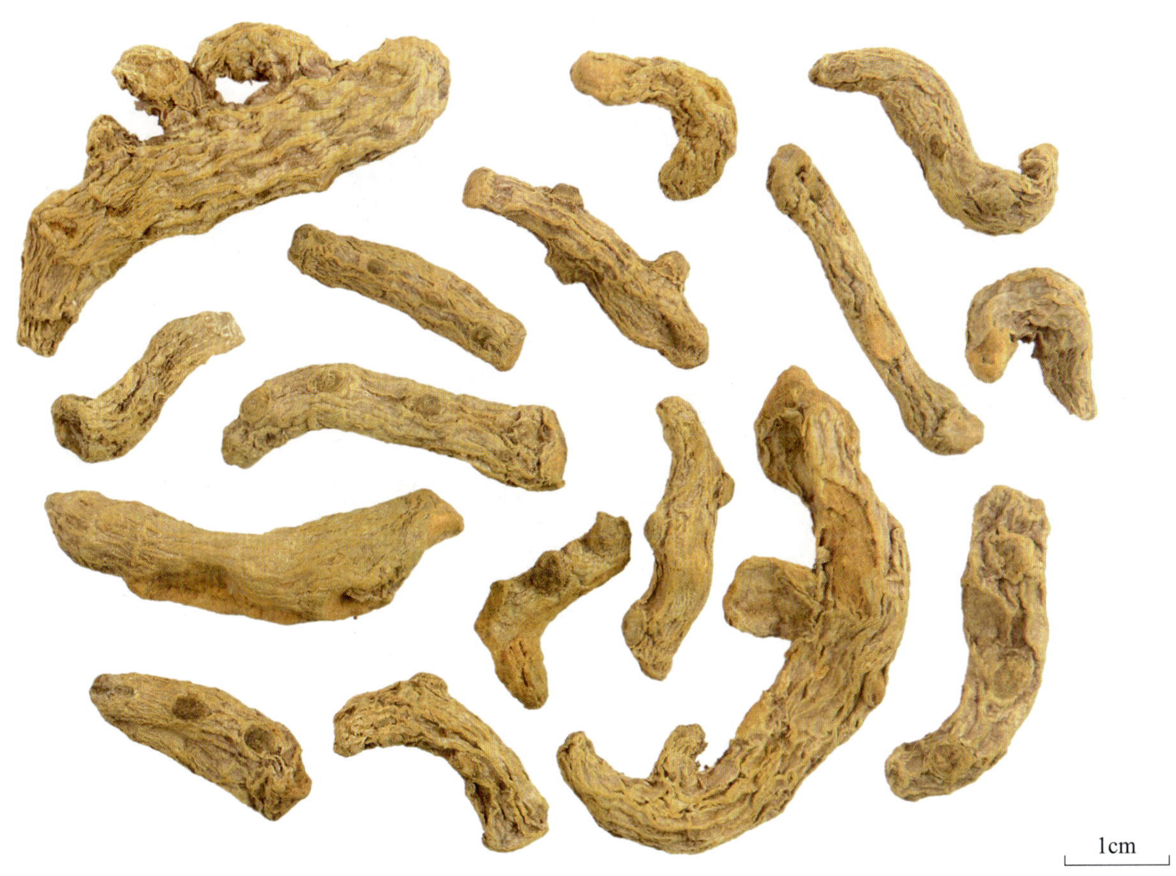

川姜黄　选货

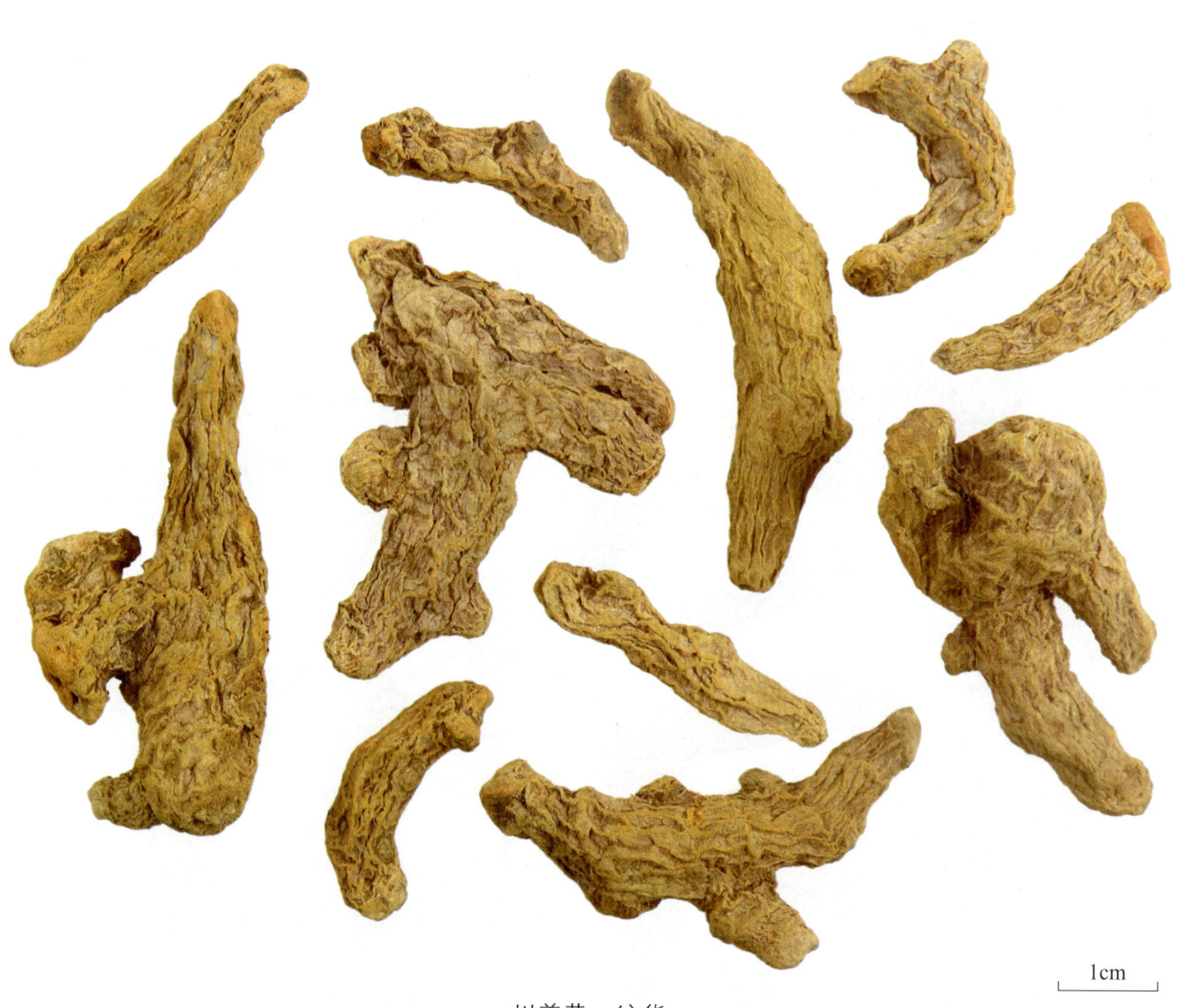

川姜黄　统货

（二）其他产区姜黄

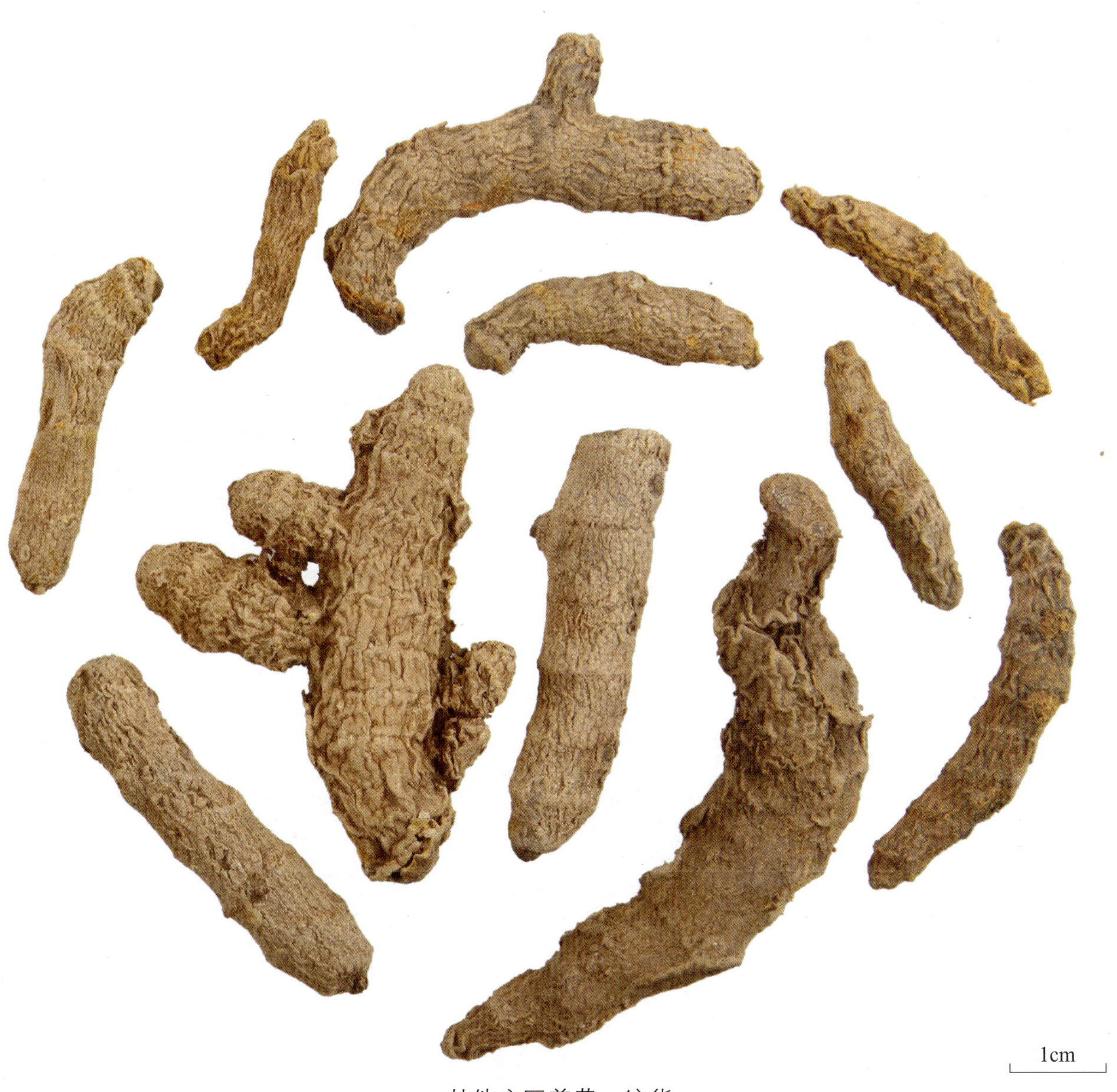

其他产区姜黄　统货

西红花

CROCI STIGMA

本品根据市场流通情况，对药材进行等级划分，将西红花分为“进口”和“国产”两个规格。根据药材长度、药材断碎比例和残留黄色花柱长度，再将西红花进口规格项下分为“一级”“二级”“三级”和“四级”四个等级，将西红花国产规格项下分为“一级”“二级”和“三级”三个等级。

（一）进口西红花

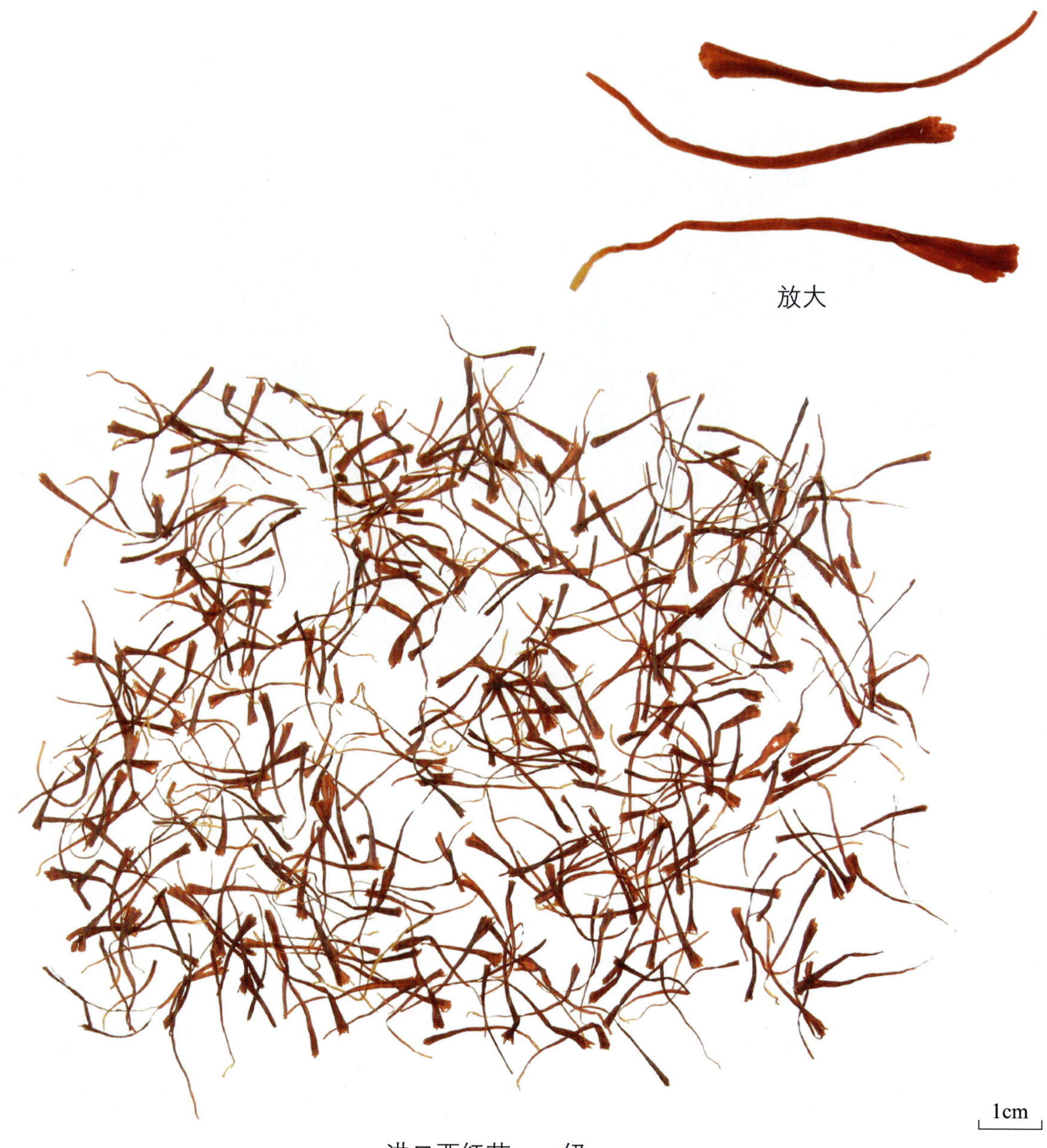

进口西红花　一级

进口西红花　二级

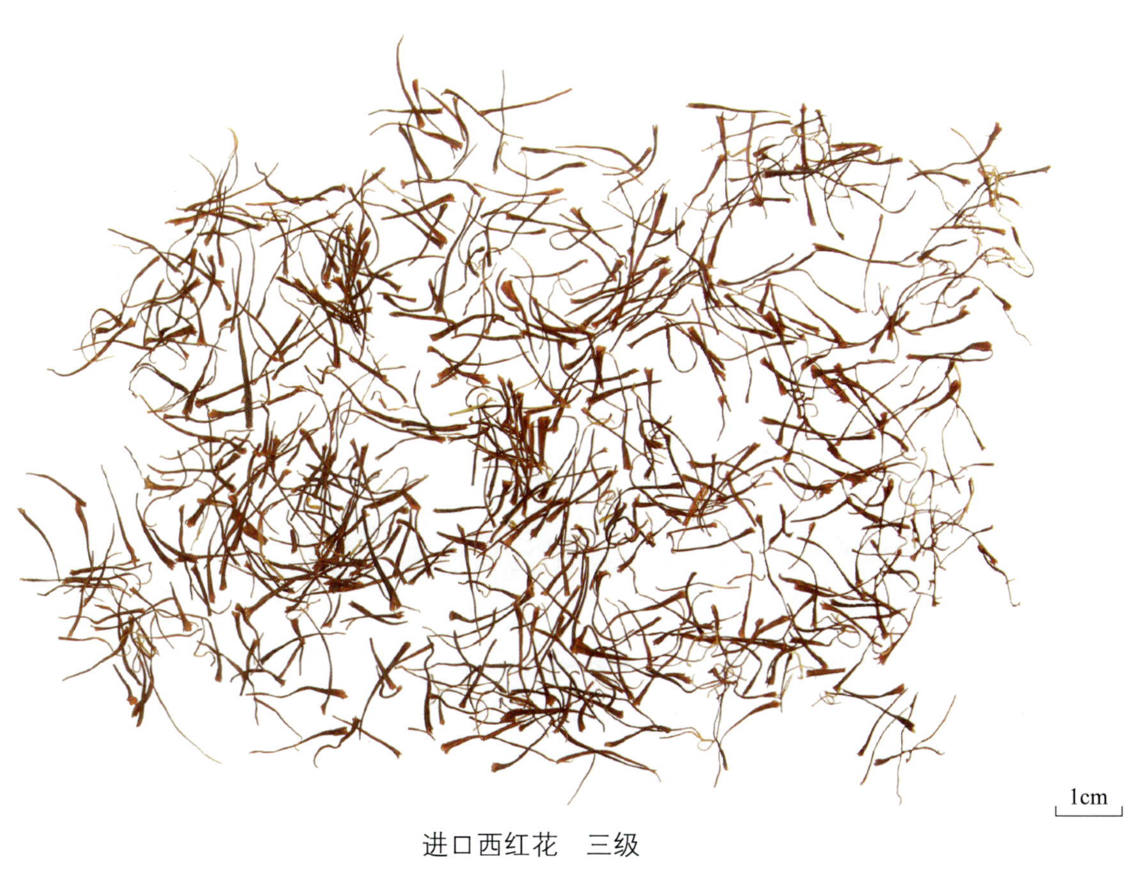

进口西红花　三级

进口西红花　四级

（二）国产西红花

国产西红花　一级

国产西红花　二级

国产西红花　三级

莲　子

NELUMBINIS SEMEN

根据市场流通情况，莲子均为统货。根据历史药用情况和市场需求，莲子药材应包括“红莲”和“白莲”。白莲包括“手工白莲”和“磨皮白莲”两种品类。

（一）手工白莲

手工白莲　统货

（二）磨皮白莲

磨皮白莲 统货

（三）红莲

红莲 统货

化橘红

CITRI GRANDIS EXOCARPIUM

根据市场流通情况，按照基原不同，将化橘红药材分为“毛橘红”“光橘红”两个规格，光橘红根据成熟度又分为光青皮、光黄皮两个规格，各规格均为统货。

（一）毛橘红

毛橘红（毛七爪）统货

（二）光橘红

光橘红　光青皮　统货

光橘红　光黄皮　统货

肉　桂

CINNAMOMI CORTEX

根据市场流通情况，按照加工方法的不同，对药材进行规格划分，将肉桂药材分为“企边桂”“桂通”两个规格，两个规格均为统货。

（一）企边桂

企边桂　统货（外皮）

企边桂　统货（内皮）

（二）桂通

桂通 统货

葛　根

PUERARIAE LOBATAE RADIX

根据不同切制形态，将葛根药材分为“葛根丁”和“葛根片”两个规格。

（一）葛根丁

葛根丁　选货

（二）葛根片

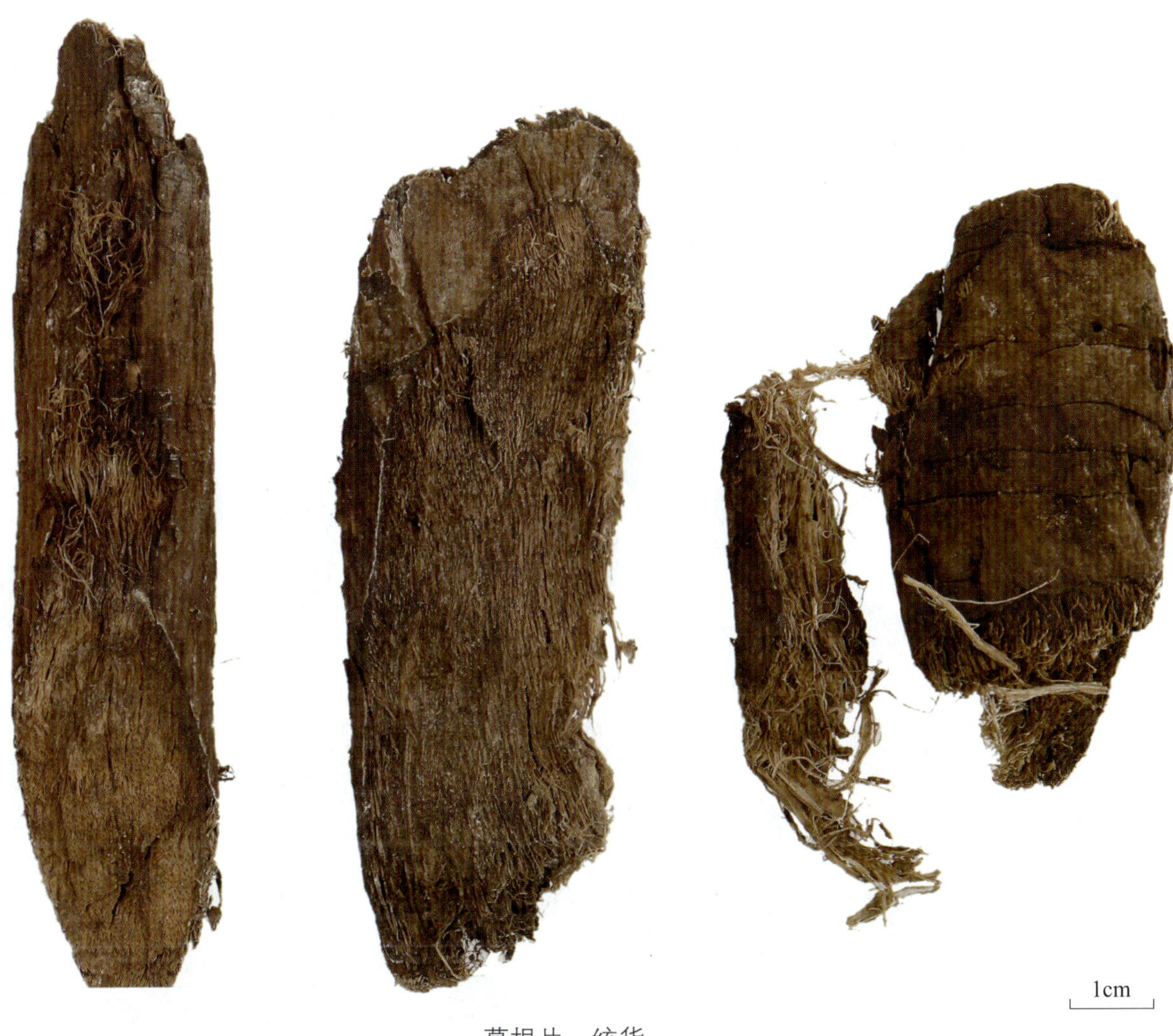

葛根片　统货

苦杏仁

ARMENTACAE SEMEN AMARUM

根据市场流通情况，对药材进行等级划分，将苦杏仁分为“选货”和“统货”两个等级。

（一）选货

苦杏仁　选货

（二）统货

苦杏仁 统货

玫瑰花

ROSAE RUGOSAE FLOS

根据市场流通情况，按照产地不同，将玫瑰花先分为“平阴玫瑰”和“苦水玫瑰”两个规格。各规格项下再分为“选货”和“统货”两个等级。根据颜色、完整花蕾比例、花开放程度、残留花梗和含杂率，将选货规格分为“一等”和“二等”两个等级。

（一）平阴玫瑰

平阴玫瑰　选货　一等

平阴玫瑰　选货　二等

平阴玫瑰　统货

（二）苦水玫瑰

1cm

苦水玫瑰　选货　一等

1cm

苦水玫瑰　选货　二等

苦水玫瑰 统货

酸枣仁

ZIZIPHI SPINOSAE SEMEN

根据市场流通情况，对药材进行等级划分，将酸枣仁分为“选货”和“统货”两个等级。酸枣仁选货根据饱满度、碎仁率、核壳率及有无黑仁，再将选货划分为“一等”和“二等”两个级别。

（一）选货

酸枣仁　选货　一等

酸枣仁　选货　二等

（二）统货

酸枣仁　统货

柴　胡

BUPLEURI RADIX

根据市场流通情况，根据基原不同分为北柴胡和南柴胡。按照生长模式不同，将北柴胡药材分为“栽培北柴胡”和“野生北柴胡”两个规格。栽培北柴胡规格项下根据直径、残茎情况再分为“选货”和“统货”两个等级。

（一）栽培北柴胡

栽培北柴胡　选货

栽培北柴胡 统货

（二）野生北柴胡

野生北柴胡 统货

（三）南柴胡

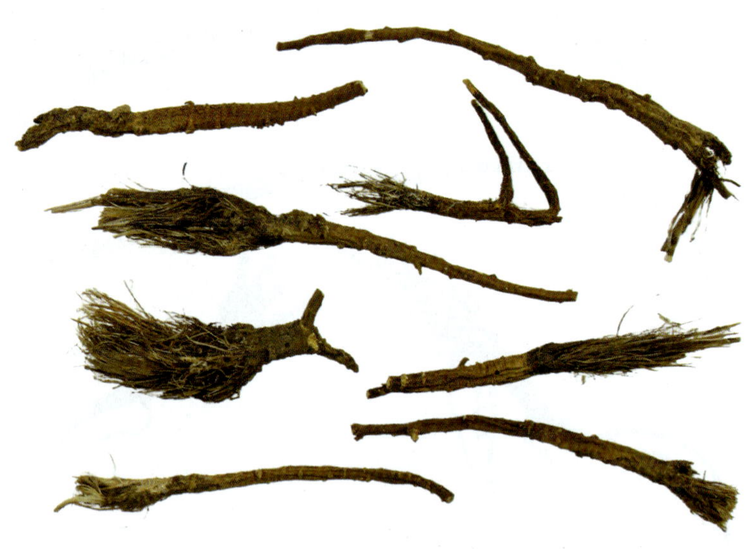

南柴胡　统货

巴戟天

MORINDAE OFFICINALIS RADIX

根据市场流通情况，对巴戟天药材进行等级划分，将巴戟天药材分为“长条”和“剪片”两个规格，每个规格划分为“选货”和“统货”两个等级。根据中部直径和长度，再将巴戟天长条选货等级继续划分为“一等”“二等”两个级别，将巴戟天剪片选货等级继续划分为“一等”“二等”“三等”“四等”四个级别。

（一）长条

巴戟天　长条　选货　一等

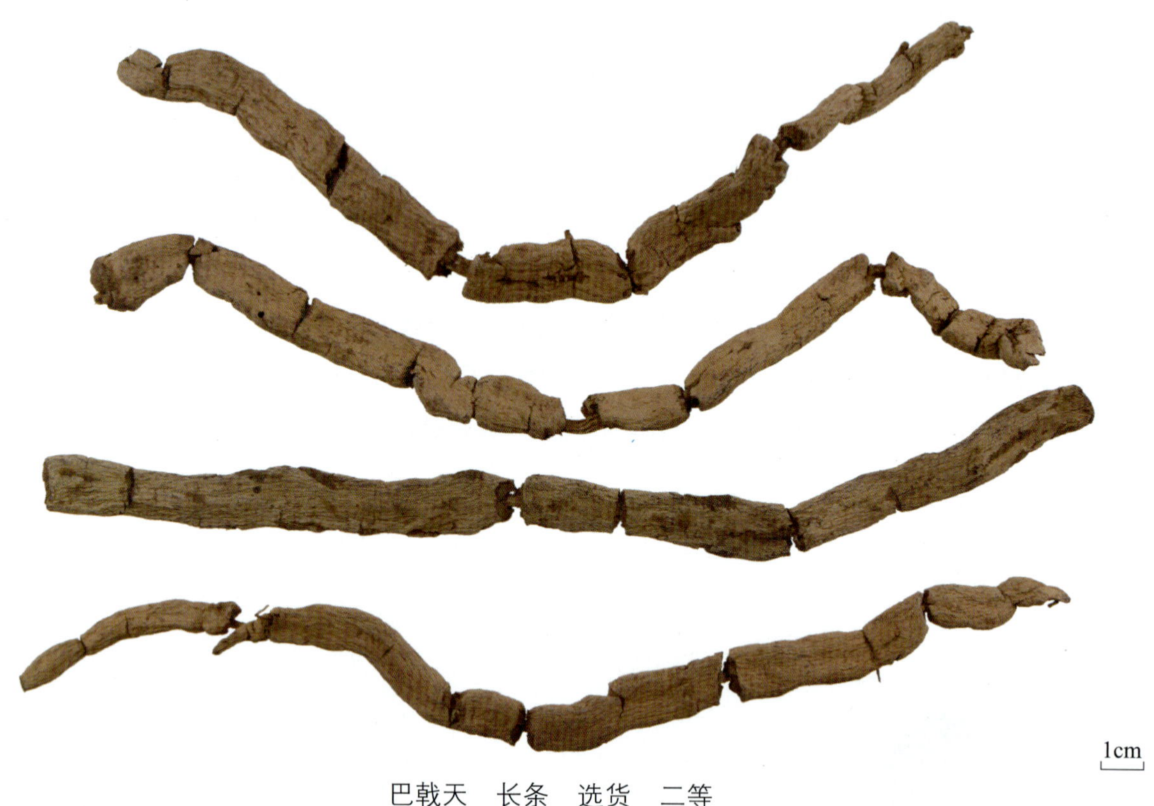

巴戟天　长条　选货　二等

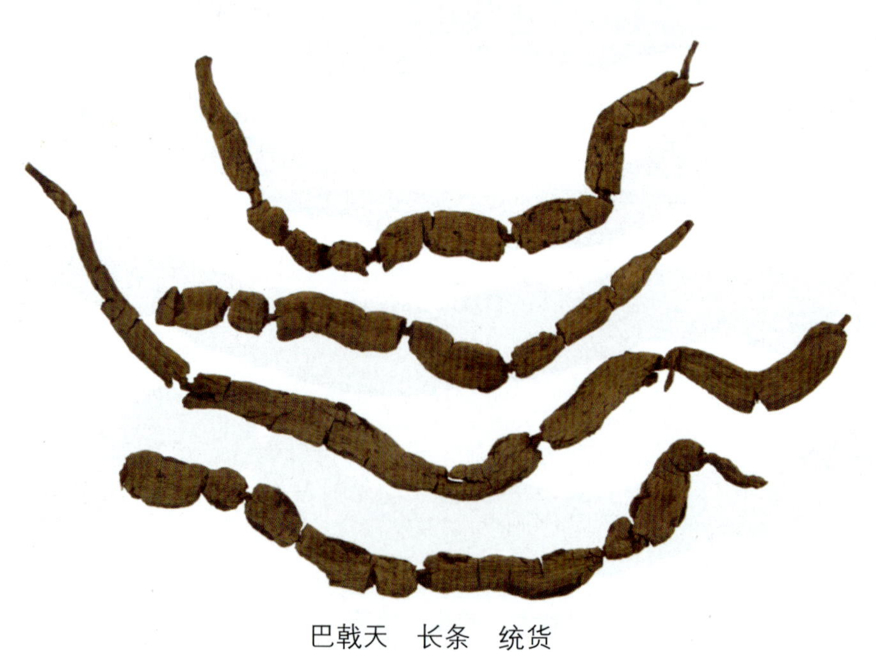

巴戟天　长条　统货

（二）剪片

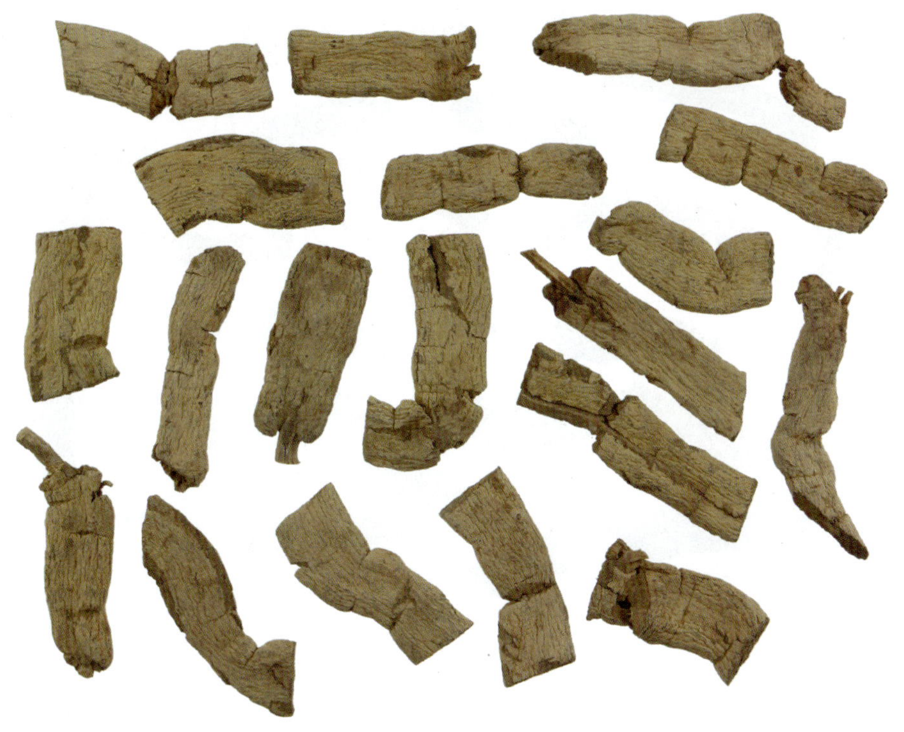

巴戟天　剪片　选货　一等

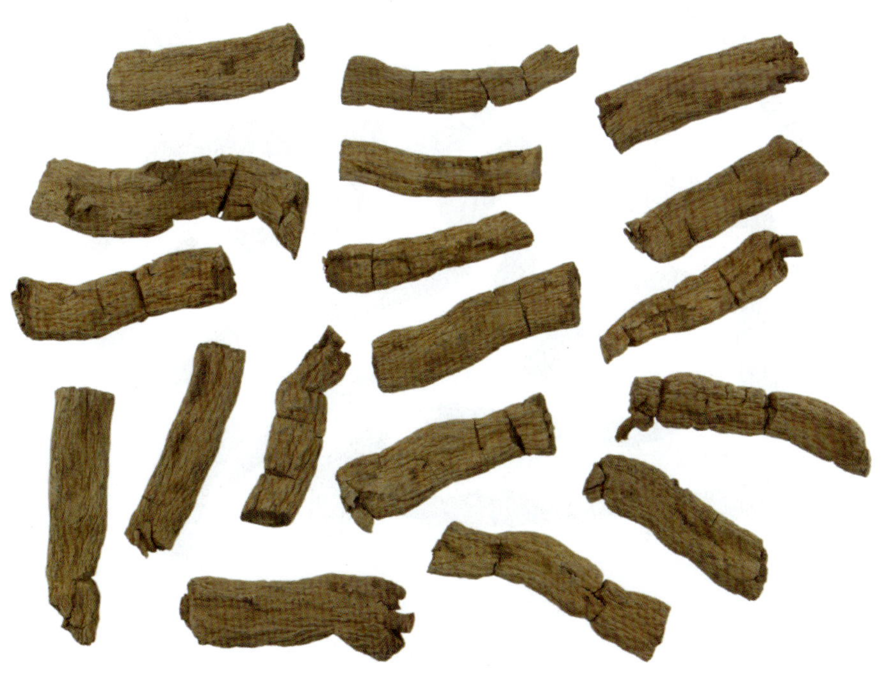

巴戟天　剪片　选货　二等

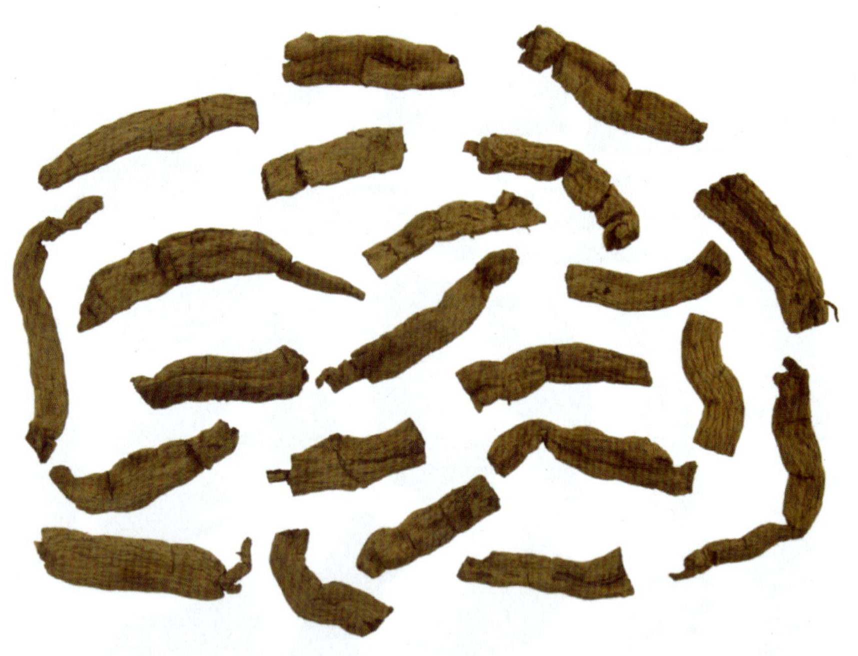

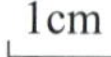

巴戟天　剪片　选货　三等

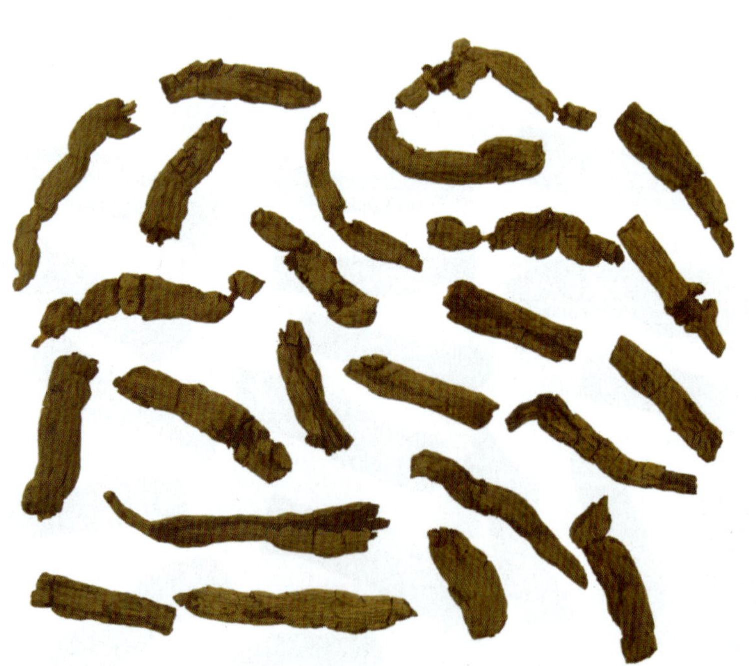

1cm

巴戟天　剪片　选货　四等

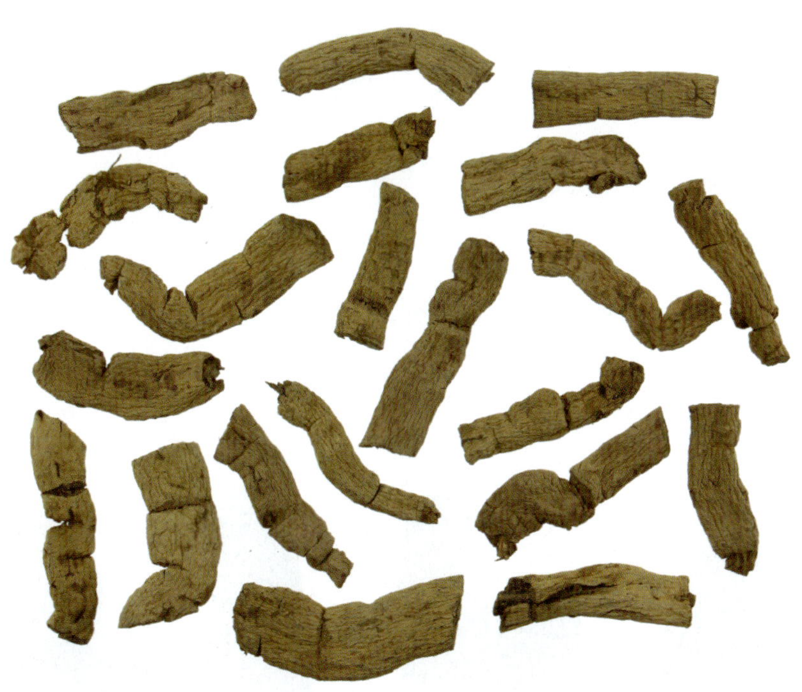

巴戟天　剪片　统货

木　香

AUCKLANDIAE RADIX

根据市场流通情况，对木香药材进行等级划分，分为“选货”和“统货”两个等级。

（一）选货

木香　选货

（二）统货

木香　统货

前 胡

PEUCEDANI RADIX

根据市场流通情况，对药材进行等级划分，将前胡分为“选货”和“统货”两个等级。

（一）选货

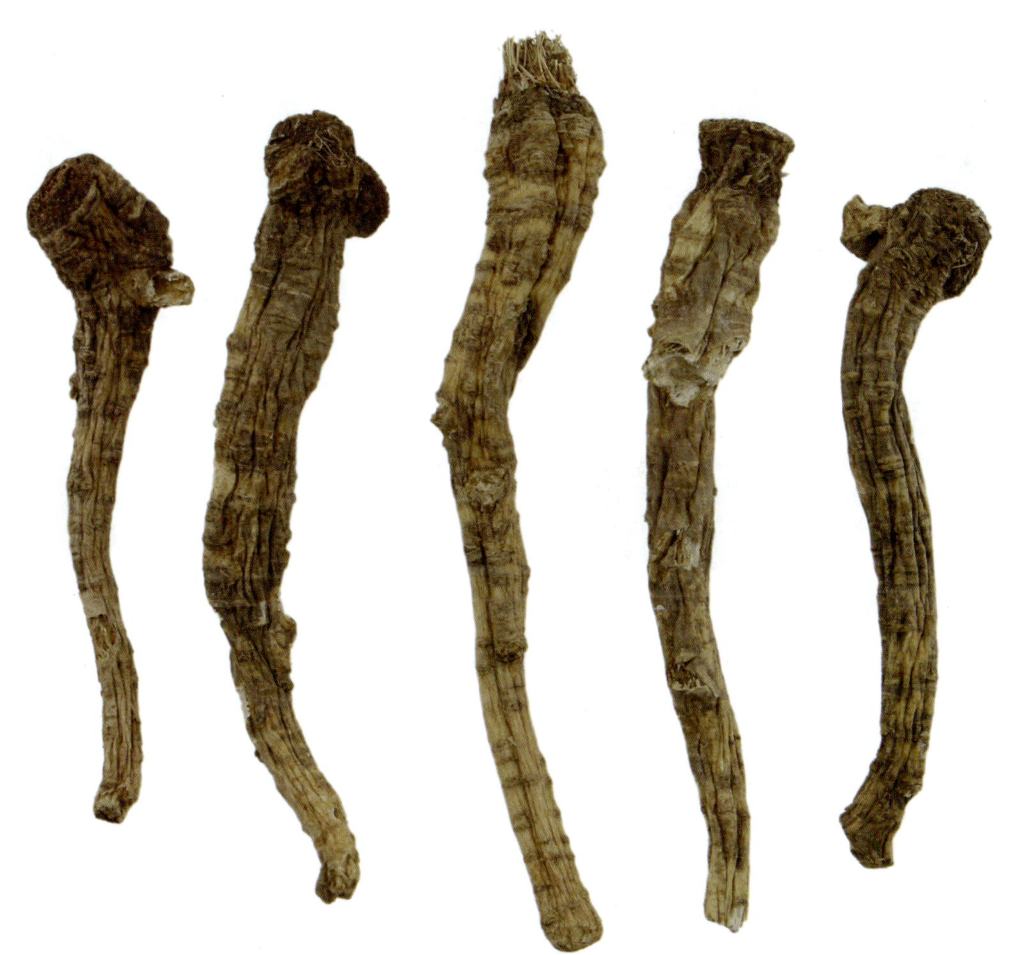

前胡 选货

（二）统货

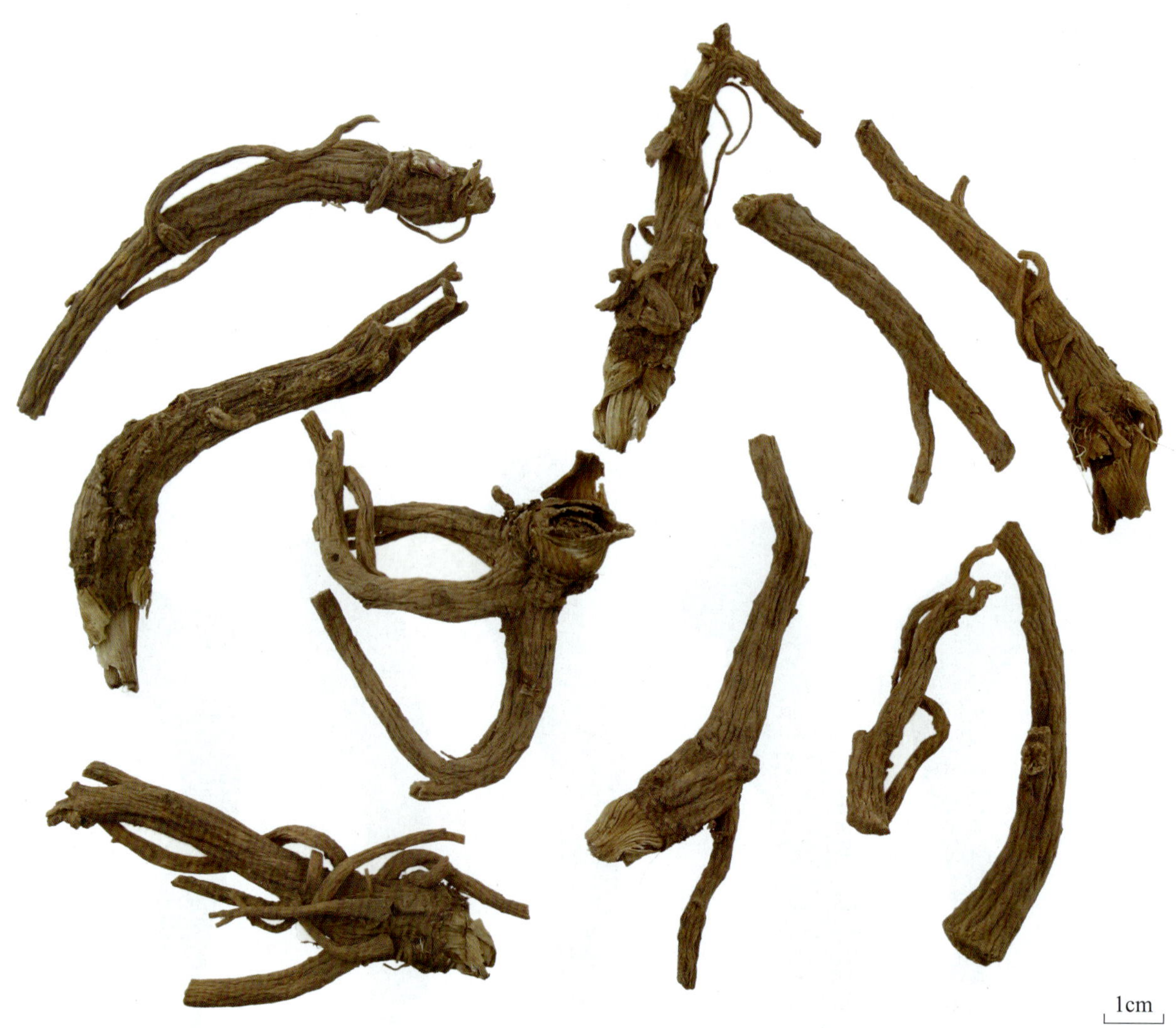

前胡　统货

吴茱萸

EUODIAE FRUCTUS

根据市场流通情况，将吴茱萸药材分为“中花”“小花”两个规格。“中花”规格项下根据颜色和含杂率再划分“一等”“二等”两个等级。

（一）中花

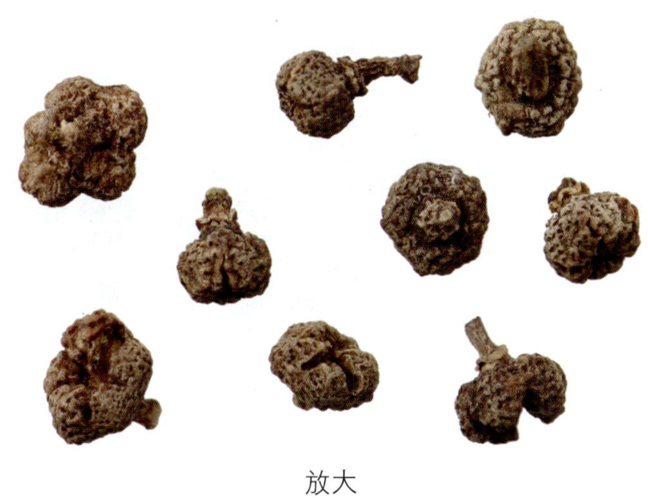

放大

中花　一等

中花　二等

（二）小花

小花　统货

秦 艽

GENTIANAE MACROPHYLLAE RADIX

根据市场流通情况，按照基原、生长模式不同，将秦艽药材分为“野生萝卜艽”“野生麻花艽”“野生小秦艽”“栽培萝卜艽”“栽培麻花艽”和“栽培小秦艽”六个规格；在规格项下，根据芦下直径划分等级，“野生麻花艽”“野生小秦艽”“栽培萝卜艽”“栽培麻花艽”与“栽培小秦艽”规格项下均分为“一等”和“二等”；“野生萝卜艽”规格为统货。

（一）野生萝卜艽

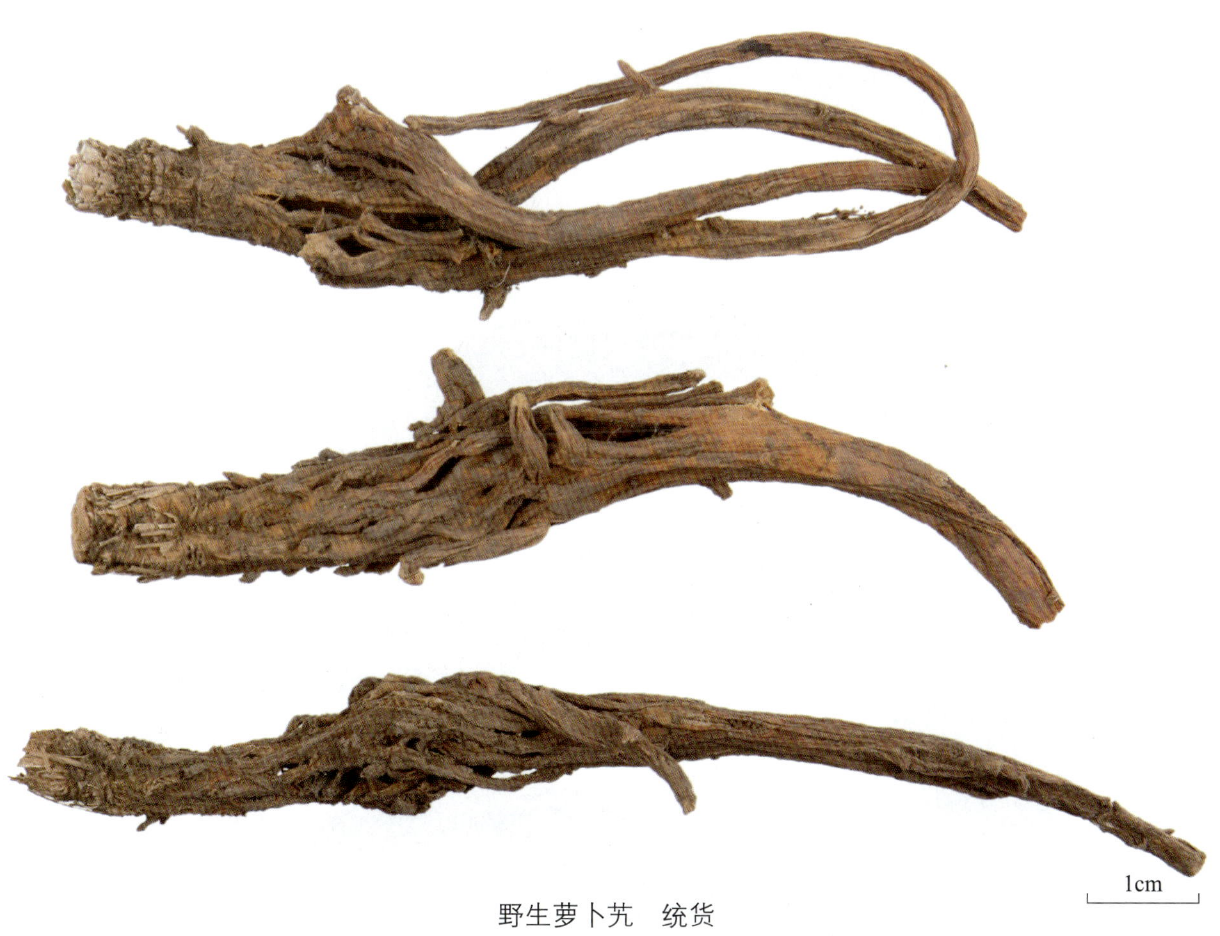

野生萝卜艽　统货

（二）野生麻花艽

野生麻花艽　一等

野生麻花艽　二等

（三）野生小秦艽

野生小秦艽 一等

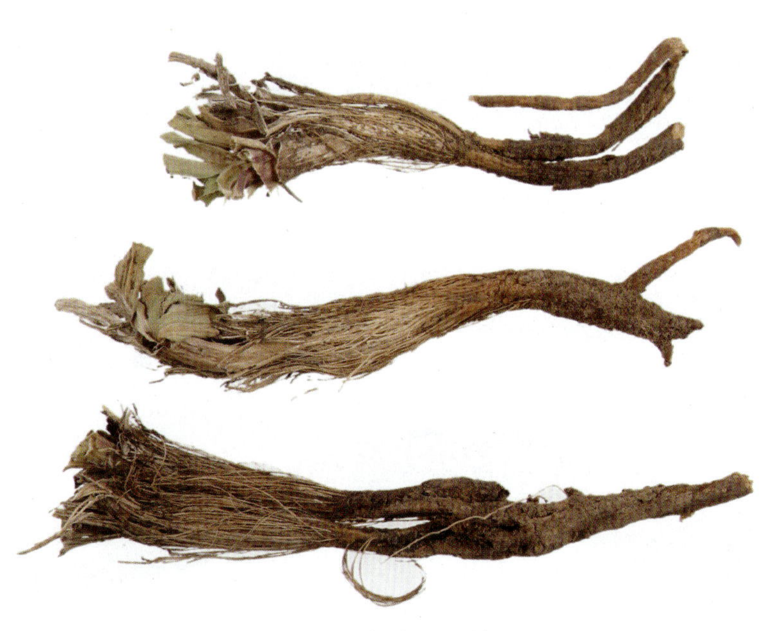

野生小秦艽 二等

（四）栽培萝卜艽

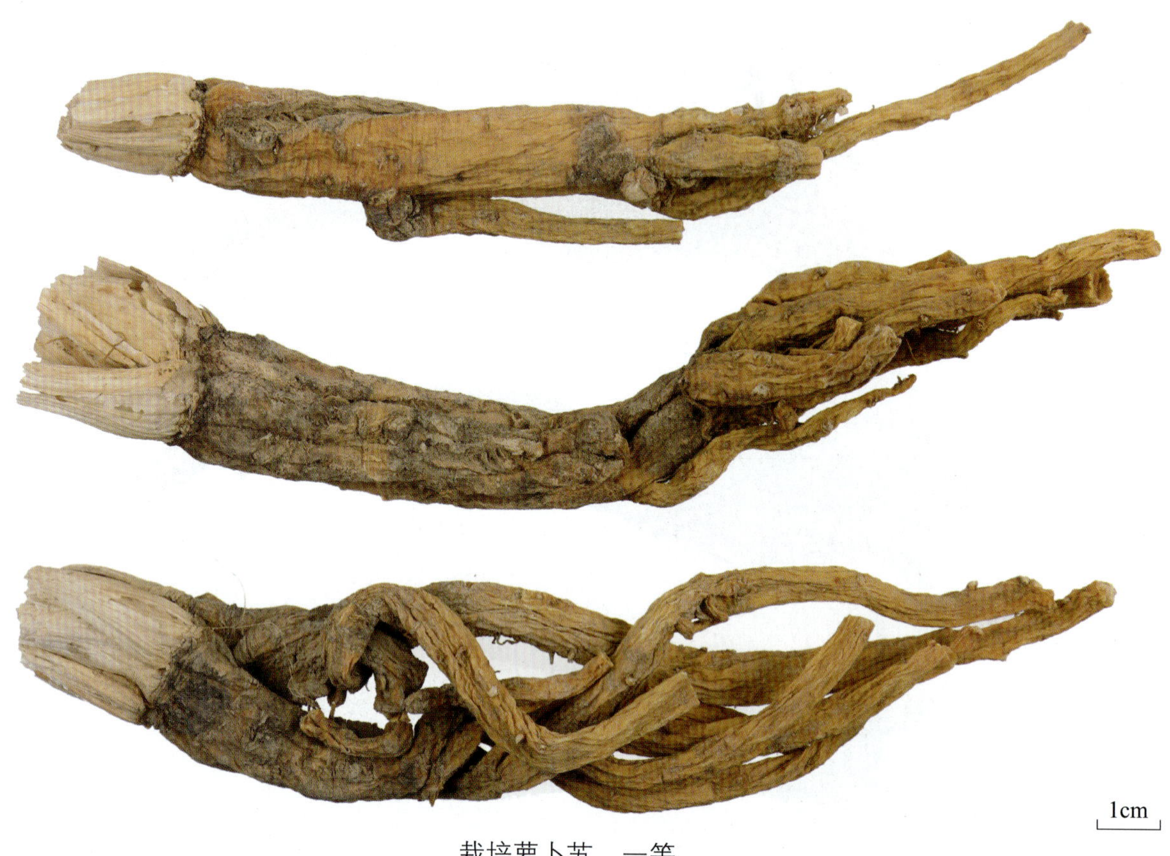

栽培萝卜艽　一等

栽培萝卜艽　二等

（五）栽培麻花艽

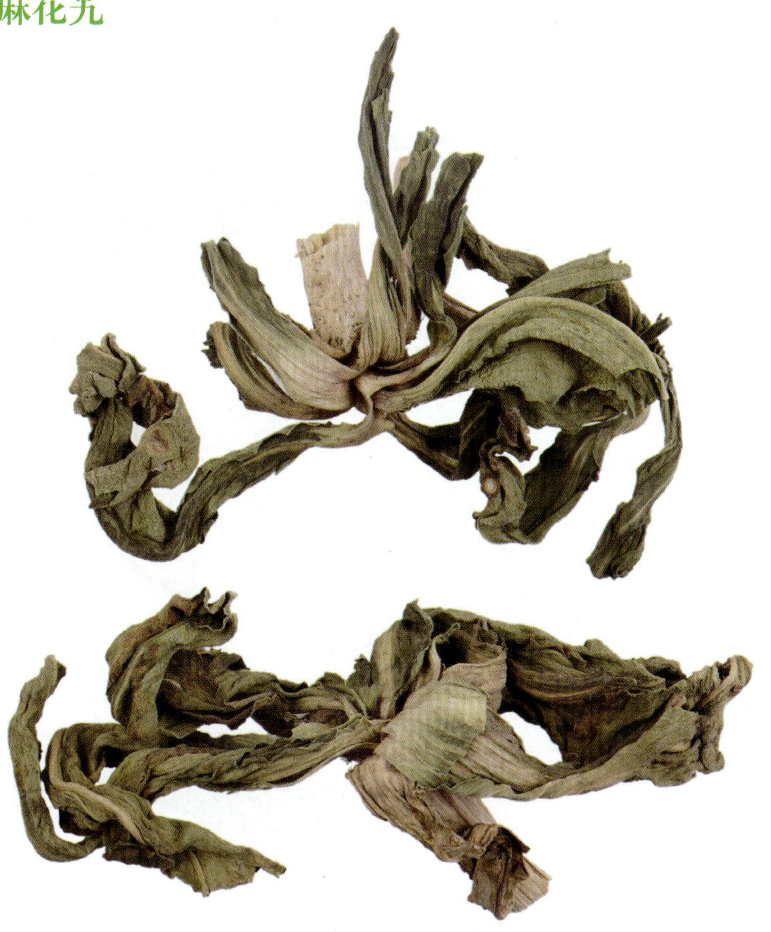

栽培麻花艽　一等

1cm

栽培麻花艽　二等

（六）栽培小秦艽

栽培小秦艽　一等

栽培小秦艽　二等

菟丝子

CUSCUTAE SEMEN

根据市场流通情况，根据生长模式不同，将菟丝子分为“栽培菟丝子”和“野生菟丝子”两个规格。在规格项下，根据种子的成熟饱满程度，将“栽培菟丝子”分成“选货”和“统货”两个等级；“野生菟丝子”规格为统货。

（一）栽培菟丝子

放大

1cm

栽培菟丝子　选货

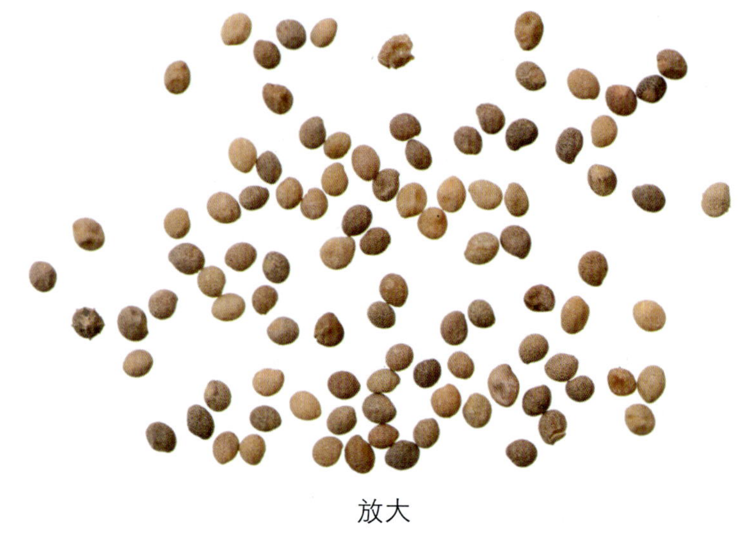

放大

栽培菟丝子 统货

（二）野生菟丝子

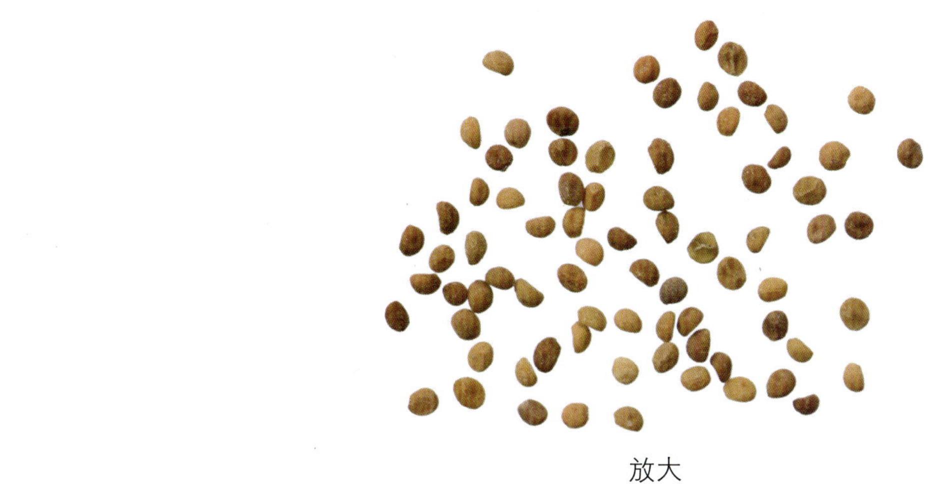

放大

野生菟丝子　统货

北沙参

GLEHNIAE RADIX

根据市场流通情况，按照产地的不同，将北沙参药材分为“河北北沙参”和“内蒙古北沙参”两个规格；在各规格项下，根据药材长度与上中部直径，分成“选货”和“统货”两个等级。

（一）河北北沙参

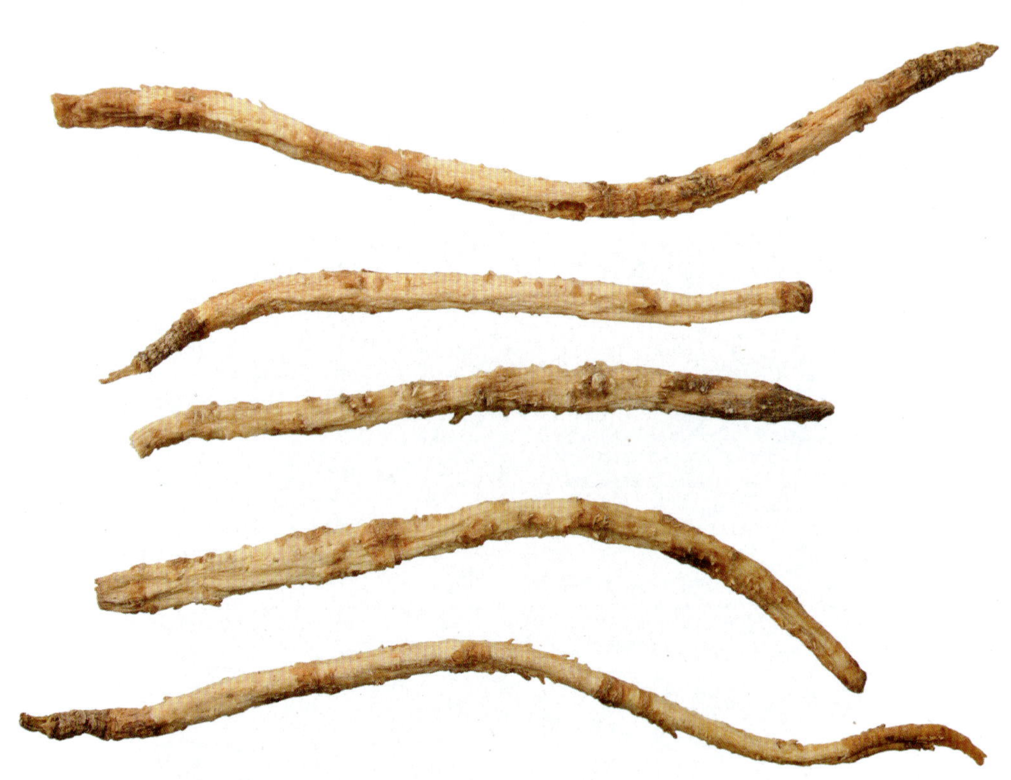

河北北沙参　选货

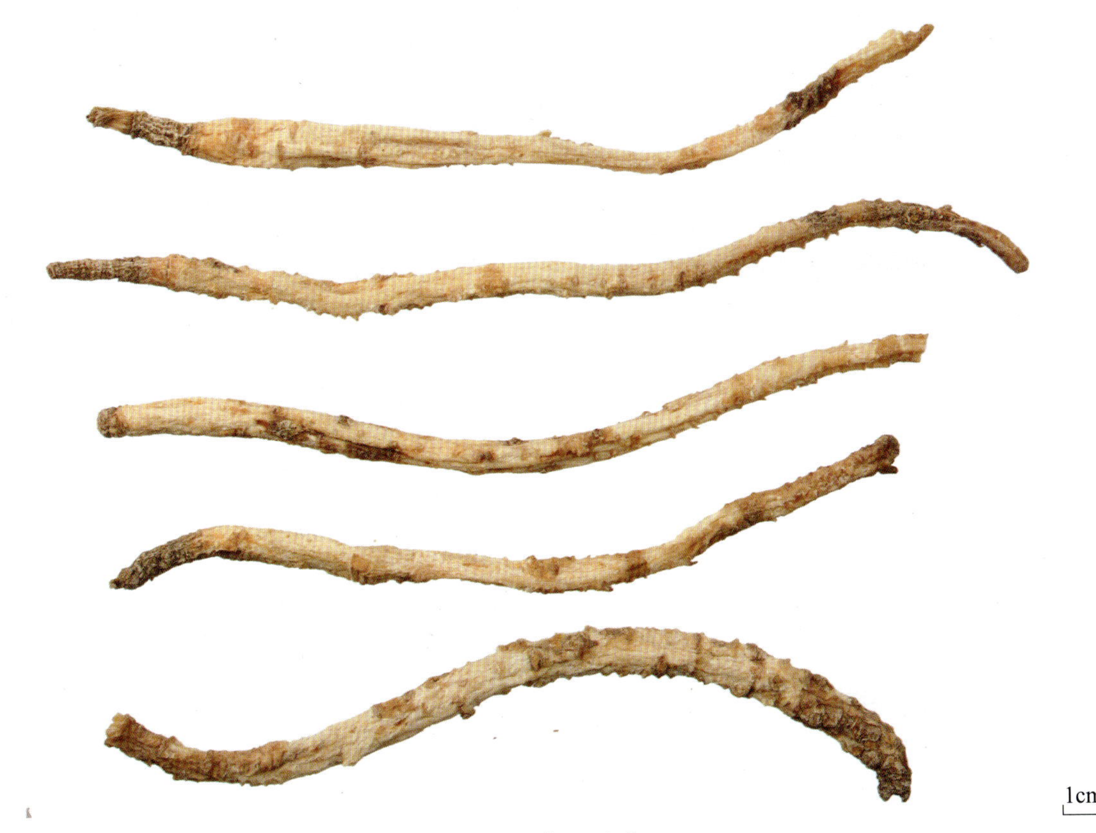

河北北沙参　统货

（二）内蒙古北沙参

内蒙古北沙参　选货

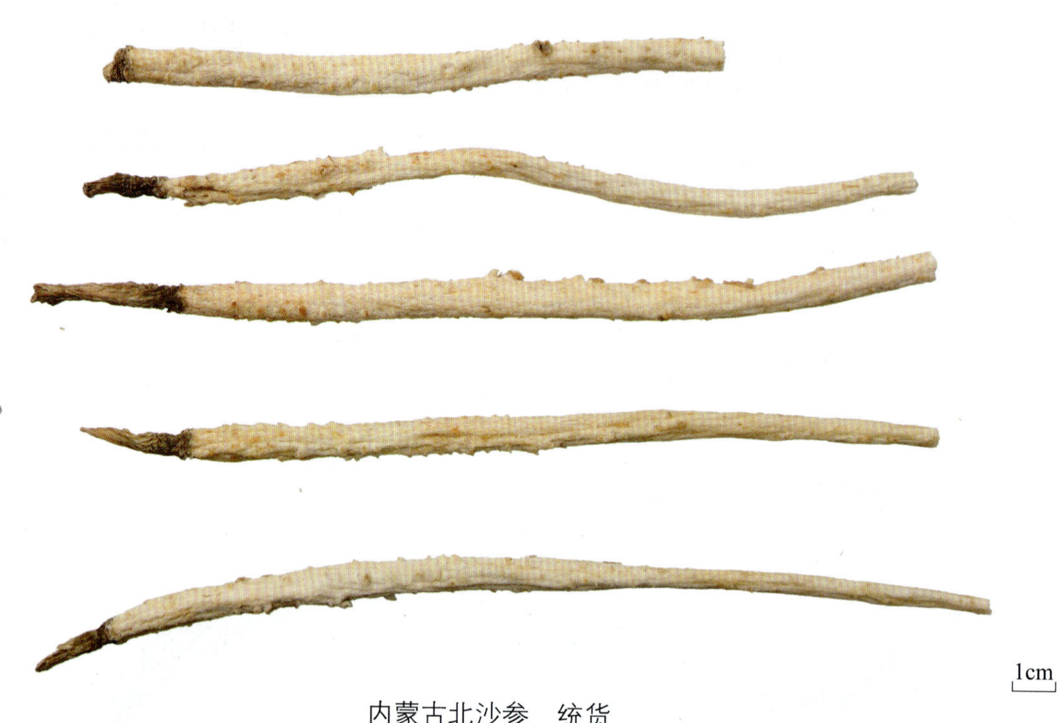

内蒙古北沙参　统货

何首乌

POLIGONI MULTIFLORI RADIX

根据市场流通情况，按照产地加工方式的不同，将何首乌药材分为“何首乌个”“何首乌片”和“何首乌块”三个规格；在规格项下，“何首乌个”规格为统货，“何首乌片”和“何首乌块”根据形状、大小进行等级划分，分成“选货”和“统货”两个等级。

（一）何首乌个

1cm

何首乌个　统货

（二）何首乌片

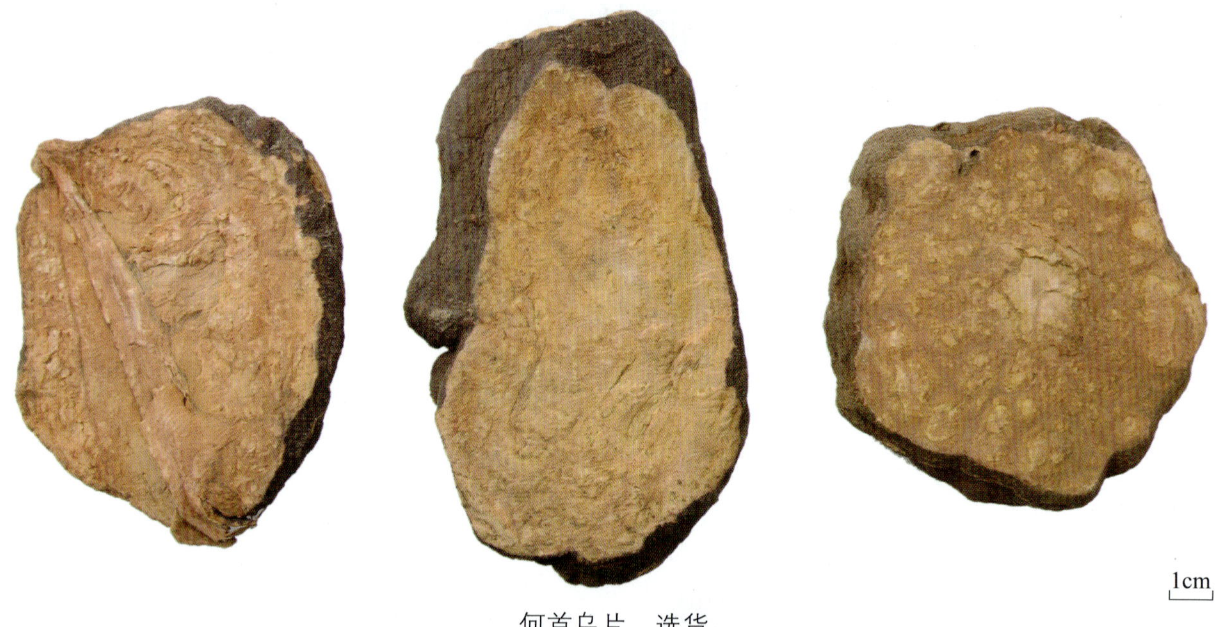

何首乌片　选货

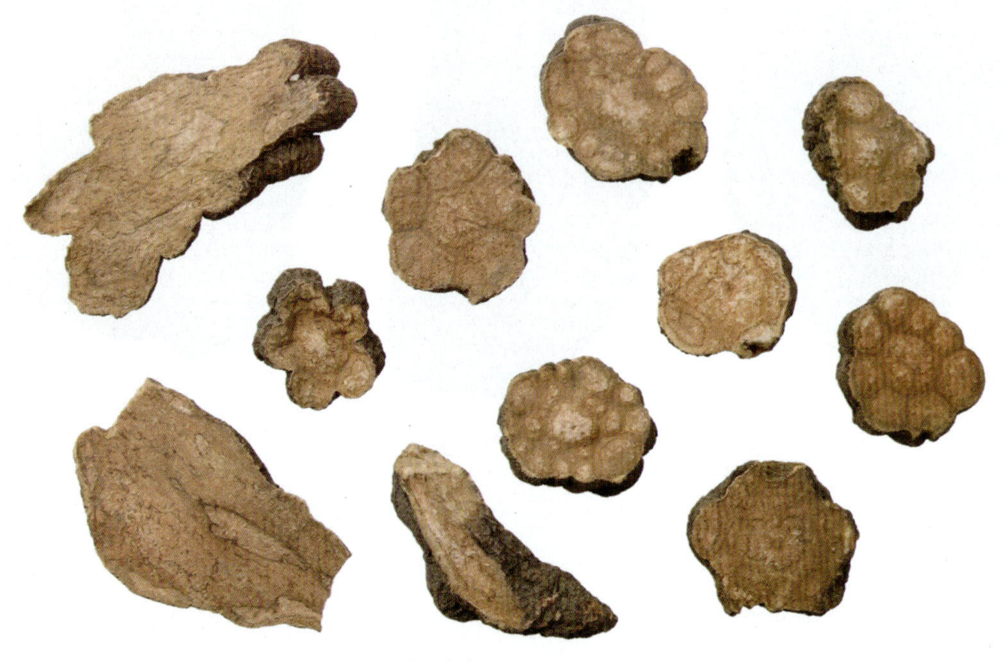

何首乌片　统货

（三）何首乌块

何首乌块　选货

何首乌块　统货

知　母

ANEMARRHENAE RHIZOMA

根据市场流通情况，按照产地加工的不同，将知母药材分为“毛知母”和“知母肉”两个规格；各规格项下均为统货。

（一）毛知母

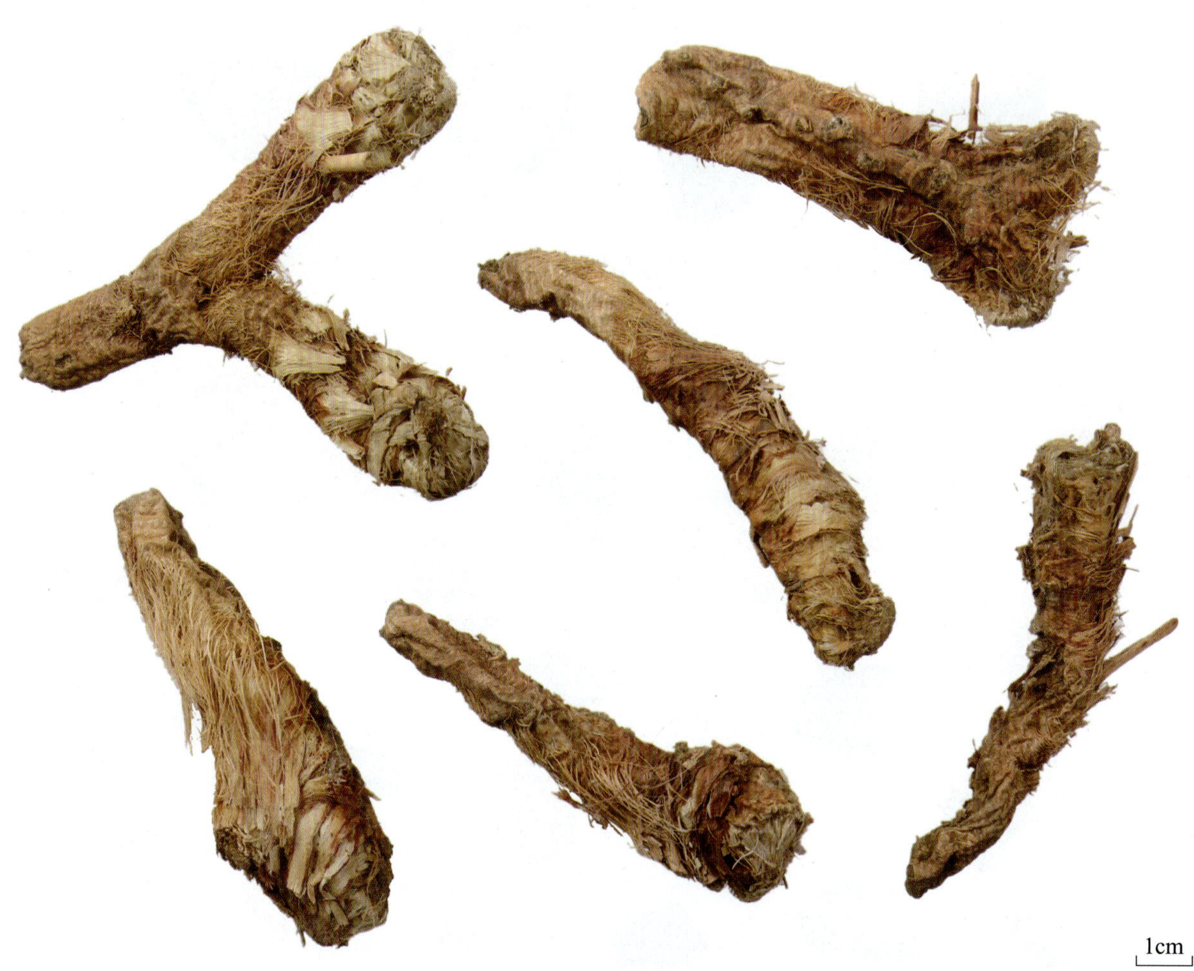

毛知母　统货

（二）知母肉

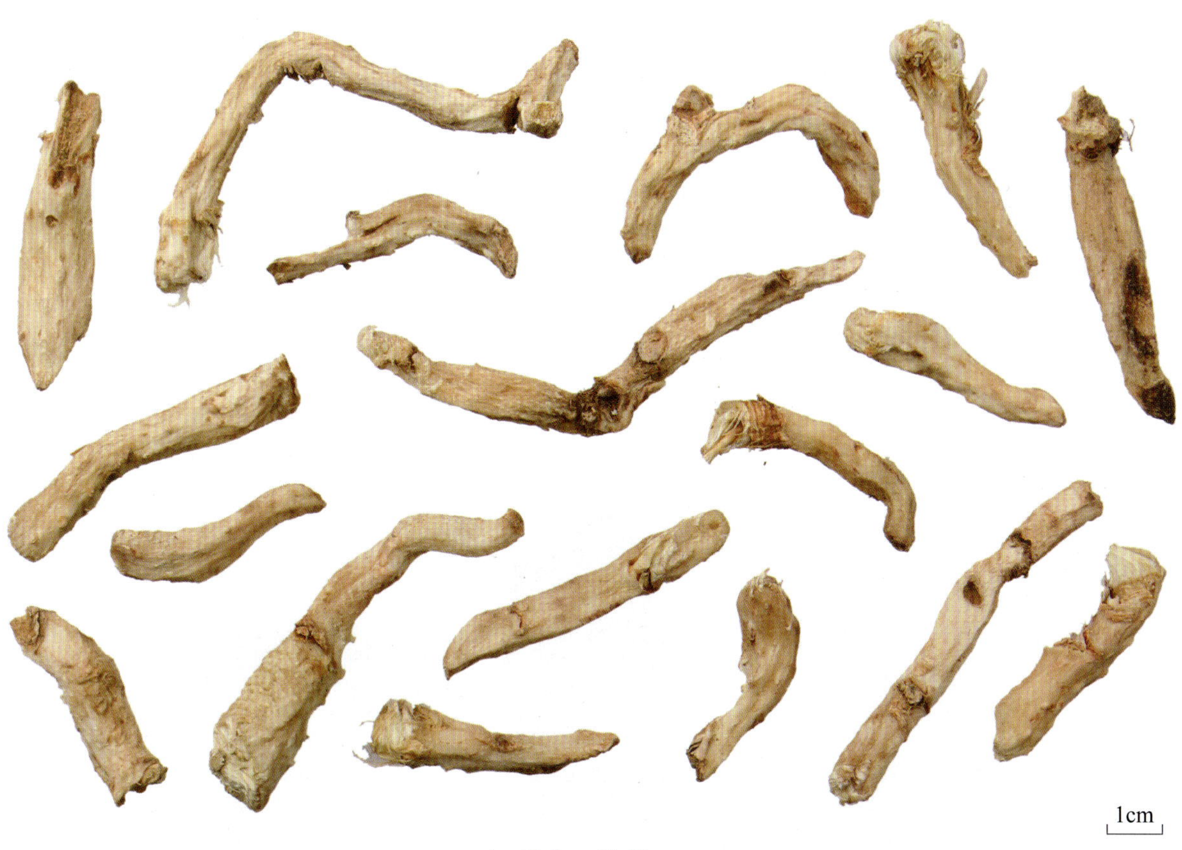

知母肉　统货

五倍子

GALLA CHINENSIS

根据市场流通情况，按照外形的不同，将五倍子药材分为“肚倍”和“角倍”两个规格；在规格项下，根据大小、破碎程度进行等级划分，分成“选货”和“统货”两个等级。

（一）肚倍

肚倍　选货

肚倍　统货

（二）角倍

角倍　选货

角倍　统货

降 香

DALBERGIAE ODORIFERAE LIGNUM

根据市场流通情况，该药材商品均为统货。

降香 统货

益　智

ALPINIAE OXYPHYLLAE FRUCTUS

根据市场流通情况，按照果实饱满、大小等分成“选货”和“统货”两个等级。

（一）选货

益智　选货

（二）统货

益智 统货

莪 术

CURCUMAE RHIZOMA

根据市场流通情况，按照基原的不同，将莪术药材分为“蓬莪术”和“广西莪术”两个规格。在规格项下均为统货。

（一）蓬莪术

蓬莪术　统货

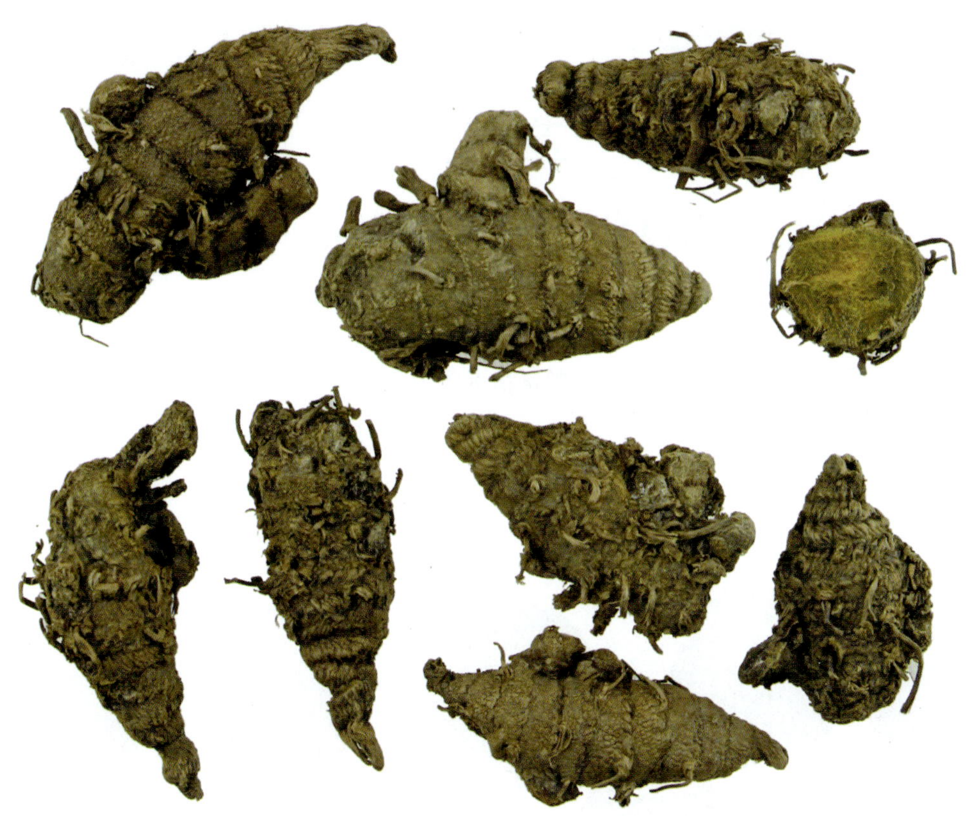

温莪术 统货

（二）广西莪术

广西莪术 统货

草豆蔻

ALPINIAE KATSUMADAI SEMEN

根据市场流通情况，按照种子团大小、脱落情况等分为“选货”和“统货”两个等级。

（一）选货

草豆蔻　选货

（二）统货

草豆蔻　统货

豆　蔻

AMOMI FRUCTUS ROTUNDUS

根据市场流通情况，按照基原的不同，将豆蔻药材分为“原豆蔻”和“印尼白蔻”两个规格。在各规格项下，根据大小、瘪子和空壳情况等分成“选货”和“统货”两个等级。

（一）原豆蔻

原豆蔻　选货

原豆蔻　统货

（二）印尼白蔻

印尼白蔻　选货

印尼白蔻　统货

高良姜

ALPINIAE OFFICINARUM RHIZOMA

根据市场流通情况，按照长度、大小等分为“选货”和“统货”两个等级。市场上存在大量的高良姜饮片，为切片高良姜。

（一）选货

高良姜　选货

（二）统货

高良姜　统货

（三）饮片

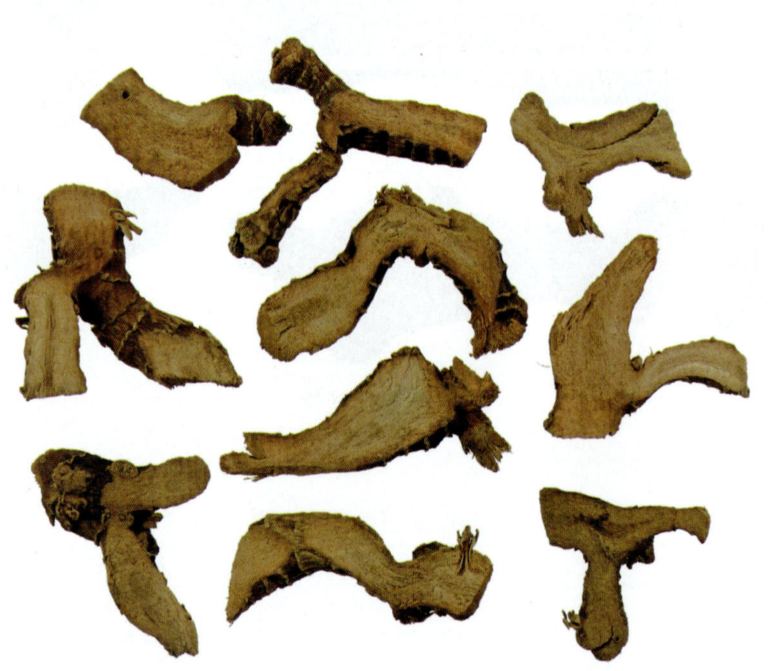

高良姜　切片

广藿香

POGOSTEMONIS HERBA

根据市场流通情况，广藿香商品均为统货。

广藿香　统货

鸡内金

GALLI GIGERII ENDOTHELIUM CORNEUM

根据市场流通情况，按照完整度等分为“选货”和“统货”两个等级。

（一）选货

鸡内金　选货

（二）统货

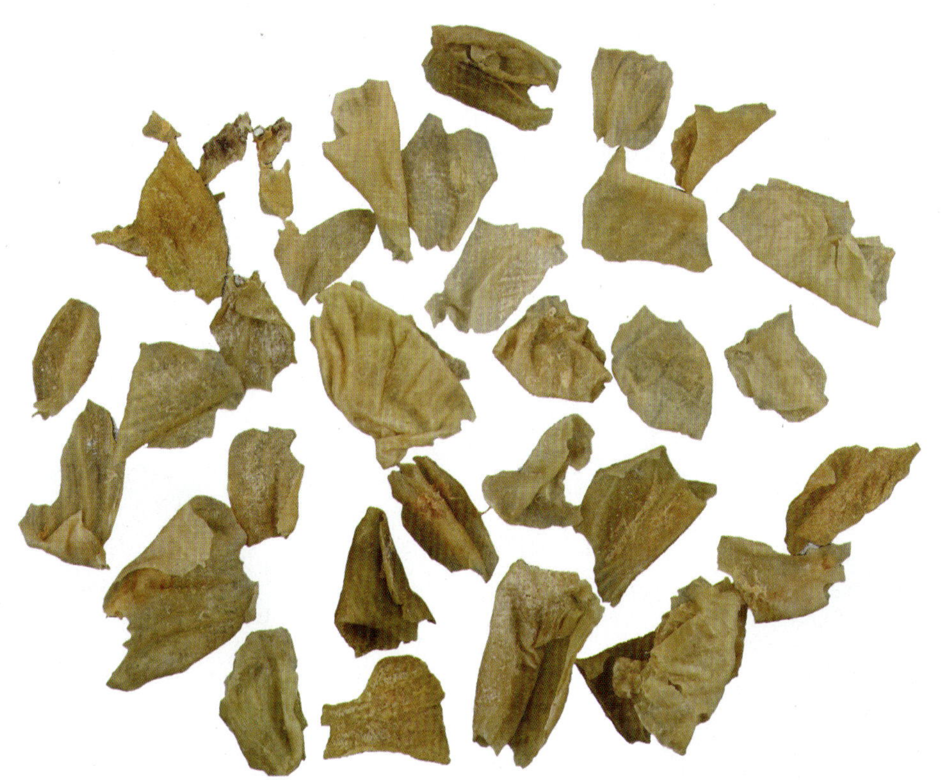

鸡内金　统货

牡 蛎

OSTREAE CONCHA

根据市场流通情况，按照基原不同，将牡蛎药材分为“长牡蛎”“大连湾牡蛎”和“近江牡蛎”三个规格；在各规格项下均为统货。

（一）长牡蛎

长牡蛎　统货

（二）大连湾牡蛎

大连湾牡蛎 统货

（三）近江牡蛎

近江牡蛎 统货

干 姜

ZINGIBERIS RHIZOMA

根据市场流通情况，按照产地加工不同，将干姜药材分为“干姜”和“干姜片”两个规格。在干姜规格项下，根据饱满程度、单个重量等进行等级划分，分成“选货”和“统货”两个等级，其中“选货”项下再分为“一等”和“二等”两个级别。干姜片规格为统货。

（一）干姜

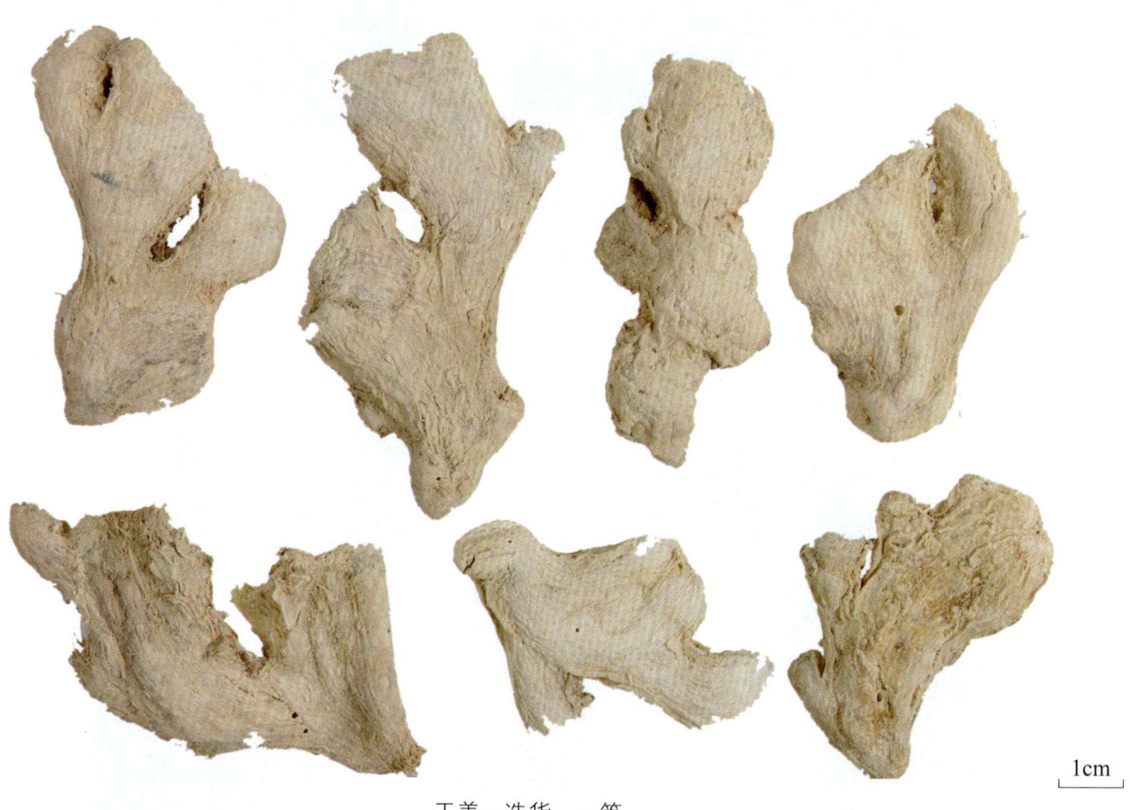

干姜　选货　一等

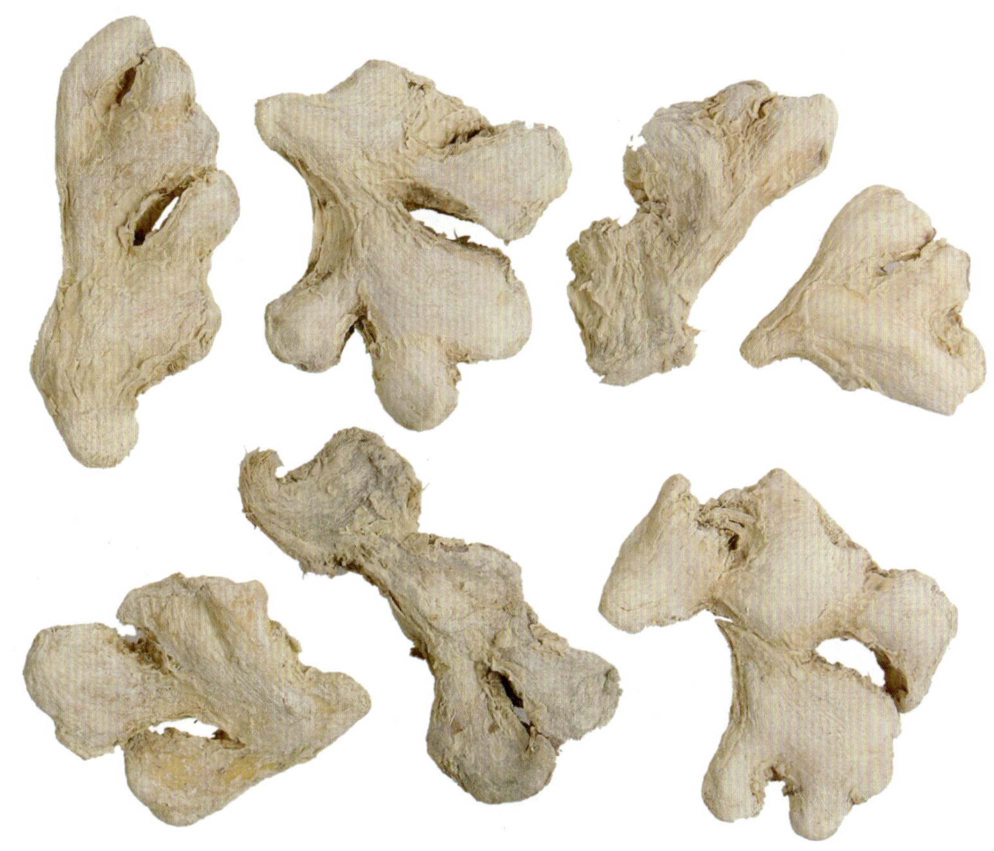

干姜　选货　二等

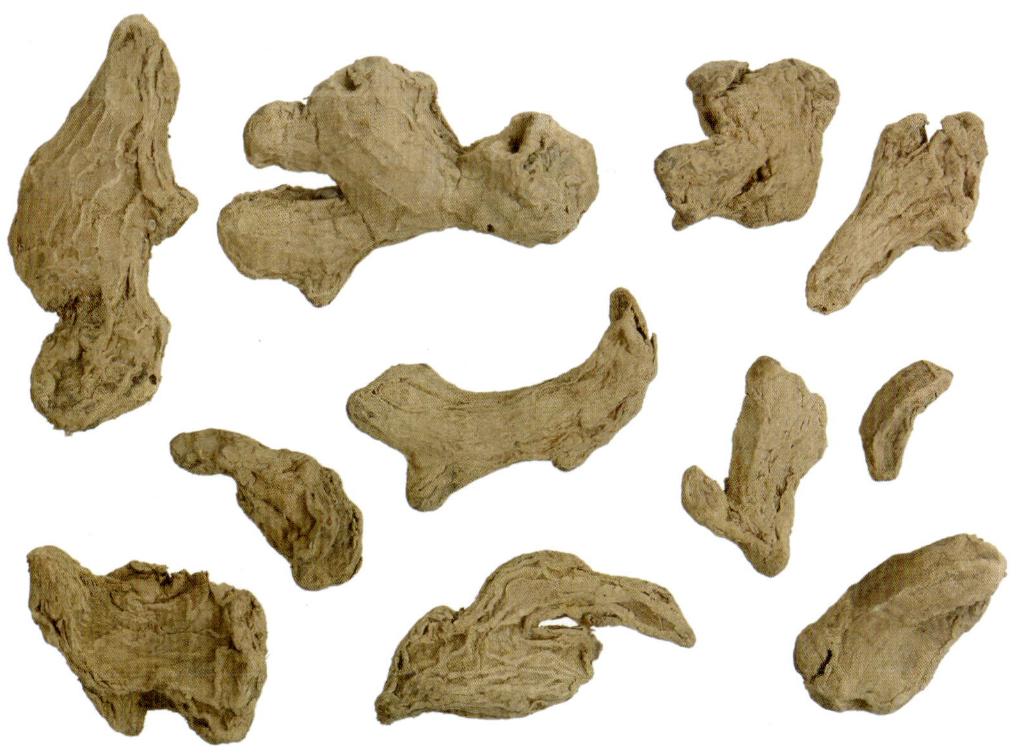

干姜　统货

（二）干姜片

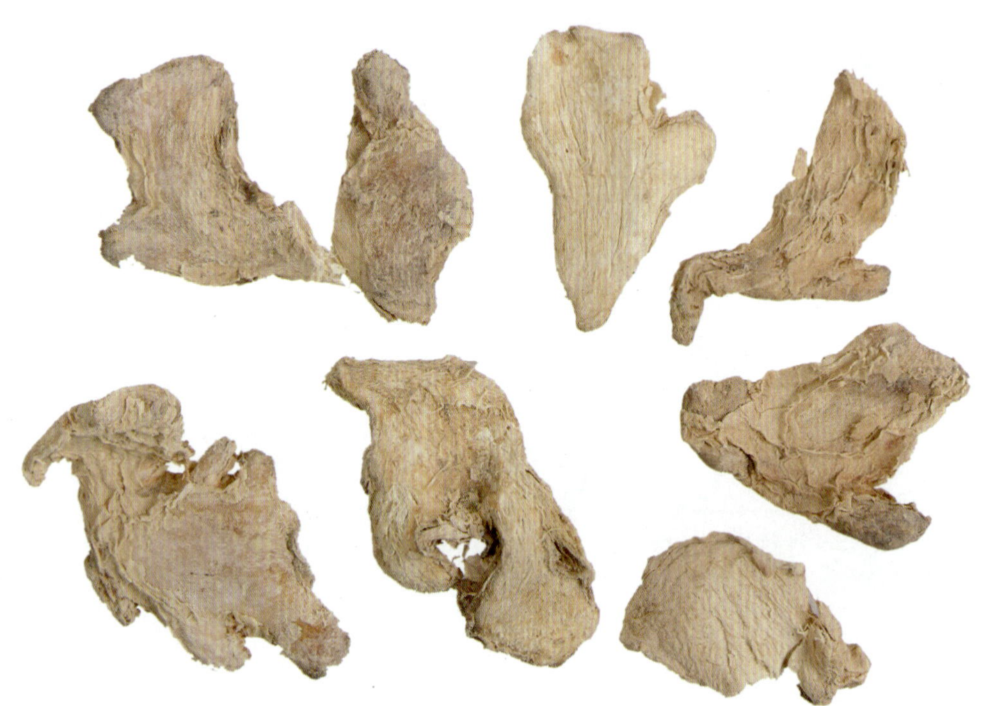

干姜片　统货

独 活

ANGELICAE PUBESCENTIS RADIX

根据市场流通情况，按照支根、须根情况等分为“统货”和“选货”两个等级。

（一）选货

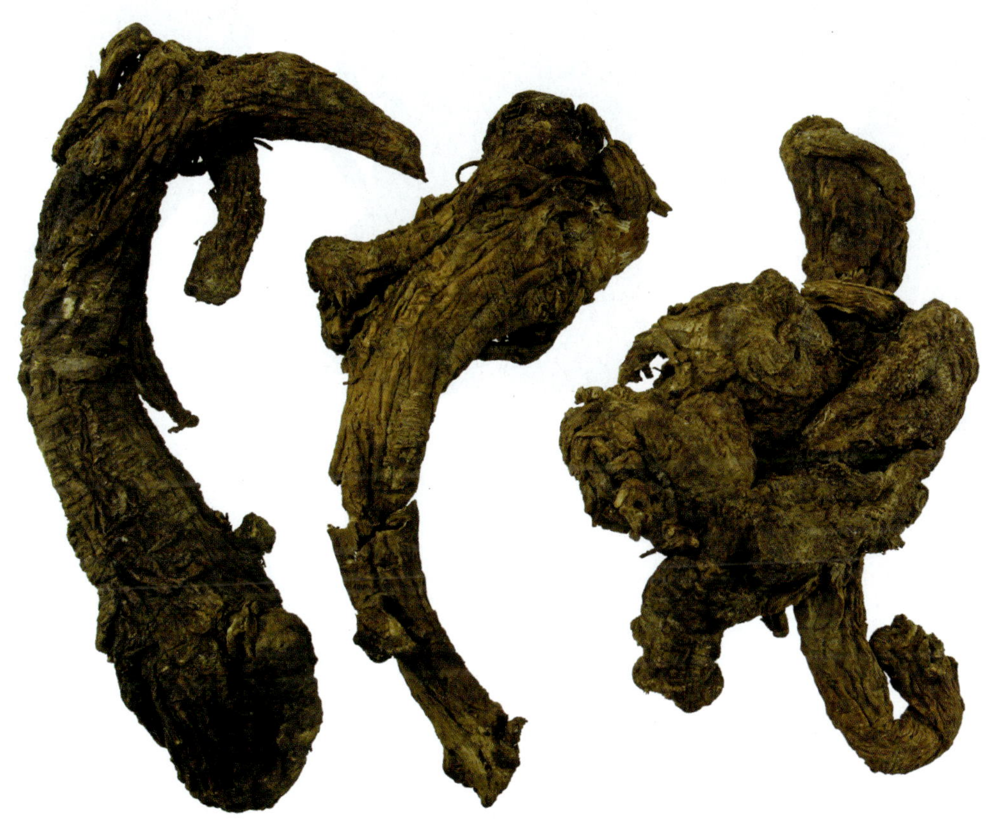

独活 选货

（二）统货

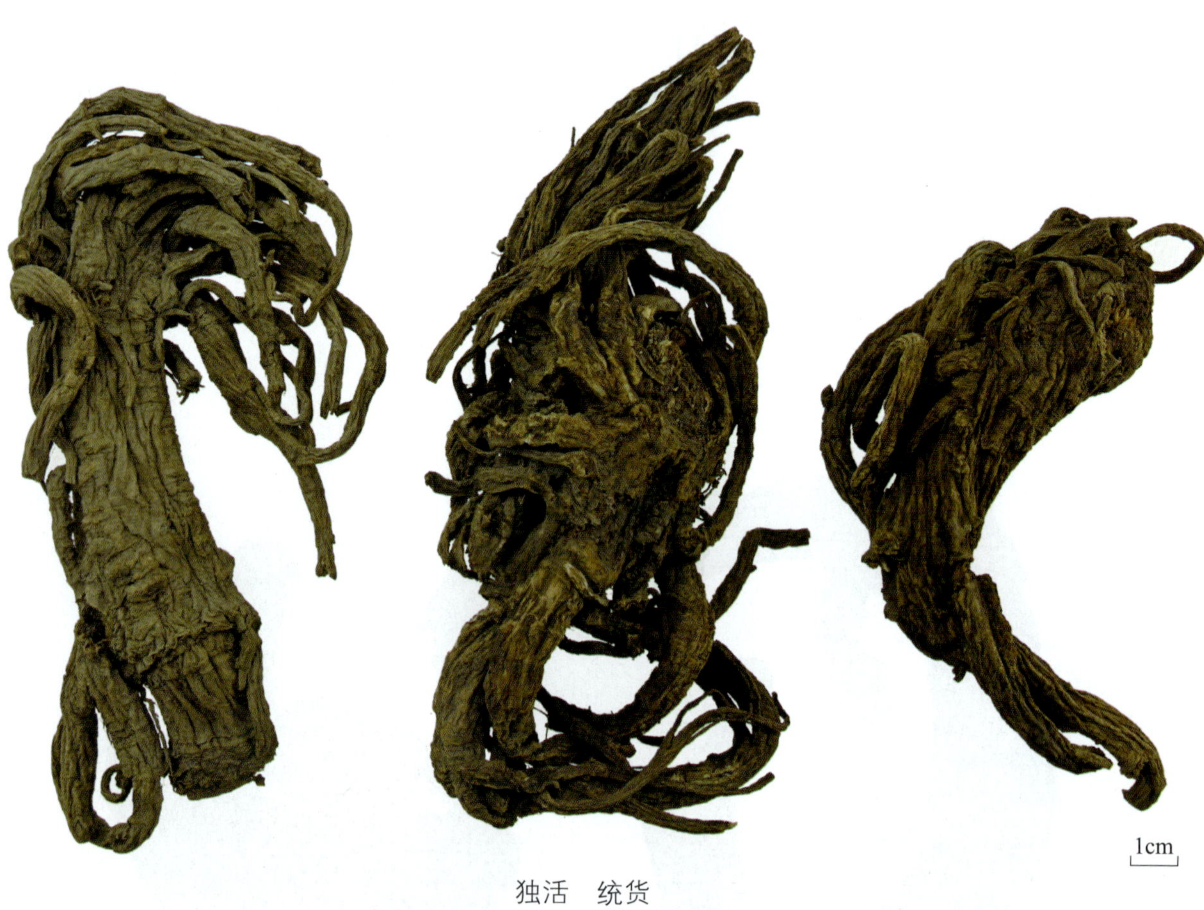

独活　统货

款冬花

FARFARAE FLOS

根据市场流通情况，按照花蕾大小、开头、黑头等情况不同，将款冬花药材分为“选货”和“统货”两个等级；在选货项下，再分成“一等”和“二等”两个级别。

（一）选货

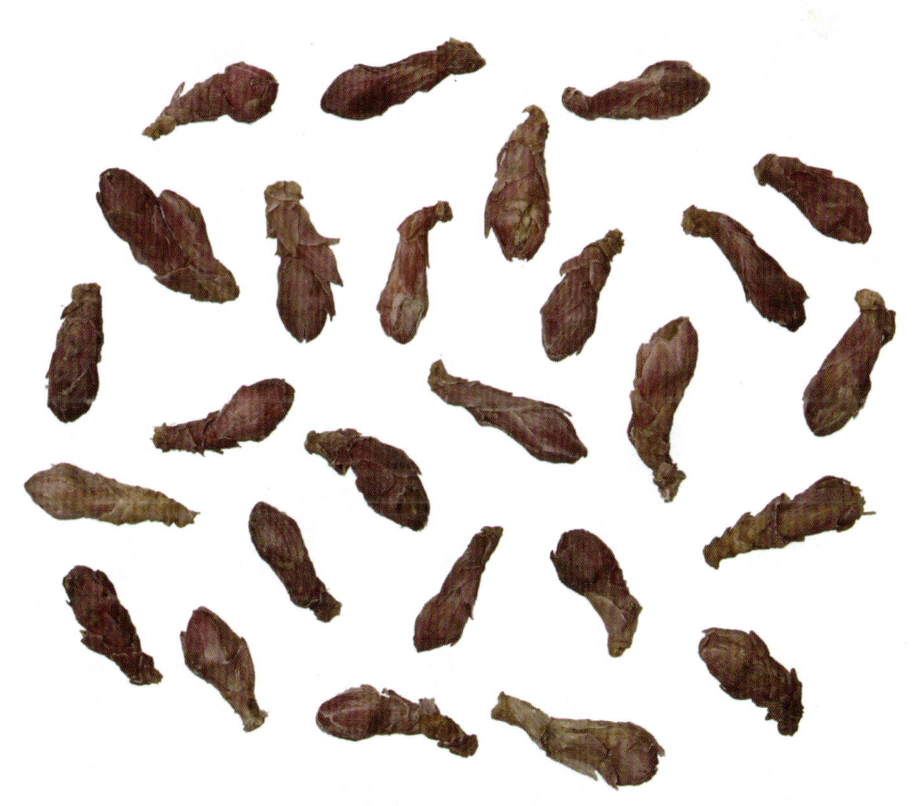

款冬花　选货　一等

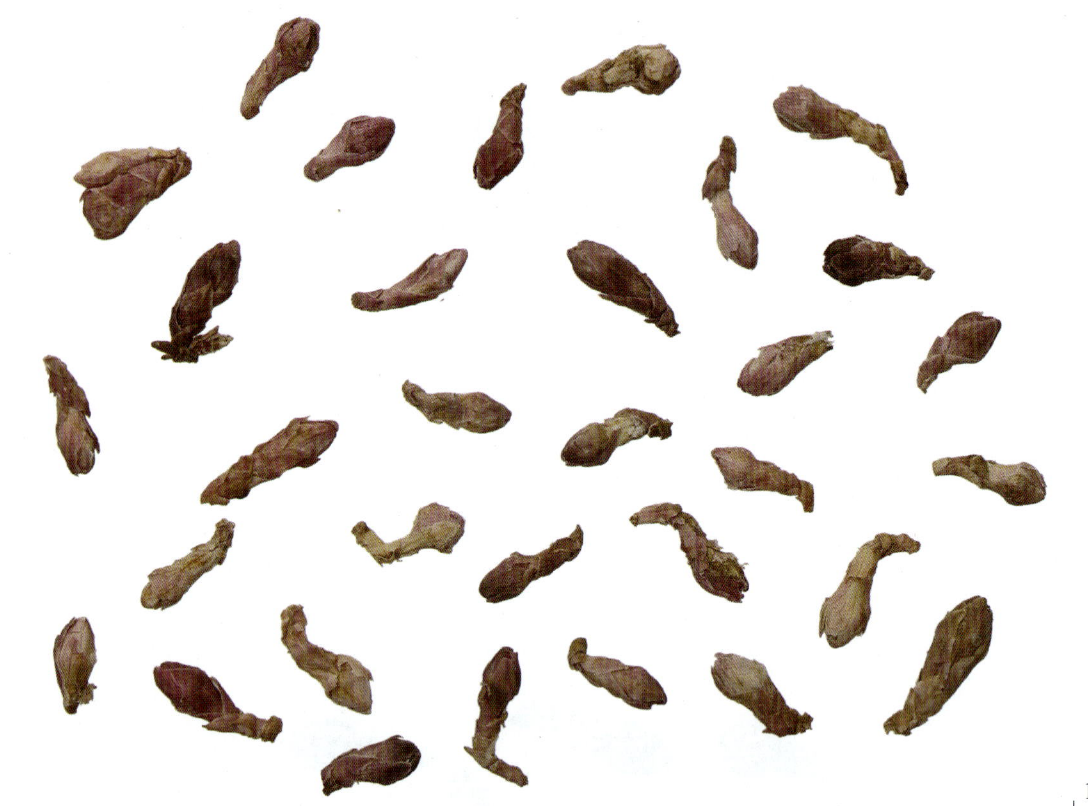

款冬花　选货　二等

（二）统货

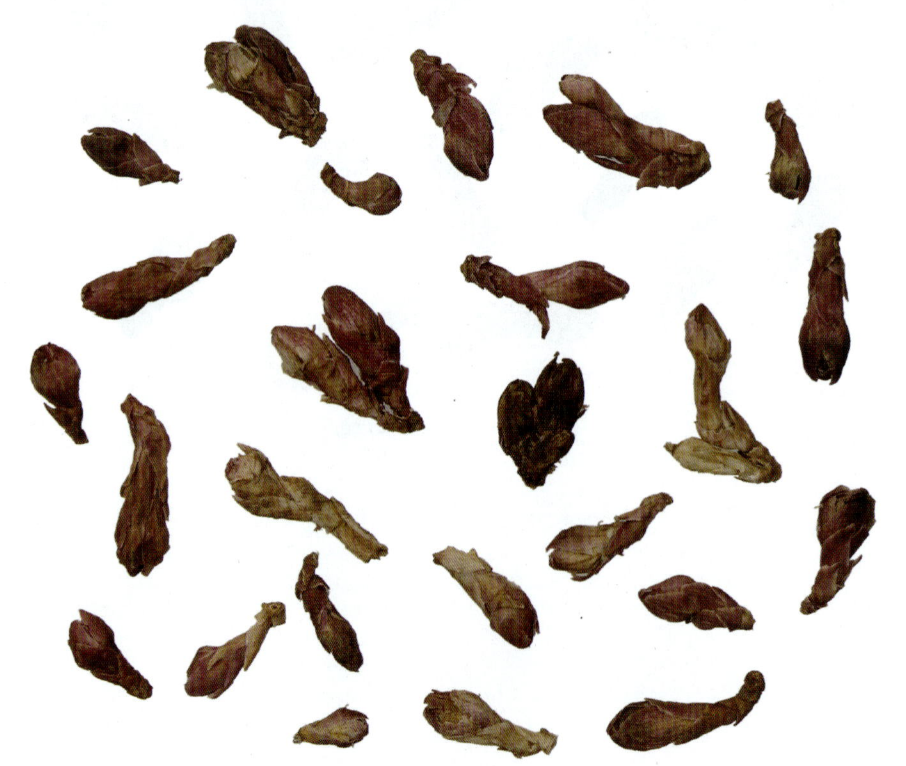

款冬花　统货

蜈 蚣

SCOLOPENDRA

根据市场流通情况，按照长度的不同，将蜈蚣药材分为“一等”“二等”和“三等”三个等级。

蜈蚣 一等

蜈蚣　二等

蜈蚣　三等

乌梢蛇

ZAOCYS

根据市场流通情况，按照蛇盘、鳞片完整情况等分为“选货”和“统货”两个等级。

（一）选货

乌梢蛇　选货

（二）统货

乌梢蛇　统货

郁 金

CURCUMAE RADIX

根据市场流通情况，按照基原的不同，将郁金药材分为“桂郁金”“温郁金”“黄丝郁金”和“绿丝郁金”四个规格；在各规格项下，根据每千克所含粒数进行等级划分，分成“一等”和“二等”两个等级。

（一）桂郁金

桂郁金 一等

桂郁金 断面

桂郁金　二等

（二）温郁金

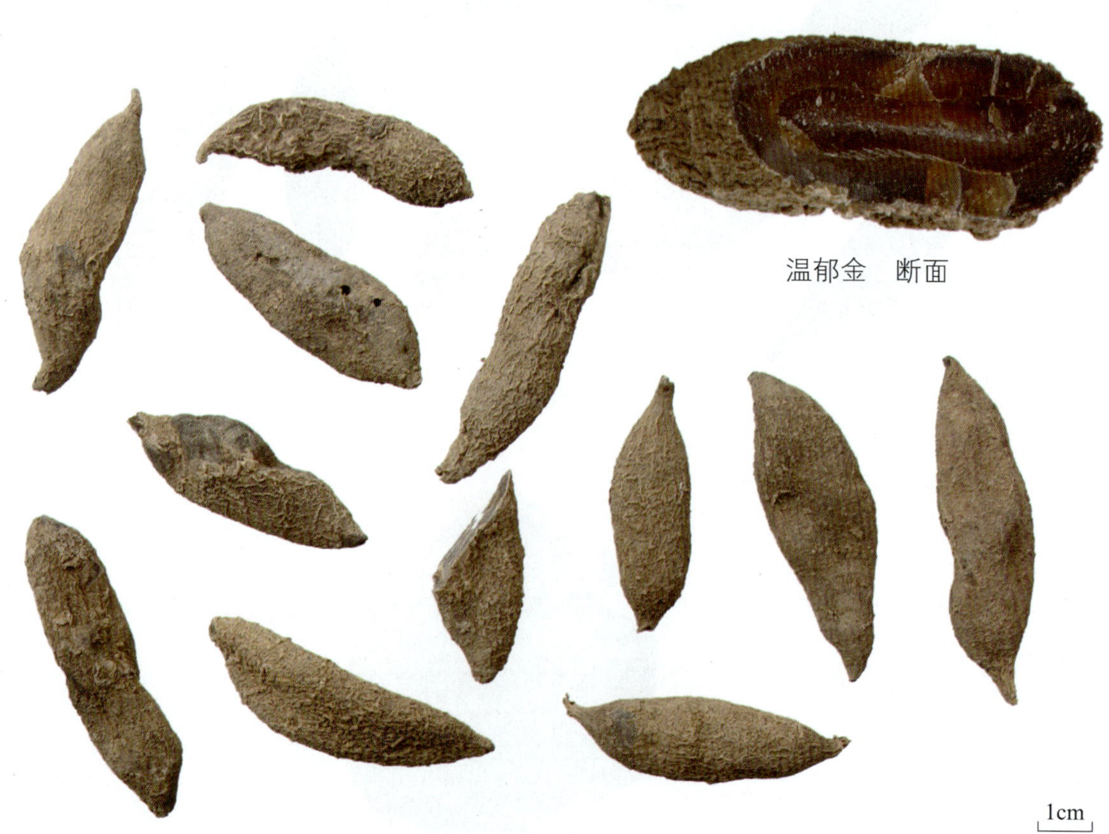

温郁金　断面

温郁金　一等

温郁金　二等

（三）黄丝郁金

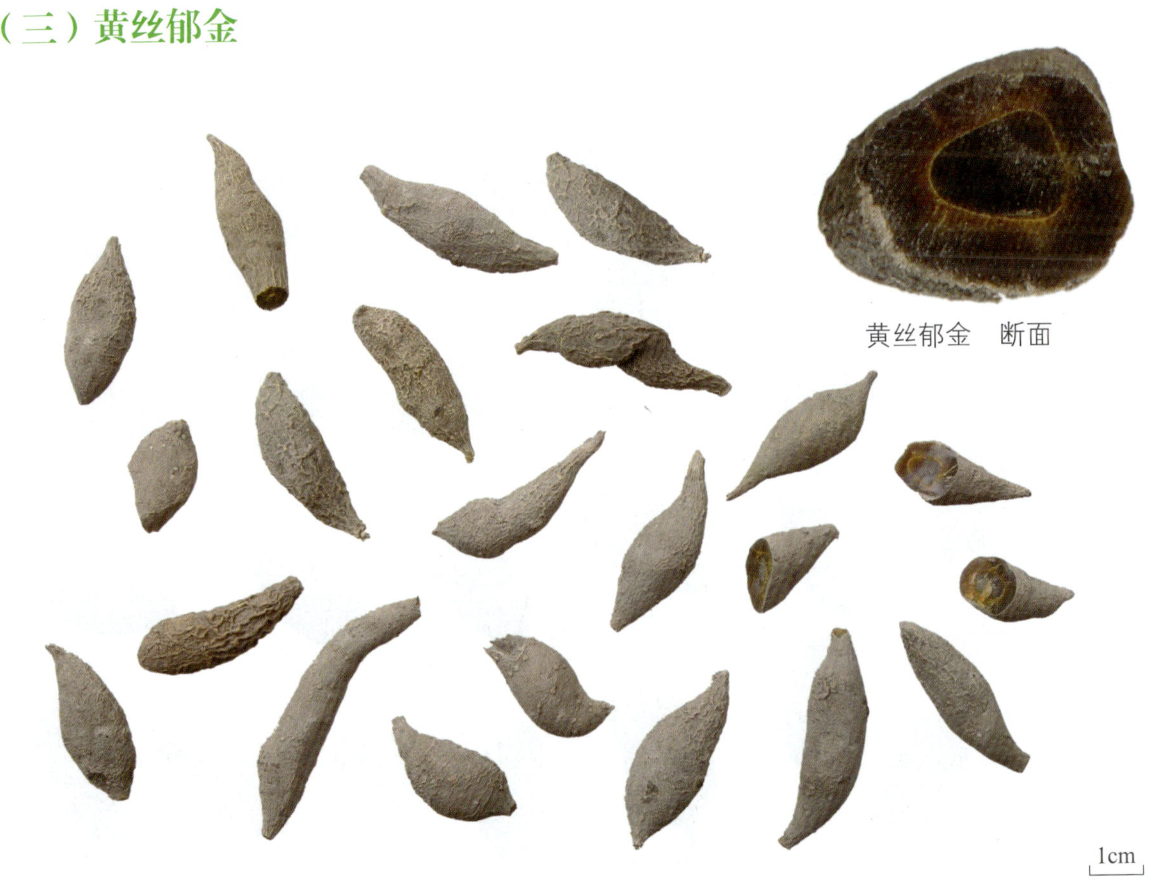

黄丝郁金　断面

黄丝郁金　一等

黄丝郁金　二等

（四）绿丝郁金

绿丝郁金　一等

绿丝郁金　二等

绿丝郁金　断面

白　及

BLETILLAE RHIZOMA

根据市场流通情况，按照每千克所含个数分为“选货”和“统货”两个等级；“选货”项下，再分为“一等”和“二等”两个级别。

（一）选货

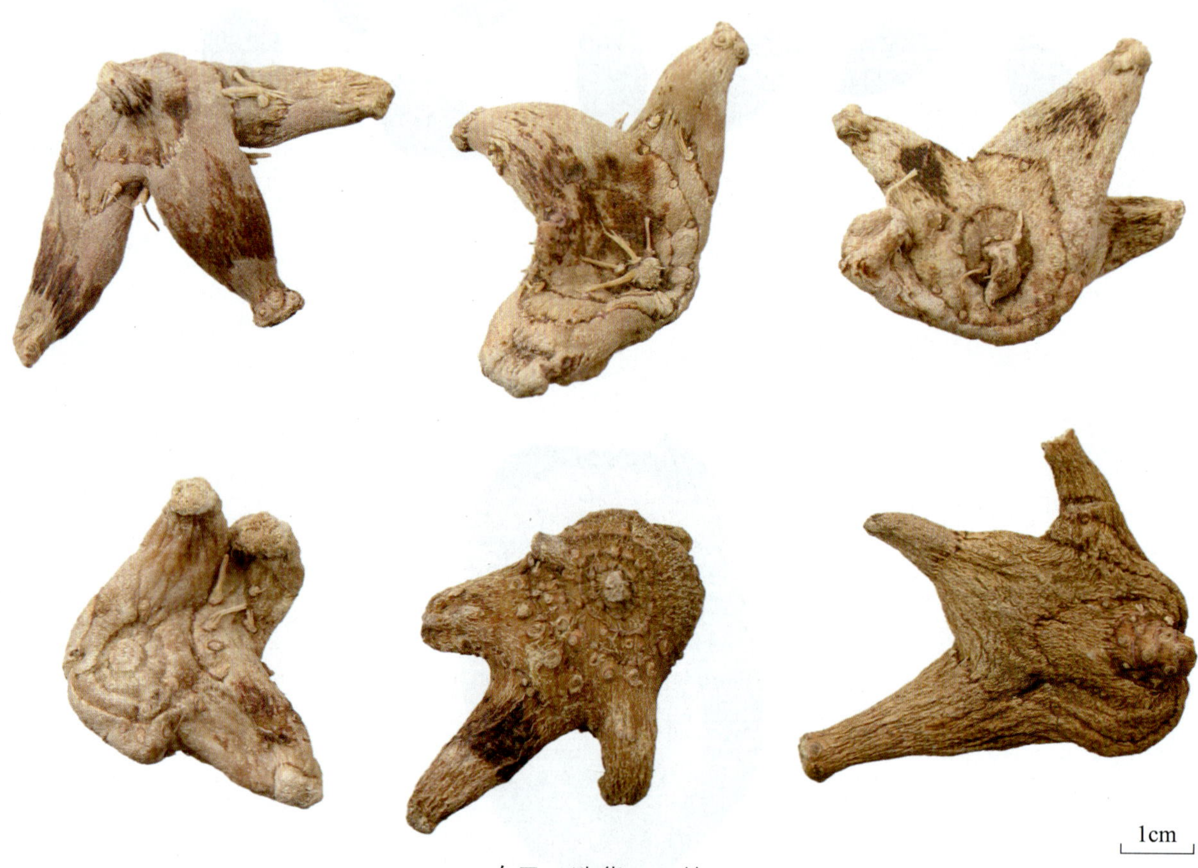

白及　选货　一等

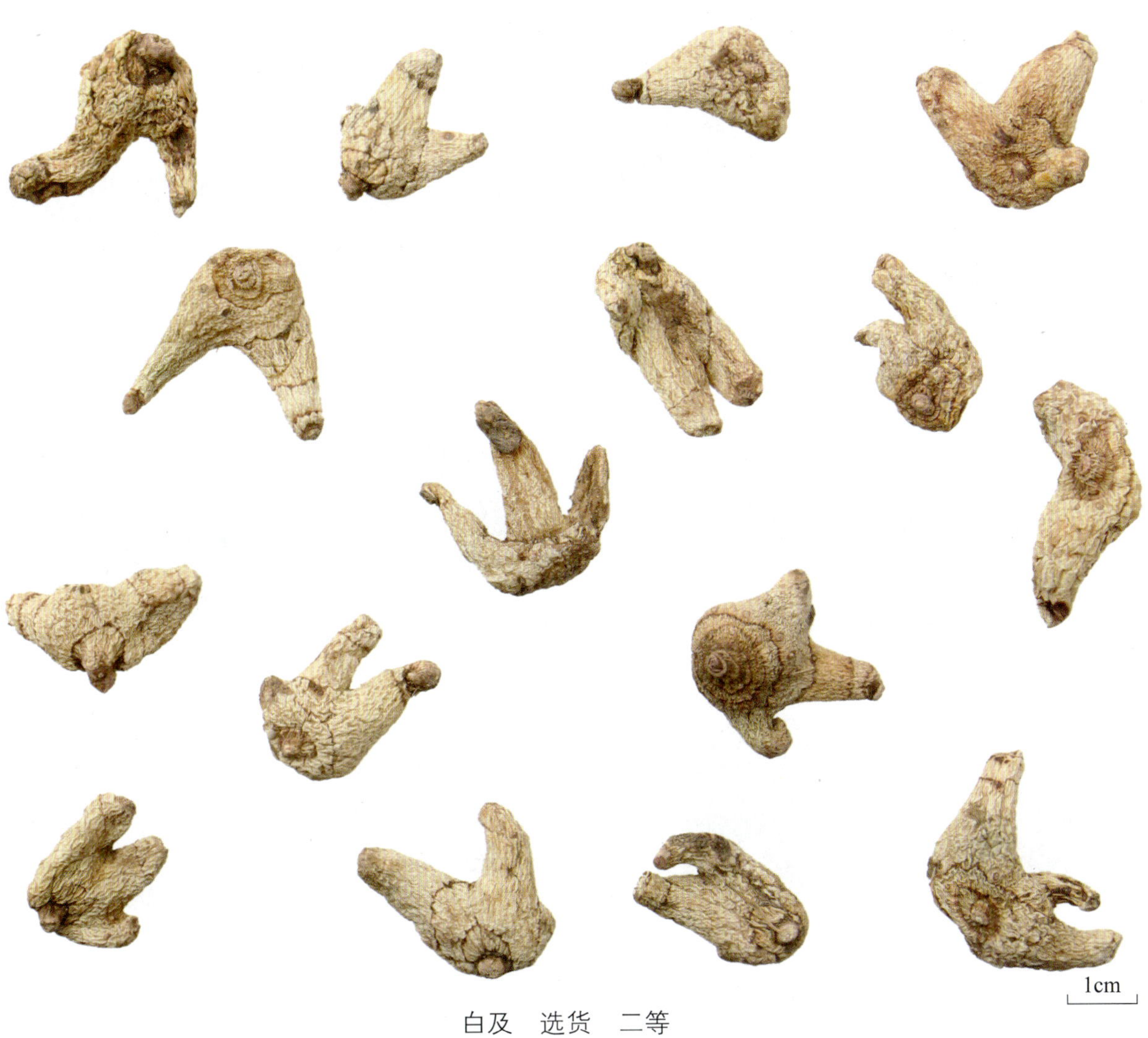

白及 选货 二等

（二）统货

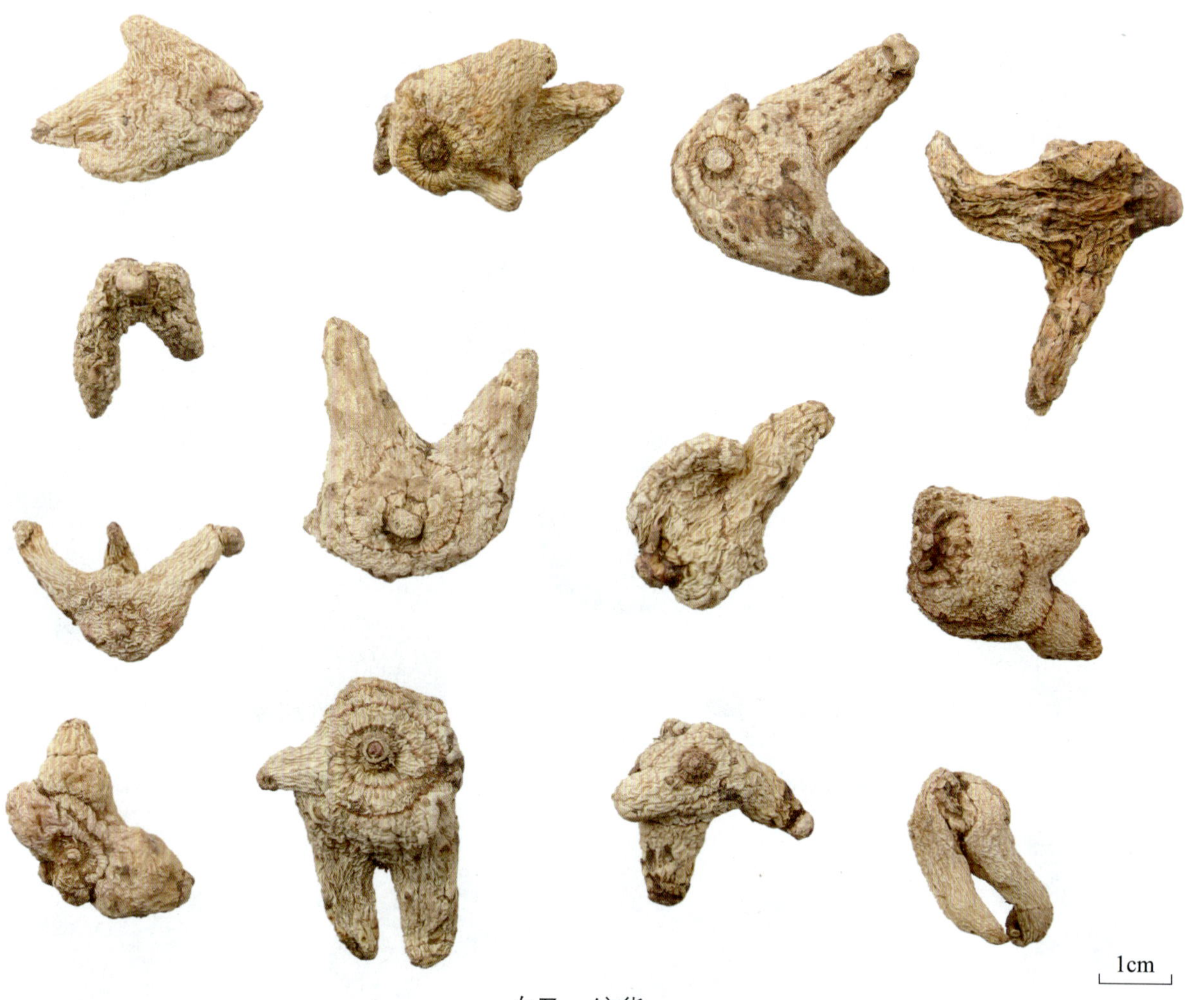

白及　统货

百 部

STEMONAE RADIX

根据市场流通情况，按照基原的不同，将百部药材分为“大百部”和“小百部”两个规格；在规格项下，根据直径进行等级划分，大百部分成“一等”和“二等”两个等级；小百部规格为统货。

（一）大百部

大百部　选货　一等

大百部　选货　二等

（二）小百部

小百部（蔓生百部）统货

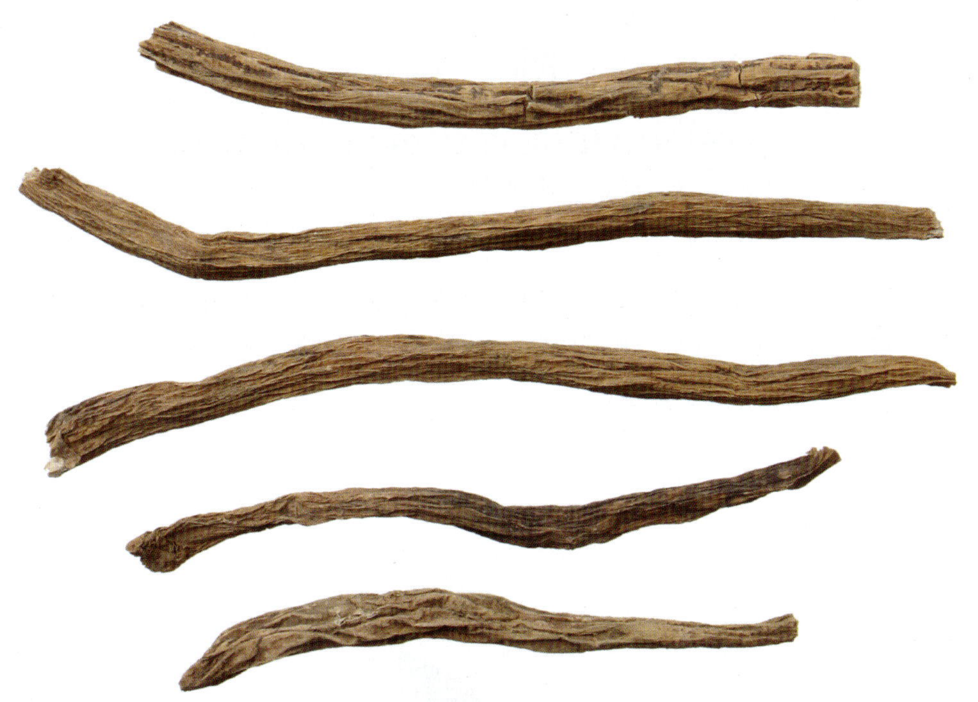

小百部（直立百部） 统货

陈　皮

CITRI RETICULATAE PERICARPIUM

根据市场流通情况，按照产地和基原的不同，将陈皮药材分为“广陈皮”和“陈皮”两个规格；在规格项下，将广陈皮分成“选货”和“统货”两个等级，“选货”项下根据性状不同分为“一等”和“二等”两个级别；陈皮规格为统货。

（一）广陈皮

广陈皮　选货　一等

广陈皮 选货 二等

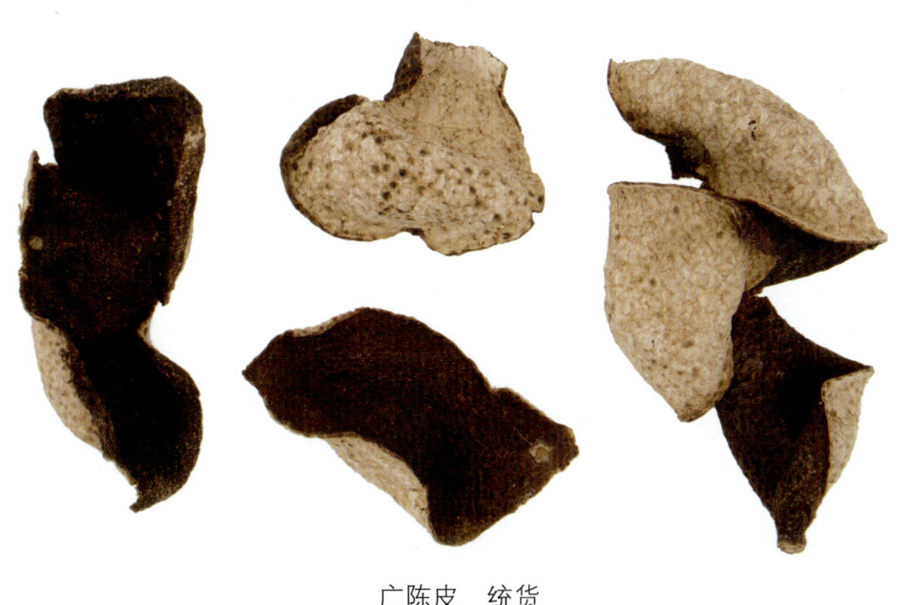

广陈皮 统货

（二）陈皮

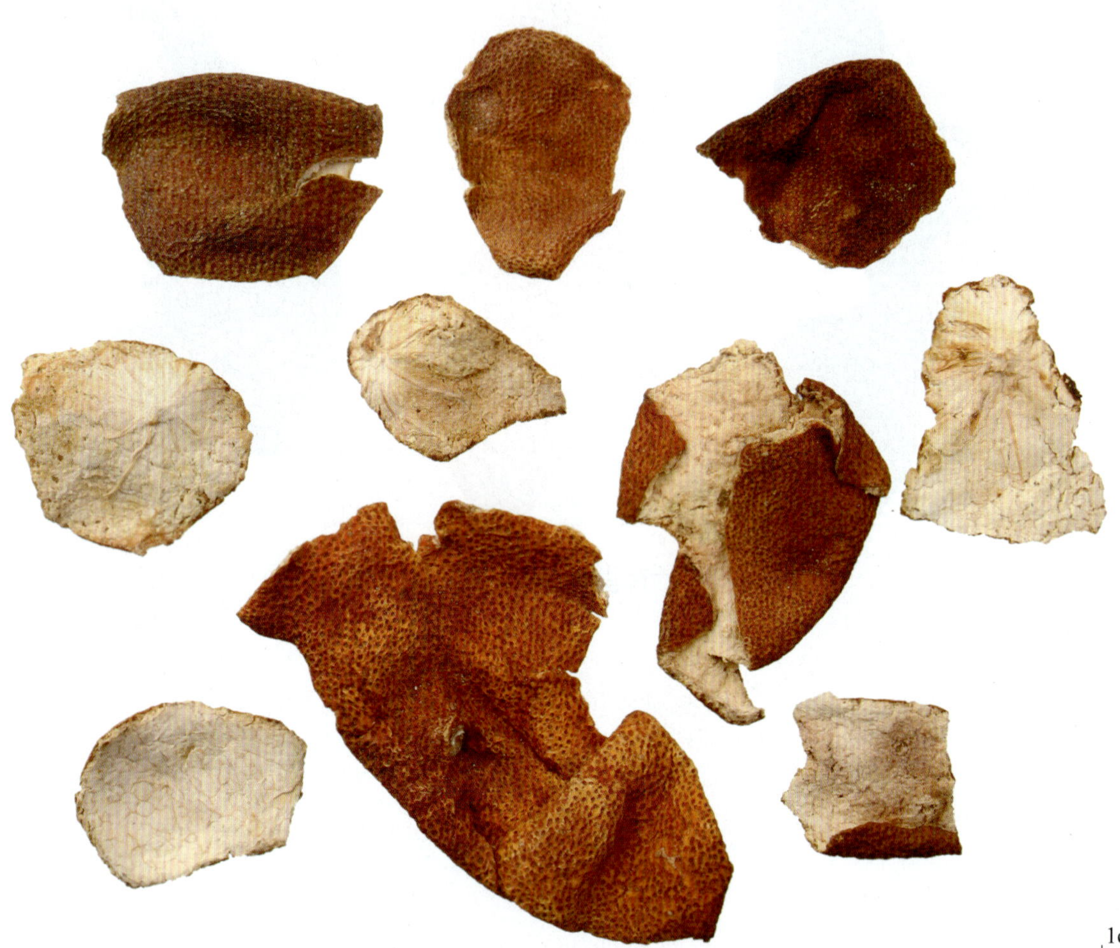

陈皮　统货

半　夏

PINELLIAE RHIZOMA

根据市场流通情况，按照直径分为“选货”和“统货”两个等级；选货根据每500g所含块茎数，再分为“一等”和“二等”两个级别。

（一）选货

半夏　选货　一等

半夏　选货　二等

（二）统货

半夏　统货

延胡索

CORYDALIS RHIZOMA

根据市场流通情况，将延胡索药材商品分成“选货”和“统货”，“选货”项下根据每 50g 所含的粒数或直径的大小分为“一等”和“二等”。

（一）选货

延胡索 选货 一等

延胡索 选货 二等

（二）统货

延胡索 统货

甘 松

NARDOSTACHYOS RADIX ET RHIZOMA

根据市场流通情况，按照是否进行规格划分将甘松药材商品分成“选货”和“统货”；在“选货”项下根据甘松根直径大小与条长分为“一等”和“二等”。

（一）选货

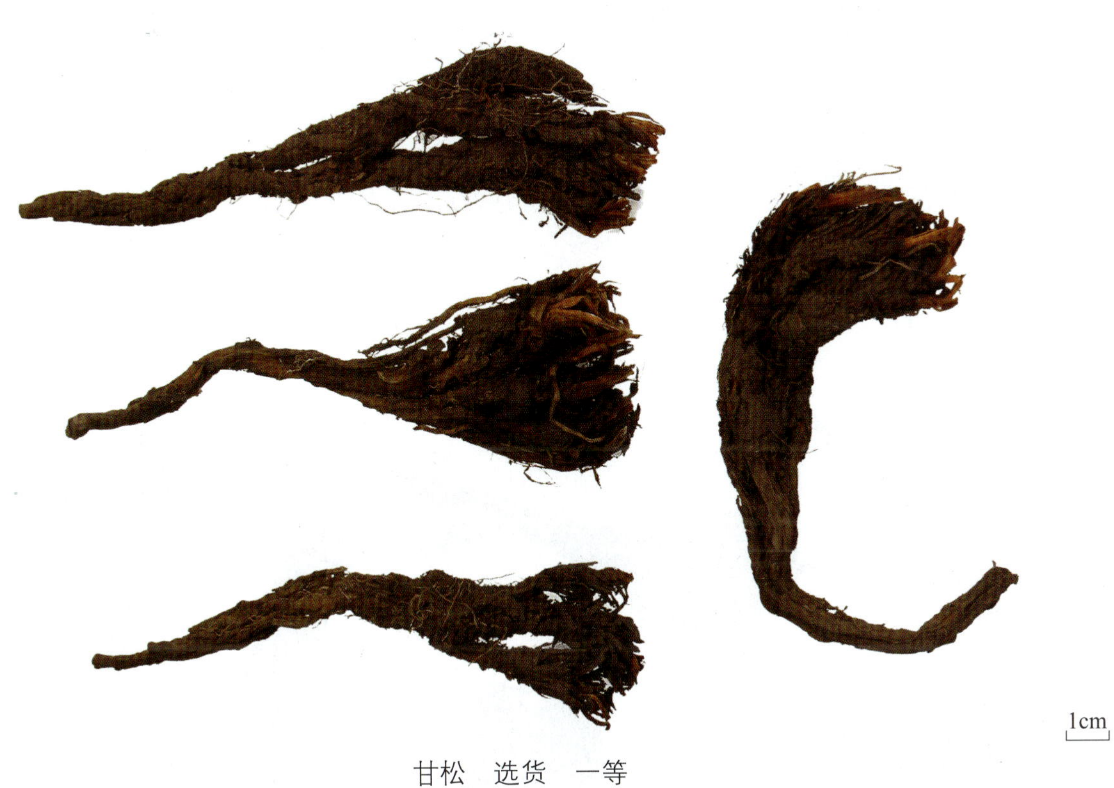

甘松 选货 一等

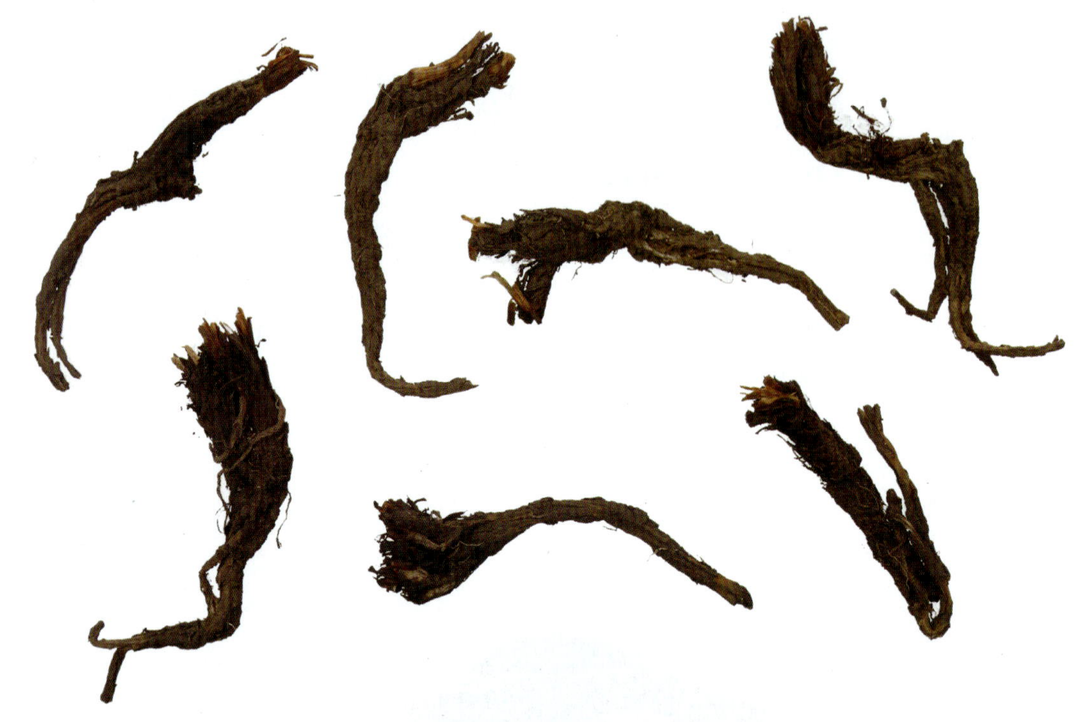
1cm

甘松　选货　二等

（二）统货

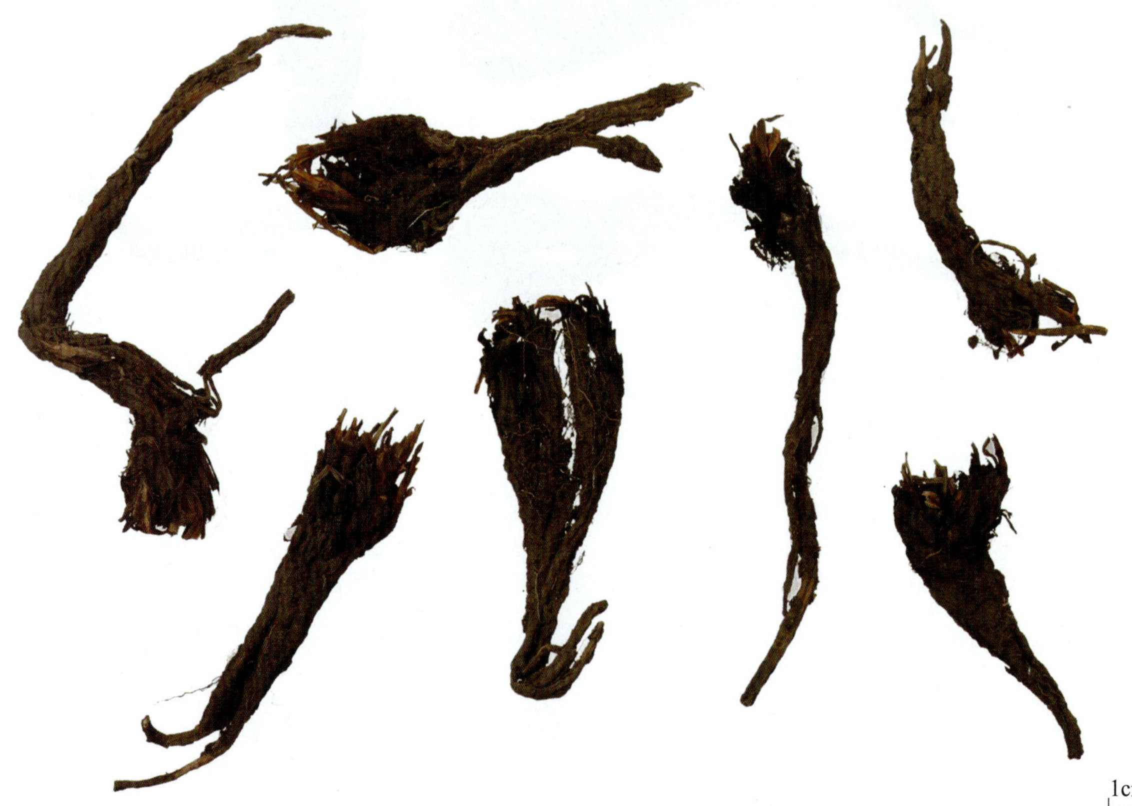
1cm

甘松　统货

地 龙

PHERETIMA

根据市场流通情况，按照基原的不同，将地龙药材分为“广地龙”和“沪地龙”两个规格。各规格项下均为统货。

（一）广地龙

广地龙 统货

（二）沪地龙

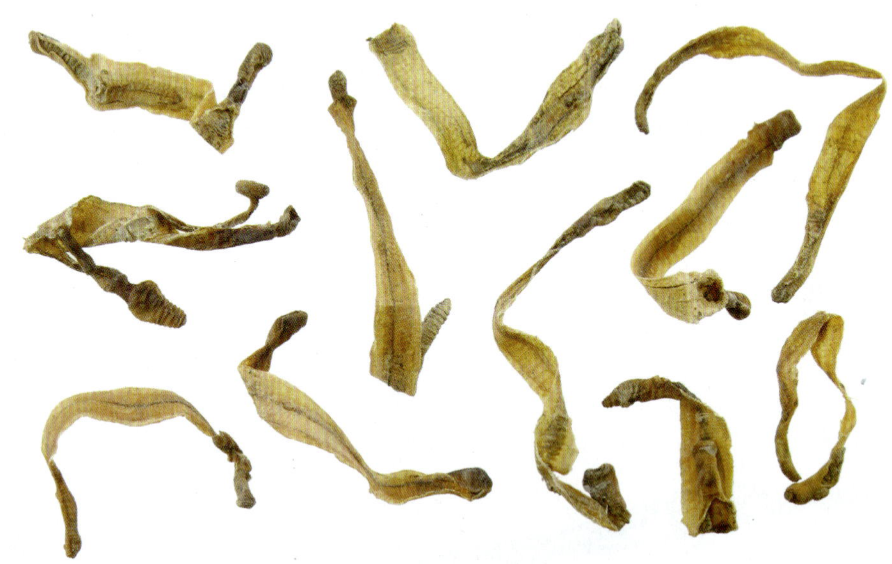

沪地龙　统货

水　蛭

HIRUDO

根据市场流通情况，将水蛭药材分为“蚂蟥”“水蛭”“柳叶蚂蟥”三个规格；在规格项下，将“蚂蟥”药材分成“选货”和“统货”两个等级，“选货”项下按照每只长宽及每公斤所含的个数等进行等级划分。

（一）蚂蟥

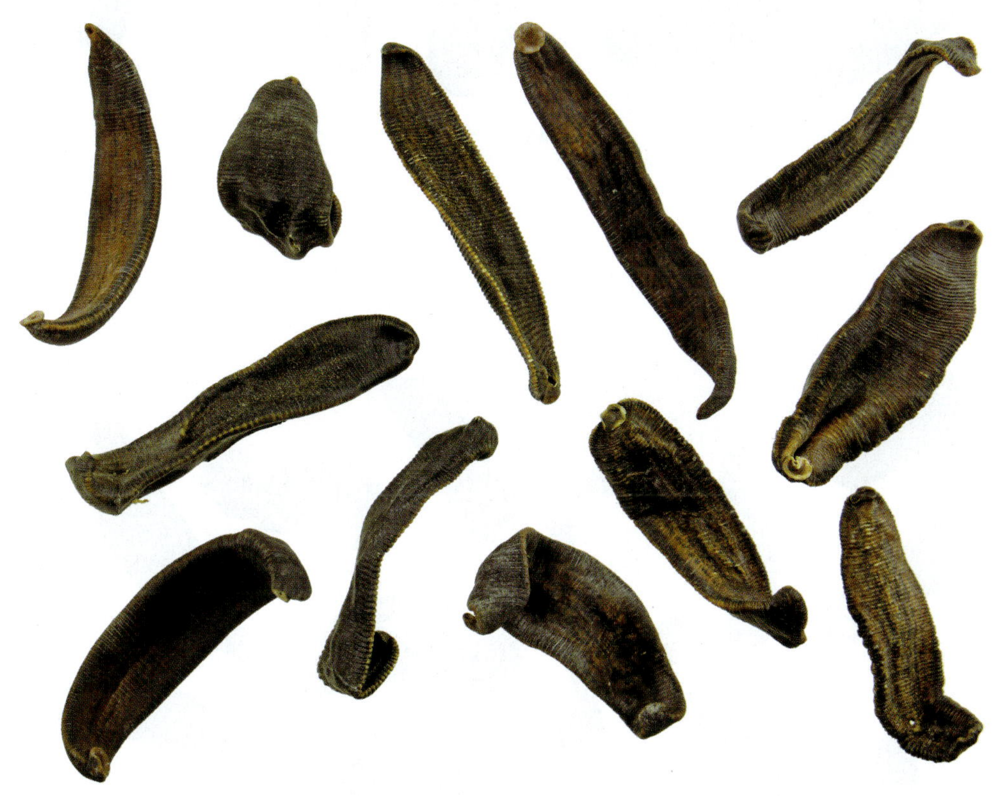

蚂蟥　一等

蚂蟥　二等

蚂蟥　统货

（二）水蛭

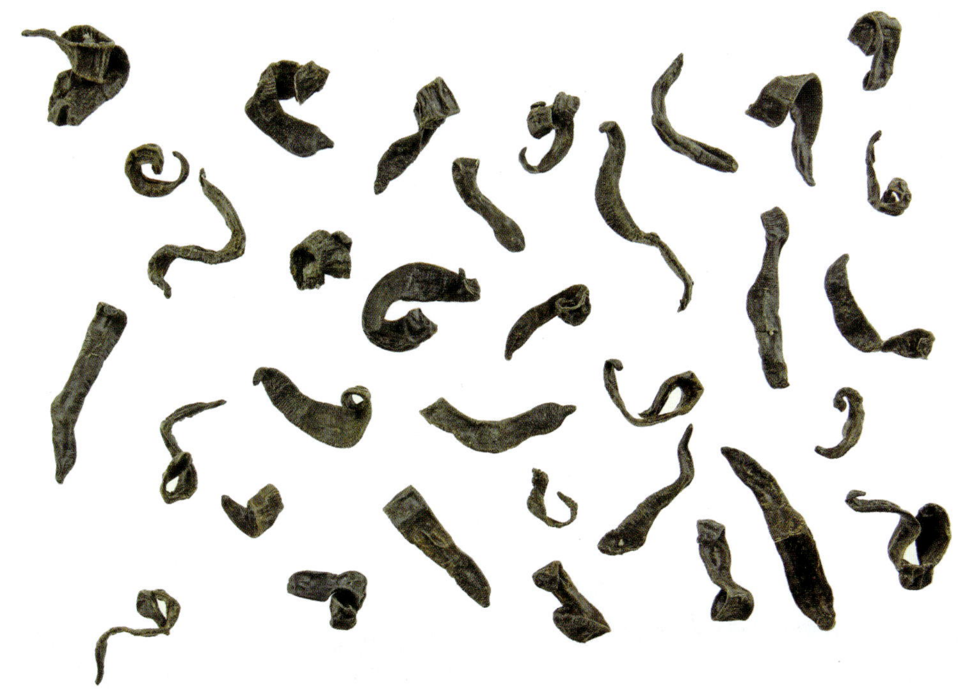

水蛭　统货

（三）柳叶蚂蟥

柳叶蚂蟥　统货

全　蝎

SCORPIO

根据市场流通情况，将全蝎药材商品分成“选货”和“统货”，在“选货”项下按照体长与破碎率等分为“一等”和“二等”两个等级。

（一）选货

全蝎　选货　一等

全蝎 选货 二等

（二）统货

全蝎 统货

土鳖虫

EUPOLYPHAGA STELEOPHAGA

据市场流通情况，将土鳖虫药材商品分成“选货”和“统货”两个等级。

（一）选货

土鳖虫　选货

（二）统货

土鳖虫　统货

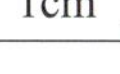

土鳖虫　雄虫

1cm

土鳖虫　雌虫

白鲜皮

DICTAMNI CORTEX

根据市场流通情况，将白鲜皮药材分为“选货”和“统货”两个等级，“选货”项下根据根皮的直径、厚度和长度等进行等级划分。

（一）选货

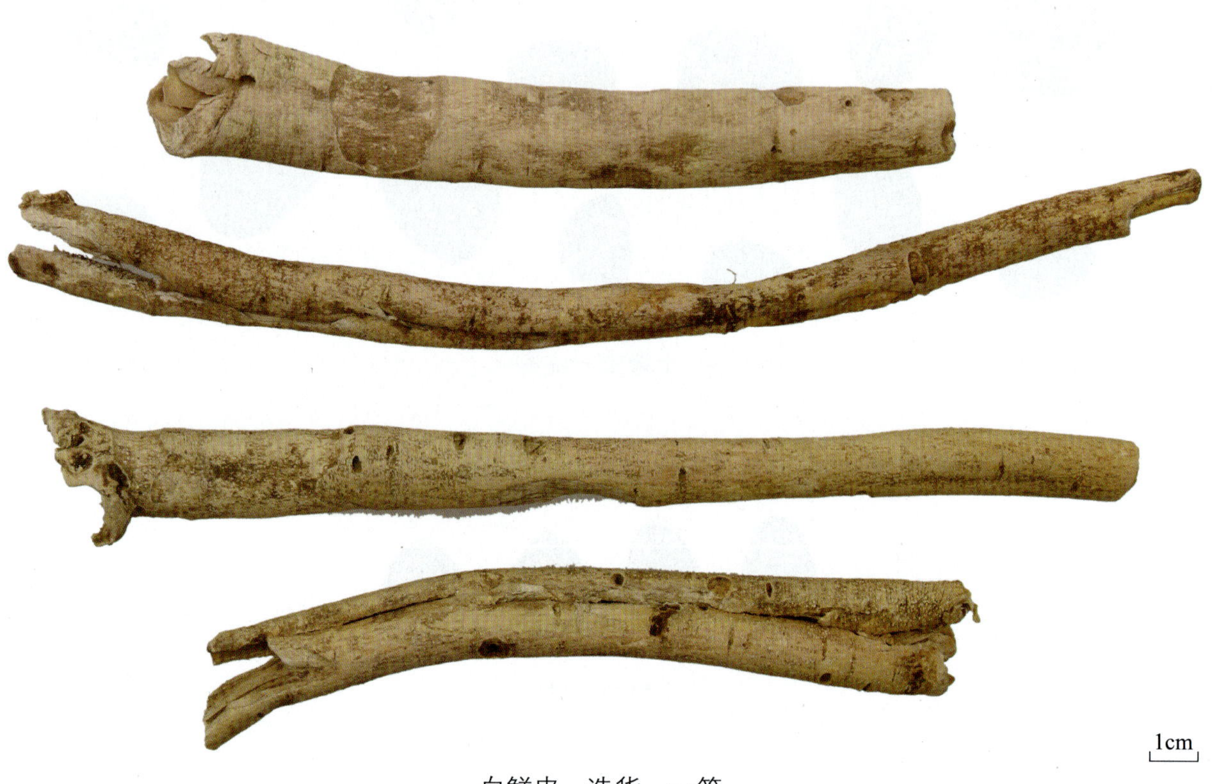

白鲜皮　选货　一等

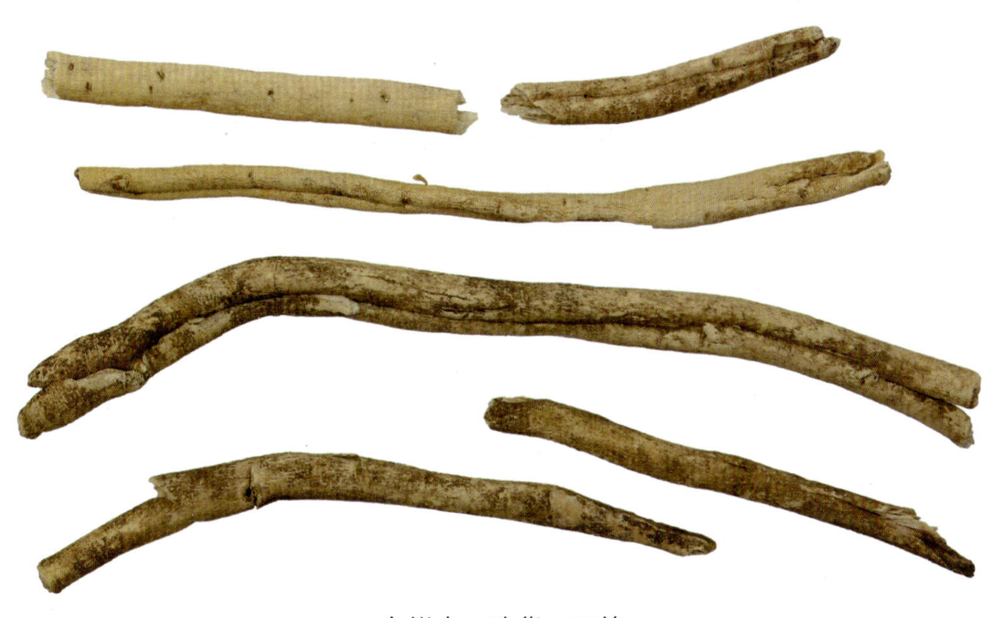

白鲜皮 选货 二等

（二）统货

白鲜皮 统货

锁 阳

CYNOMORII HERBA

根据市场流通情况，将锁阳药材商品分成“选货”和“统货”两个等级；在“选货”项下按照肉质茎长度、直径和每千克个数等进行等级划分。

（一）选货

锁阳 选货 一等

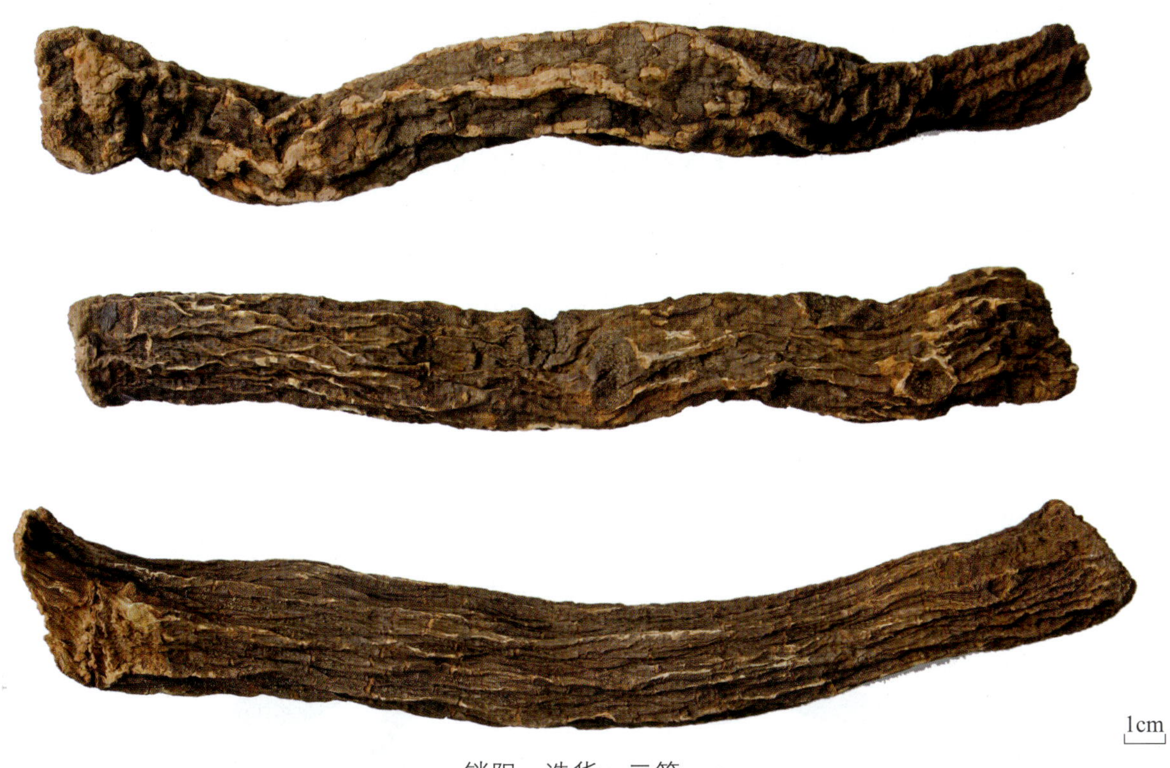

锁阳 选货 二等

（二）统货

锁阳 统货

香　附

CYPERI RHIZOMA

根据市场流通情况，按照去毛、不去毛将香附药材分为“毛香附”和“光香附”两个规格；“光香附”药材在规格项下，分成“选货”和“统货”两个等级，“选货”项下根据过筛网大小进行等级划分。

（一）光香附

光香附　选货　一等

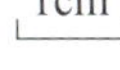

光香附 选货 二等

光香附 选货 三等

光香附　统货

（二）毛香附

毛香附　统货

天 冬

ASPARAGI RADIX

根据市场流通情况，将天冬药材分为“大天冬”和“小天冬”两个规格；在规格项下，分成“选货”和“统货”两个等级，“选货”项下按照直径大小、块根长度等进行等级划分。

（一）大天冬

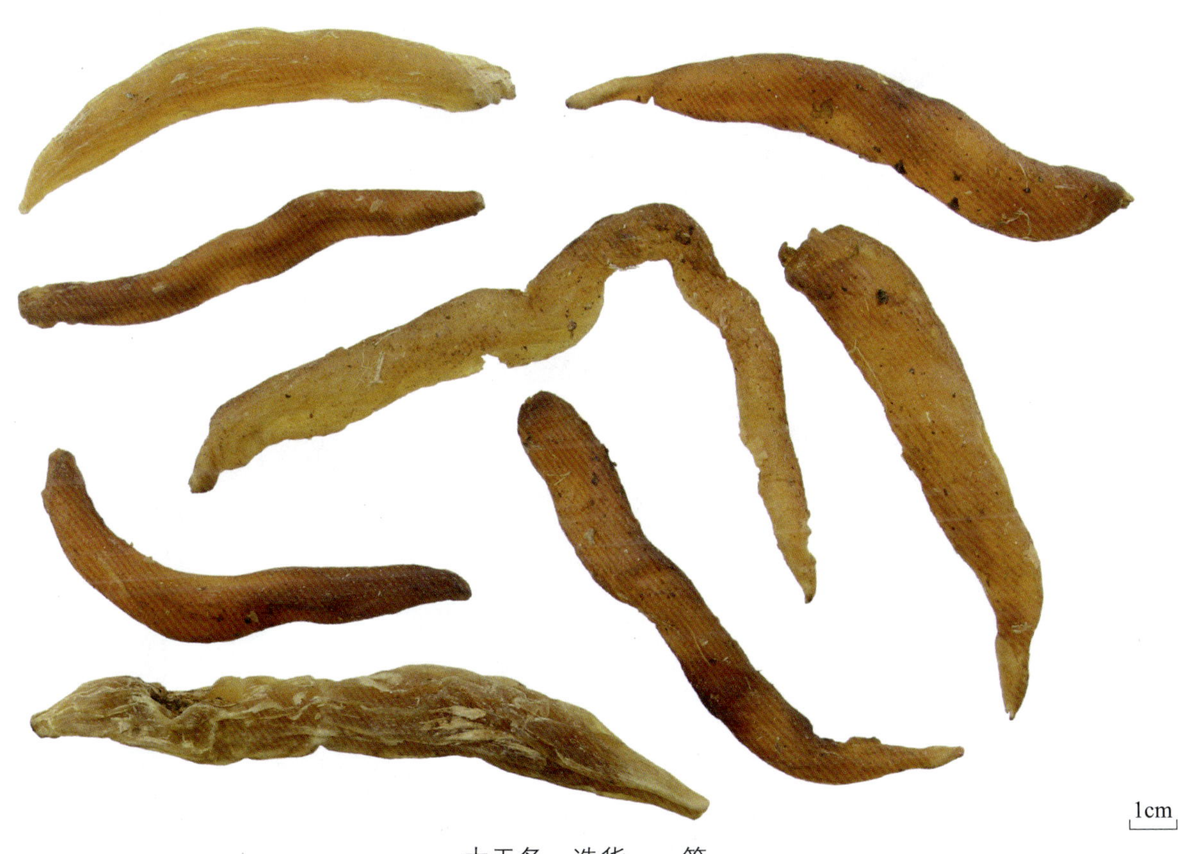

大天冬 选货 一等

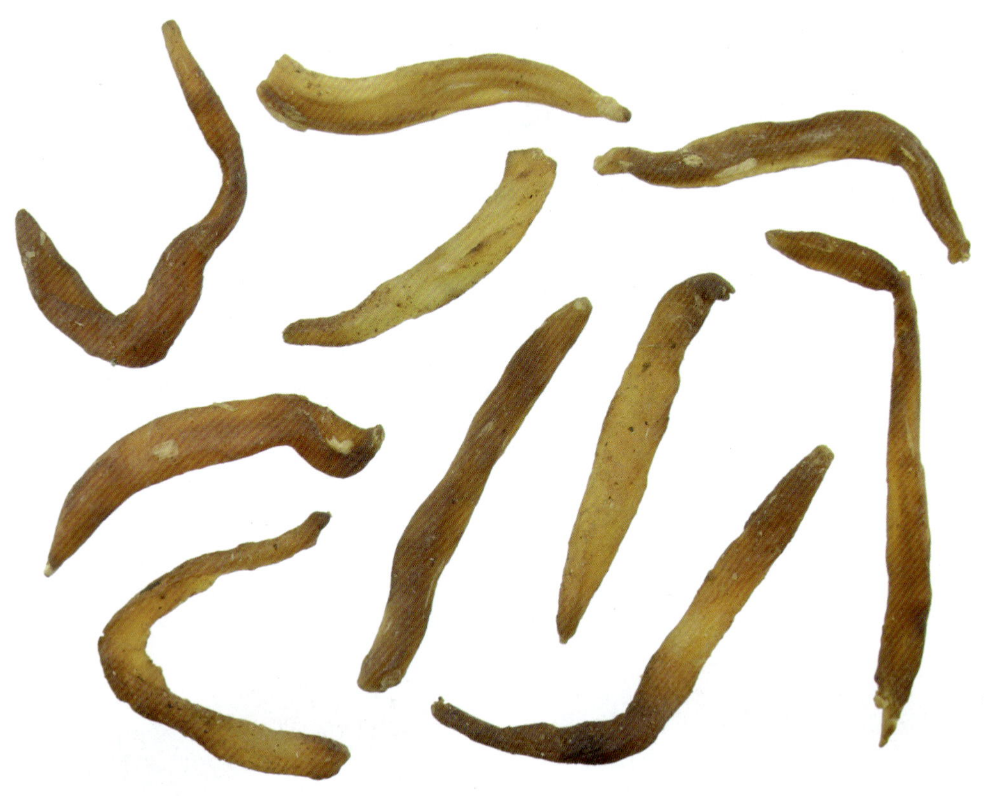

大天冬　选货　二等

大天冬　统货

（二）小天冬

小天冬 选货 一等

小天冬 选货 二等

小天冬　统货

鸡血藤

SPATHOLOBI CAULIS

根据市场流通情况，按照产地及是否野生将鸡血藤药材分为“进口野生”“国产野生”和“国产栽培”三个规格；在规格项下，“进口野生”鸡血藤药材分成“选货”和“统货”两个等级，“选货”项下按照片形大小等进行等级划分。当前药材市场的鸡血藤药材以进口野生为主，国产野生鸡血藤药材供应量较低，而国产栽培鸡血藤药材现在还在推广阶段，实际并无产出。

（一）进口野生

鸡血藤　进口野生　选货　大片

鸡血藤　进口野生　选货　中片

鸡血藤　进口野生　选货　小片

鸡血藤 进口野生 统货

（二）国产栽培

1cm

鸡血藤 国产栽培 统货

山豆根

SOPHORAE TONKINENSIS RADIX ET RHIZOMA

根据市场流通情况，将山豆根药材分为“选货”和“统货”两个等级。

（一）选货

山豆根　选货

（二）统货

山豆根　统货

石　斛

DENDROBII CAULIS

根据市场流通情况，按照基原的不同，将石斛药材分为“金钗石斛”等十一个规格，各规格项下均为统货。

（一）药典品种

金钗石斛　统货

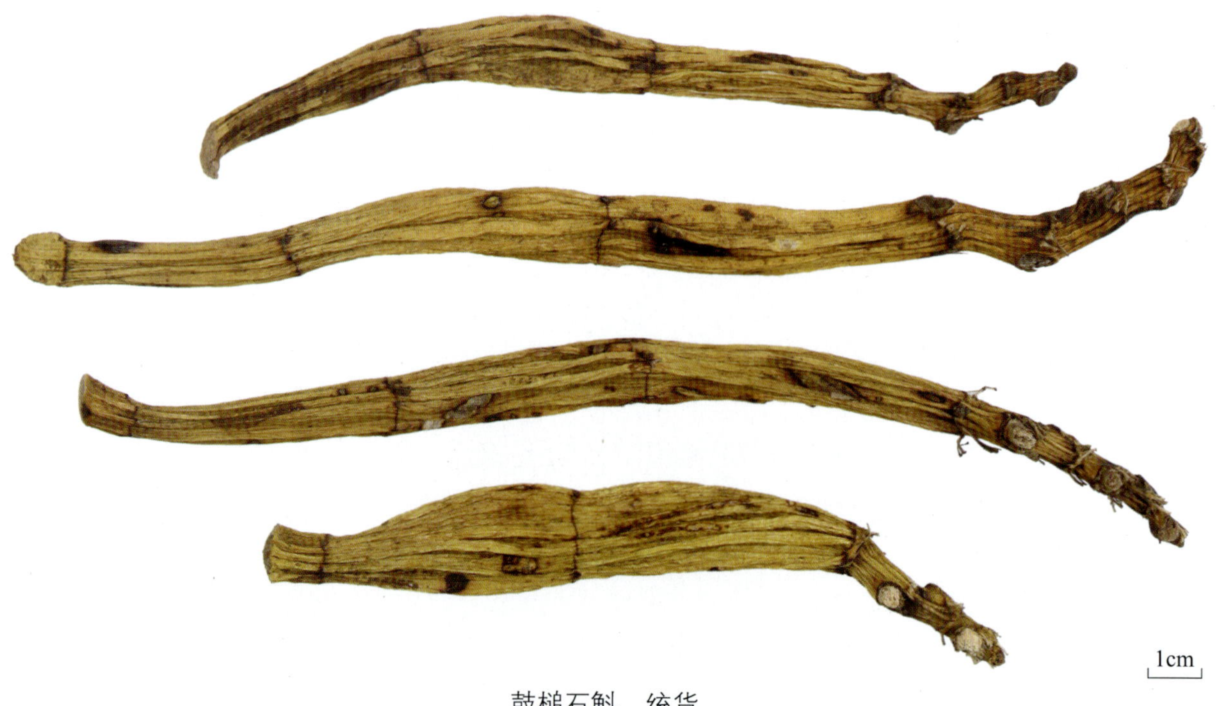

鼓槌石斛　统货

流苏石斛 统货

（二）药典同属植物近似品种

矮石斛 选货　　矮石斛 统货

齿瓣石斛 统货

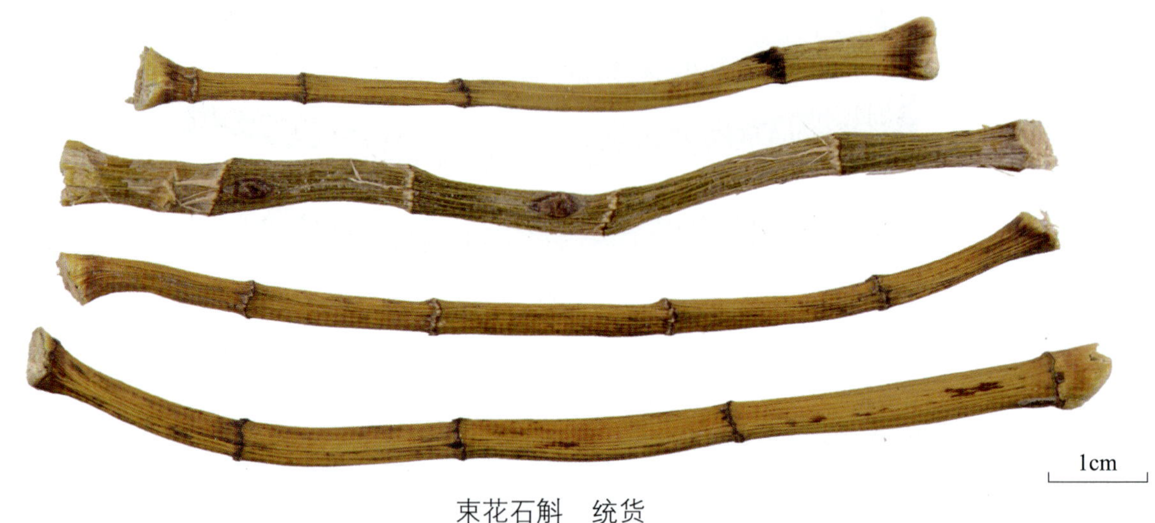

束花石斛　统货

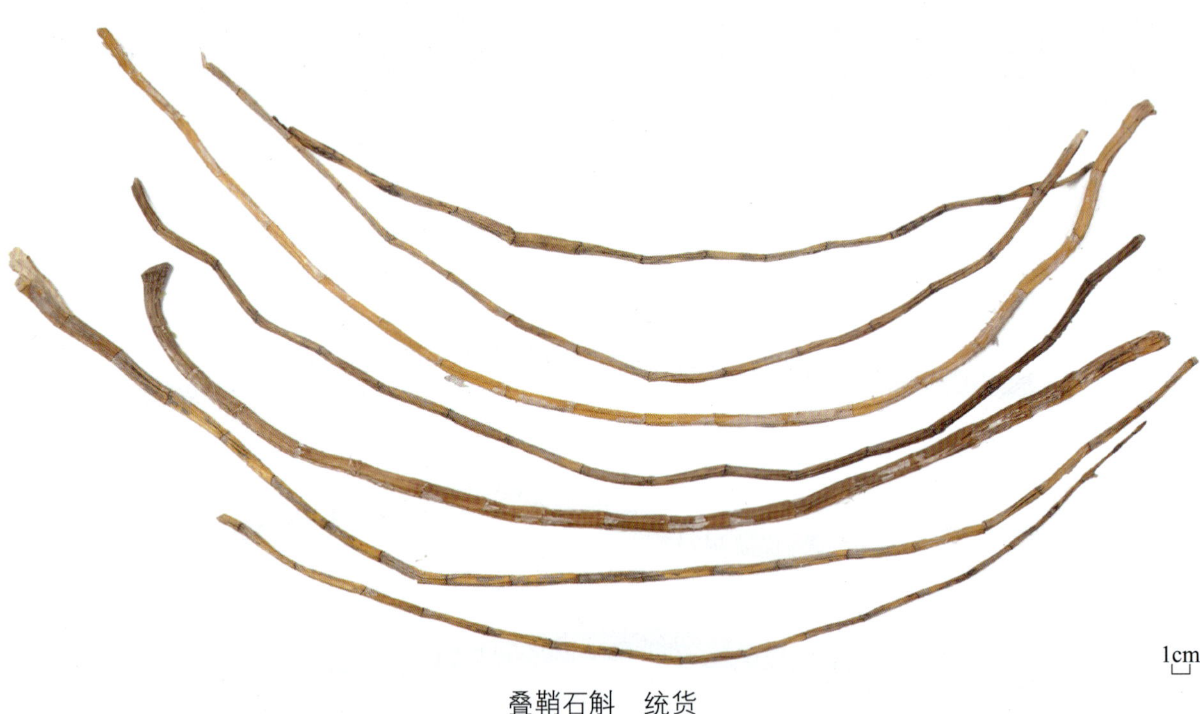

叠鞘石斛　统货

重 楼

PARIDIS RHIZOMA

根据市场流通情况，将重楼药材分成“选货”和“统货”两个等级，“选货”项下按直径、单个重量和每千克个数等进行等级划分。

（一）选货

重楼 选货 一等

重楼 选货 二等

1cm

重楼　选货　三等

（二）统货

1cm

重楼　统货

菊 花

CHRYSANTHEMI FLOS

根据市场流通情况，按照产地和加工方法不同，将菊花药材分为“亳菊”“杭菊”“贡菊”“怀菊”“滁菊”五个规格；在规格项下，根据是否进行等级划分，将“亳菊”“杭菊”“贡菊”分成“选货”和“统货”两个等级。

（一）亳菊

亳菊 选货

亳菊　统货

（二）杭菊

杭菊　选货

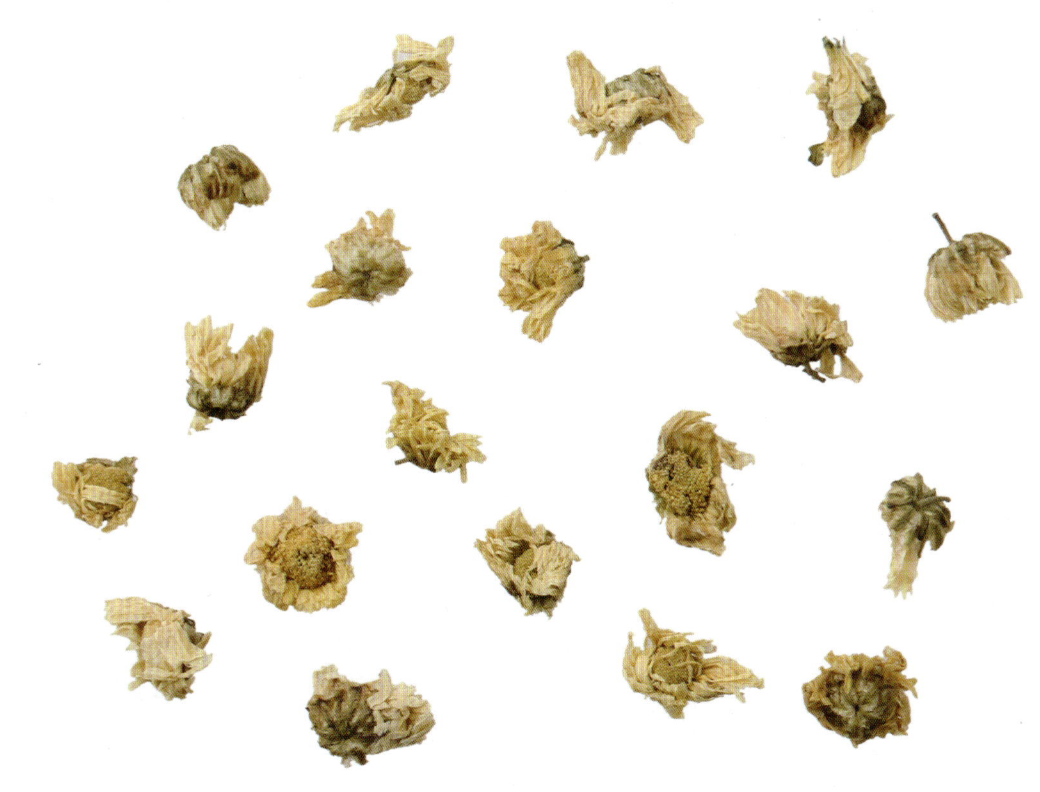

杭菊 统货

（三）贡菊

贡菊 选货

贡菊　统货

（四）怀菊

怀菊　统货

（五）滁菊

滁菊 统货

桔　梗

PLATYCODONIS RADIX

根据市场流通情况，按照加工方法不同，将桔梗药材分为“去皮桔梗”“带皮桔梗”两个规格；在规格项下，根据是否进行等级划分，分成“选货”和“统货”两个等级。

（一）去皮桔梗

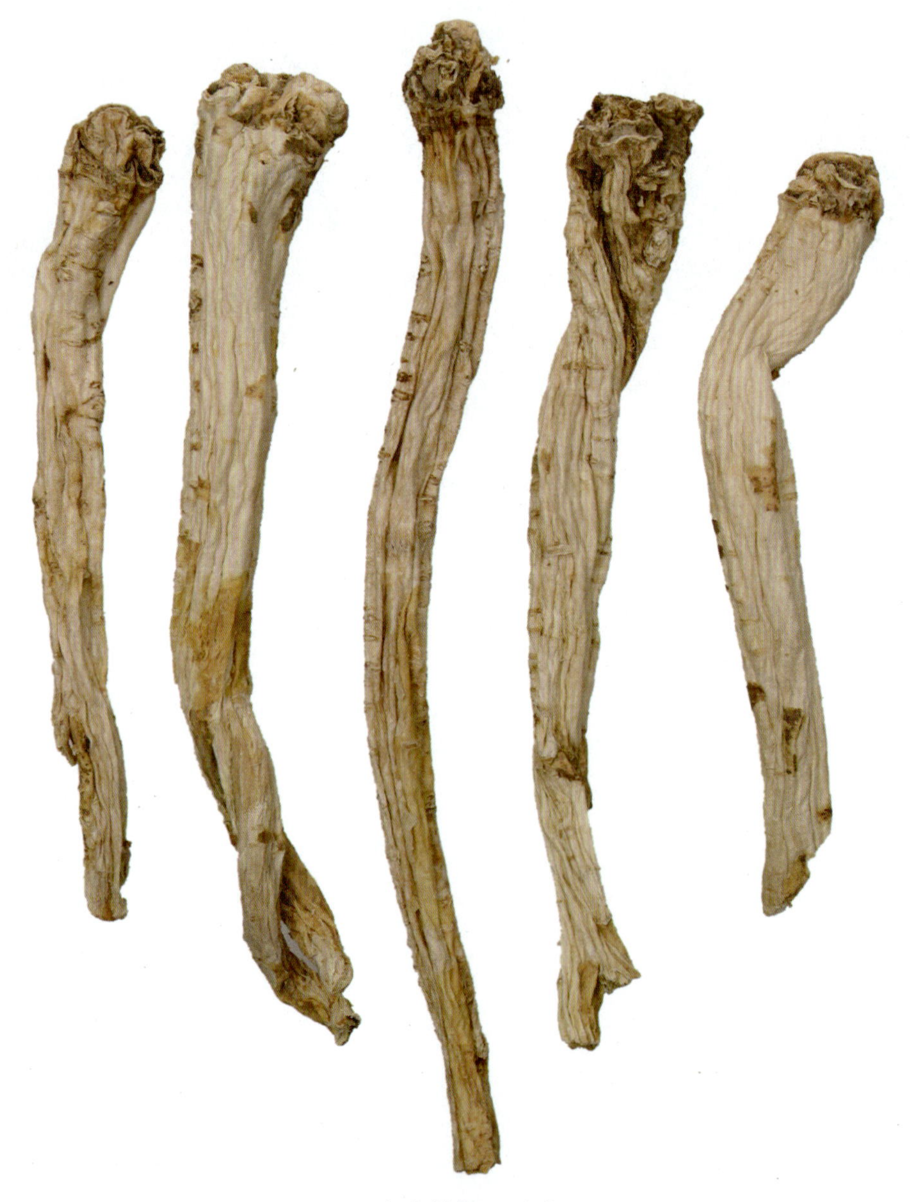

去皮桔梗　选货

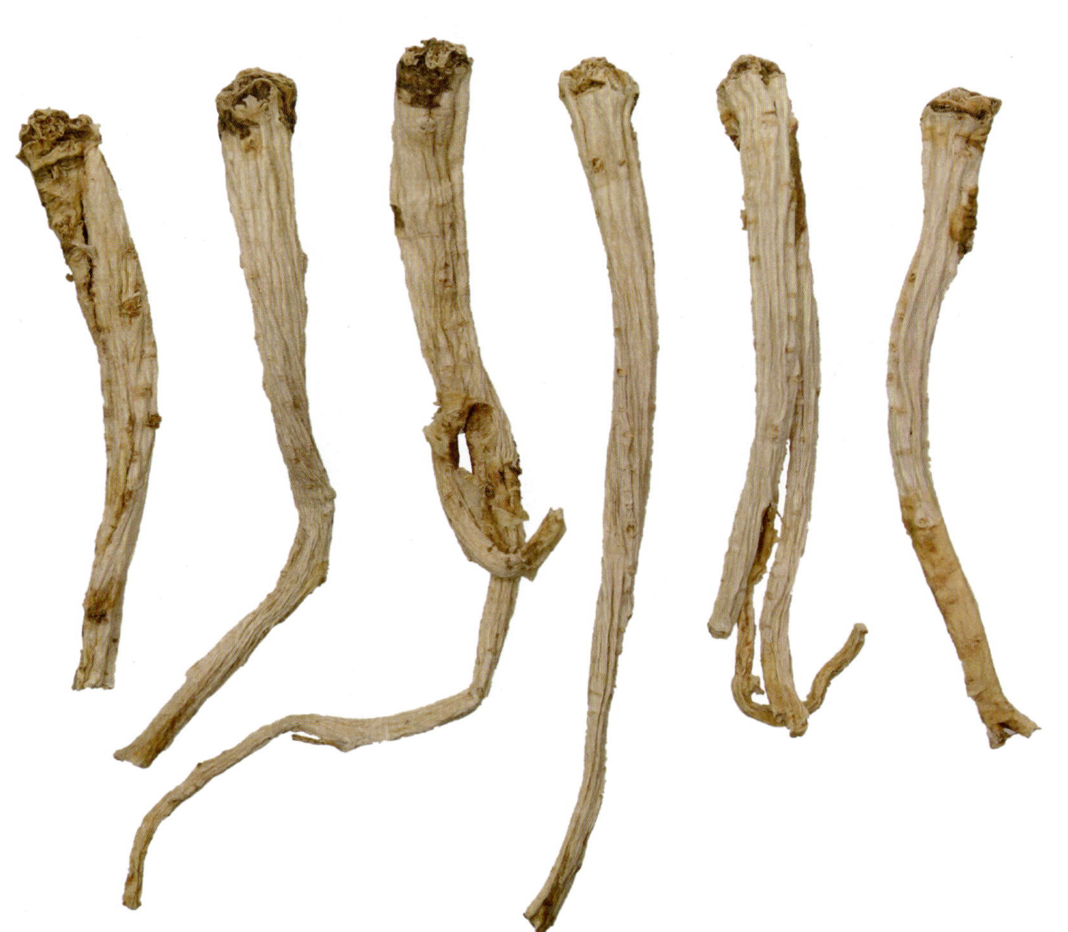

去皮桔梗　统货

（二）带皮桔梗

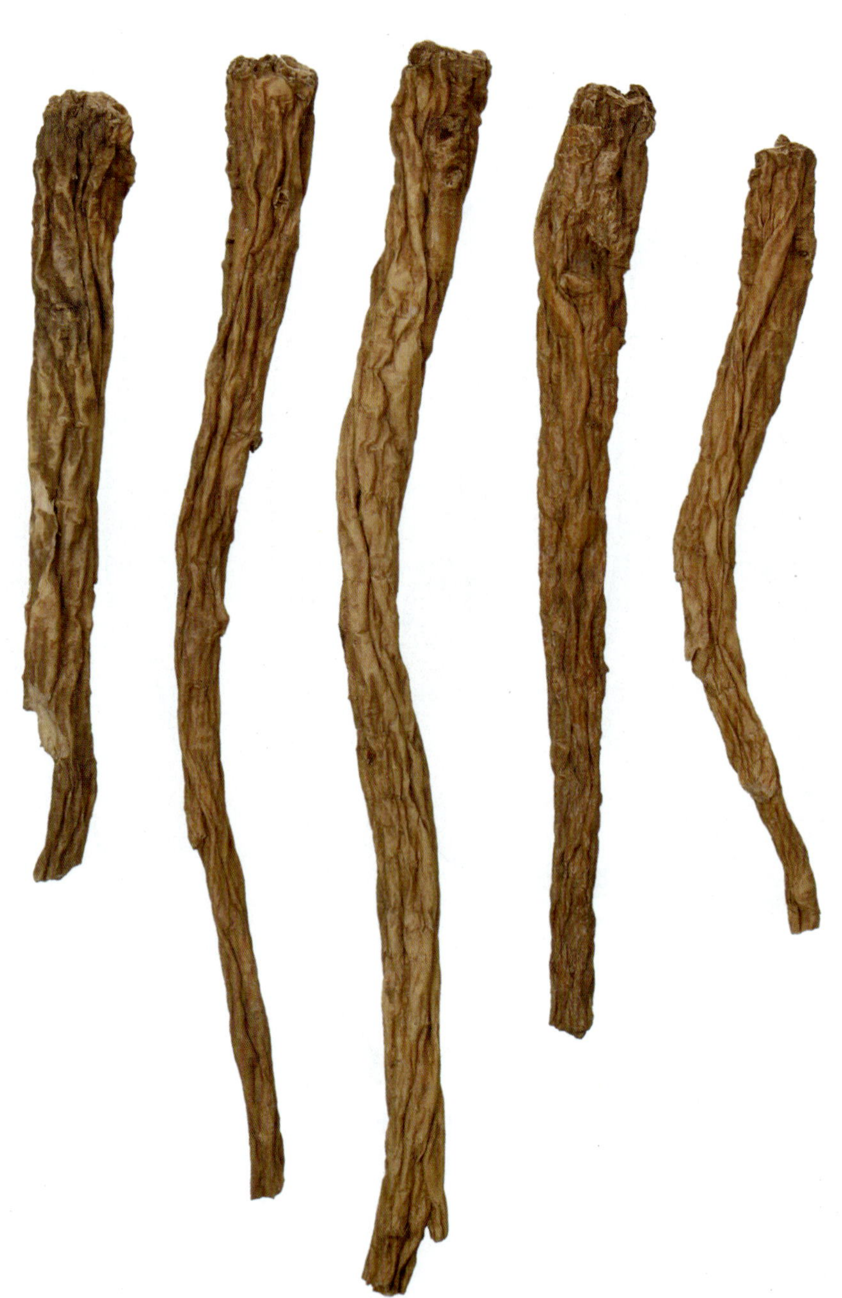

带皮桔梗　选货

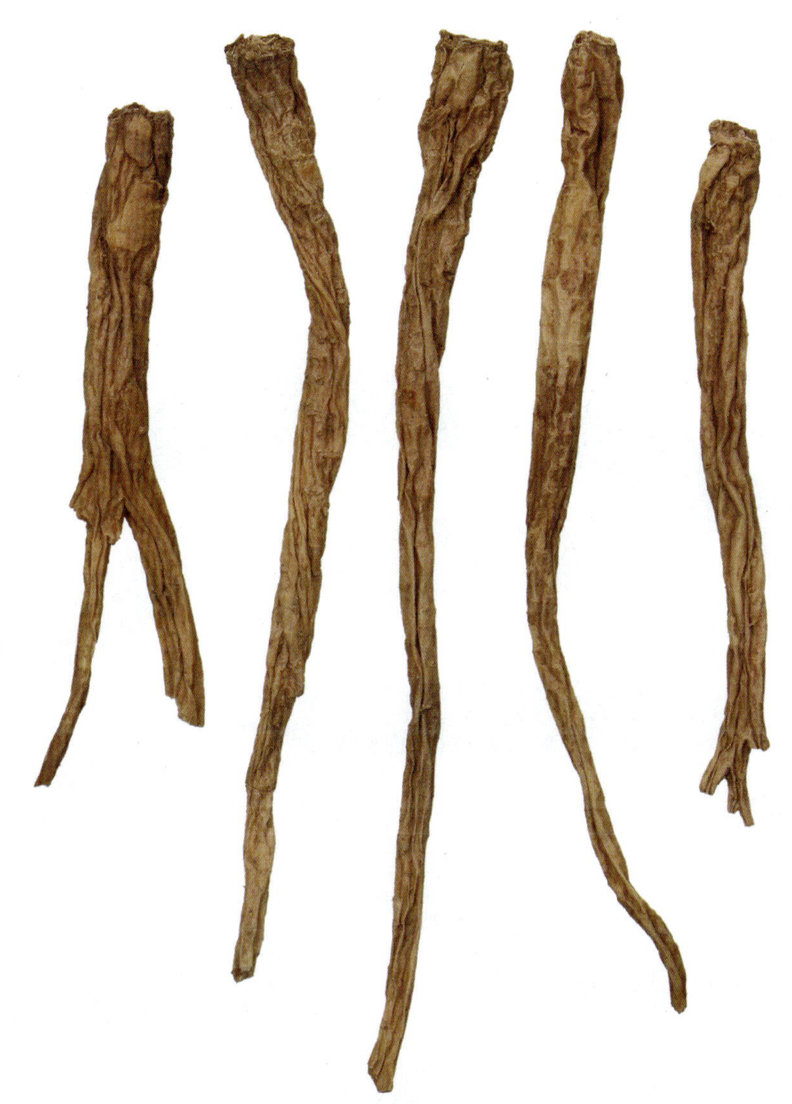

带皮桔梗　统货

夏枯草

PRUNELLAE SPICA

根据市场流通情况，根据长度、颜色及其均匀性划分等级，将夏枯草药材分成“选货”和“统货”两个等级。

（一）选货

夏枯草　选货

（二）统货

夏枯草　统货

刺五加

ACANTHOPANACIS SENTICOSI RADIX ET RHIZOMA SEU CAULIS

根据市场流通情况，按照部位不同，将刺五加药材分为“刺五加根和根茎”和“刺五加茎”两个规格。各规格项下均为统货。

（一）刺五加根和根茎

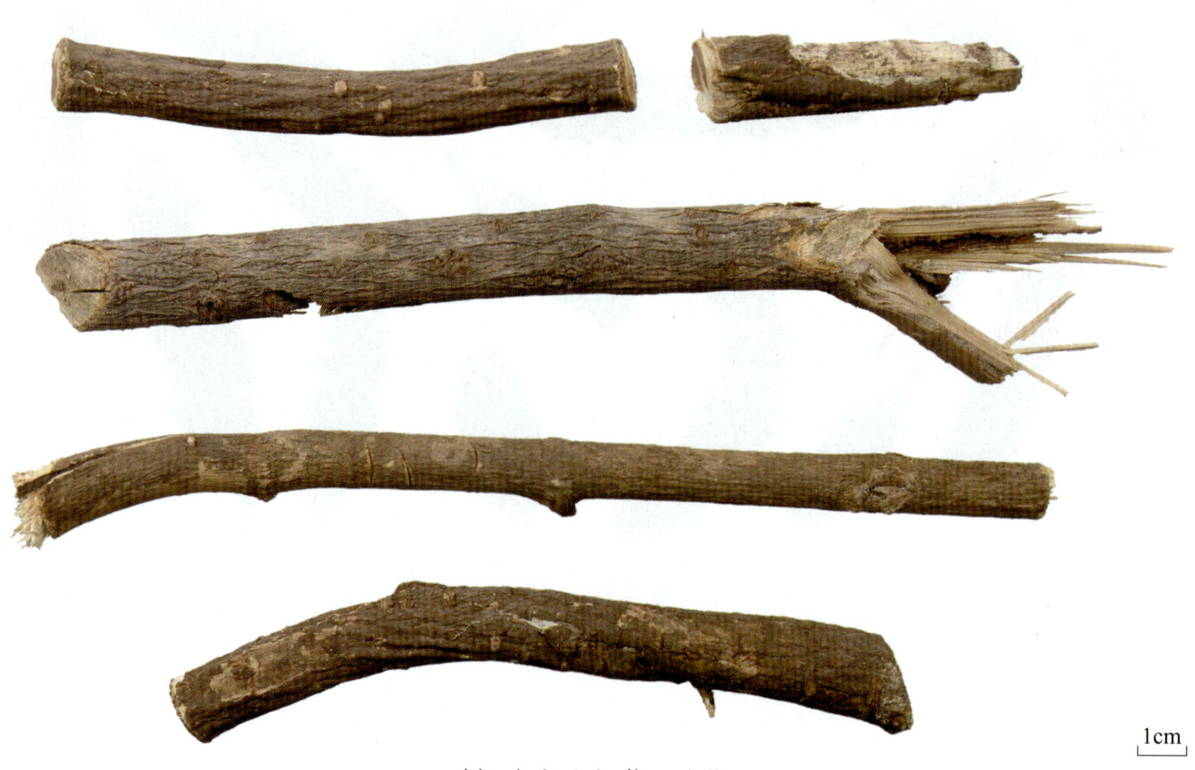

刺五加根和根茎　统货

（二）刺五加茎

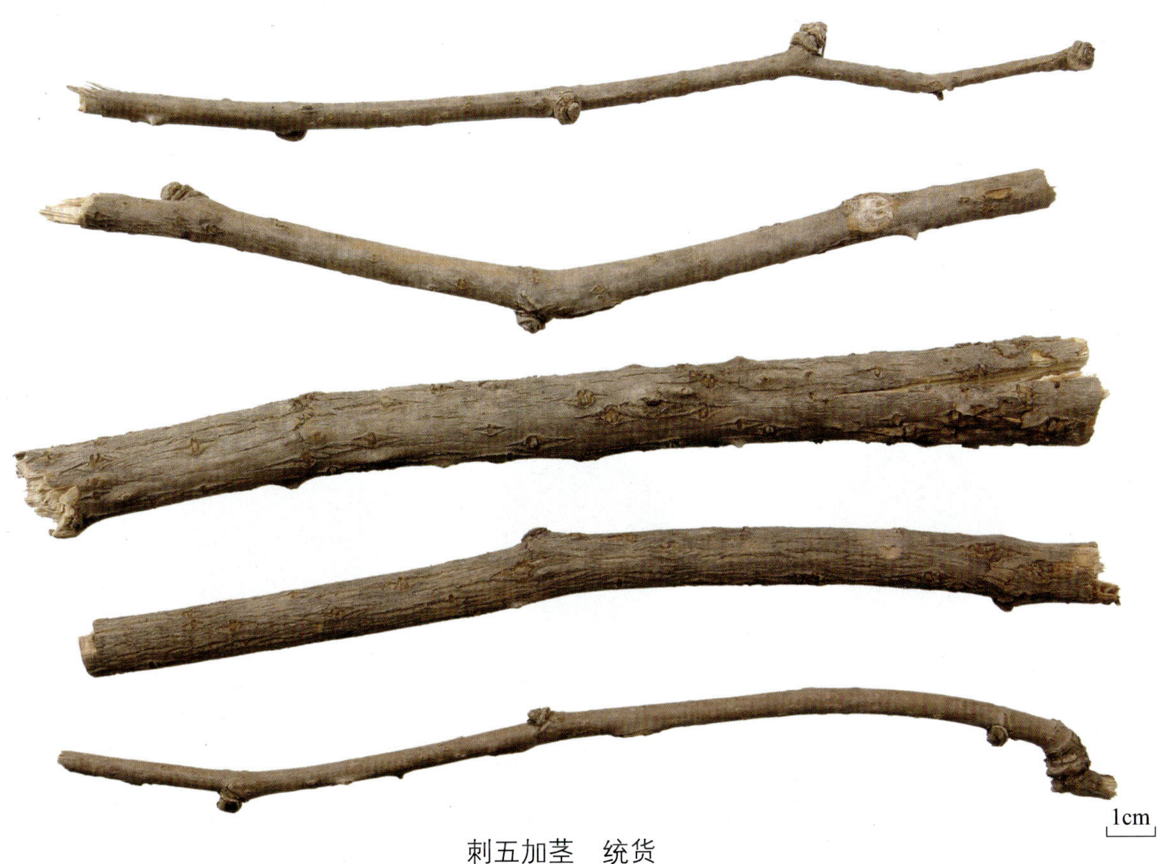

刺五加茎　统货

川楝子

TOOSENDAN FRUCTUS

根据市场流通情况，将川楝子药材商品分成“选货”和“统货”两个规格，“选货”项下根据川楝子直径大小分为“一等”和“二等”两个等级。

（一）选货

川楝子　选货　一等

川楝子 选货 二等

（二）统货

川楝子 统货

石　膏

GYPSUM FIBROSUM

根据市场流通情况，将石膏分为“大块”和“块粒”两个规格；在规格项下，按照石膏块粒长直径的长短，将石膏“块粒”分为“大粒”“中粒”“小粒”三个等级。

（一）大块

石膏　大块

（二）块粒

石膏　块粒　大粒

石膏　块粒　中粒

石膏　块粒　小粒

牛蒡子

ARCTII FRUCTUS

根据市场流通情况，按照牛蒡子药材的饱满度、均匀度及杂质的多少等分为“选货”和“统货”两个等级。

（一）选货

牛蒡子　选货

放大

（二）统货

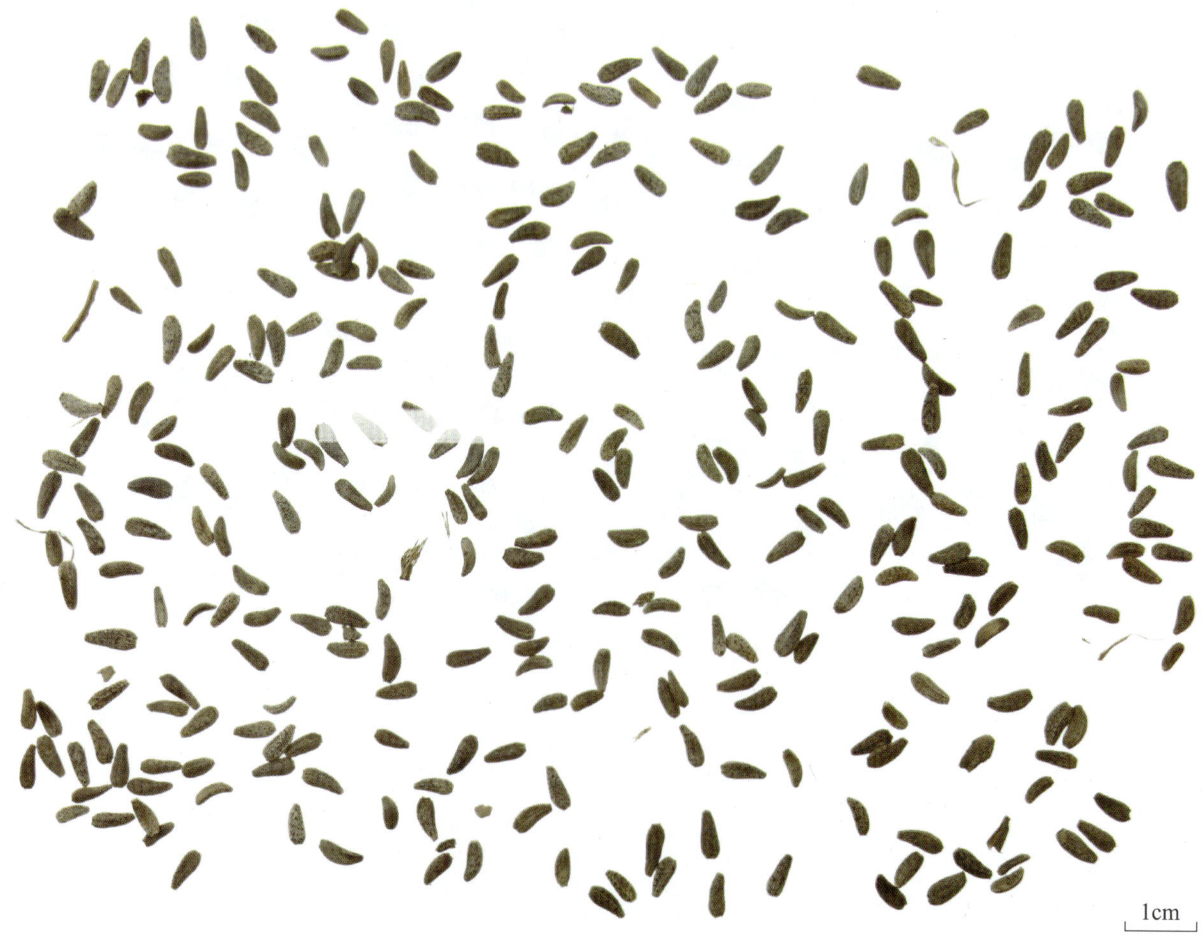

牛蒡子　统货

女贞子

LIGUSTRI LUCIDI FRUCTUS

根据市场流通情况，女贞子药材商品均为统货。

女贞子　统货

红景天

RHODIOLAE CRENULATAE RADIX ET RHIZOMA

根据市场流通情况，将红景天药材分为“选货”和“统货”两个等级。当前药材市场红景天分为去粗皮和去皮两种情况。

（一）选货

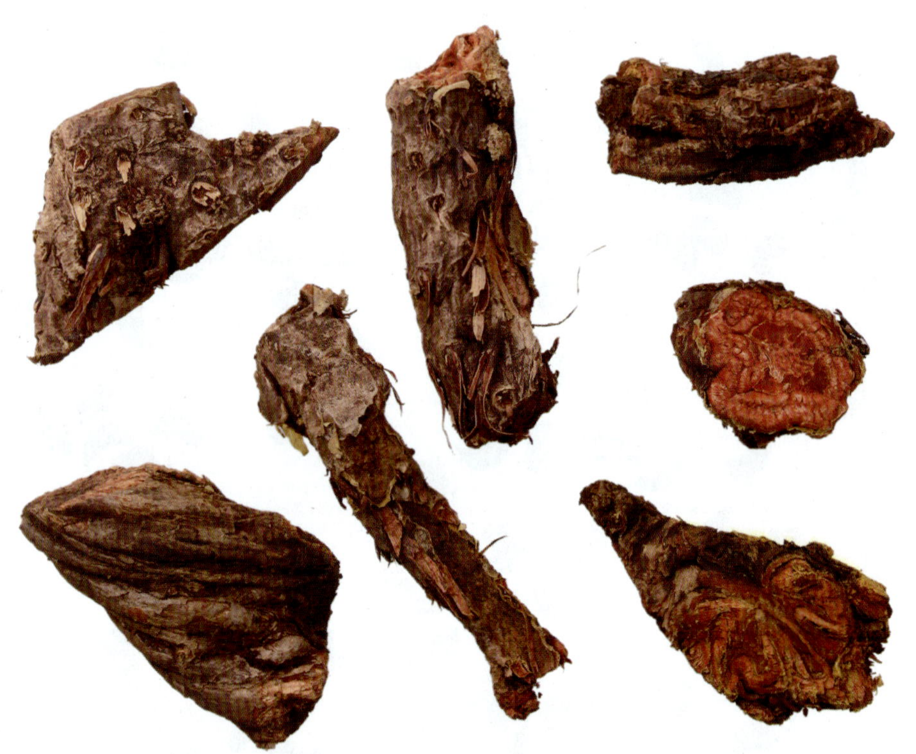

红景天　选货（去粗皮）

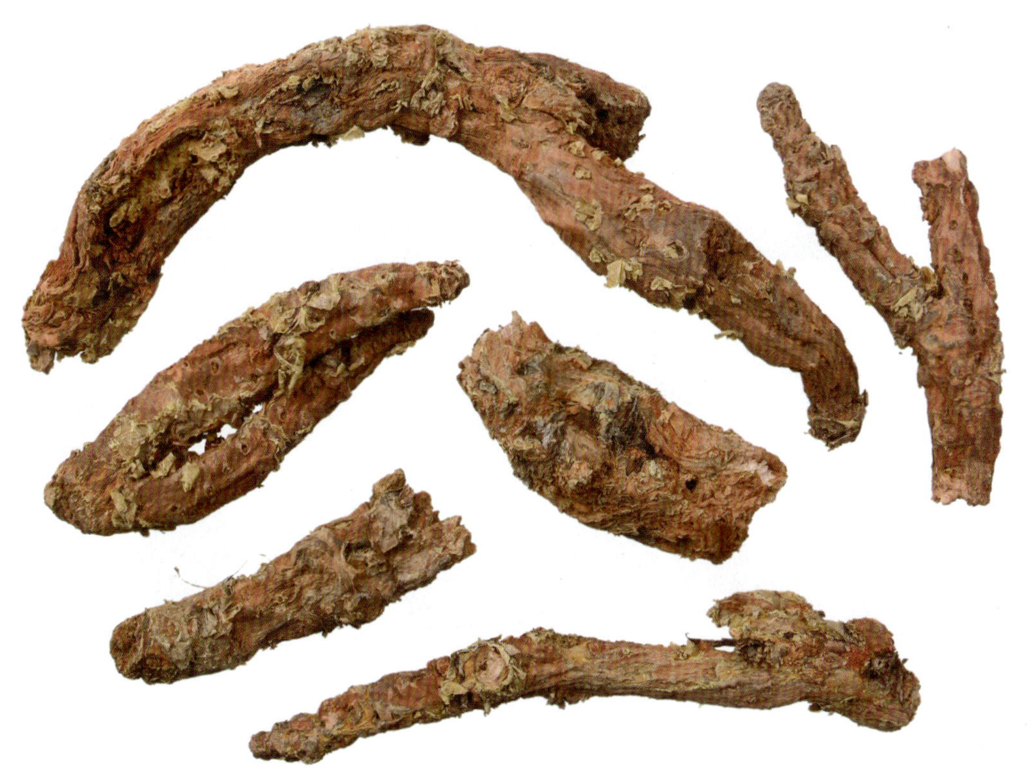

红景天　选货（去皮）

（二）统货

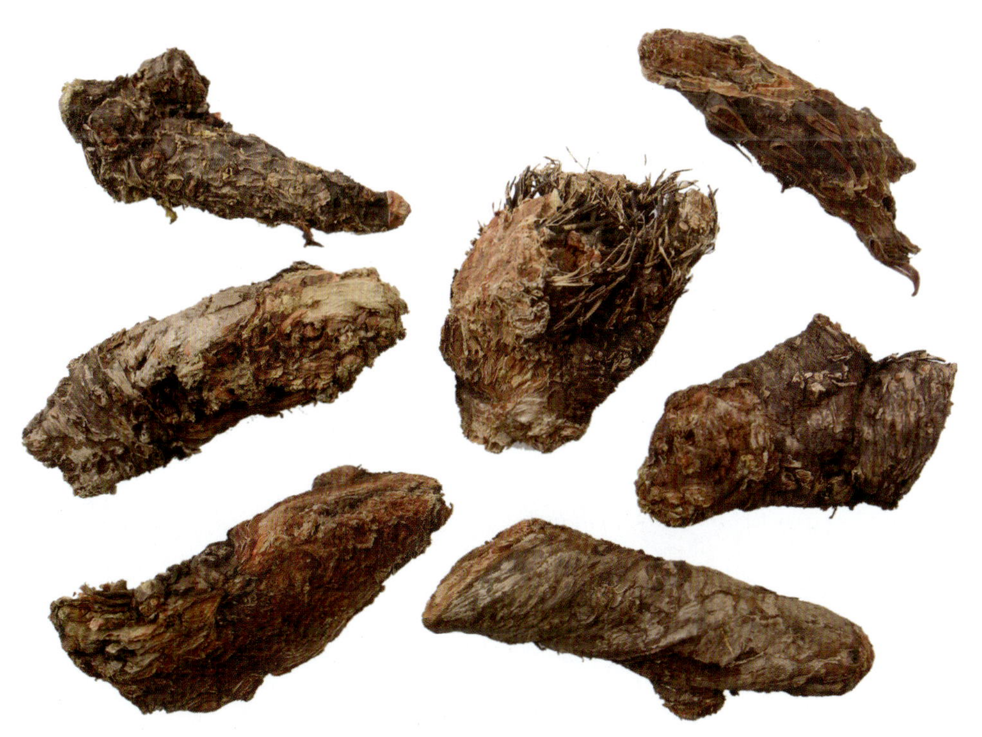

红景天　统货（去粗皮）

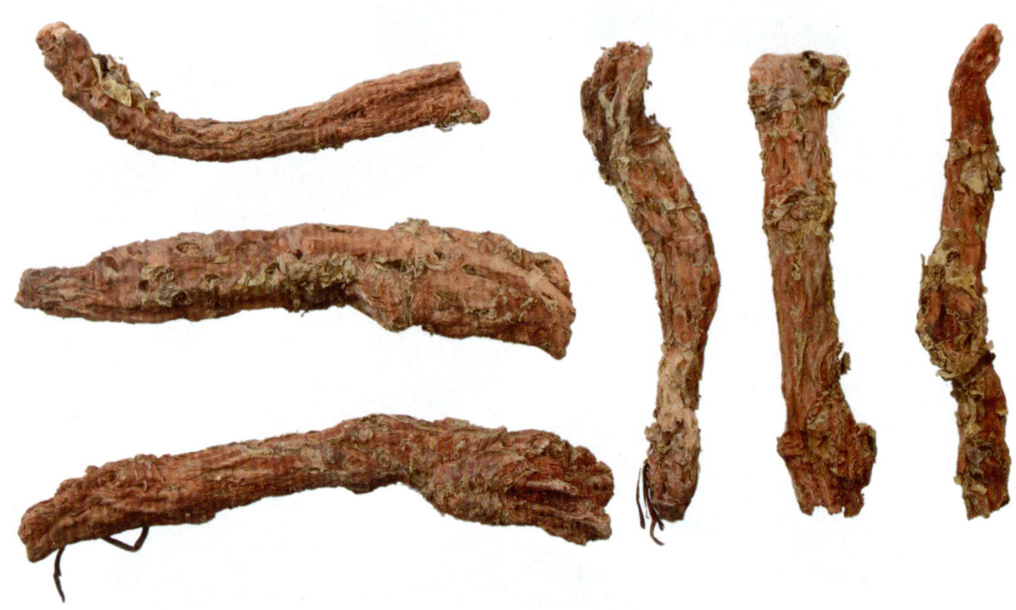

红景天　统货（去皮）

胡黄连

PICRORHIZAE RHIZOMA

根据市场流通情况，将胡黄连药材分为“选货”和“统货”两个等级。

（一）选货

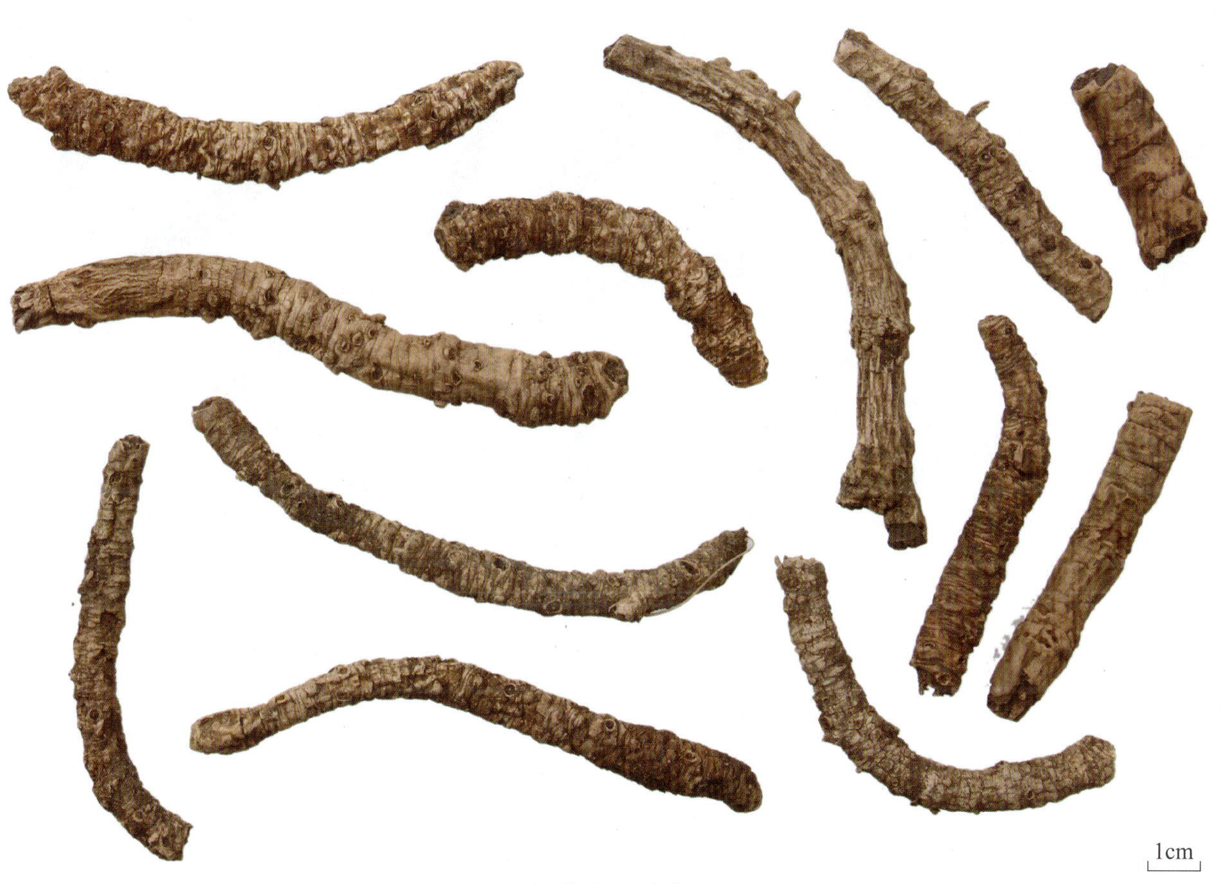

胡黄连　选货

（二）统货

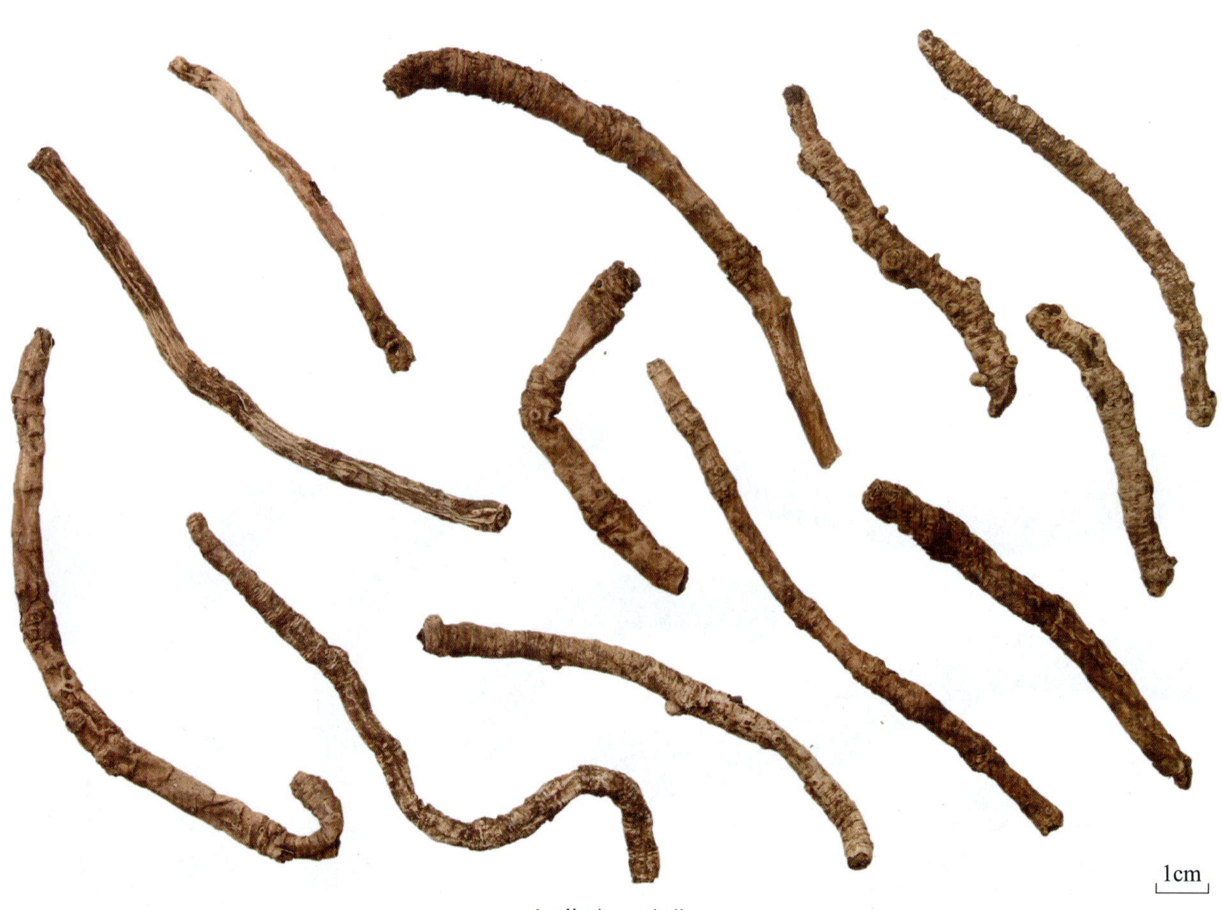

胡黄连　统货

藁 本

LIGUSTICI RHIZOMA ET RADIX

根据市场流通情况，按照产地及野生栽培的不同，将藁本药材分为“辽藁本野生品”“辽藁本栽培品”“藁本野生品”三个规格；在规格项下，根据是否进行等级划分，分成“选货”和“统货”两个等级。

（一）辽藁本野生品

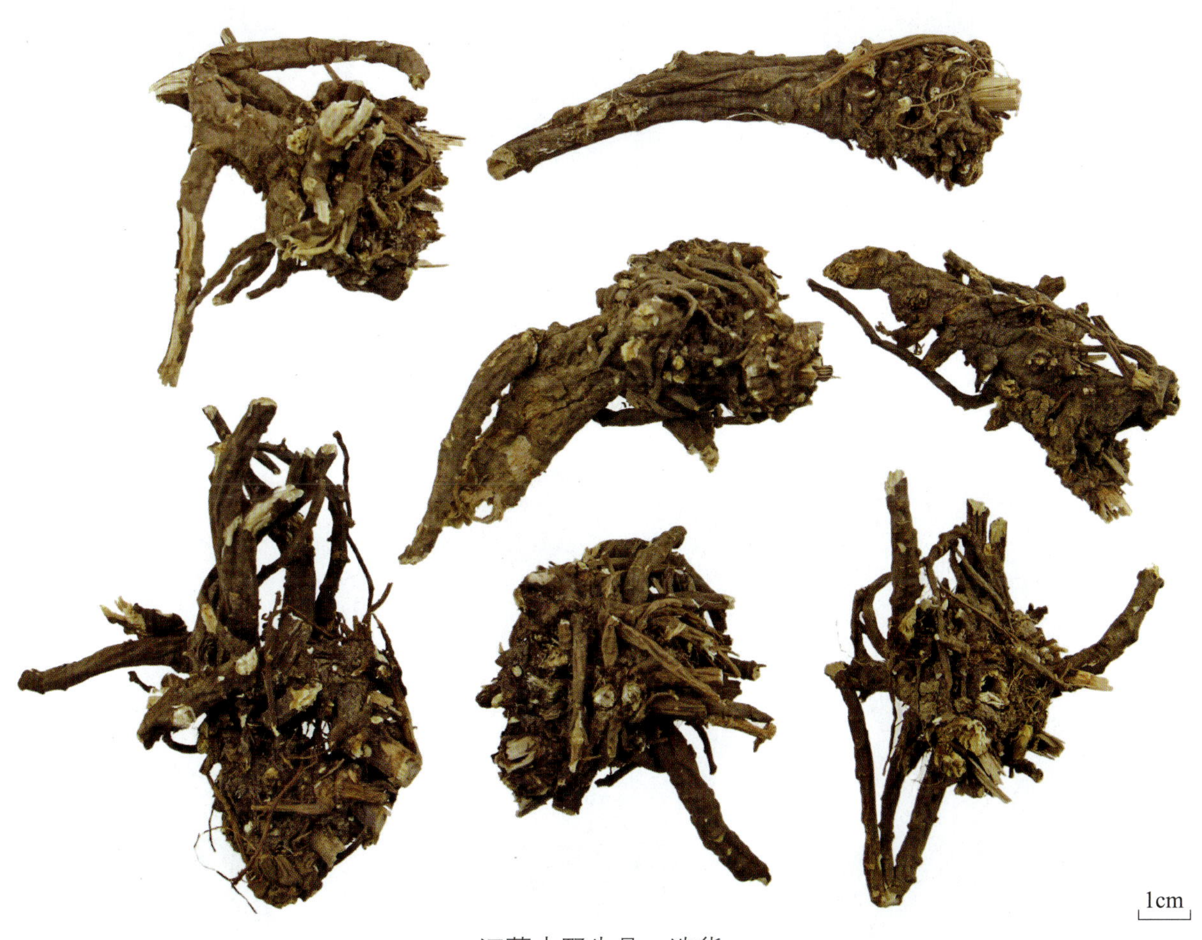

辽藁本野生品　选货

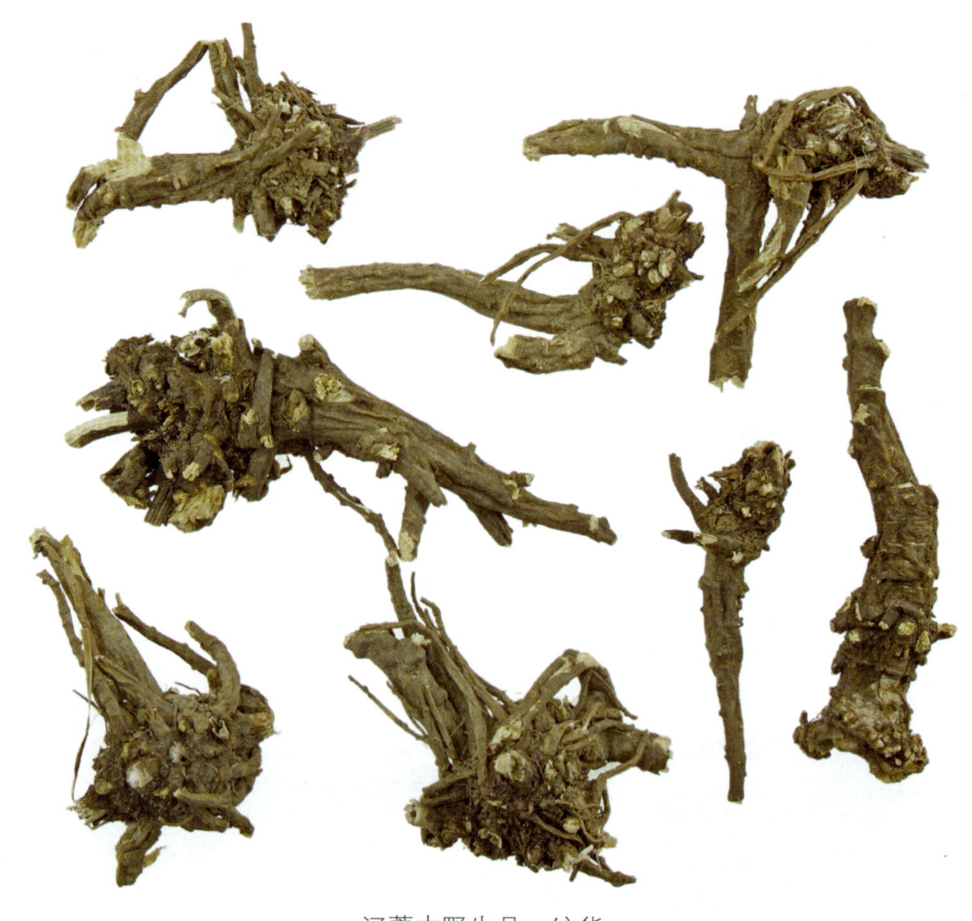

辽藁本野生品　统货

（二）辽藁本栽培品

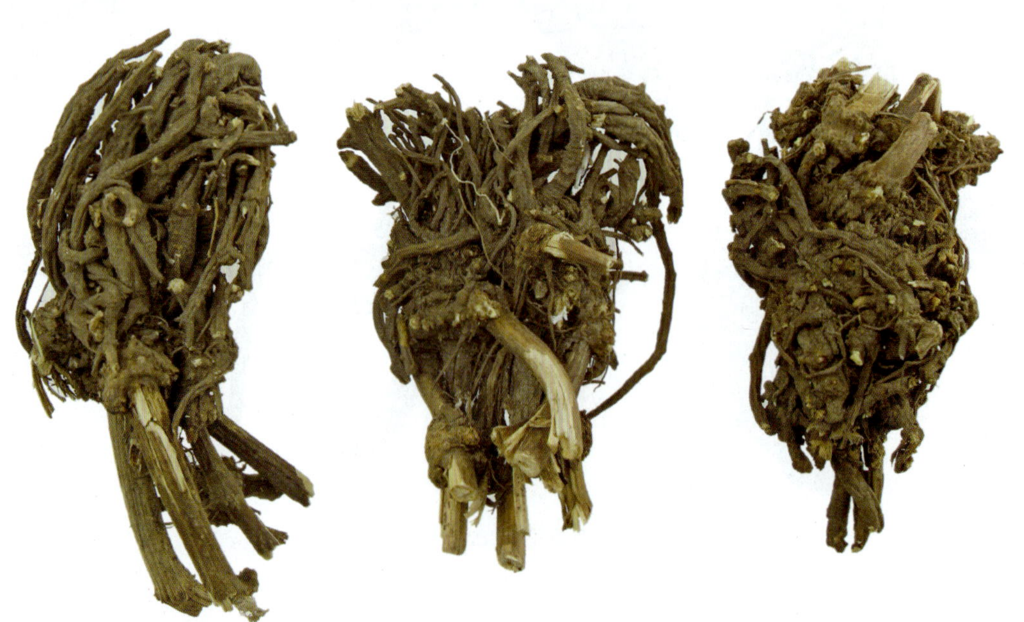

辽藁本栽培品　选货

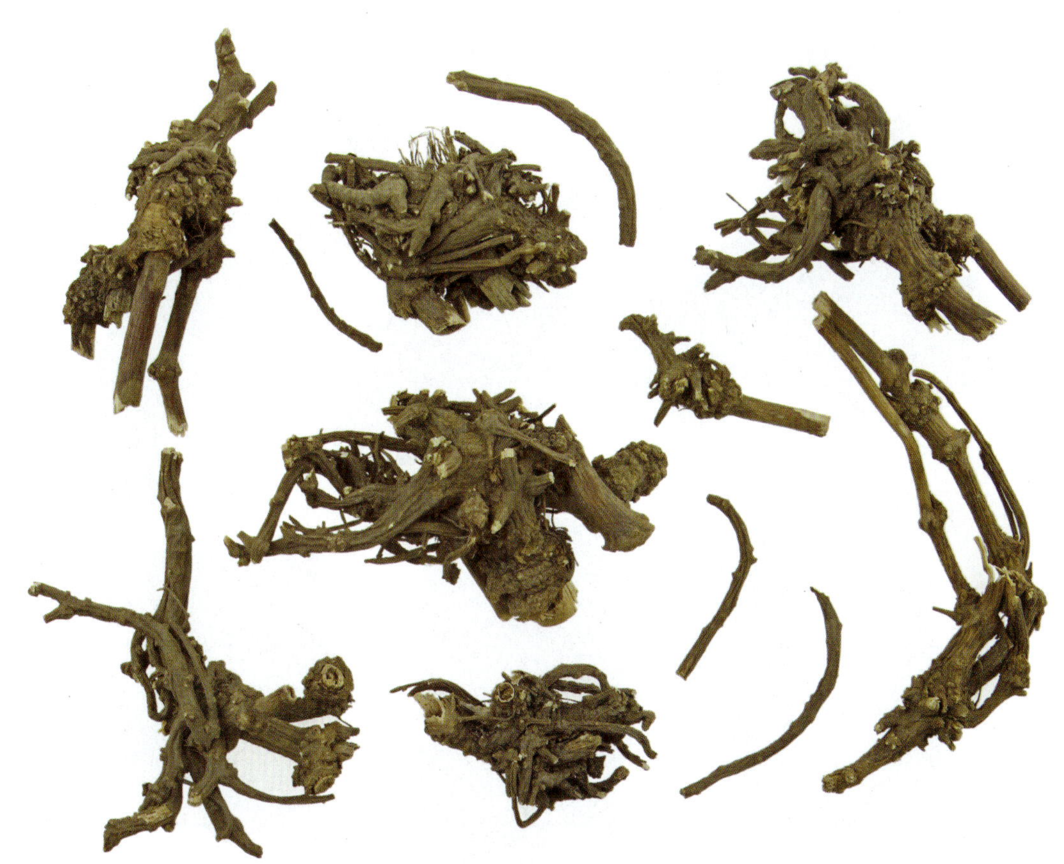

辽藁本栽培品　统货

（三）藁本野生品

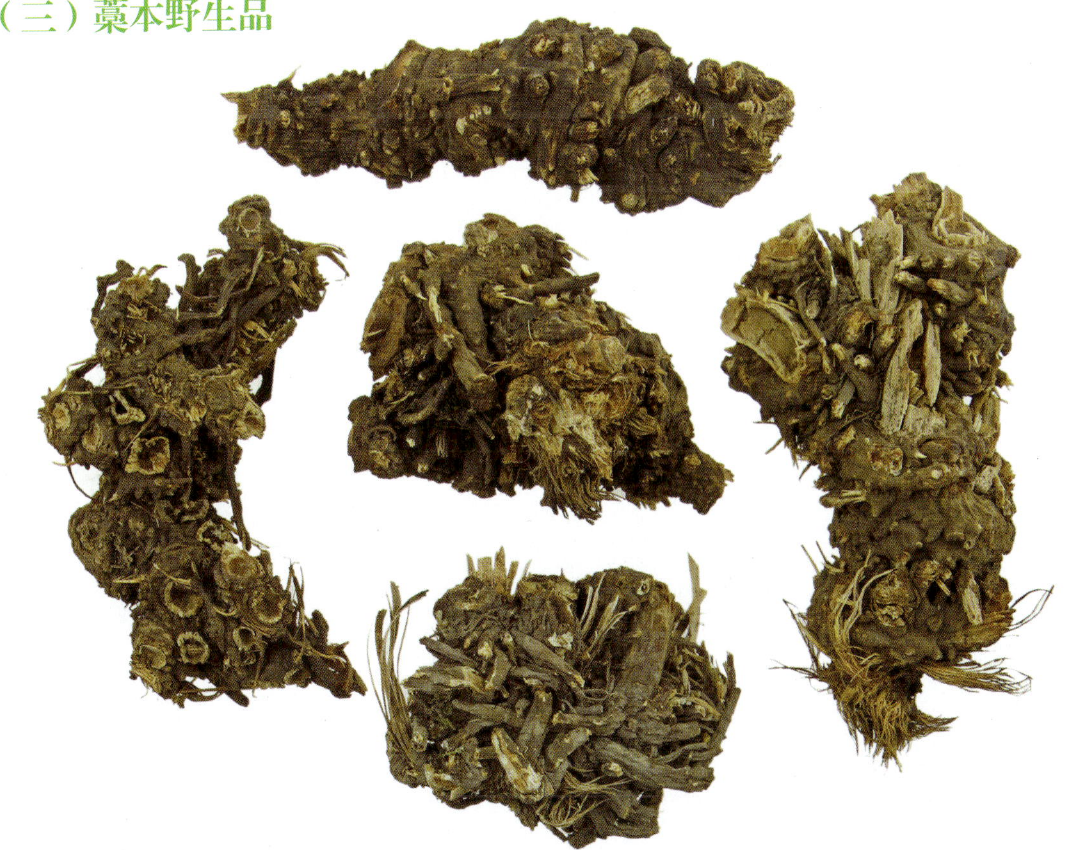

藁本野生品　选货

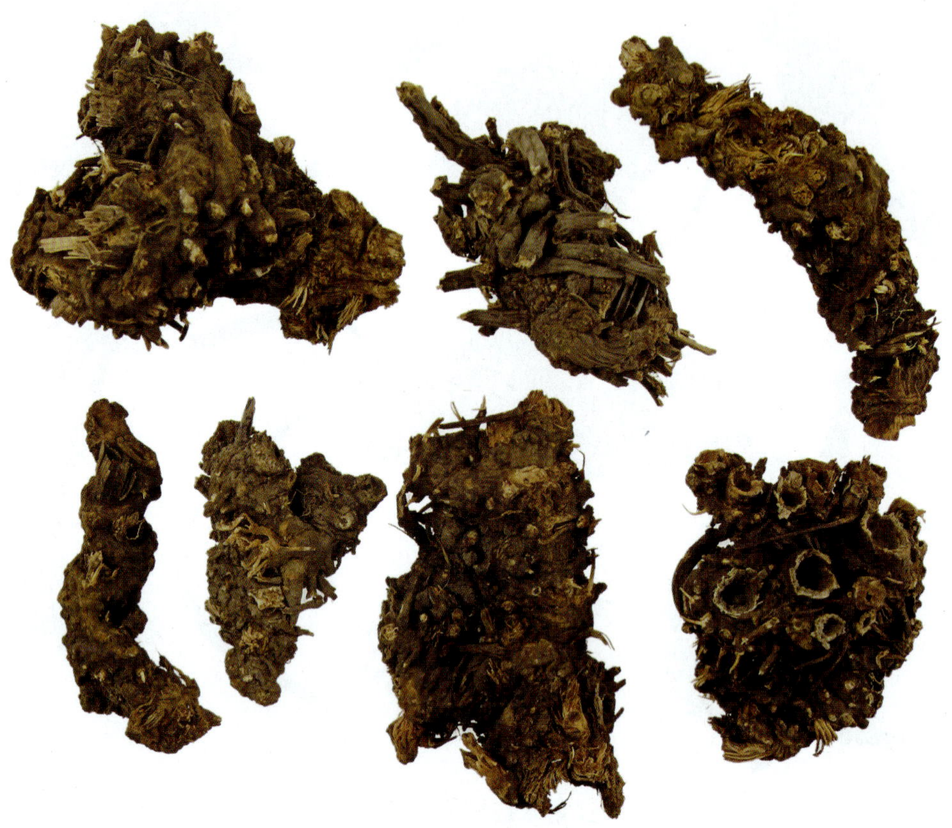

藁本野生品　统货

柏子仁

PLATYCLADI SEMEN

根据市场流通情况，按照含杂率碎粒的比例，将柏子仁药材分成“选货”和“统货”两个等级。

（一）选货

柏子仁　选货

（二）统货

柏子仁　统货

太子参

PSEUDOSTELLARIAE RADIX

根据市场流通情况，将太子参分为“选货”和“统货”两个规格。“选货”根据上中部直径和每50g 块根数进行等级划分。

（一）选货

太子参 选货 一等

太子参　选货　二等

（二）统货

太子参　统货

猪 苓

POLYPORUS

根据市场流通情况，按照形状大小，将猪苓药材分为“猪屎苓”“鸡屎苓”两个规格。“猪屎苓”项下根据每千克所含个数进行等级划分。

（一）猪屎苓

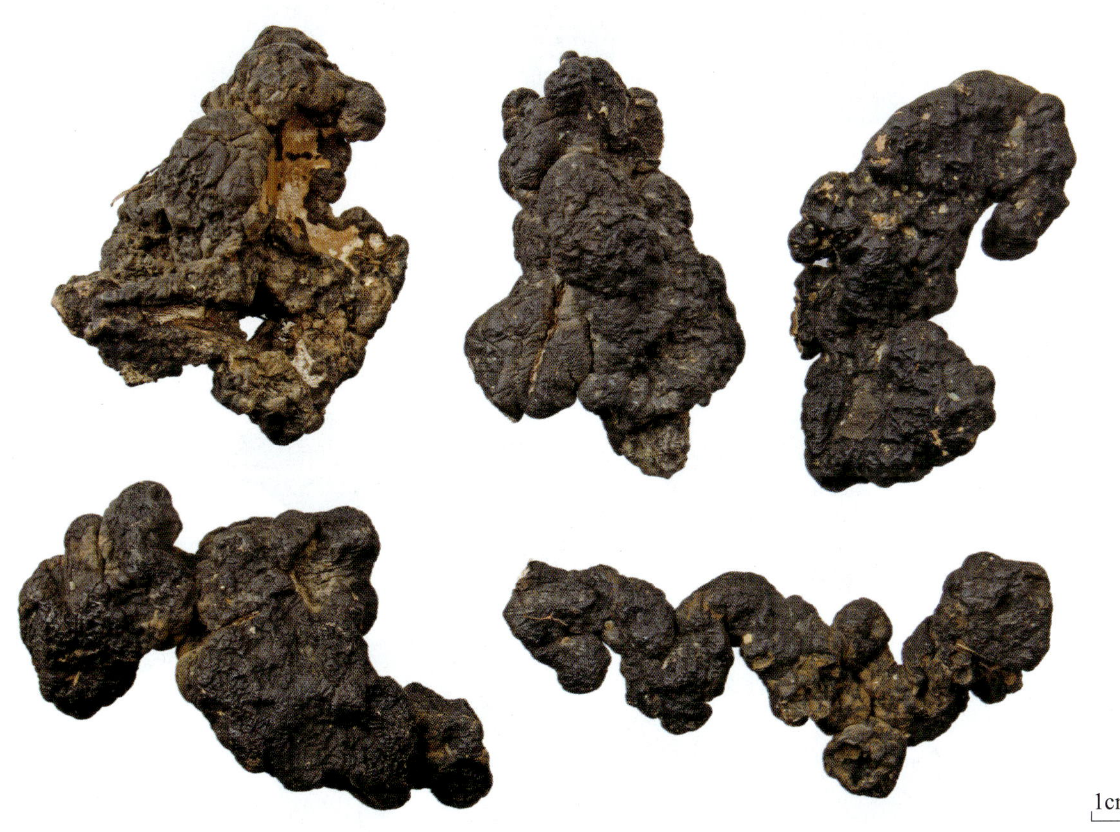

猪屎苓 选货 一等

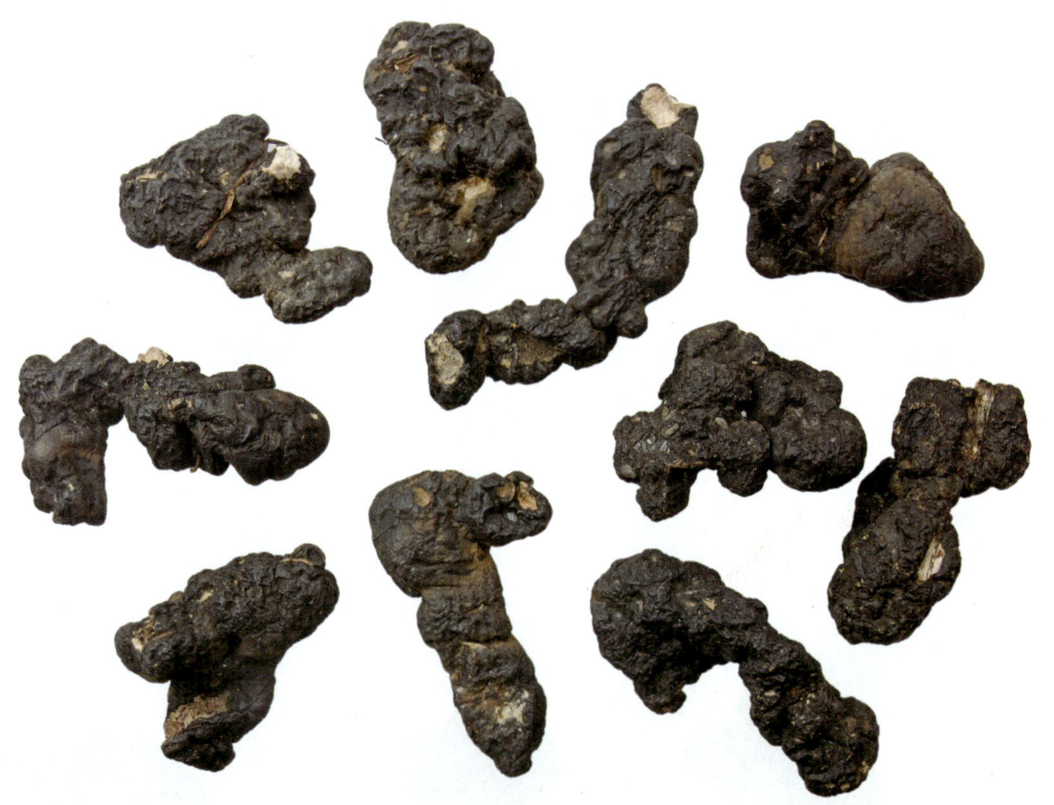

猪屎苓　选货　二等

猪屎苓　选货　三等

1cm

猪屎苓 统货

（二）鸡屎苓

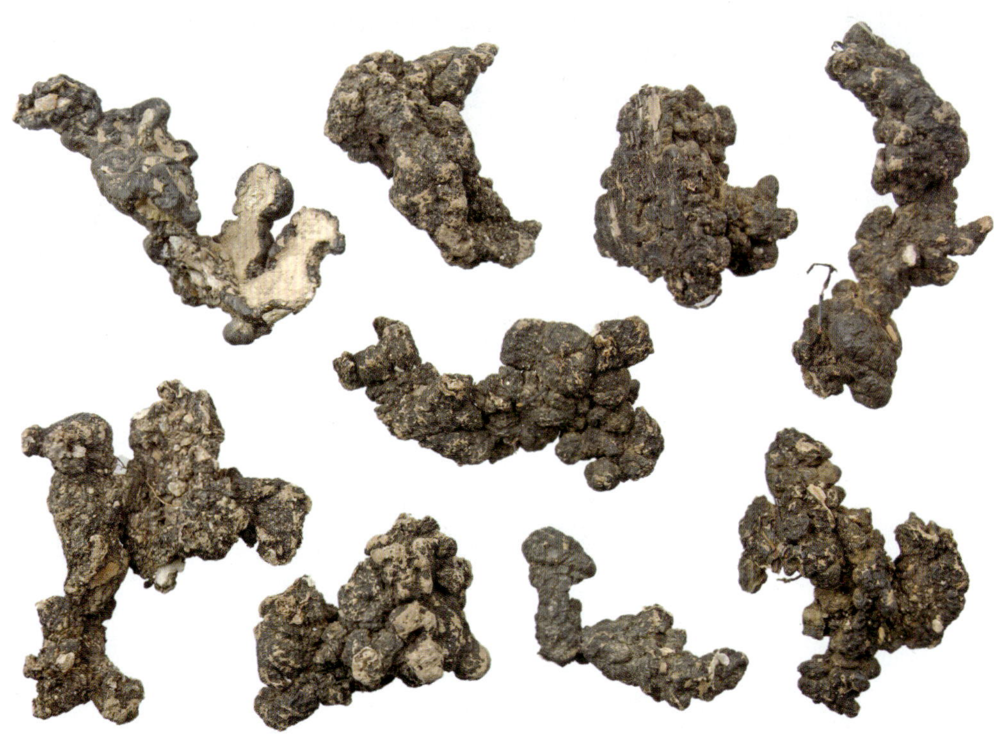

1cm

鸡屎苓 统货

川牛膝

CYATHULAE RADIX

根据市场流通情况，将川牛膝药材分为“选货”和“统货”两个等级。“选货”项下根据上部直径分为三个等级。

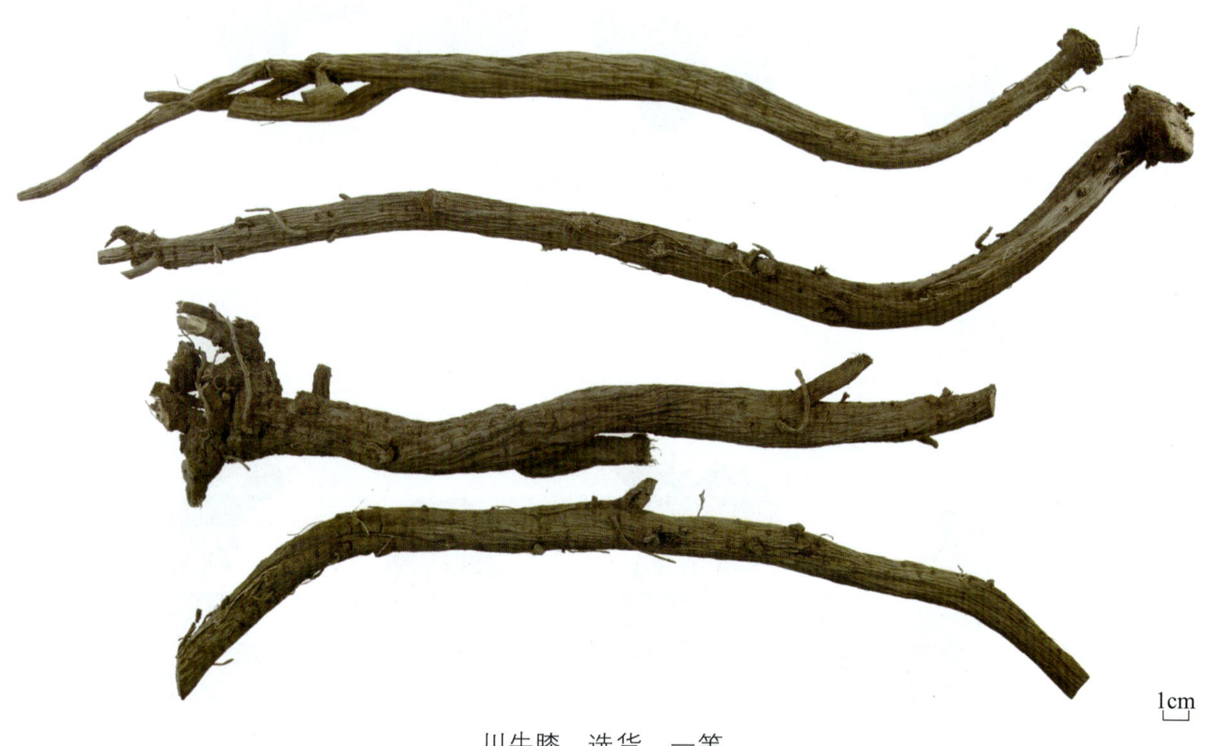

川牛膝　选货　一等

川牛膝　选货　二等

川牛膝　选货　三等

紫　草

ARNEBIAE RADIX

根据市场流通情况，按照基原的不同，将紫草药材分成新疆紫草一个规格；根据是否进行等级划分，分成“选货”和“统货”两个等级。“选货”项下根据个头、颜色等进行等级划分。

（一）选货

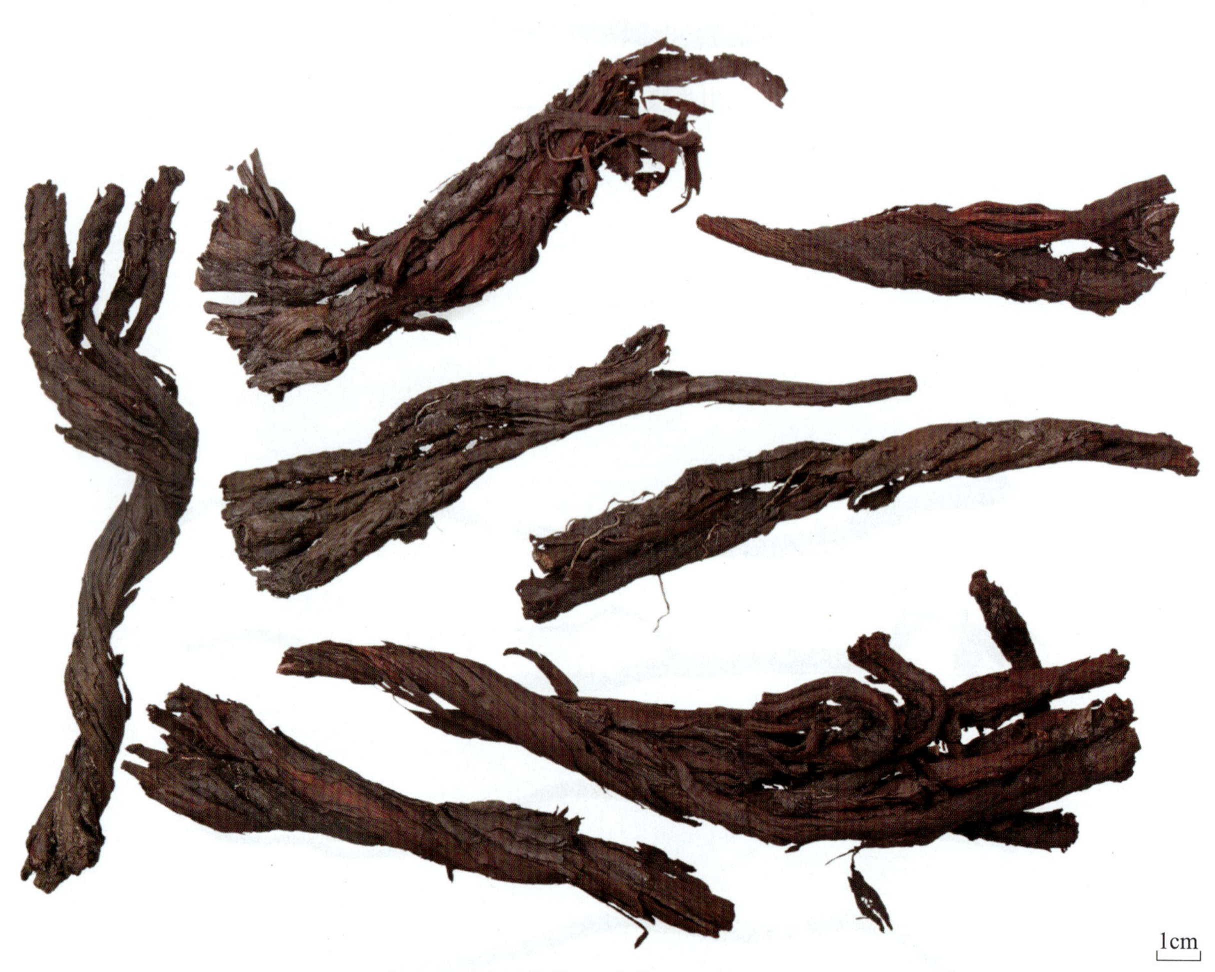

新疆紫草　选货　一等

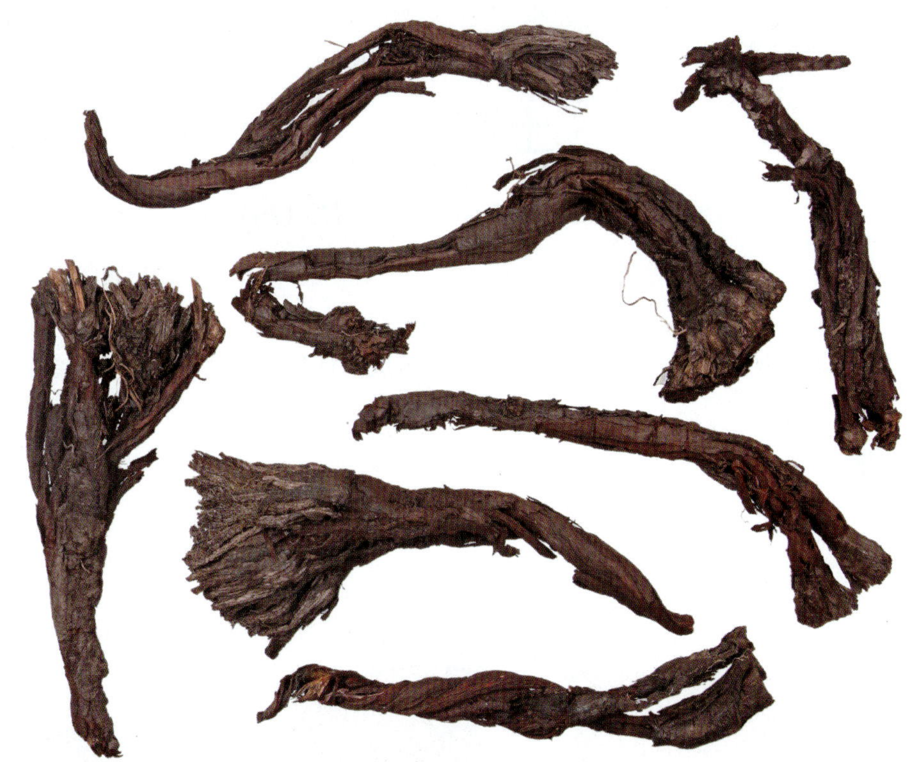

新疆紫草　选货　二等

（二）统货

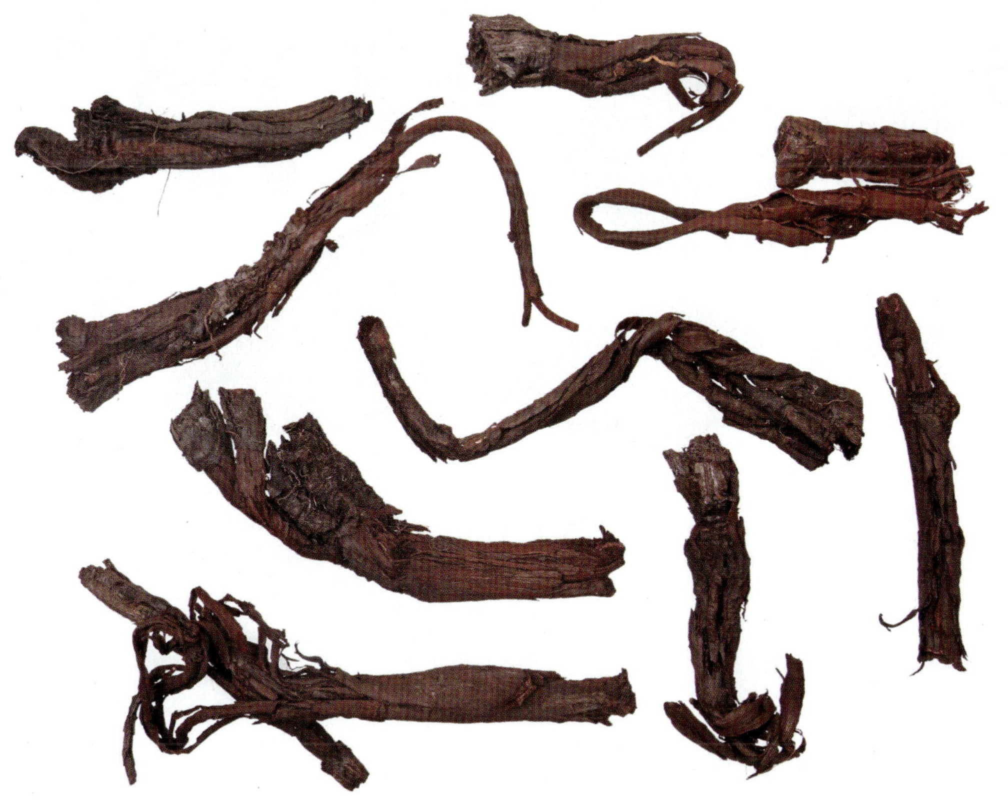

新疆紫草　统货

土茯苓

SMILACIS GLABRAE RHIZOMA

根据市场流通情况，按照药材大小，将土茯苓药材分成“选货”和“统货”两个等级。

（一）选货

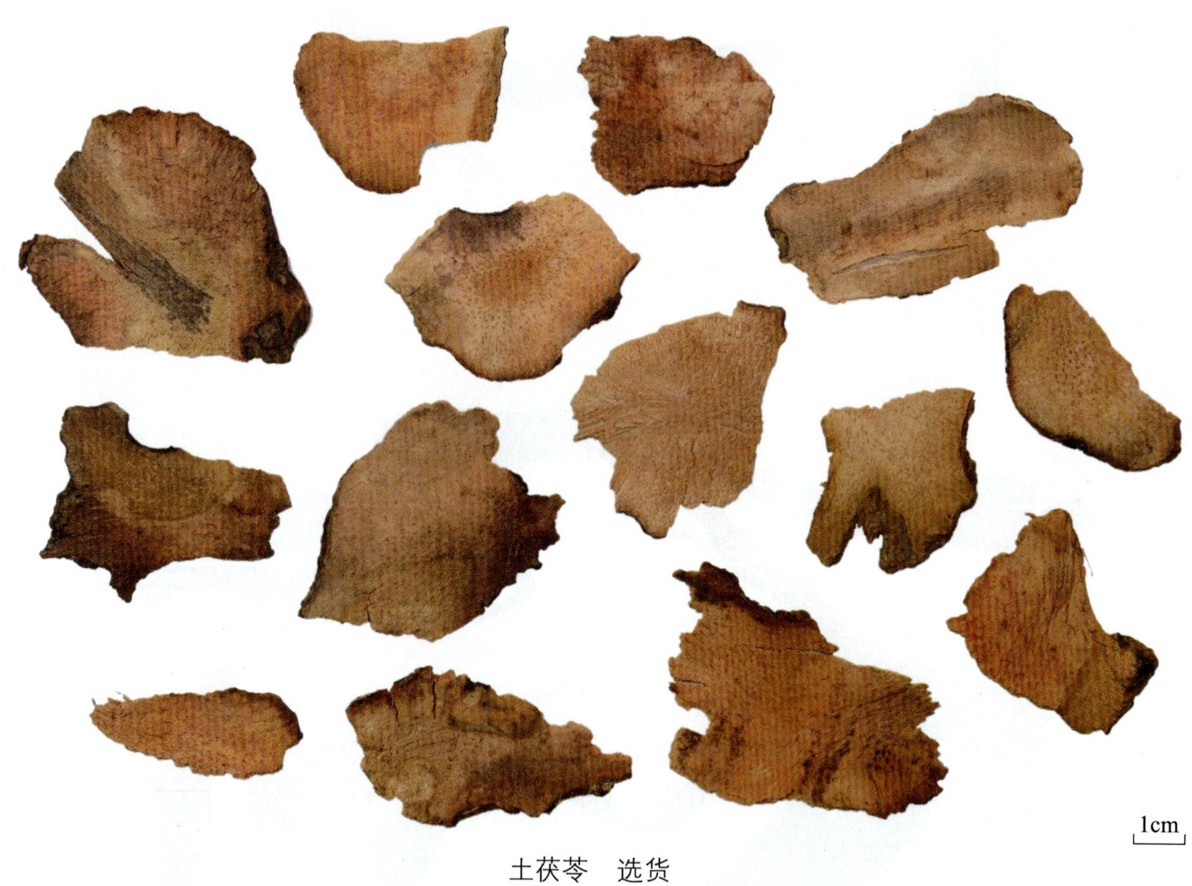

土茯苓　选货

（二）统货

土茯苓　统货

玉 竹

POLYGONATI ODORATI RHIZOMA

根据市场流通情况，按照根茎的长度和直径进行等级划分，将玉竹药材分为“选货”和“统货”两个等级;“选货”项下根据长度、直径进行等级划分。

（一）选货

玉竹　选货　一等

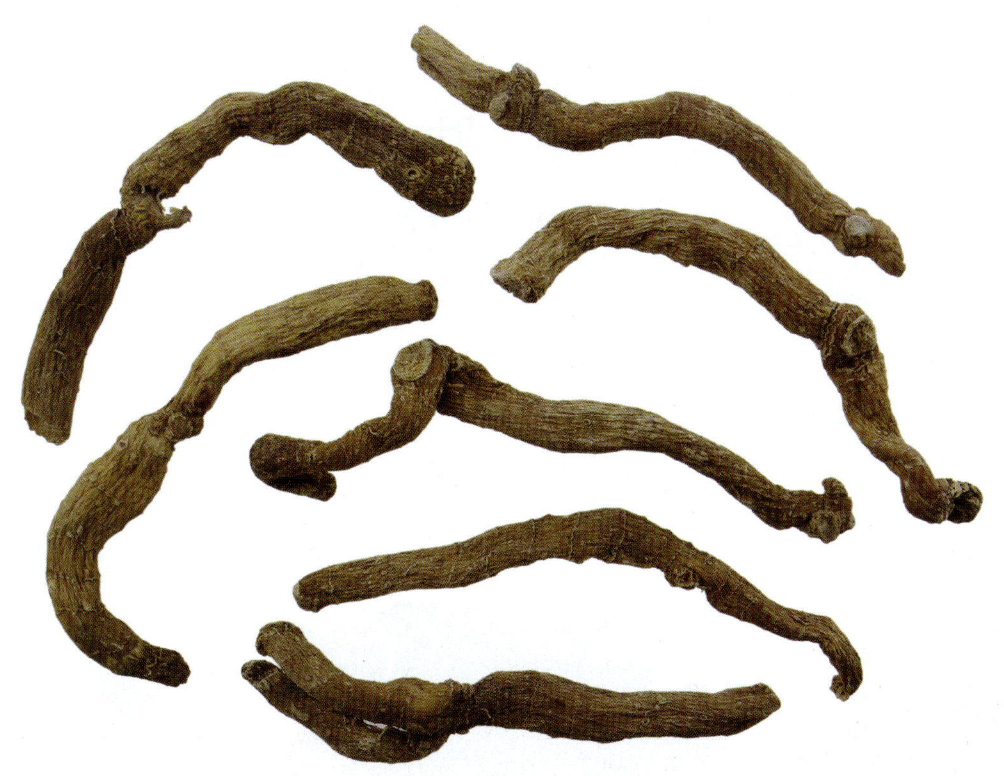

玉竹　选货　二等

（二）统货

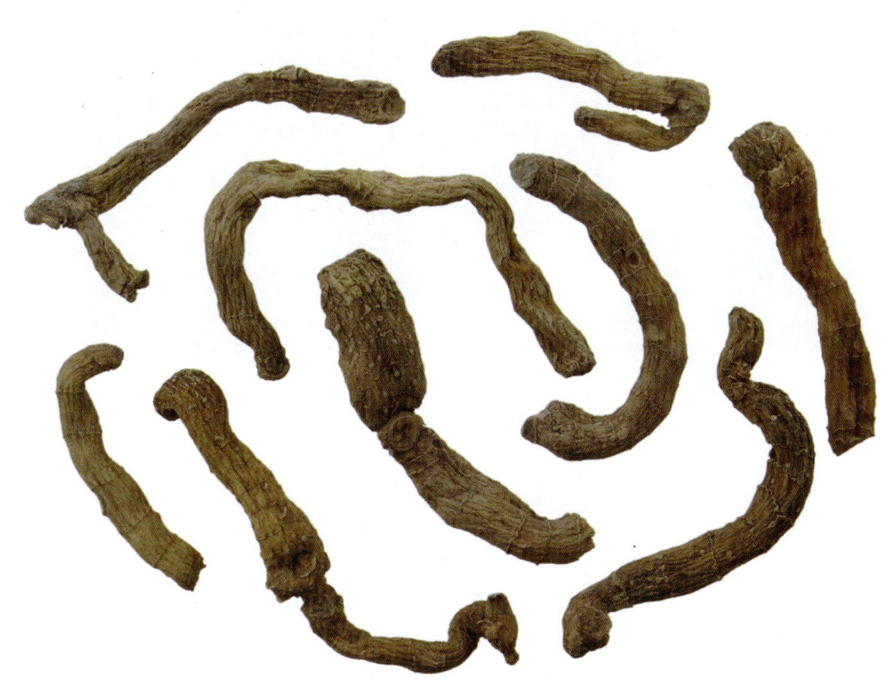

玉竹　统货

桑　叶

MORI FOLIUM

根据市场流通情况，该药材商品均为统货。

桑叶　统货

桑白皮

MORI CORTEX

根据市场流通情况，按照颜色、厚度等，将桑白皮药材分成“选货”和“统货”两个等级。

（一）选货

桑白皮　选货

（二）统货

桑白皮　统货

桑 椹

MORI FRUCTUS

根据市场流通情况，按照颜色、直径等，将桑椹分成“选货”和“统货”两个等级。

（一）选货

桑椹 选货

（二）统货

桑椹　统货

金荞麦

FAGOPYRI DIBOTRYIS RHIZOMA

根据市场流通情况，按照大小、个数等，将金荞麦药材分成“选货”和“统货”两个等级。

（一）选货

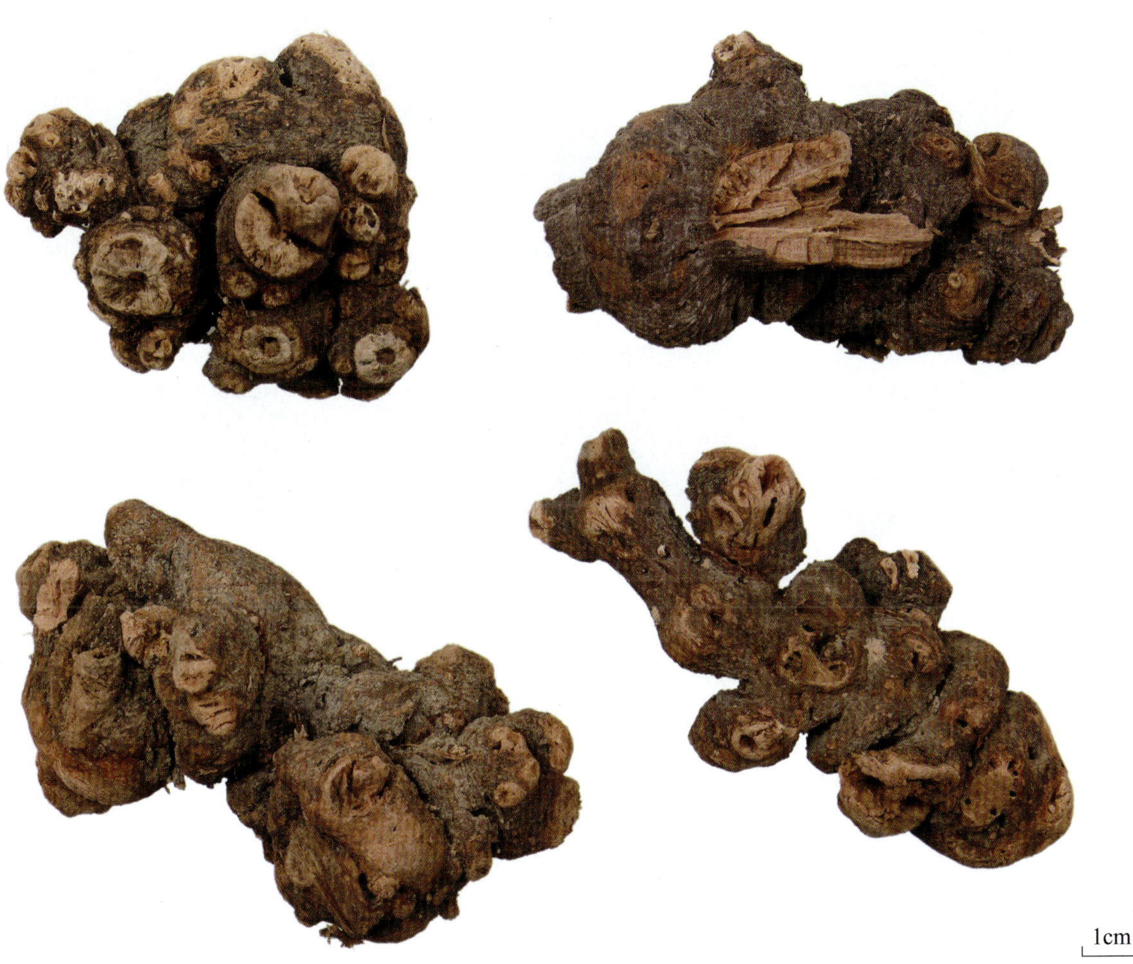

金荞麦　选货

（二）统货

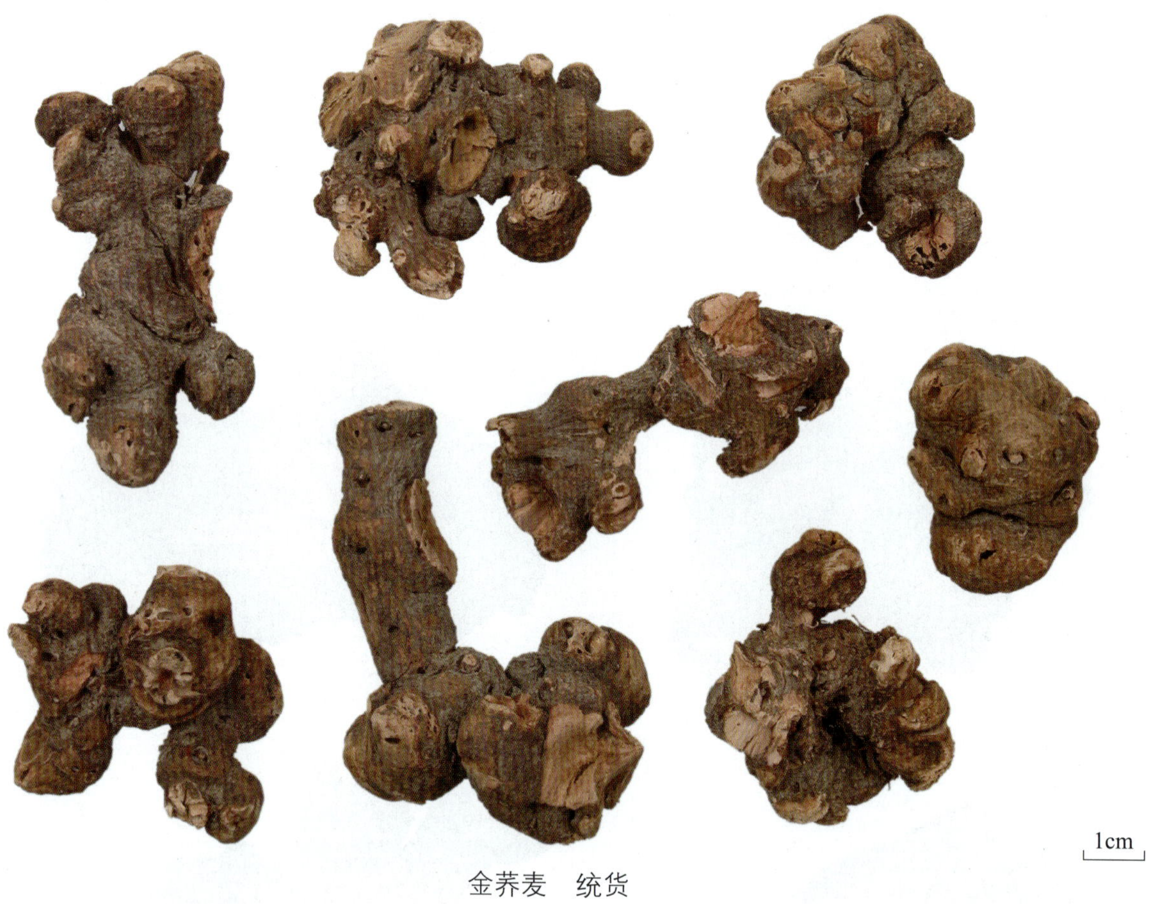

金荞麦　统货

仙 茅

CURCULIGINIS RHIZOMA

根据市场流通情况，按照长度、中部直径等，将仙茅药材分成“选货”和“统货”两个等级。

（一）选货

仙茅 选货

（二）统货

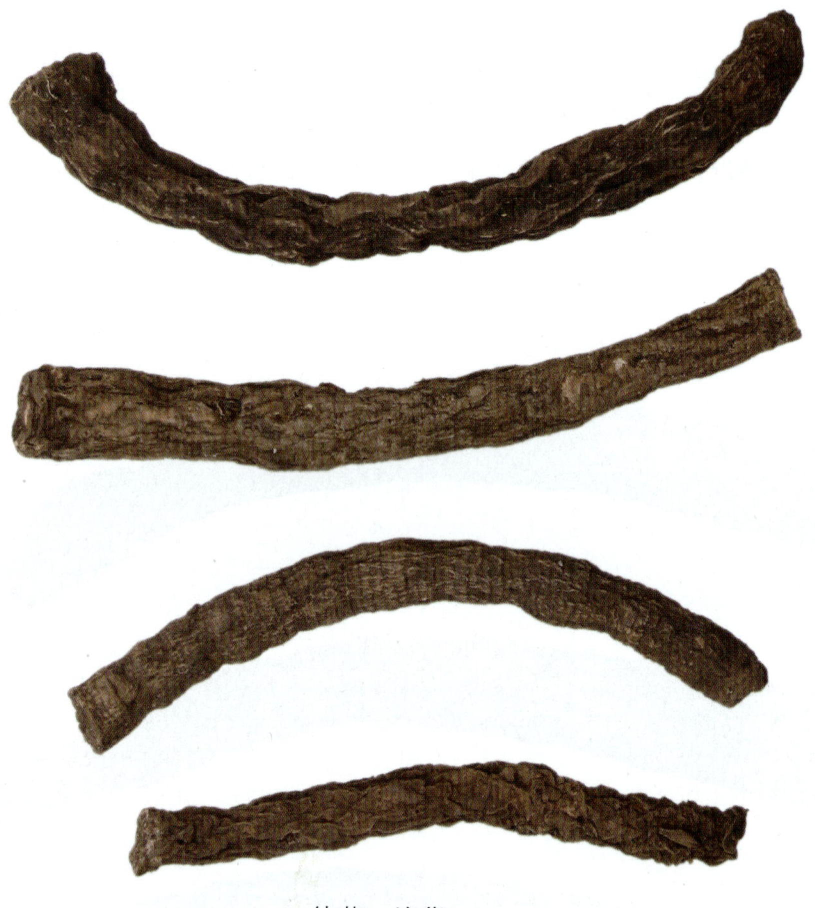

仙茅　统货

续　断

DIPSACI RADIX

根据市场流通情况，按照根的长度、直径等进行等级划分，将续断药材分为“选货”和“统货”两个等级；“选货”根据长度、中部直径等进行等级划分。

（一）选货

续断　选货　大选

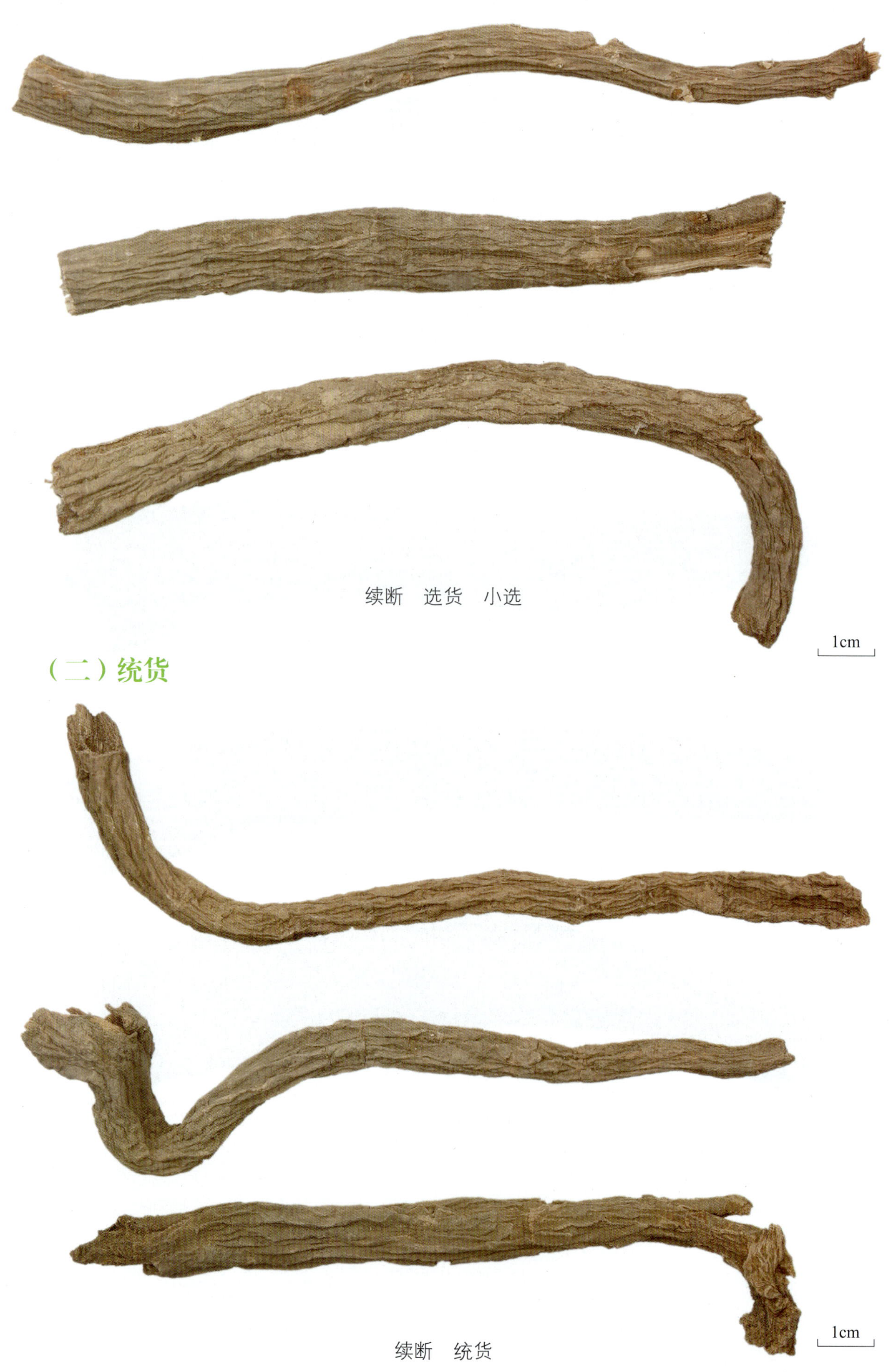

续断　选货　小选

1cm

（二）统货

续断　统货

1cm

桑　枝

MORI RAMULUS

根据市场流通情况，按药材的直径进行等级划分，将桑枝药材分为“选货”和“统货”两个等级。“选货”项下根据直径进行等级划分。

（一）选货

桑枝　选货　一等

桑枝 选货 二等

（二）统货

桑枝 统货

珠子参

PANACIS MAJORIS RHIZOMA

根据市场流通情况，按照直径、每千克所含个数，将珠子参分为“选货”和“统货”两个等级；“选货”项下根据长度、直径等进行等级划分。

（一）选货

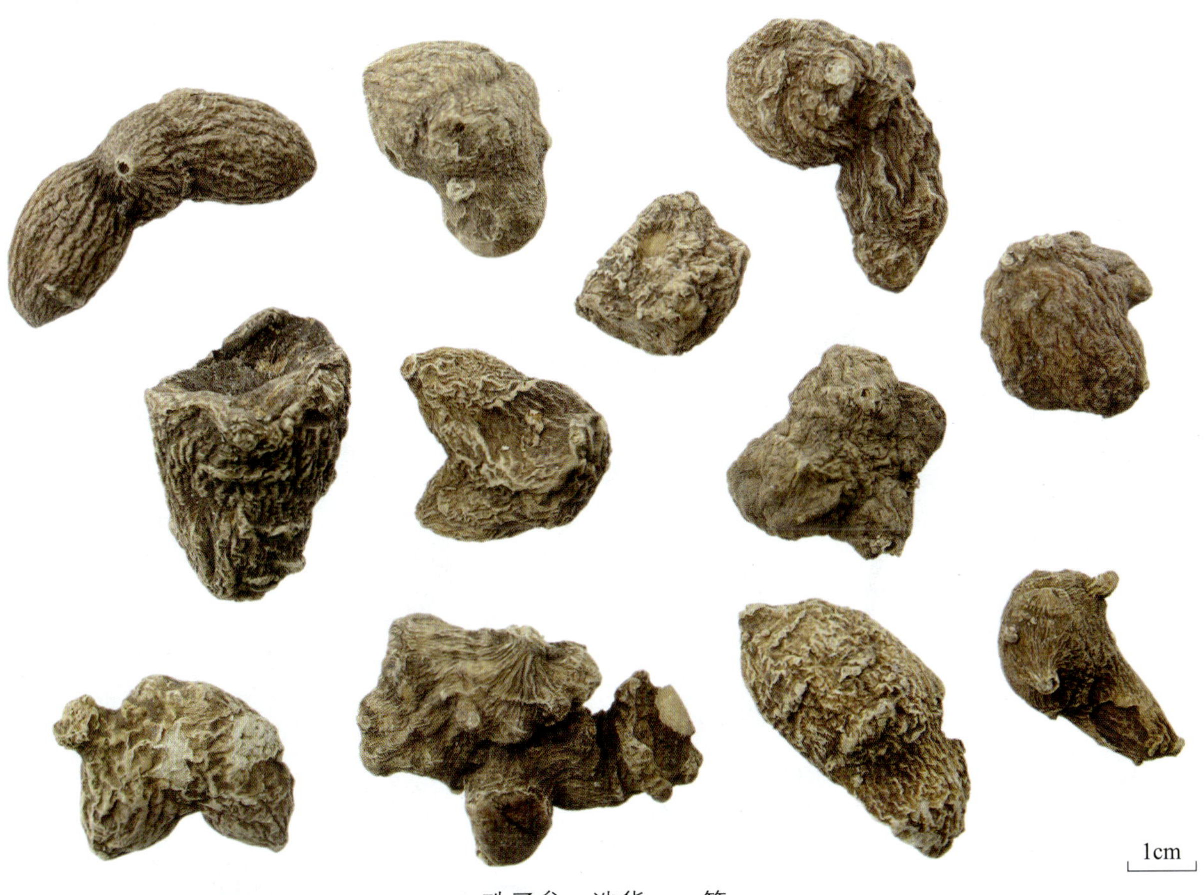

珠子参　选货　一等

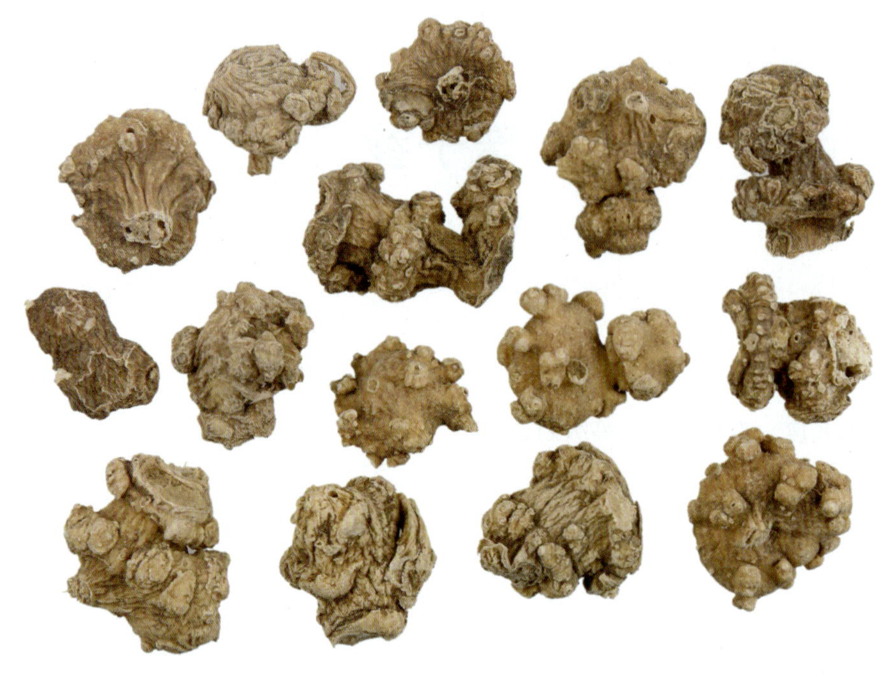

珠子参　选货　二等

（二）统货

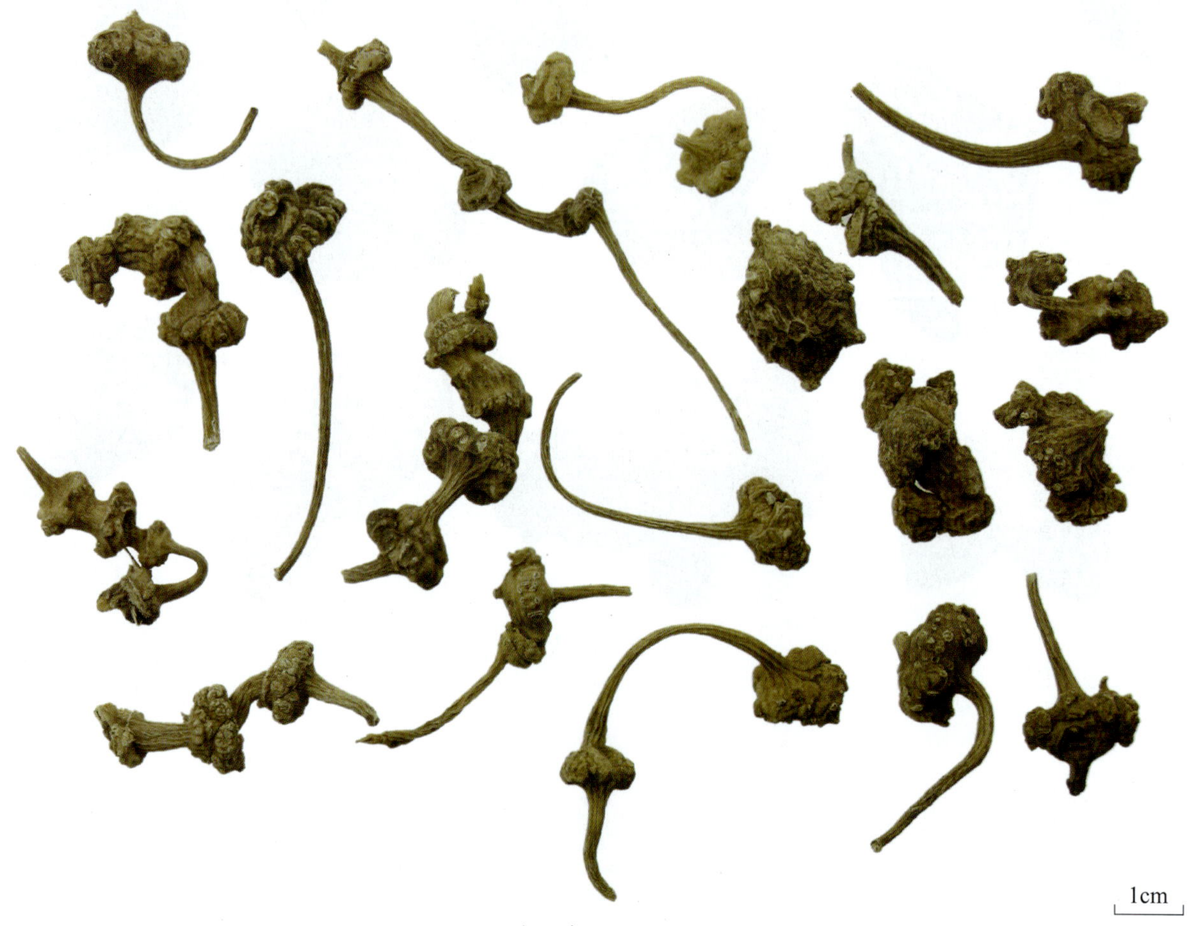

珠子参　统货

白附子

TYPHONII RHIZOMA

根据市场流通情况，按照每千克个数、破损率，将白附子药材分为“选货”和“统货”两个等级，“选货”项下根据破碎率、每千克所含个数进行等级划分。

（一）选货

白附子　选货　一等

白附子　选货　二等

白附子　选货　三等

（二）统货

白附子　统货

银柴胡

STELLARIAE RADIX

根据市场流通情况，将银柴胡药材分为“选货”和“统货”两个等级。“选货”项下根据药材颜色、直径等进行等级划分。

（一）选货

甘肃银柴胡　选货　一等

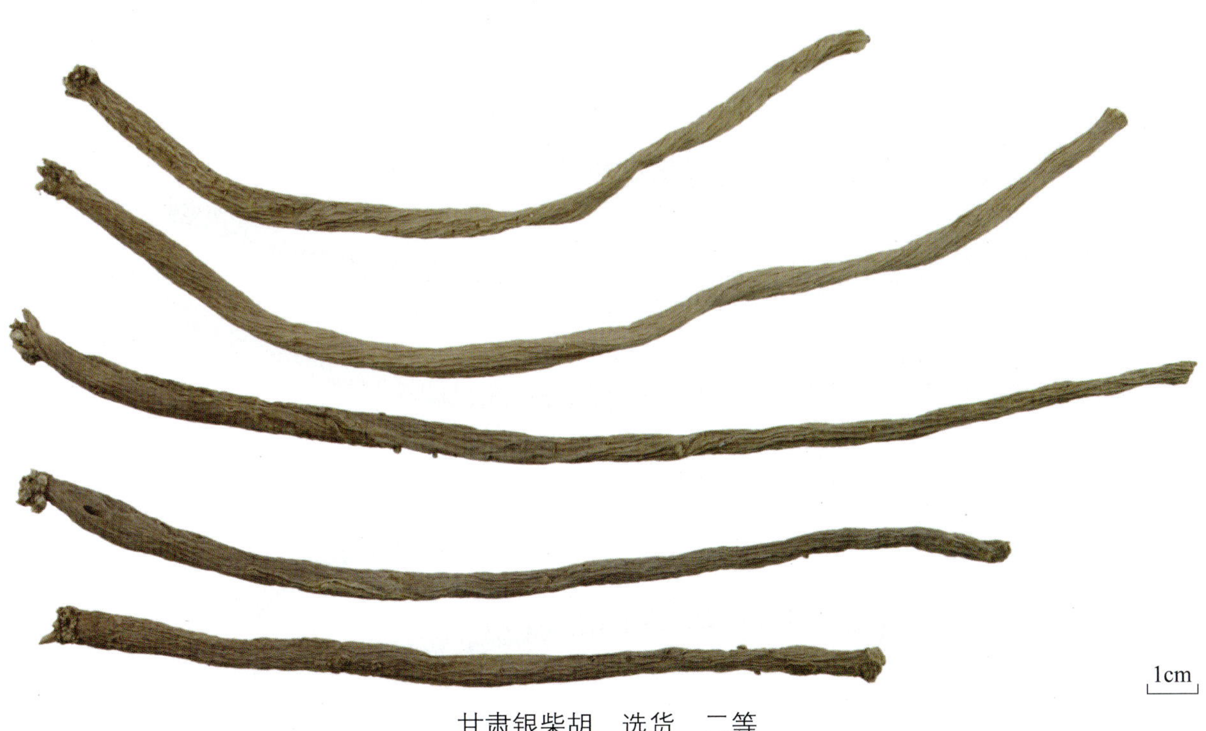

甘肃银柴胡 选货 二等

内蒙古银柴胡 选货 一等

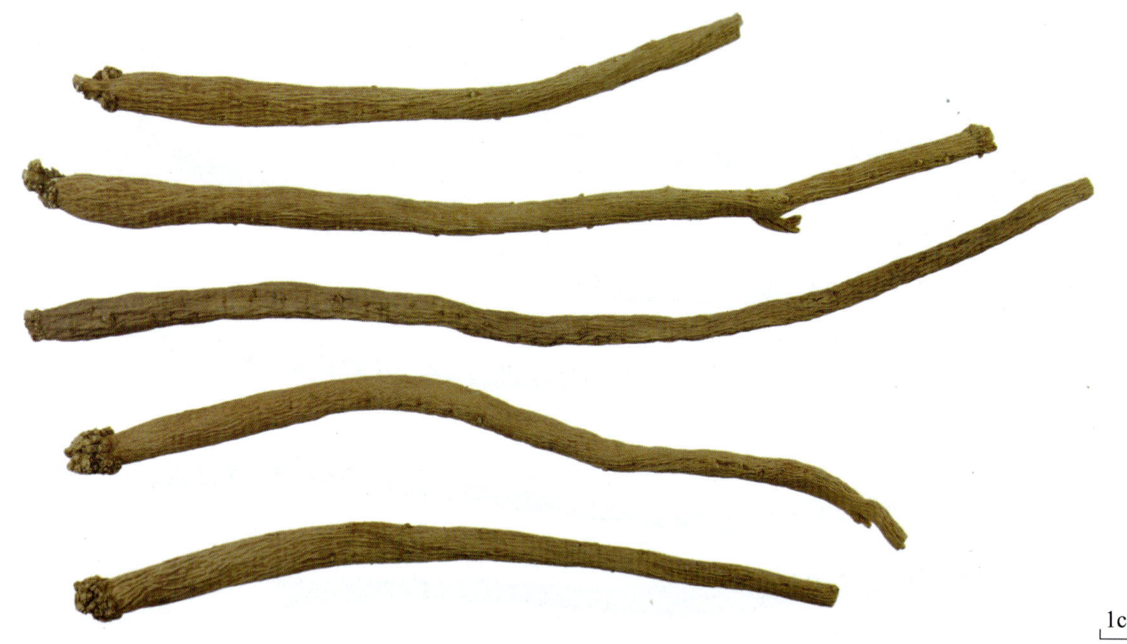

内蒙古银柴胡　选货　二等

宁夏银柴胡　选货　一等

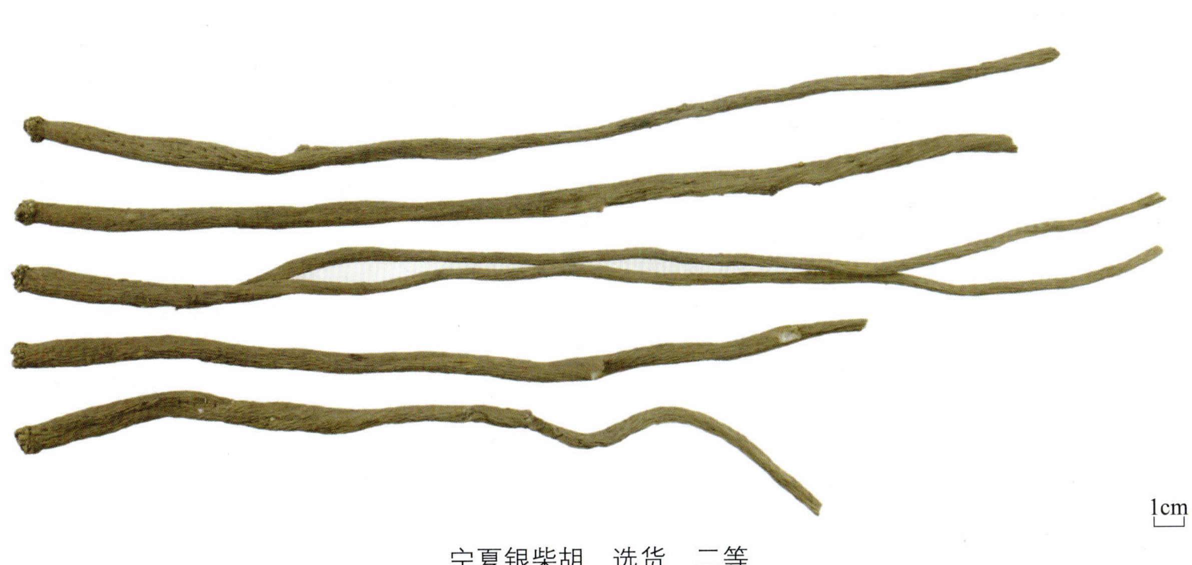

宁夏银柴胡 选货 二等

（二）统货

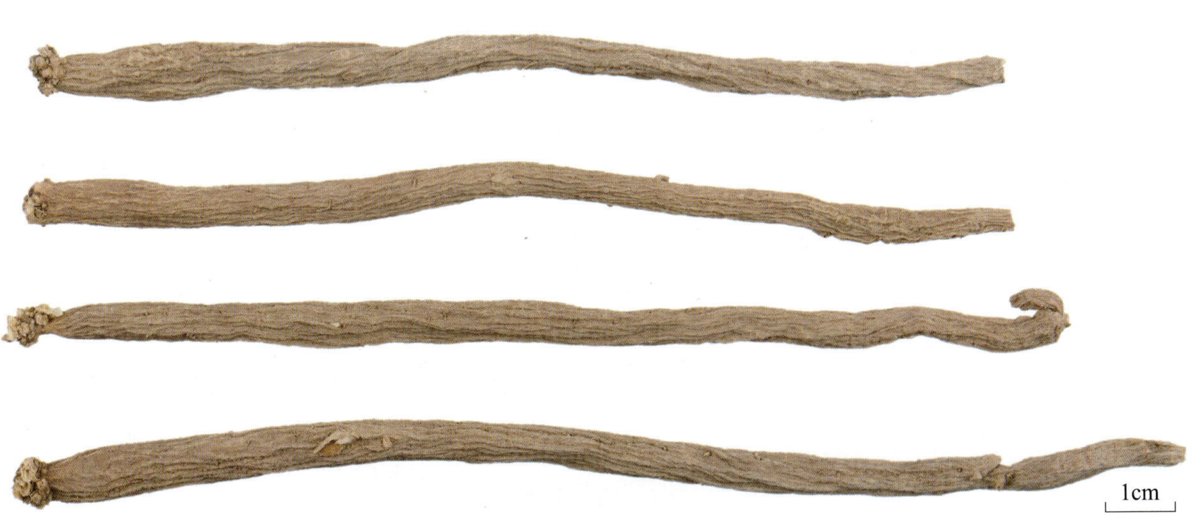

甘肃银柴胡 统货

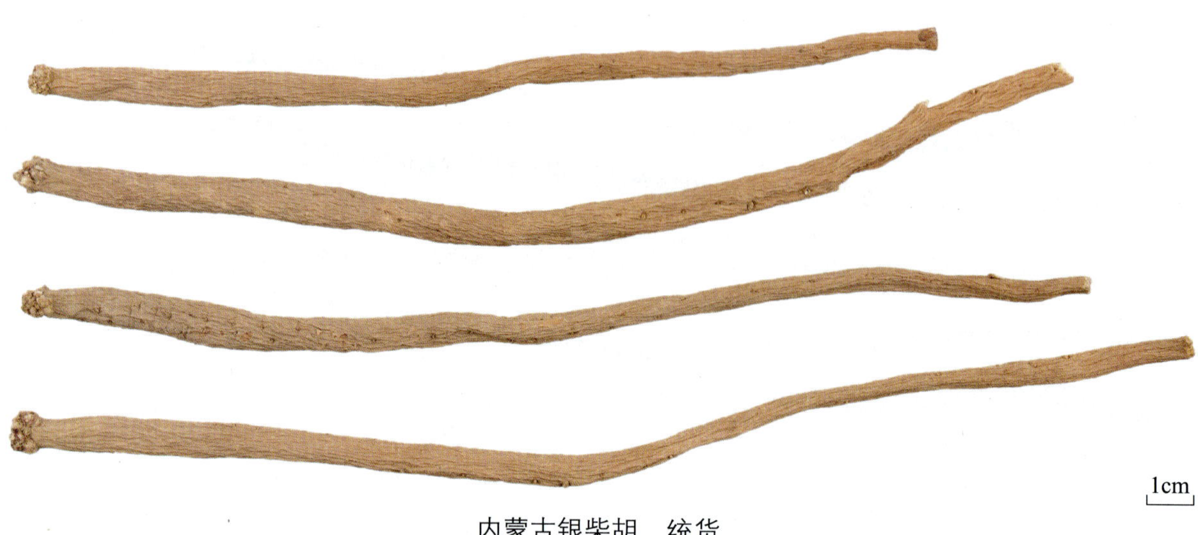

内蒙古银柴胡　统货

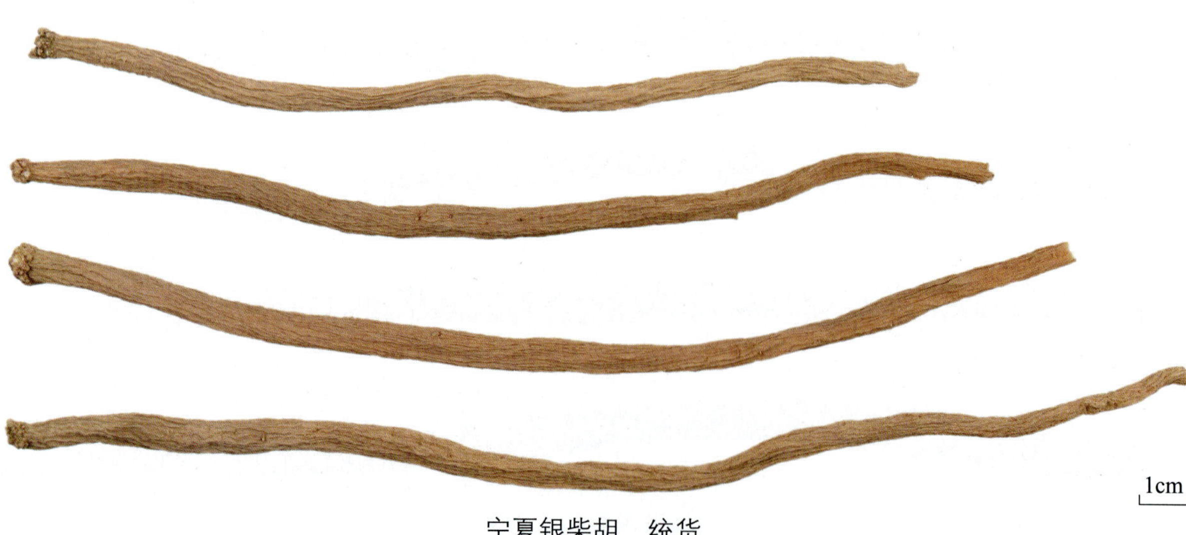

宁夏银柴胡　统货

苦 参

SOPHORAE FLAVESCENTIS RADIX

根据市场流通情况，按照生长环境不同，将苦参药材分为“野生苦参”和“栽培苦参”两个规格；各规格项下，根据是否进行等级划分，分为“选货”和“统货”两个等级。

（一）野生苦参

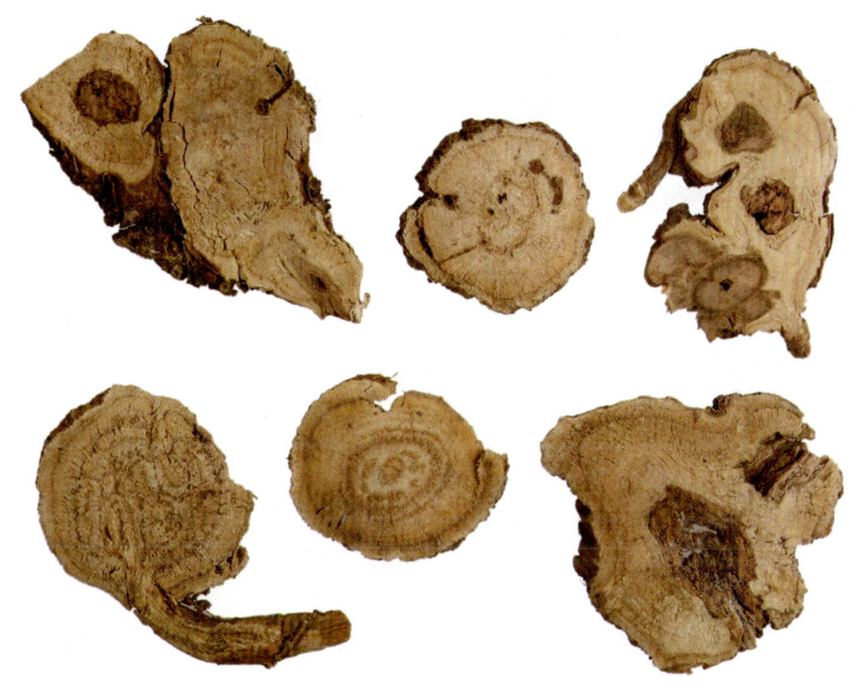

野生苦参 选货

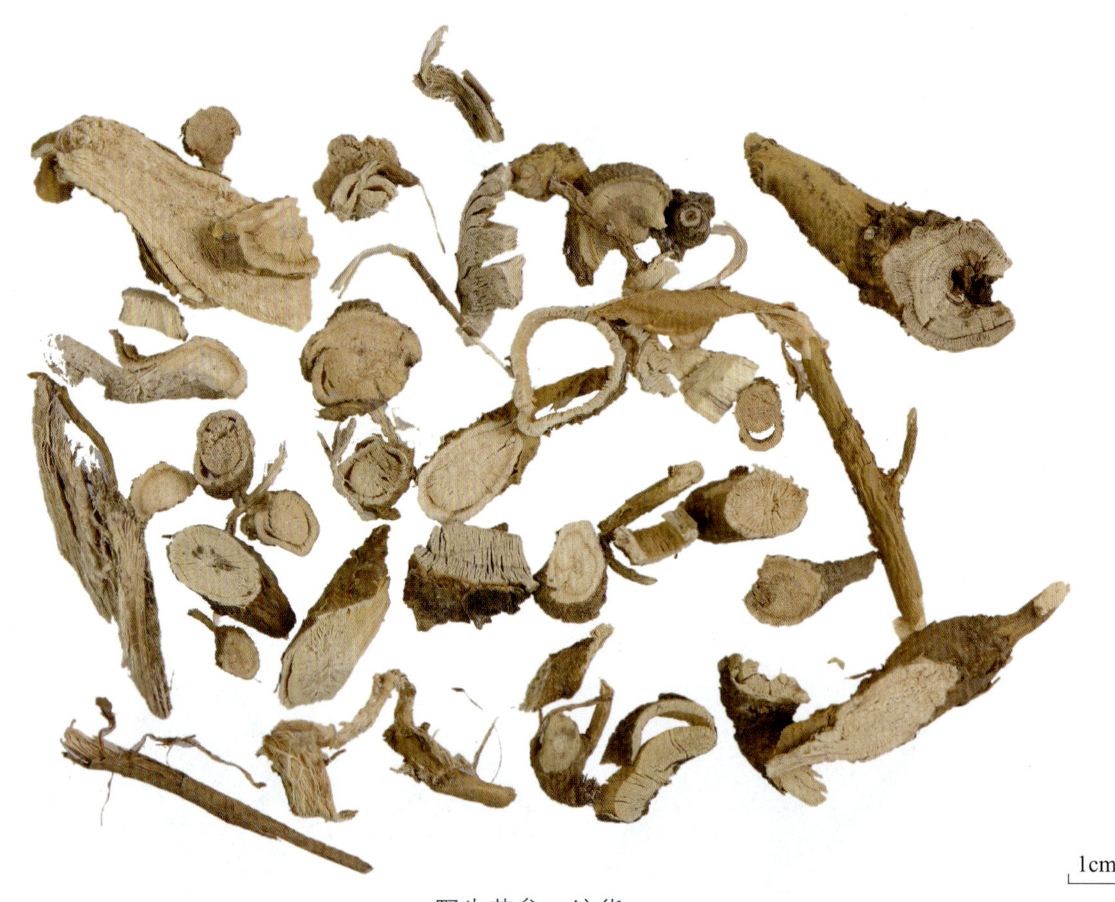

野生苦参　统货

（二）栽培苦参

栽培苦参　选货

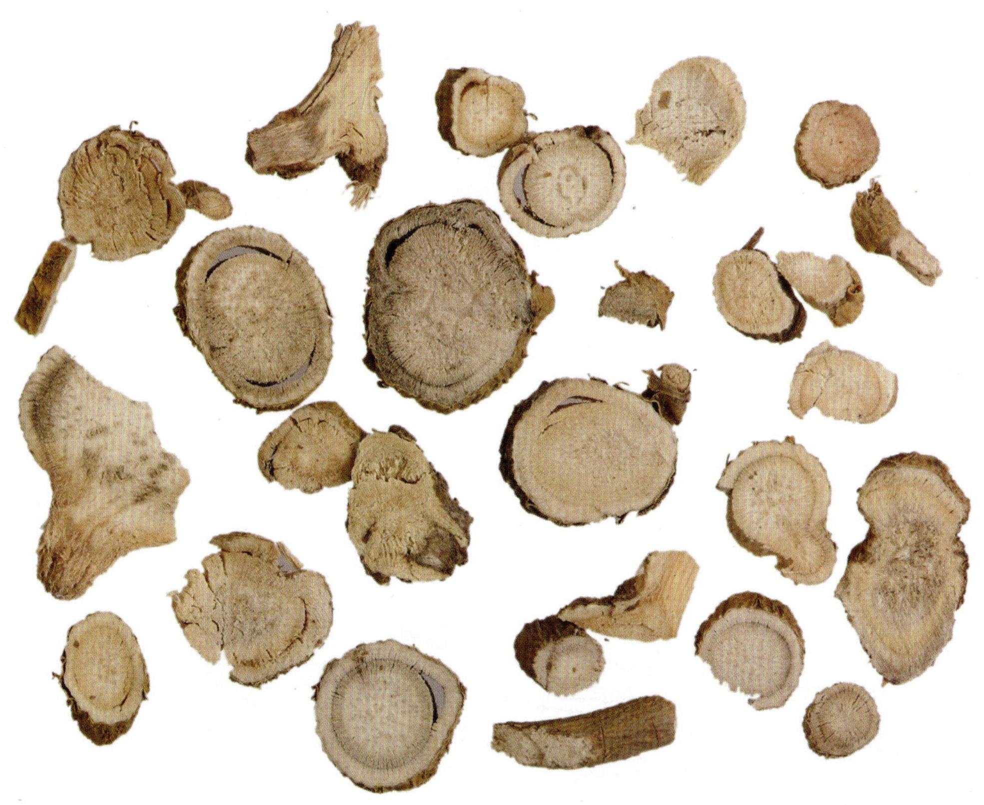

栽培苦参　统货

龙　胆

GENTIANAE RADIX ET RHIZOMA

根据市场流通情况，按照不同基原，将龙胆药材分为“关龙胆”和“坚龙胆”两个规格；各规格项下，根据是否进行等级划分，分为“选货”和“统货”两个等级。

（一）坚龙胆

坚龙胆　选货

坚龙胆 统货

（二）关龙胆

关龙胆 选货

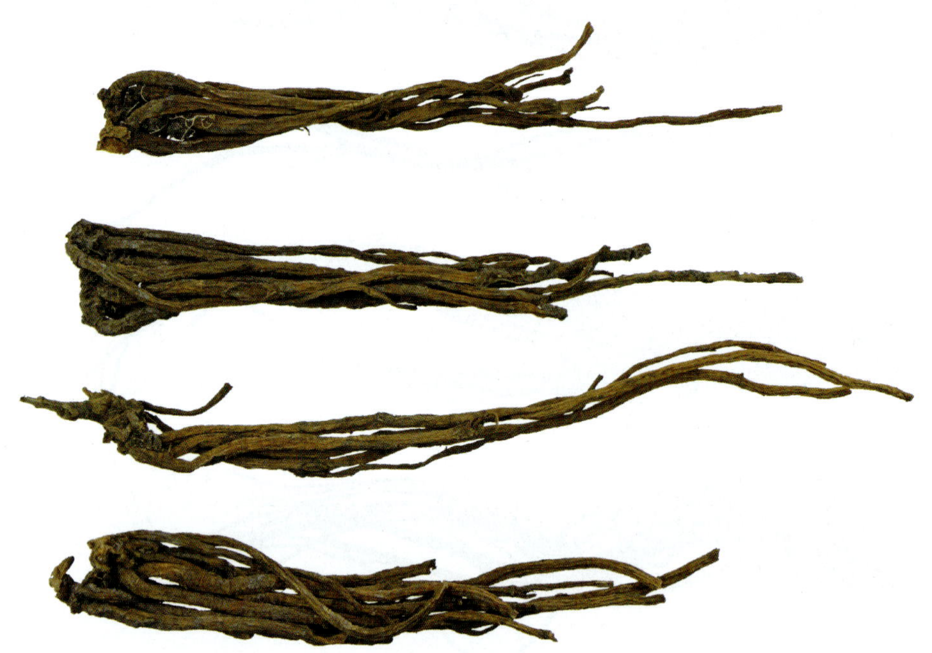

关龙胆　统货

天花粉

TRICHOSANTHIS RADIX

根据市场流通情况，将天花粉药材分为“选货”和“统货”两个等级。

（一）选货

天花粉 选货

（二）统货

天花粉　统货

板蓝根

ISATIDIS RADIX

根据市场流通情况，按照长度、中部直径等，将板蓝根药材分为“选货”和“统货”两个等级。

（一）选货

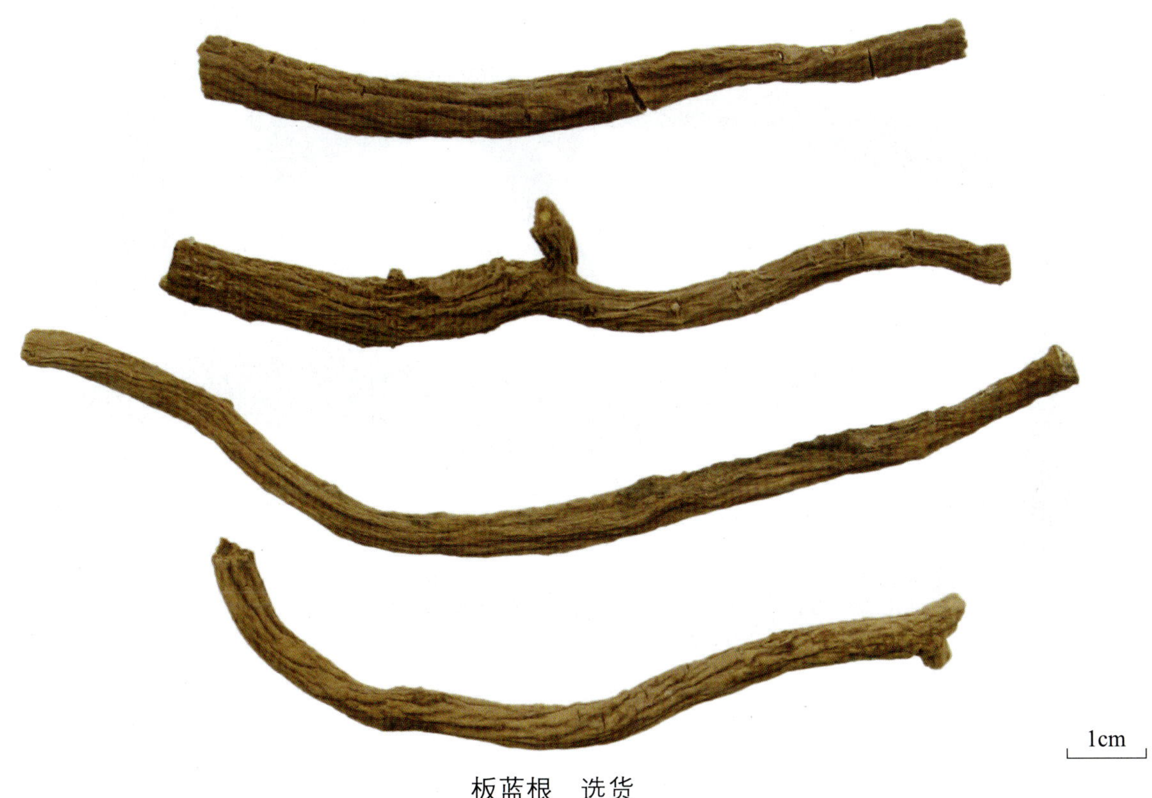

板蓝根 选货

（二）统货

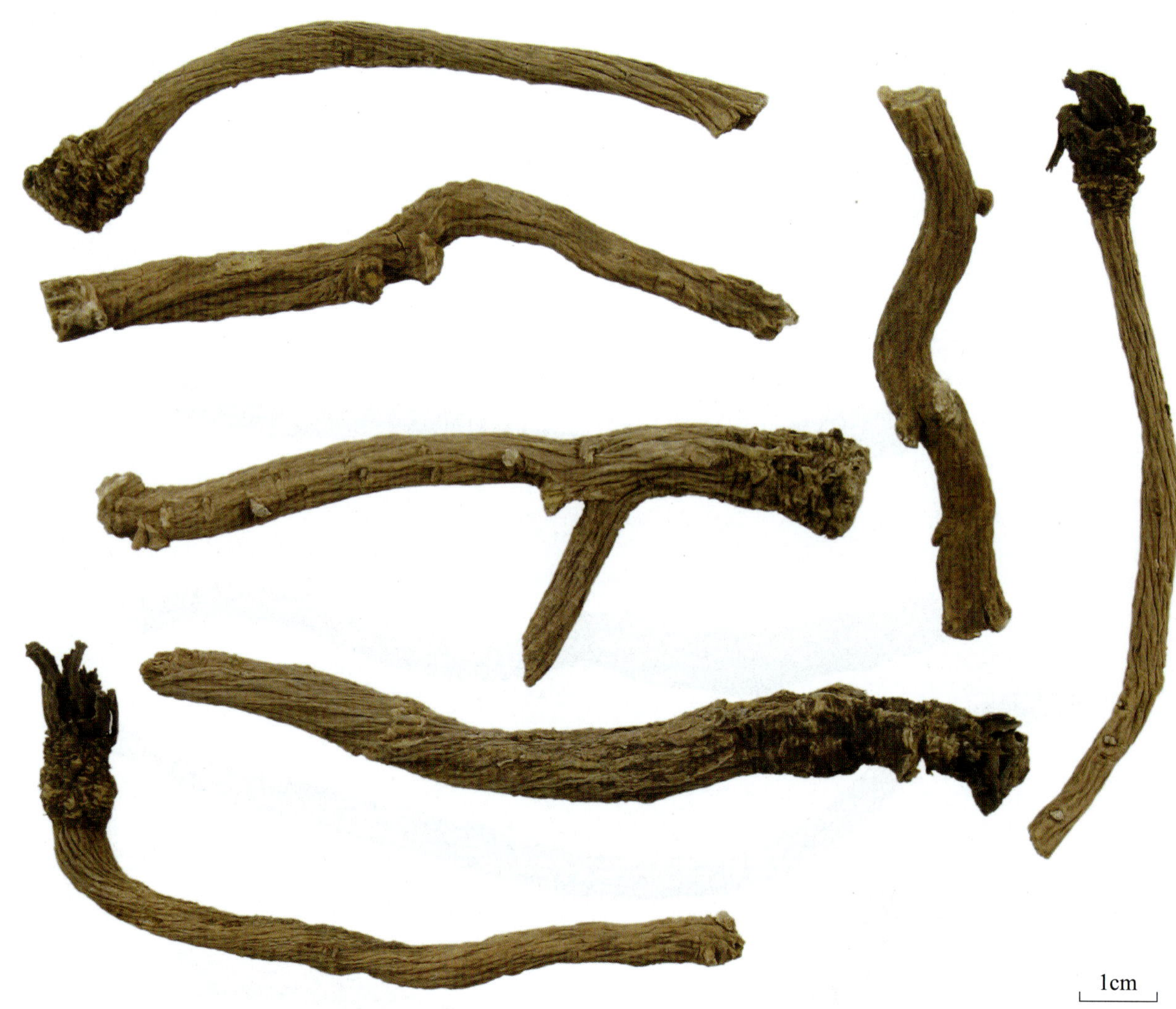

板蓝根　统货

莱菔子

RAPHANI SEMEN

根据市场流通情况该商品均为统货。

莱菔子　统货

威灵仙

CLEMATIDIS RADIX ET RHIZOMA

根据市场流通情况，按照基原的不同，将威灵仙分为“威灵仙”“棉团铁线莲”和“东北铁线莲”三个规格。各规格项下，根据是否进行等级划分，分成“选货”和“统货”两个等级，东北铁线莲“选货”项下根据长度和粗细分为“一等”和“二等”两个等级。

（一）威灵仙

威灵仙　选货

威灵仙　统货

（二）棉团铁线莲

棉团铁线莲　统货

（三）东北铁线莲

东北铁线莲　选货　一等

东北铁线莲　选货　二等

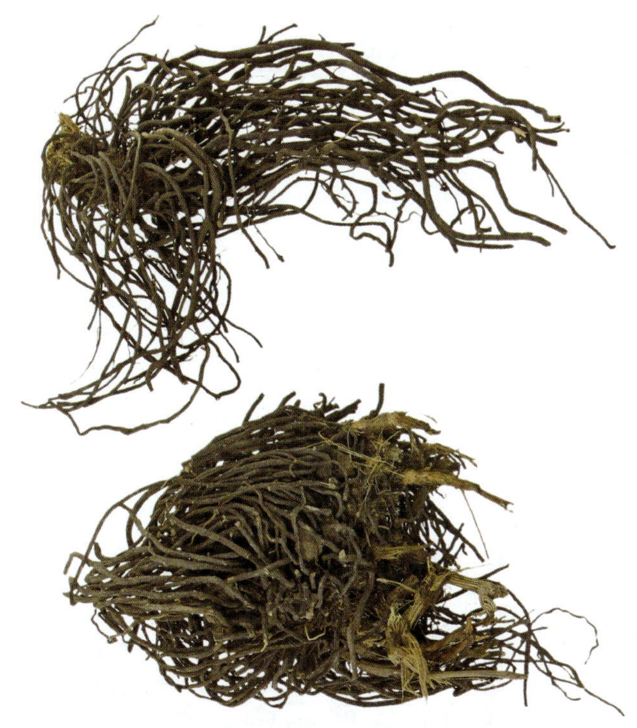

东北铁线莲　统货

决明子

CASSIAE SEMEN

根据市场流通情况，按照基原的不同，将决明子药材分为“决明”和“小决明”两个规格；“决明”项下根据长度、宽度进行等级划分。

（一）决明

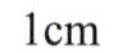

1cm

决明　选货

1cm

决明　统货

（二）小决明

小决明　统货

草　果

TSAOKO FRUCTUS

根据市场流通情况，将草果药材分为“选货”和“统货”两个等级;“选货”项下根据有梗、短梗（梗长 1cm 以内）和每 500g 内所含个数进行等级划分。

（一）选货

草果　选货　一等

草果 选货 二等

（二）统货

草果 统货

车前子

PLANTAGINIS SEMEN

根据市场流通情况，按照基原的不同，将车前子药材分为“大粒车前子”“小粒车前子”两个规格；在规格项下，根据是否进行等级划分，分成“选货”和“统货”两个等级，“选货”项下根据大小、颜色等进行等级划分。

（一）大粒车前子

大粒车前子　选货

（二）小粒车前子

放大

小粒车前子 选货

（三）统货

车前子 统货

瓜　蒌

TRICHOSANTHIS FRUCTUS

根据市场流通情况，按照果实的颜色、直径等进行等级划分，将瓜蒌药材分为“选货”和“统货”两个等级。根据药典规定，瓜蒌饮片需切丝或切块，目前市场上发现瓜蒌饮片规格有瓜蒌丝或瓜蒌片。

（一）选货

瓜蒌　选货

（二）统货

瓜蒌 统货

（三）其他商品规格

瓜蒌片

瓜蒌丝

附 子

ACONITI LATERALIS RADIX PRAEPARATA

根据产地初加工方式，将附子药材分为“盐附子”“黑顺片”“白附片”三个规格；在规格项下，根据是否进行等级划分，分成“选货”与“统货”。在“盐附子”项下，再根据炮制加工需求，按照每公斤所含的个数，将“选货”分为“一等”“二等”和“三等”三个等级。

（一）盐附子

盐附子 选货 一等

盐附子　选货　二等

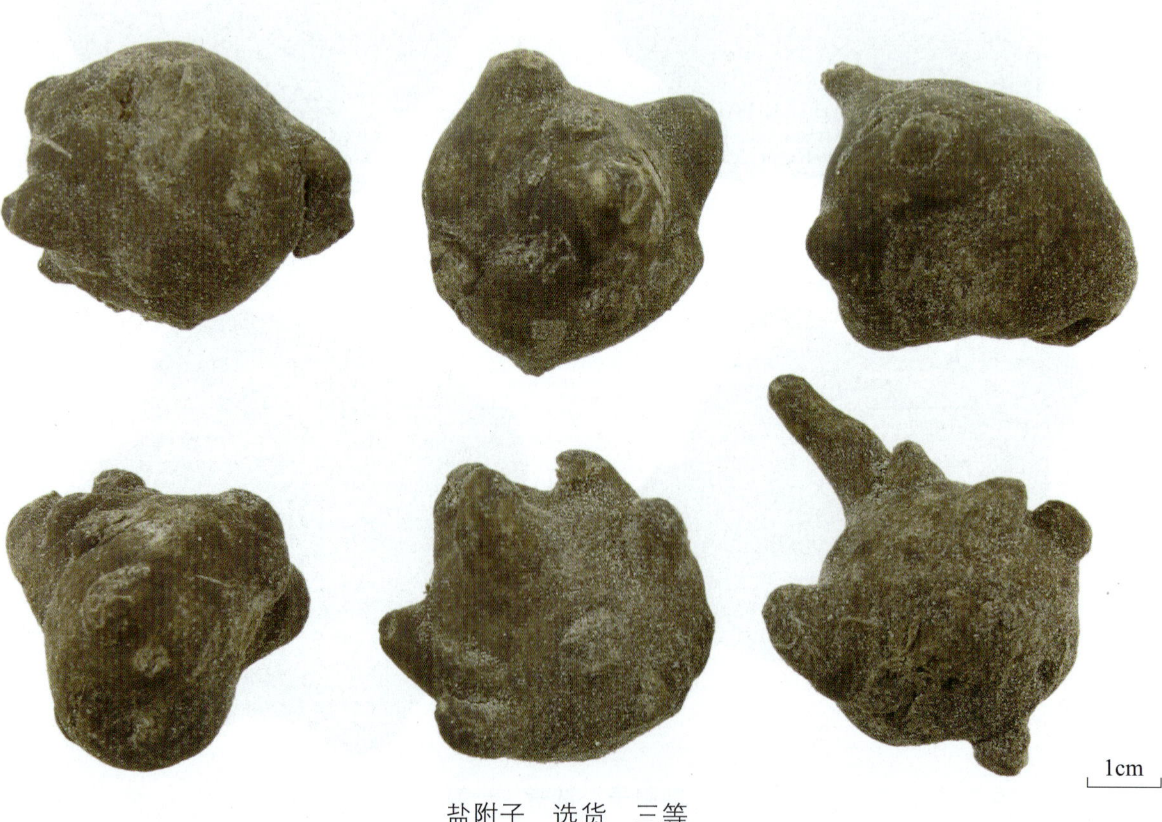

盐附子　选货　三等

盐附子 统货

（二）黑顺片

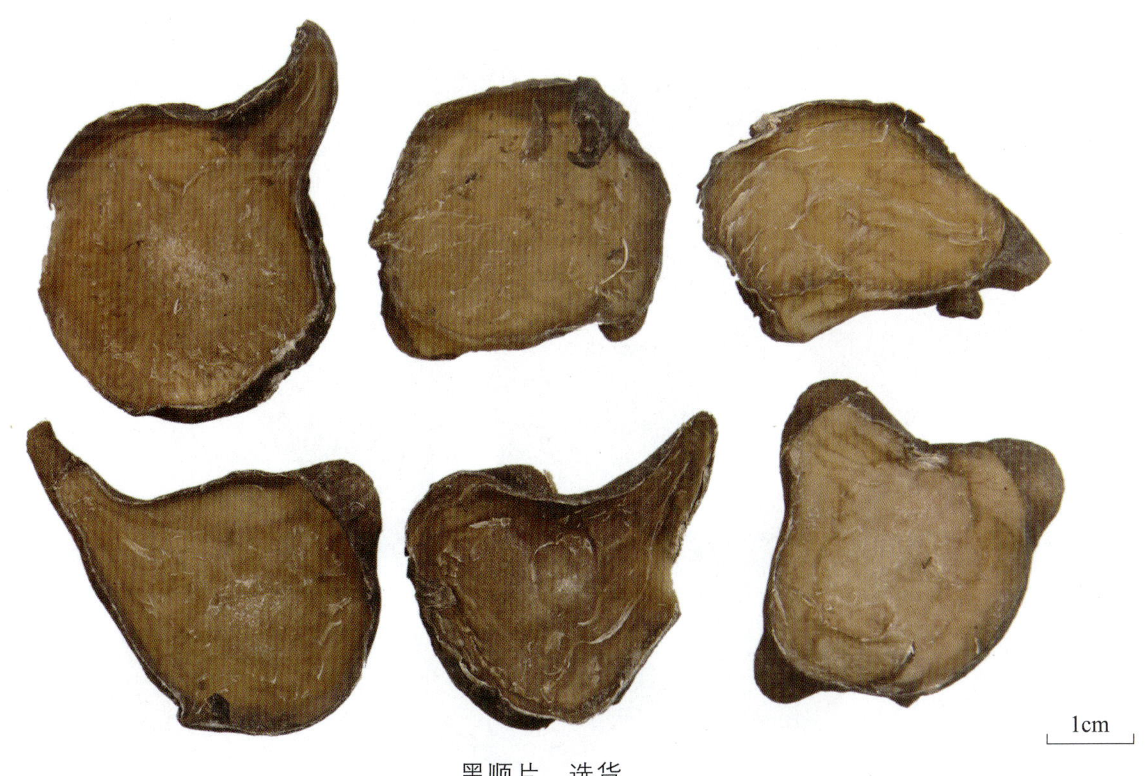

黑顺片 选货

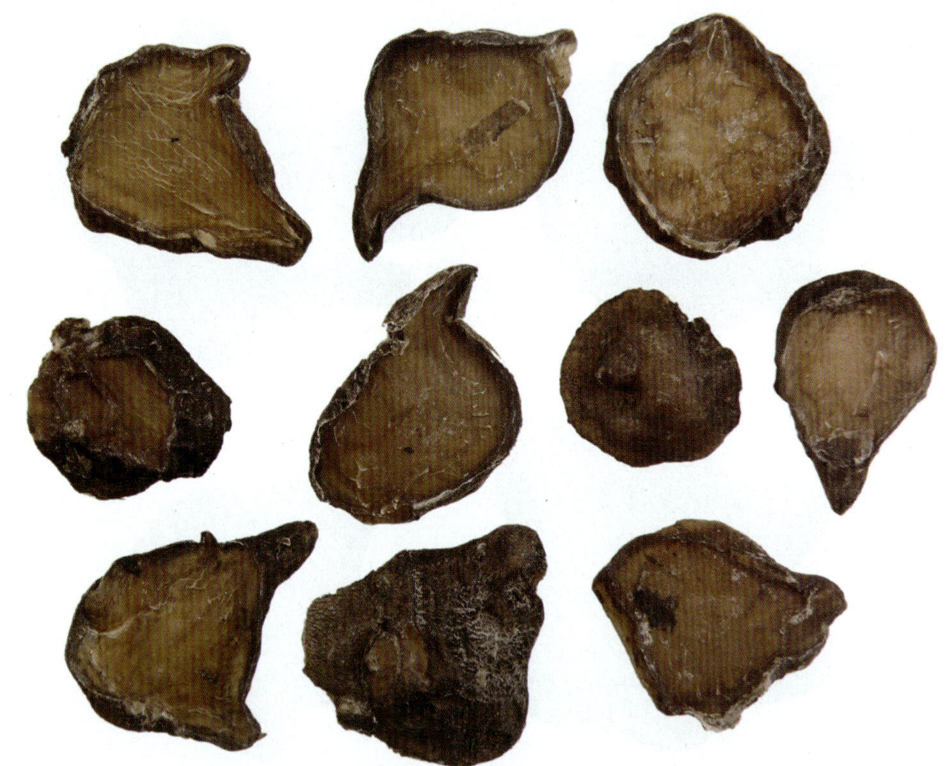

黑顺片　统货

（三）白附片

白附片　选货

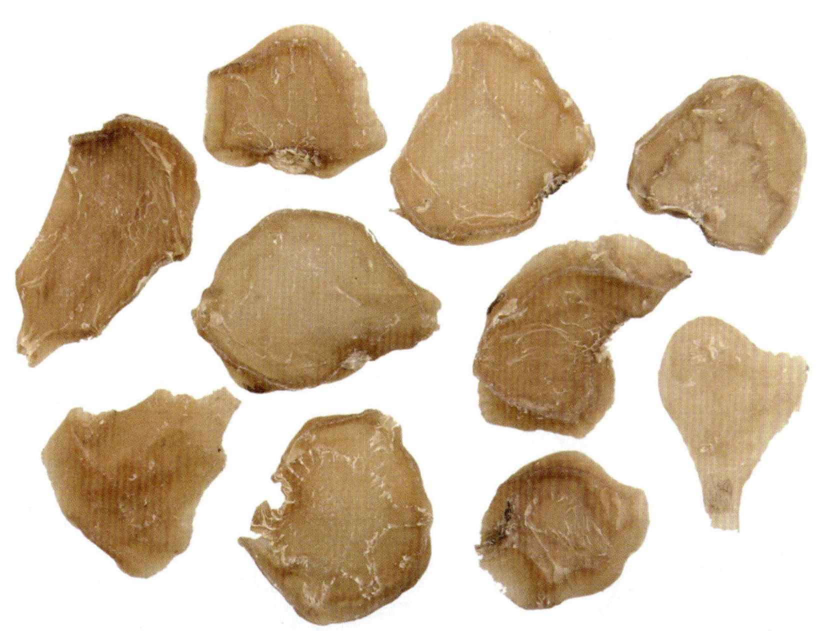

白附片 统货

川　乌

ACONITI RADIX

根据市场流通情况，将川乌药材分成“选货”与“统货”两个等级。“选货”项下根据破碎率、每千克所含个数等进行等级划分。

（一）选货

川乌　选货　一等

川乌 选货 二等

（二）统货

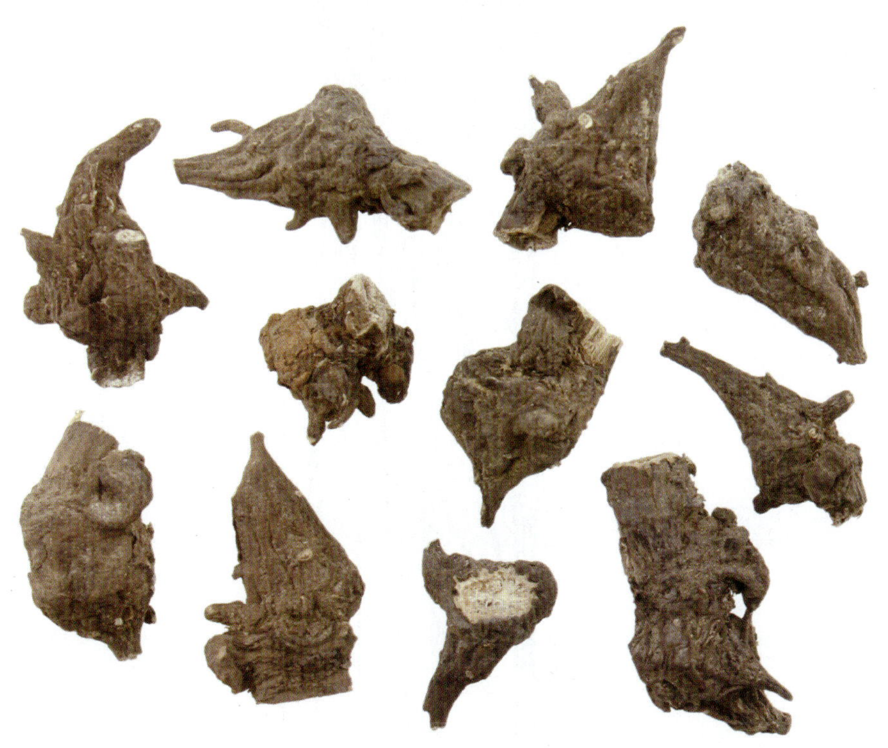

川乌 统货

荆 芥

SCHIZONEPETAE HERBA

根据市场流通情况，该药材商品均为统货。

荆芥 统货

白头翁

PULSATILLAE RADIX

根据市场实际情况，将白头翁药材分成“选货”与“统货”两个等级。

（一）选货

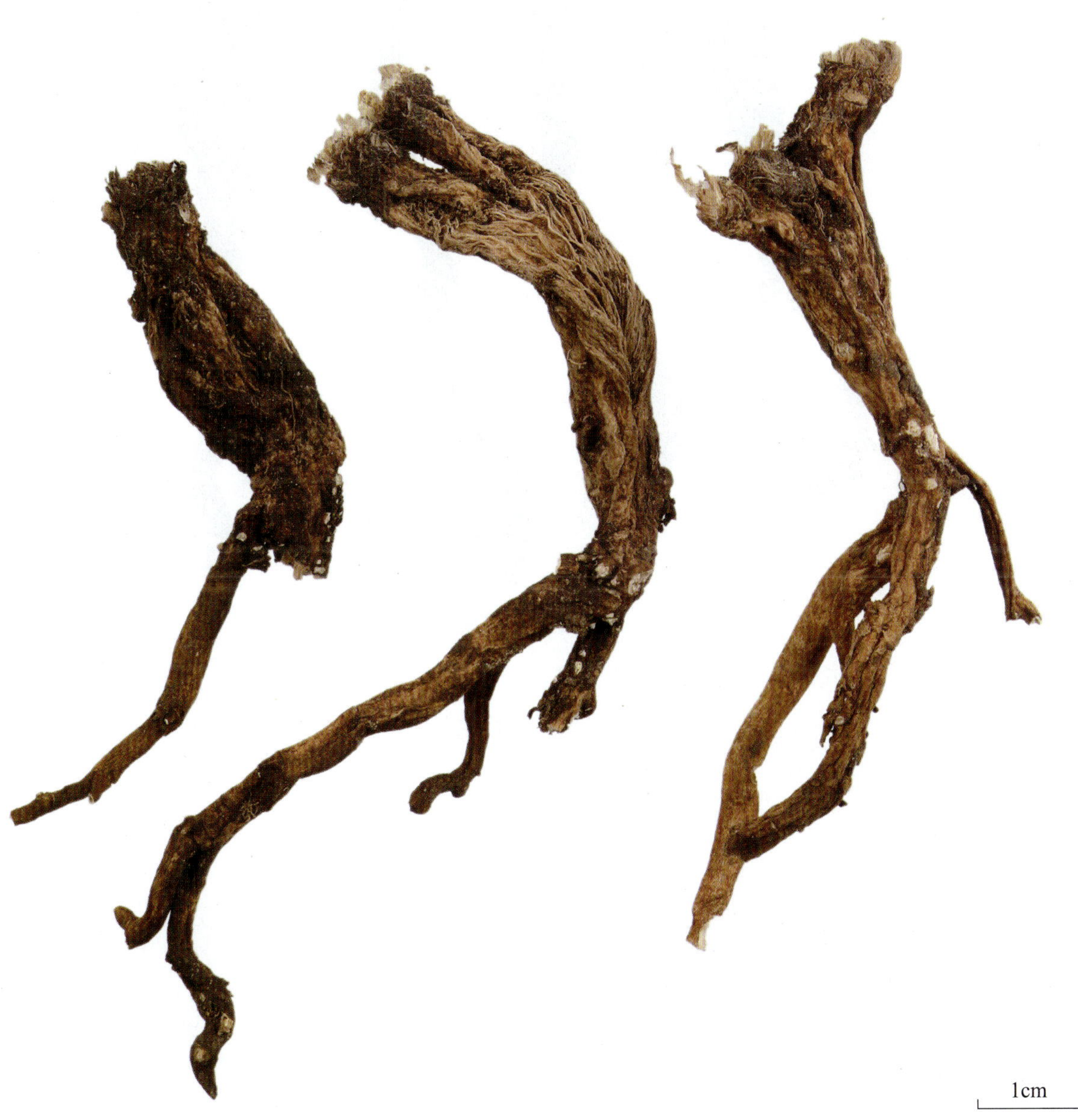

白头翁　选货

（二）统货

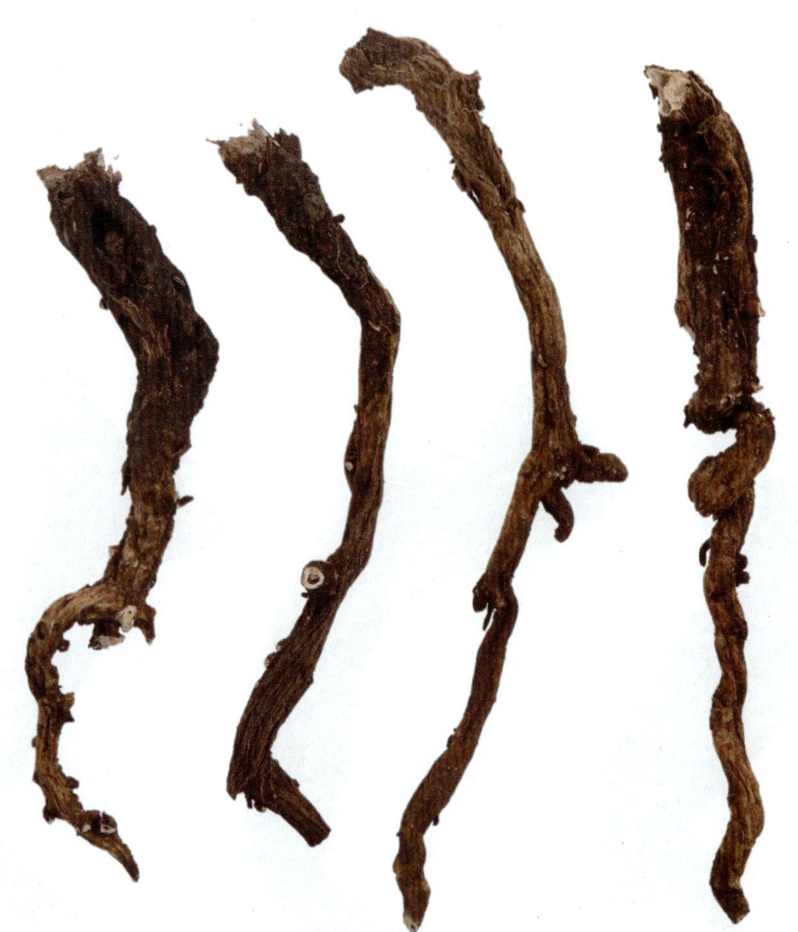

白头翁　统货

苍耳子

XANTHII FRUCTUS

根据市场实际情况，将苍耳子药材分成“选货”与“统货”两个等级。

（一）选货

苍耳子　选货

（二）统货

苍耳子　统货

枇杷叶

ERIOBOTRYAE FOLIUM

根据市场流通情况，按照采收时间不同，将枇杷叶药材分成“青叶”与“黄叶”两个规格。

（一）青叶

枇杷叶　青叶

（二）黄叶

枇杷叶　黄叶

鱼腥草

HOUTTUYNIAE HERBA

根据市场实际情况，按照种植方式不同，将鱼腥草药材分成“野生”与“家种”两个规格。在各规格项下，根据是否进行等级划分，分成“选货”与“统货”两个等级。

（一）野生

野生鱼腥草　选货

（二）家种

家种鱼腥草　选货

蒺 藜

TRIBULI FRUCTUS

根据市场流通情况，按照含杂率、每 10 克所含粒数等分成三个等级。

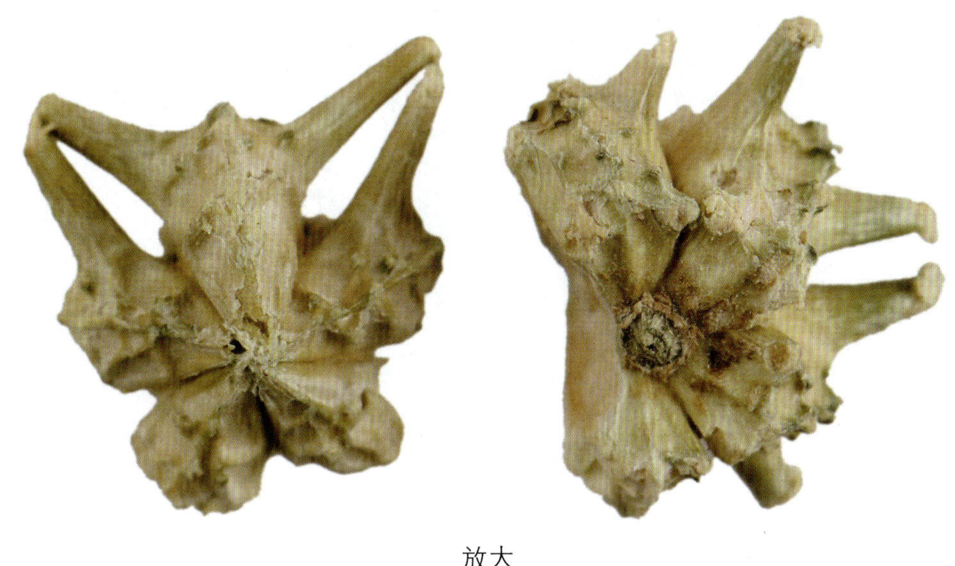

放大

蒺藜 一等

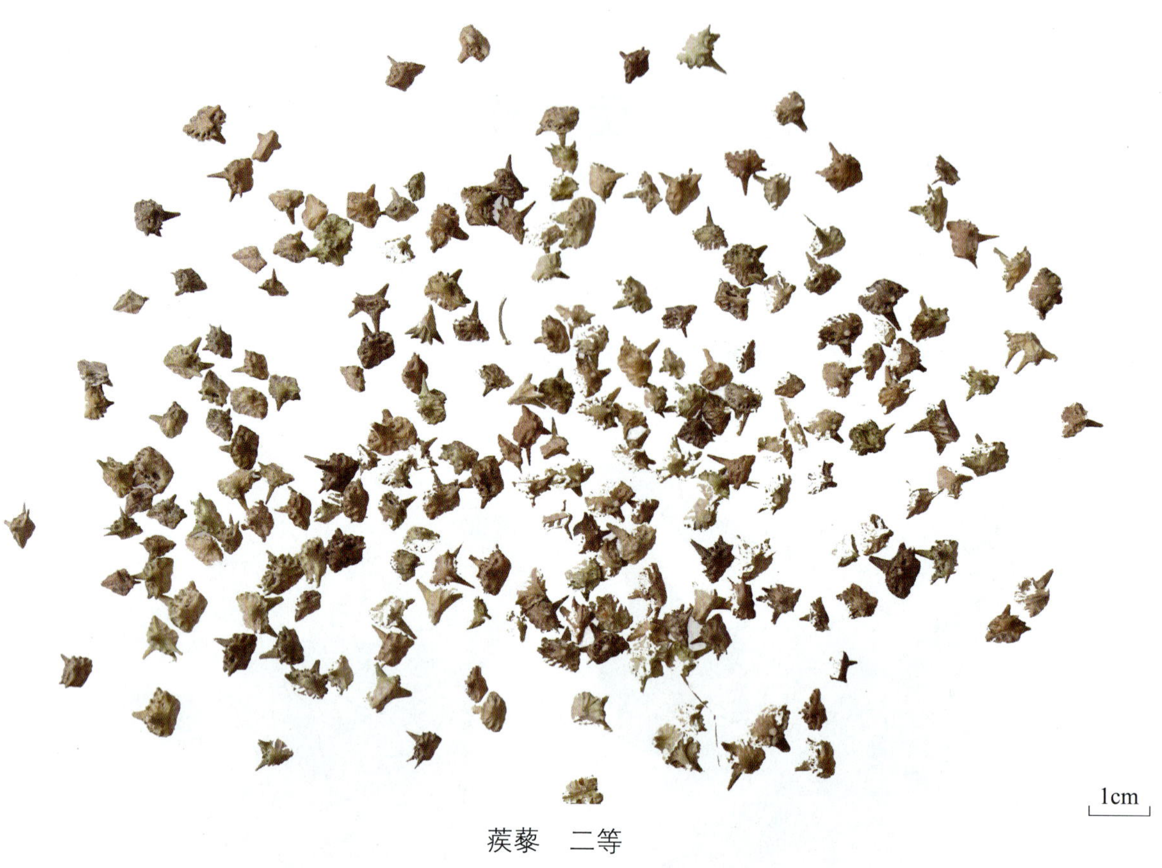

蒺藜　二等

蒺藜　三等

补骨脂

PSORALEAE FRUCTUS

根据市场实际情况，按照含杂率、瘪粒率等，将补骨脂药材分成“选货”与“统货”两个等级。

（一）选货

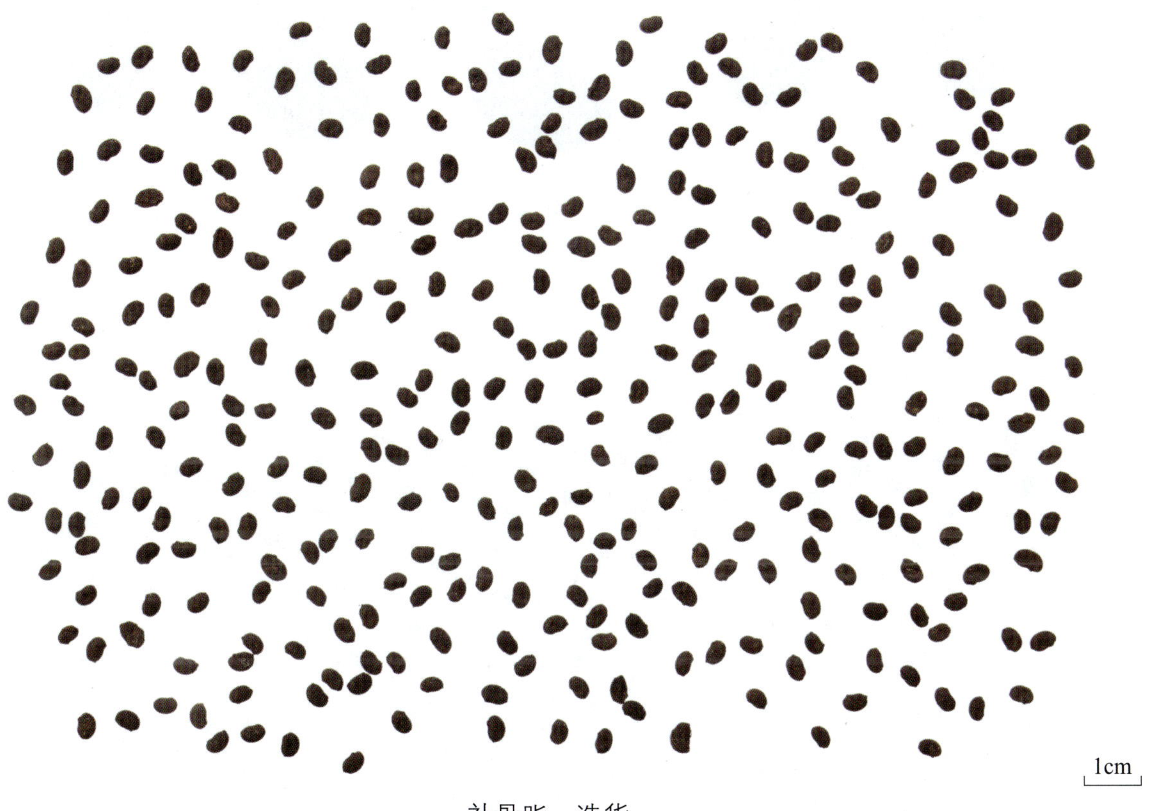

补骨脂　选货

放大

（二）统货

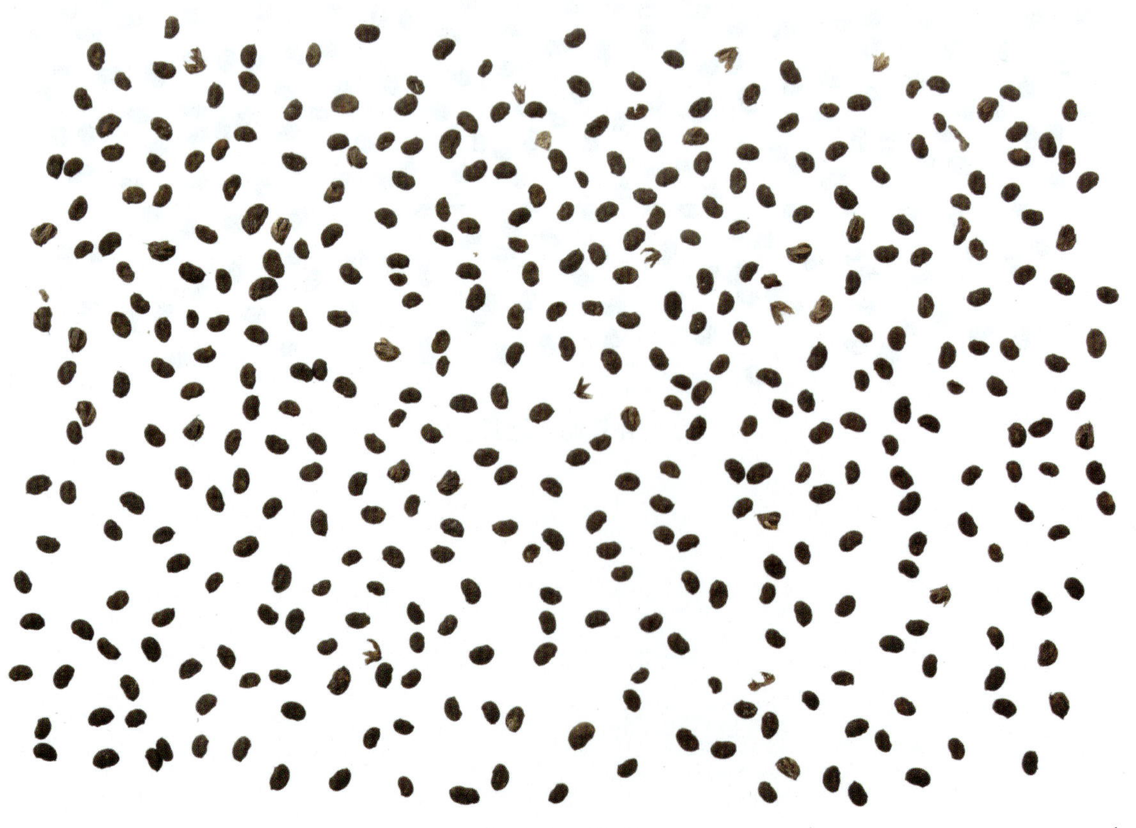

补骨脂　统货

草 乌

ACONITI KUSNEZOFFII RADIX

根据市场实际情况，按照大小、含杂率等，将草乌药材分成“选货”与“统货”两个等级。

（一）选货

草乌 选货

（二）统货

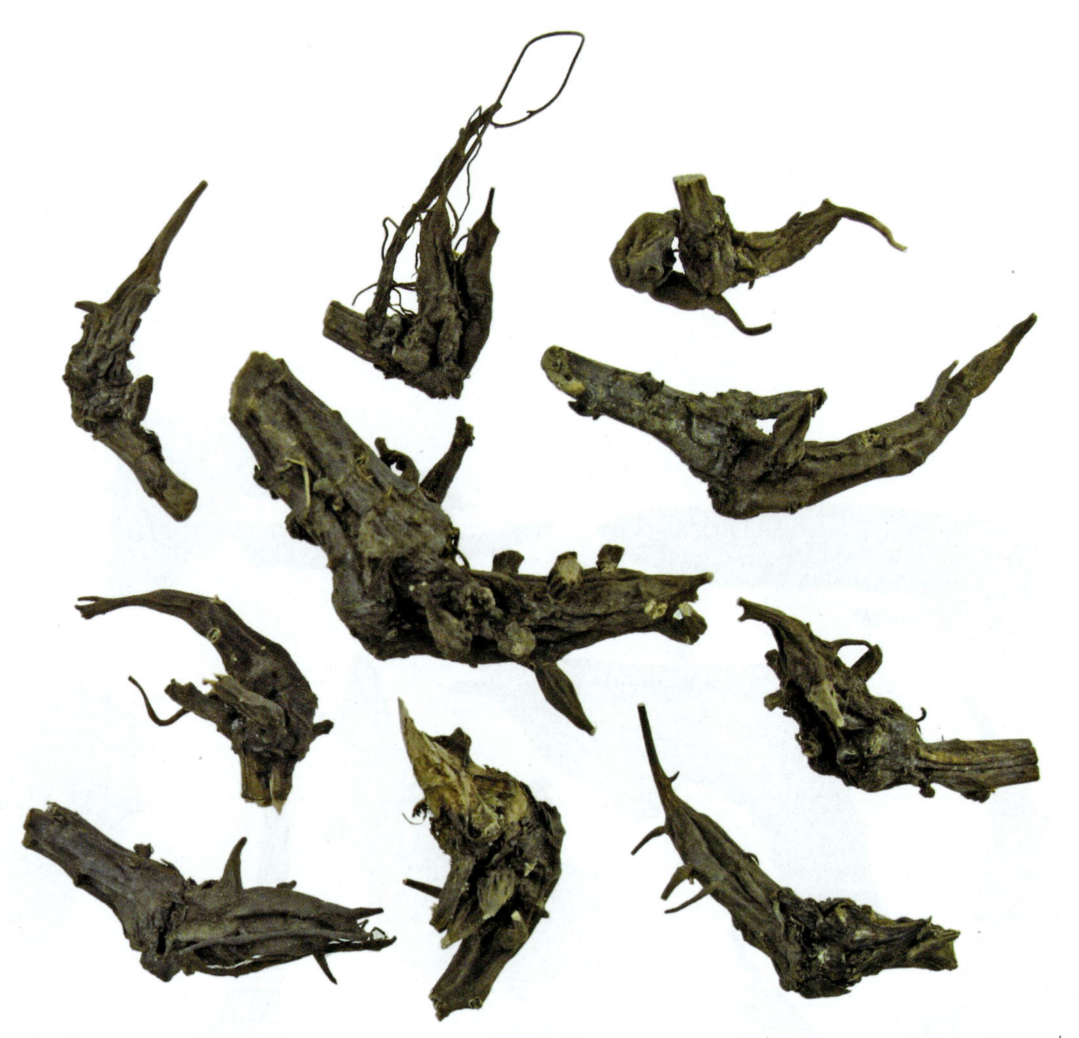

草乌　统货

沙苑子

ASTRAGALI COMPLANATI SEMEN

根据市场实际情况，按照均匀度、含杂率等，将沙苑子分成“统货”与“选货”两个等级。

（一）选货

沙苑子 选货

（二）统货

沙苑子　统货

川射干

IRIDIS TECTORI RHIZOMA

根据市场实际情况，将川射干药材分成“选货”与“统货”两个等级。

（一）选货

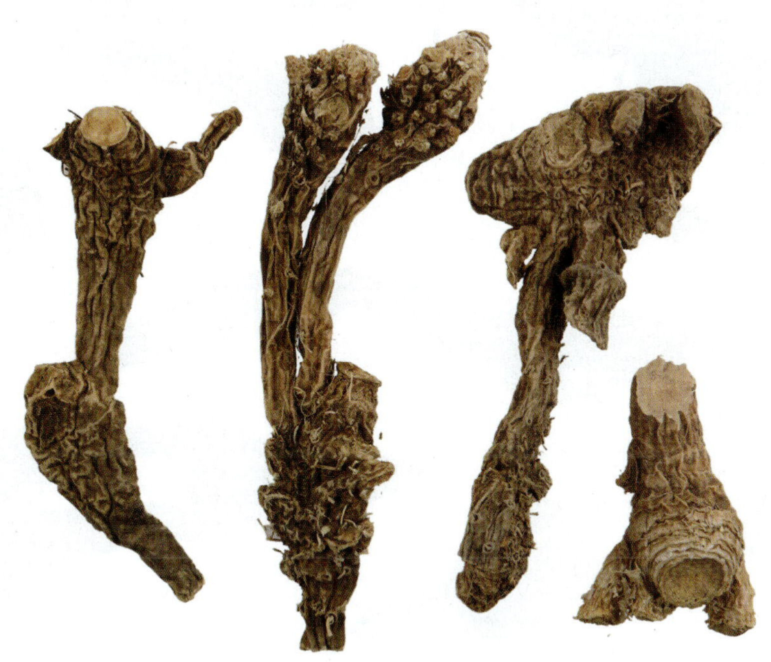

川射干　选货

（二）统货

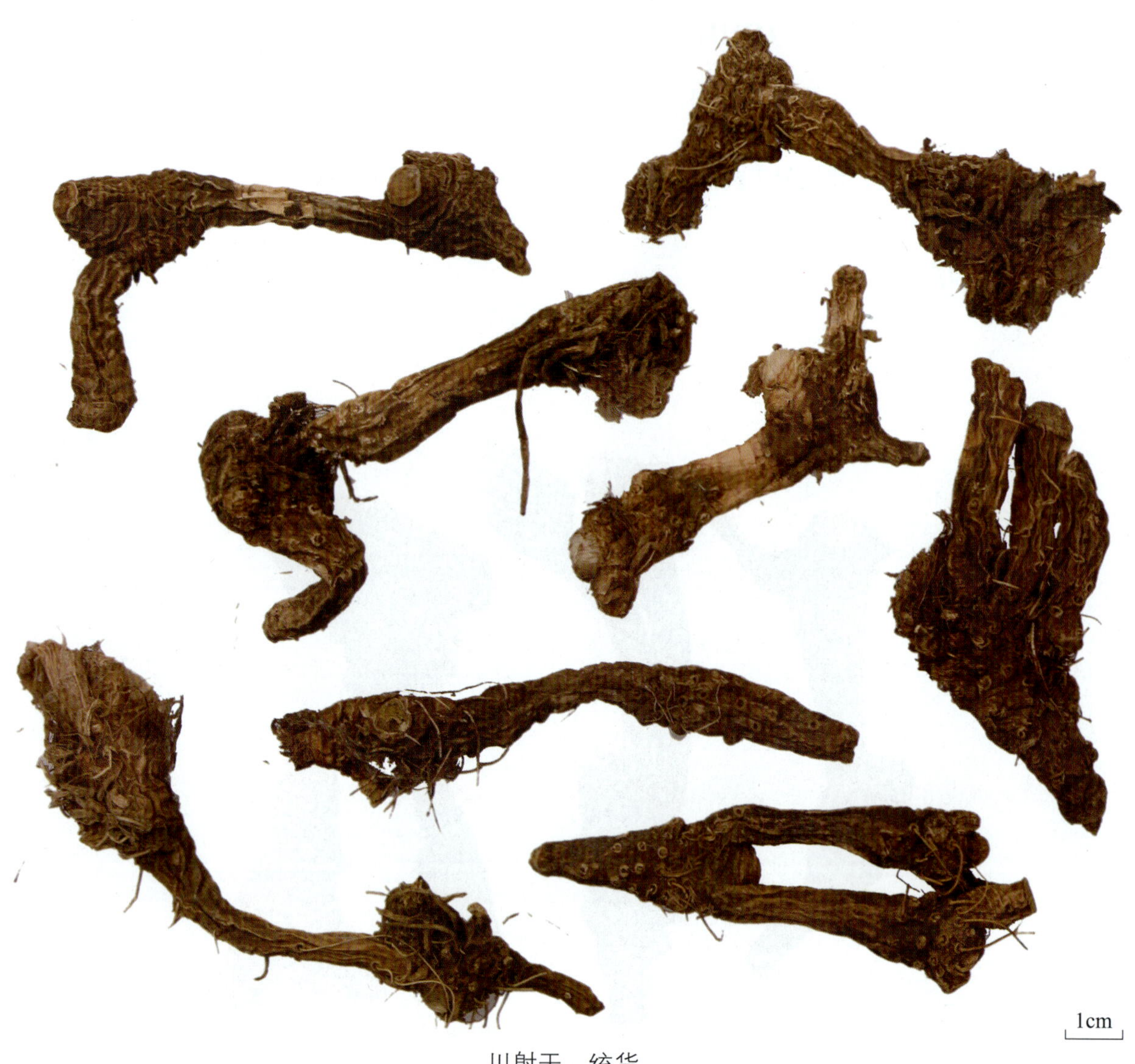

川射干　统货

广金钱草

DESMODII STYRACIFOLII HERBA

根据市场流通情况，该药材商品均为统货。

广金钱草　统货

虎 杖

POLYGONI CUSPIDATI RHIZOMA ET RADIX

根据市场实际情况，按照直径、含杂率等，将虎杖药材分成“选货”与“统货”两个等级。

（一）选货

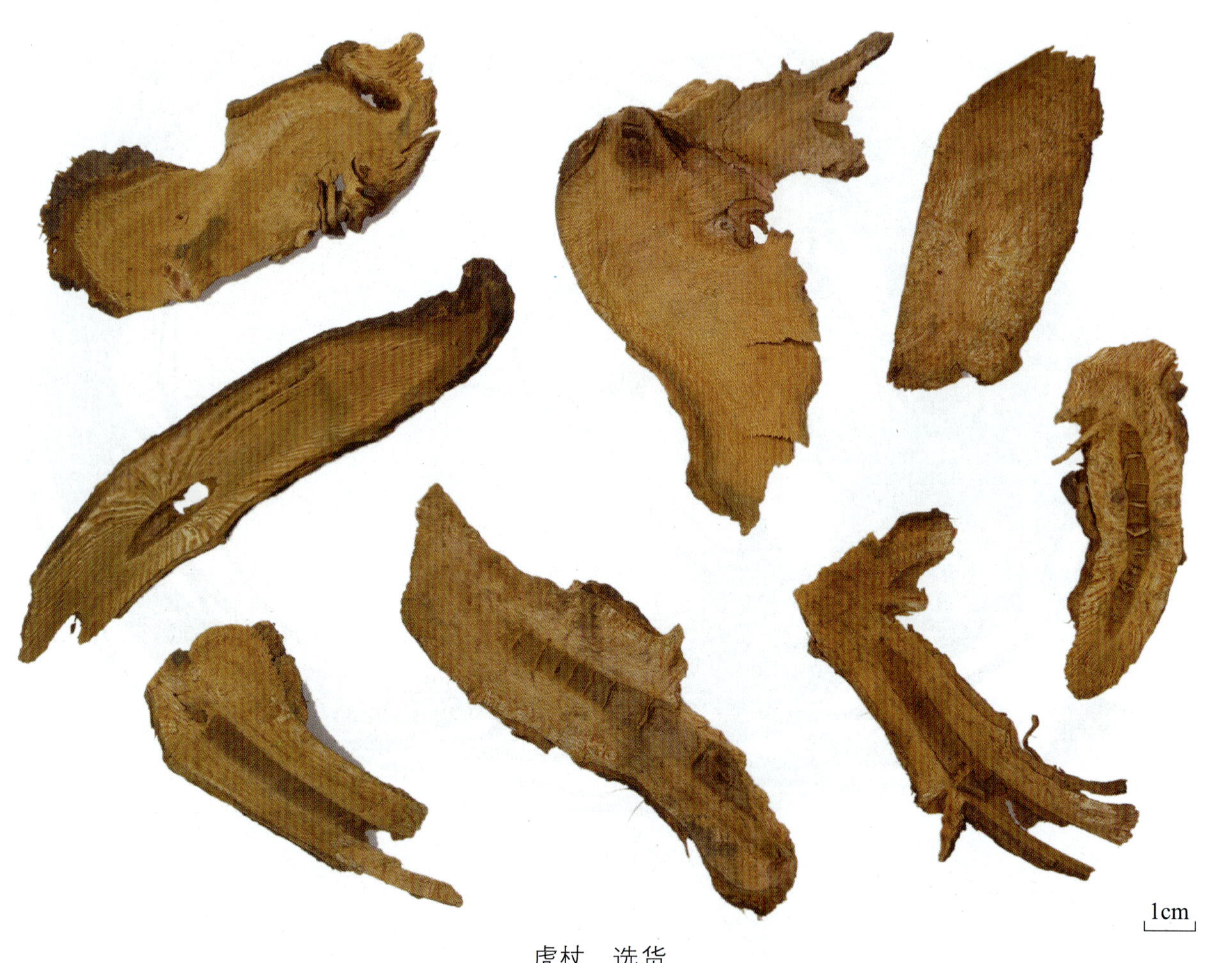

虎杖　选货

（二）统货

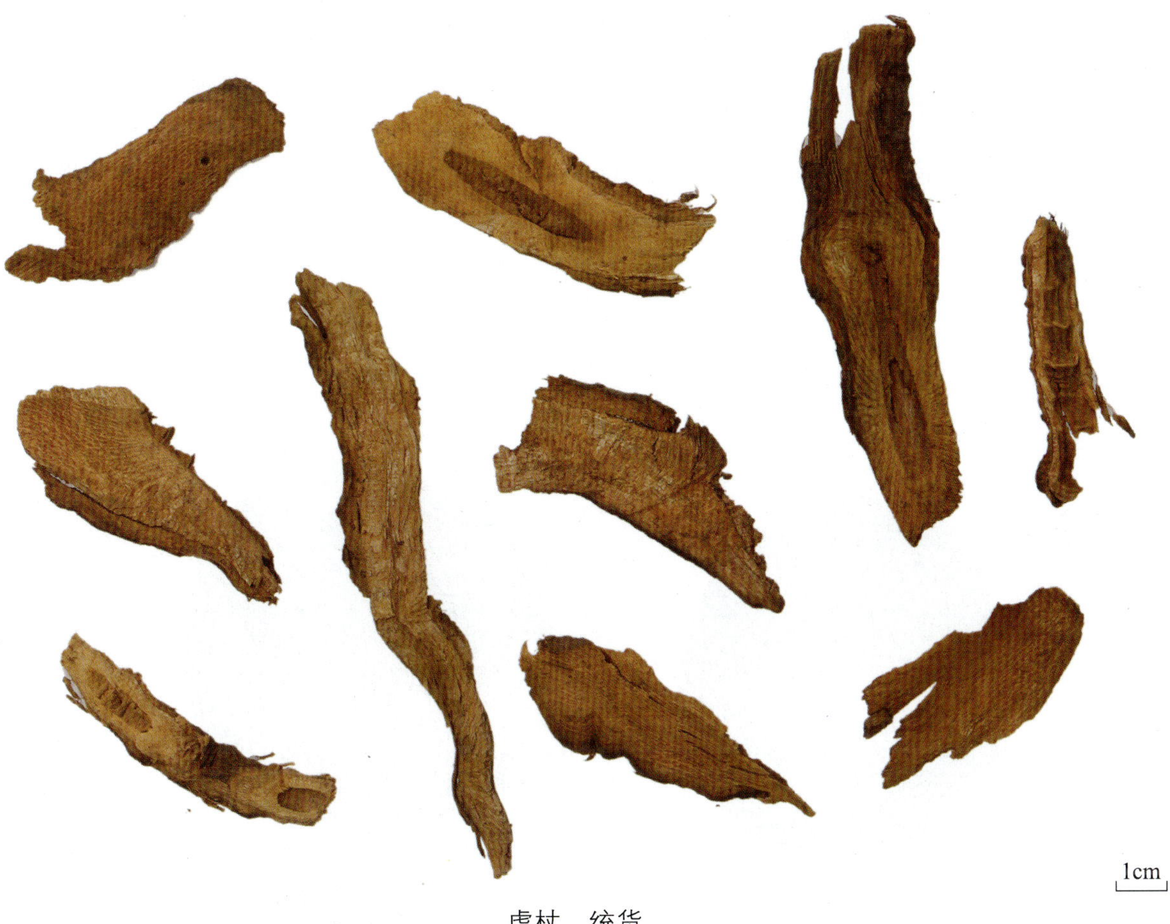

虎杖 统货

天南星

ARISAEMATIS RHIZOMA

根据市场实际情况，将天南星药材分成“选货”与“统货”两个规格。“选货”项下，根据直径大小进行等级划分。

（一）选货

天南星　选货　一等

天南星 选货 二等

（二）统货

天南星 统货

益母草

LEONURI HERBA

根据市场实际情况，将益母草药材分成“选货”与“统货”两个等级。

（一）选货

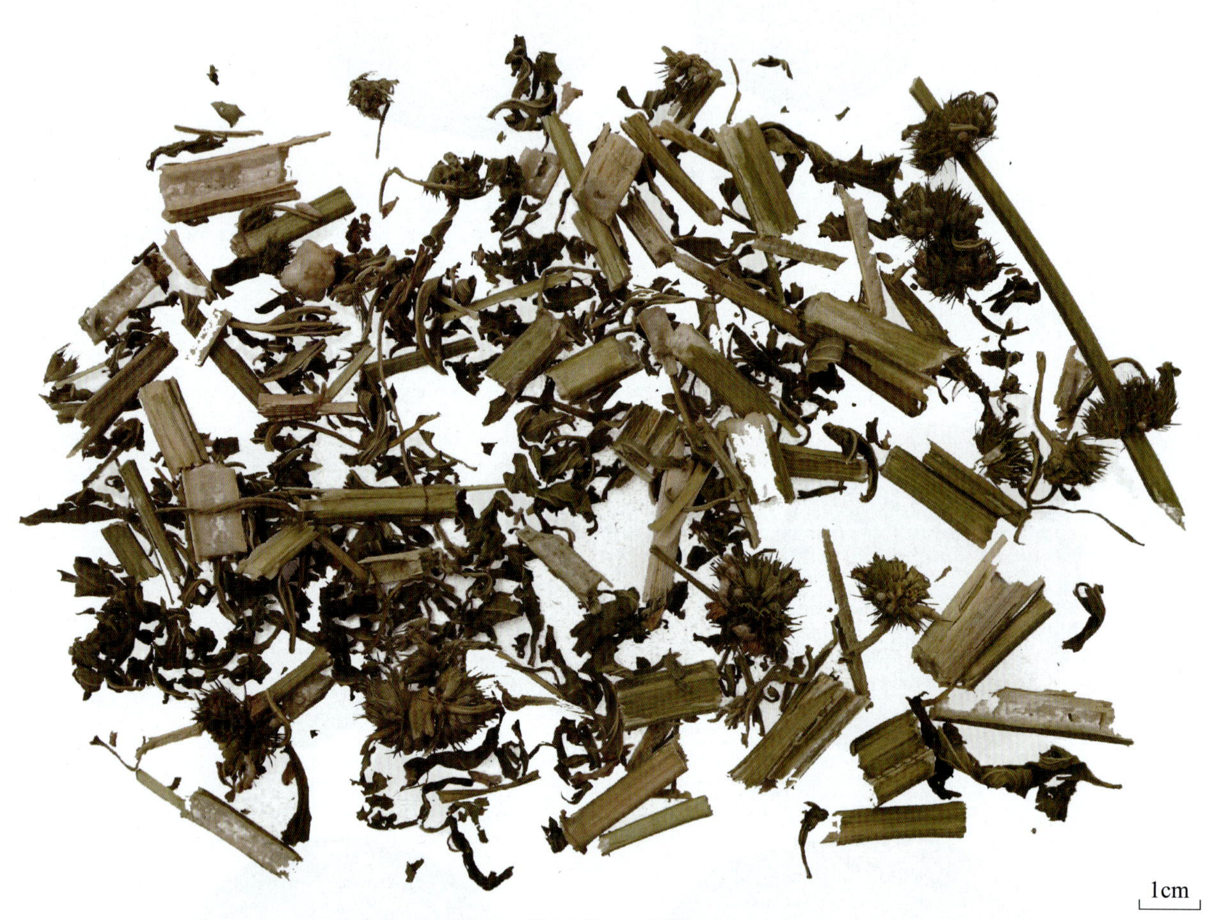

益母草　选货

（二）统货

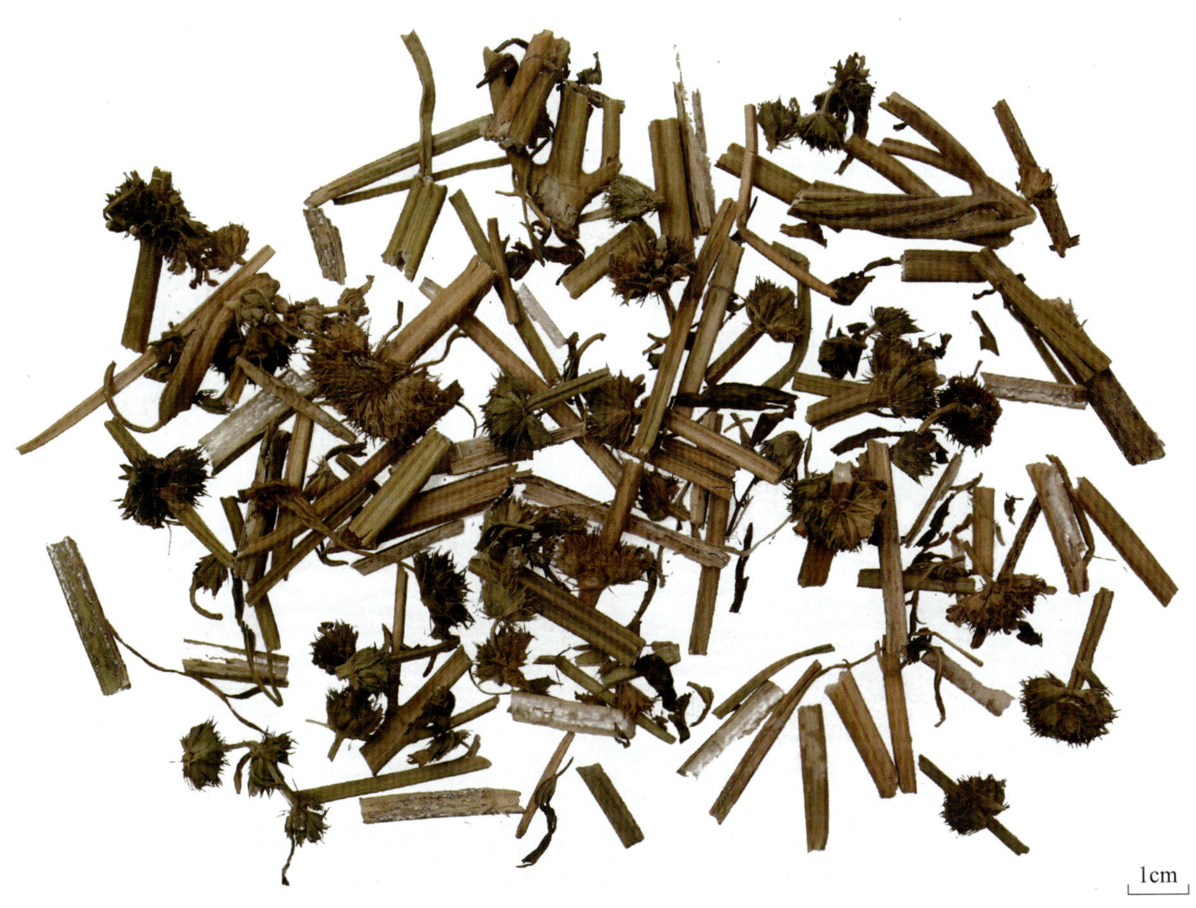

益母草　统货

麻 黄

EPHEDRAE HERBA

根据市场实际情况，将麻黄药材分成“选货”与“统货”两个等级。草麻黄为市场麻黄的主流药材，其次为木贼麻黄，中麻黄十分罕见。

（一）选货

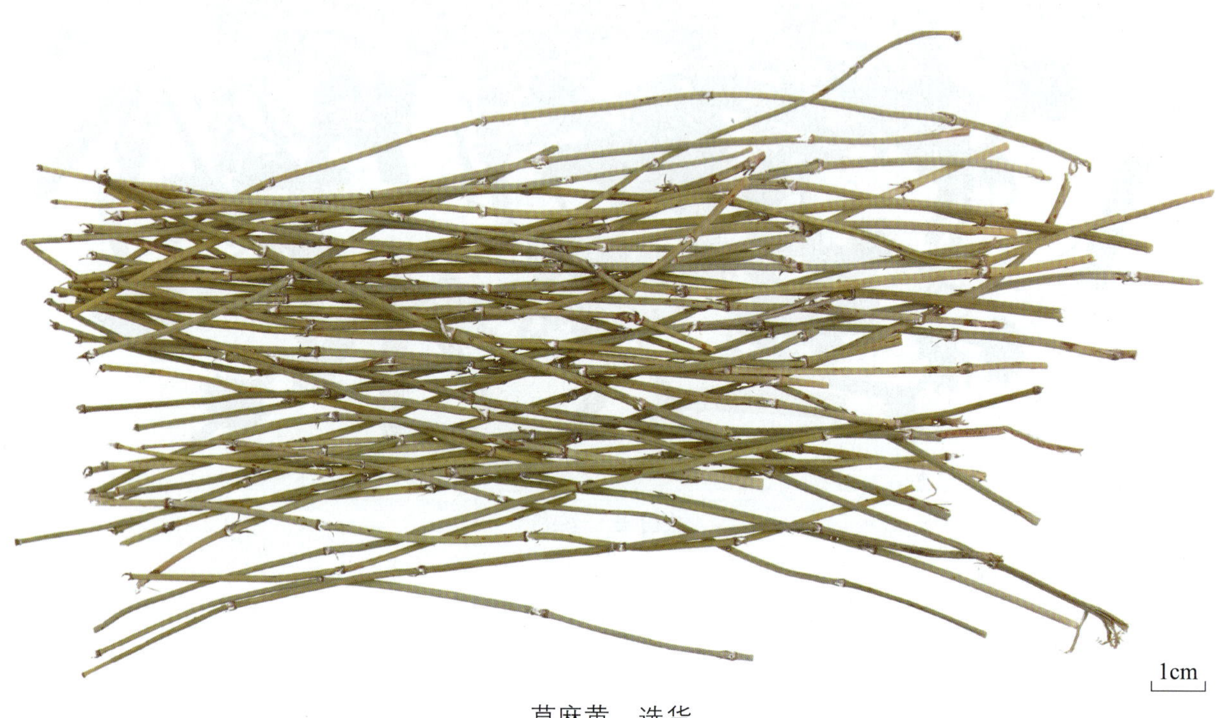

草麻黄　选货

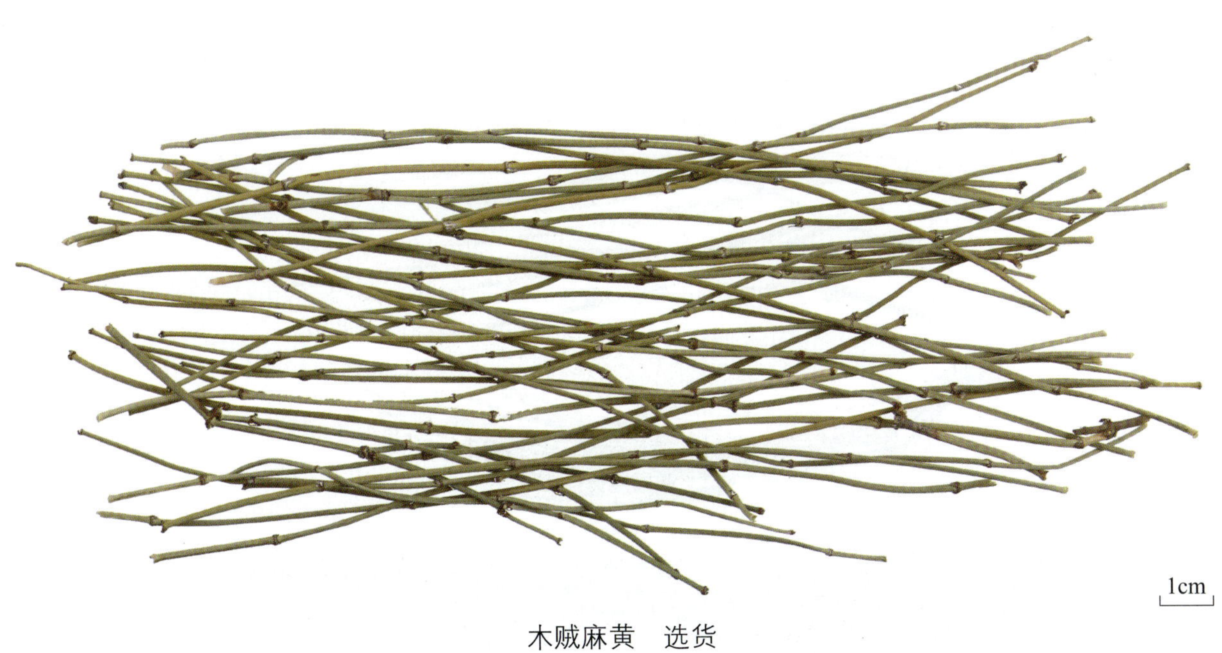

木贼麻黄 选货

（二）统货

草麻黄 统货

木贼麻黄　统货

绵马贯众

DRYOPTERIDIS CRASSIRHIZOMATIS RHIZOMA

根据市场流通情况，将绵马贯众药材分为“绵马贯众”和“绵马贯众片”两个规格，等级均为统货。

（一）绵马贯众

绵马贯众　统货

（二）绵马贯众片

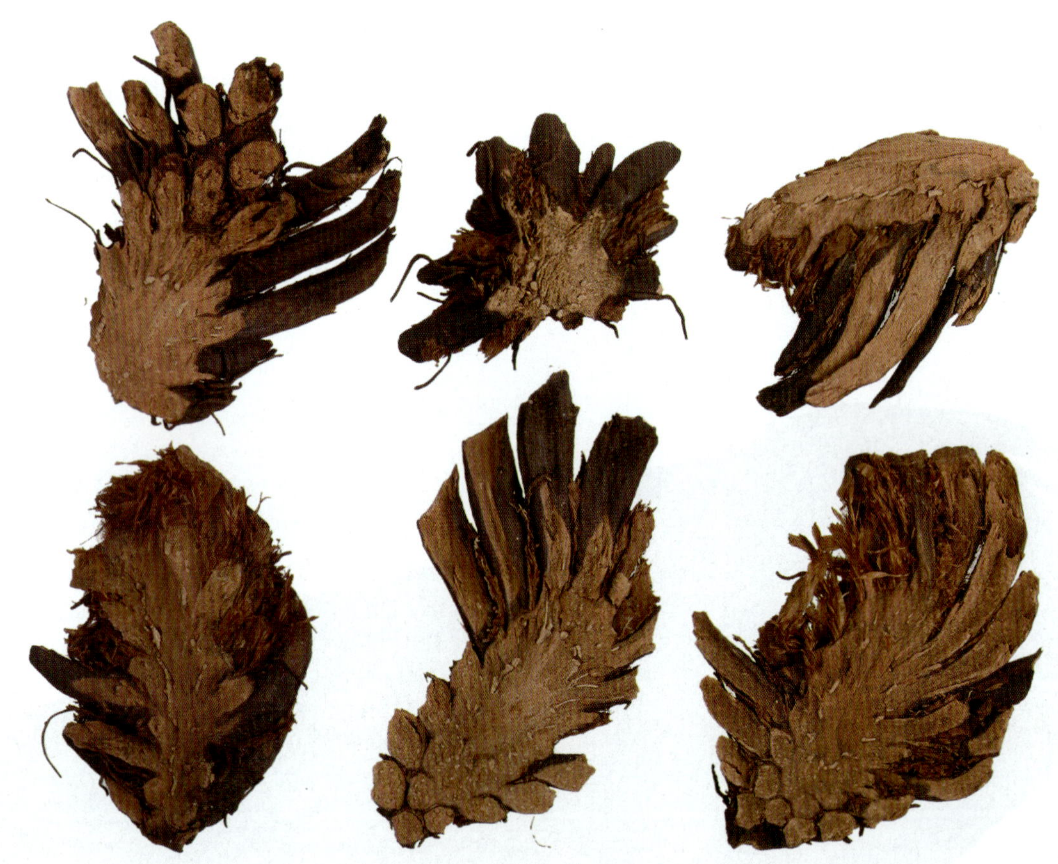

绵马贯众片　统货

白 果

GINKGO SEMEN

根据市场流通情况，将白果分为“选货”和“统货”两个规格。

（一）选货

白果 选货

（二）统货

白果　统货

赤小豆

VIGNAE SEMEN

根据市场实际流通情况，按照基原的不同，将赤小豆药材分成“赤小豆”与“赤豆”两个规格。各规格项下均为统货。

（一）赤小豆

赤小豆　统货

（二）赤豆

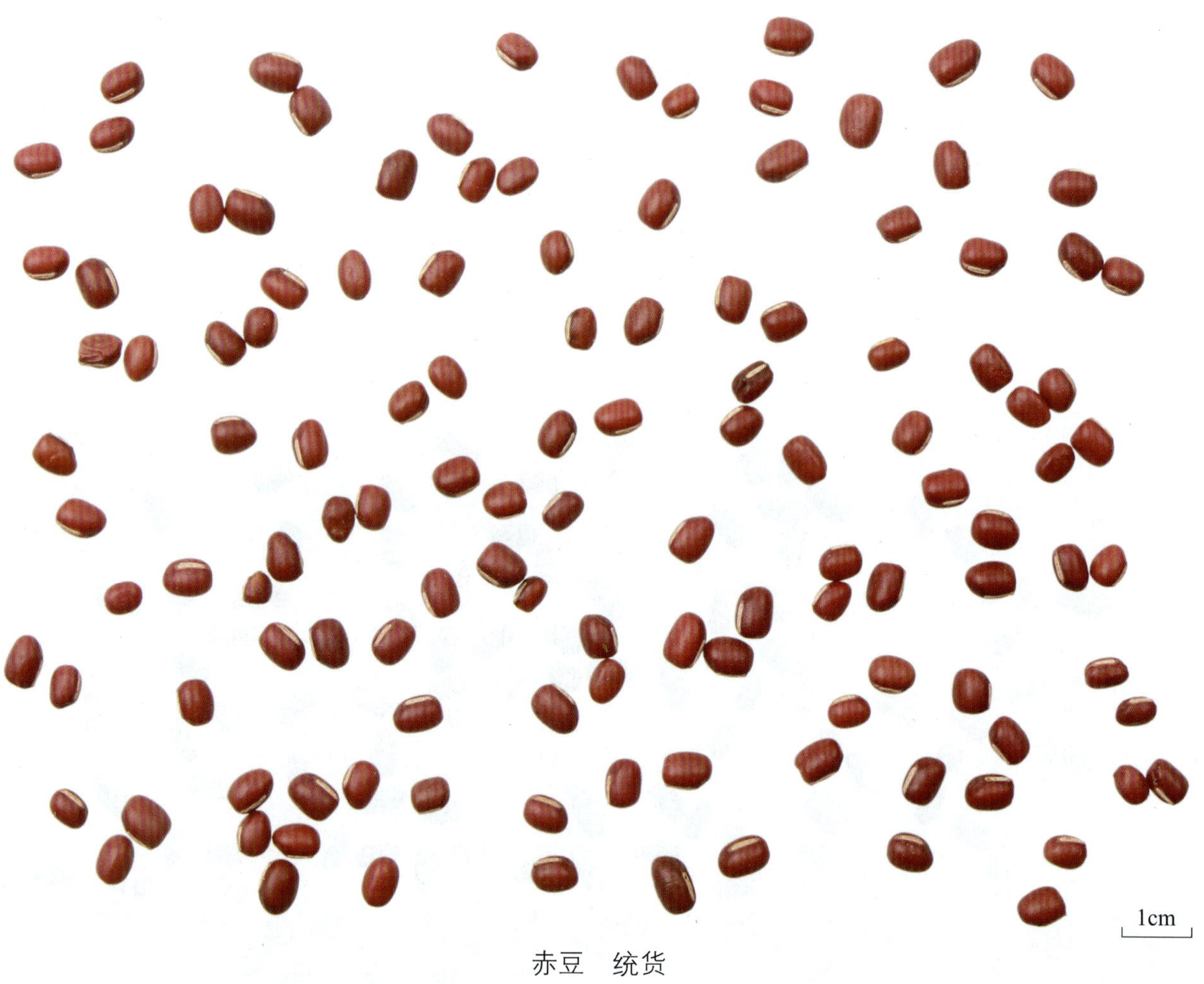

赤豆　统货

大青叶

ISATIDIS FOLIUM

根据市场流通情况，该药材商品均为统货。

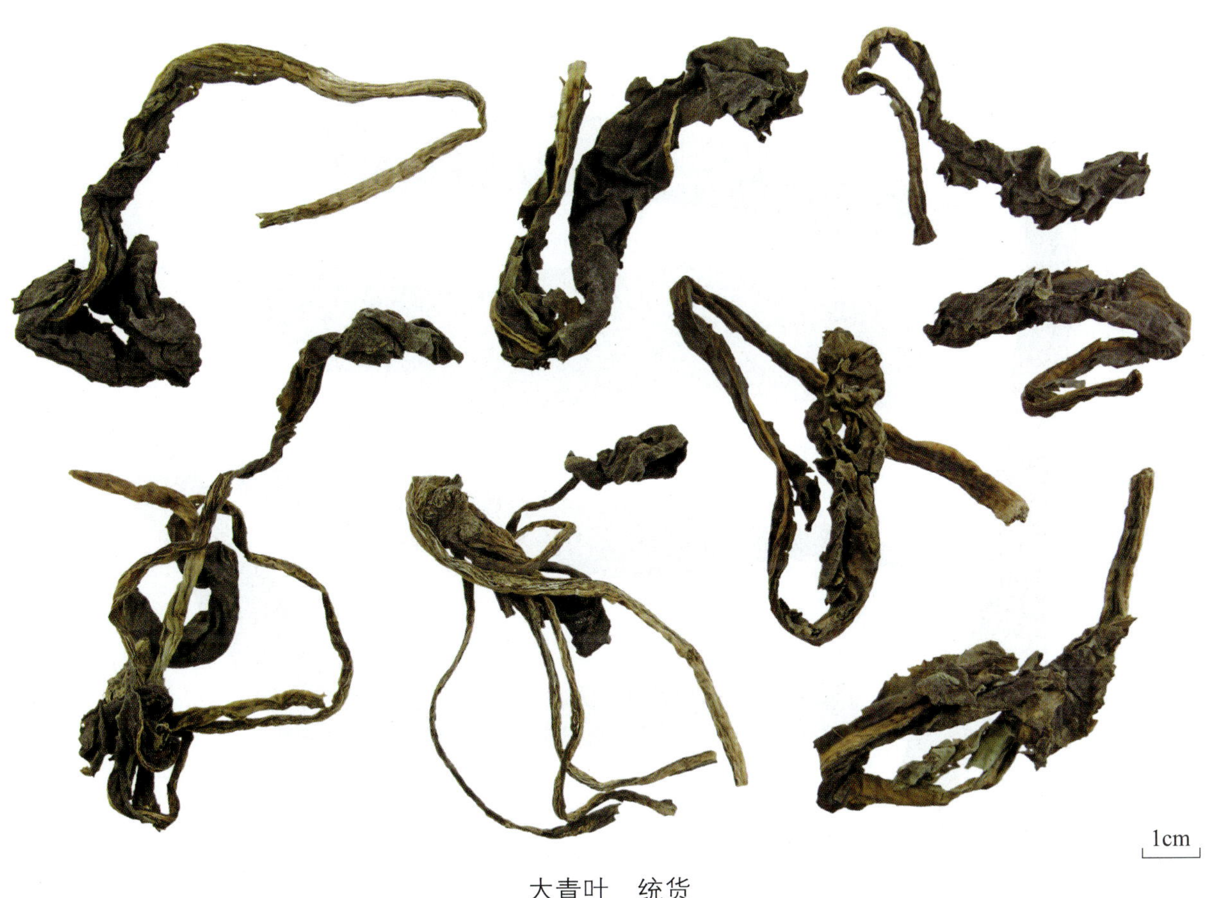

大青叶　统货

地骨皮

LYCII CORTEX

根据长度将来源于宁夏枸杞的地骨皮划分为“一等”“二等”和“三等”三个等级，来源于宁夏枸杞的地骨皮均为统货。

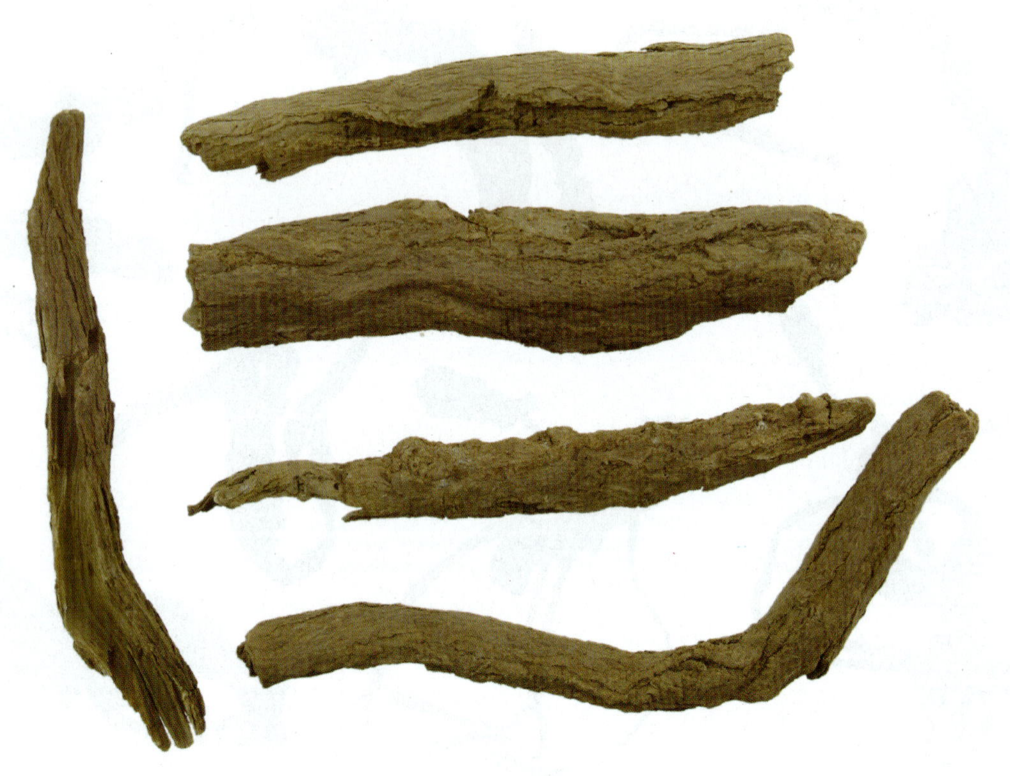

地骨皮　一等

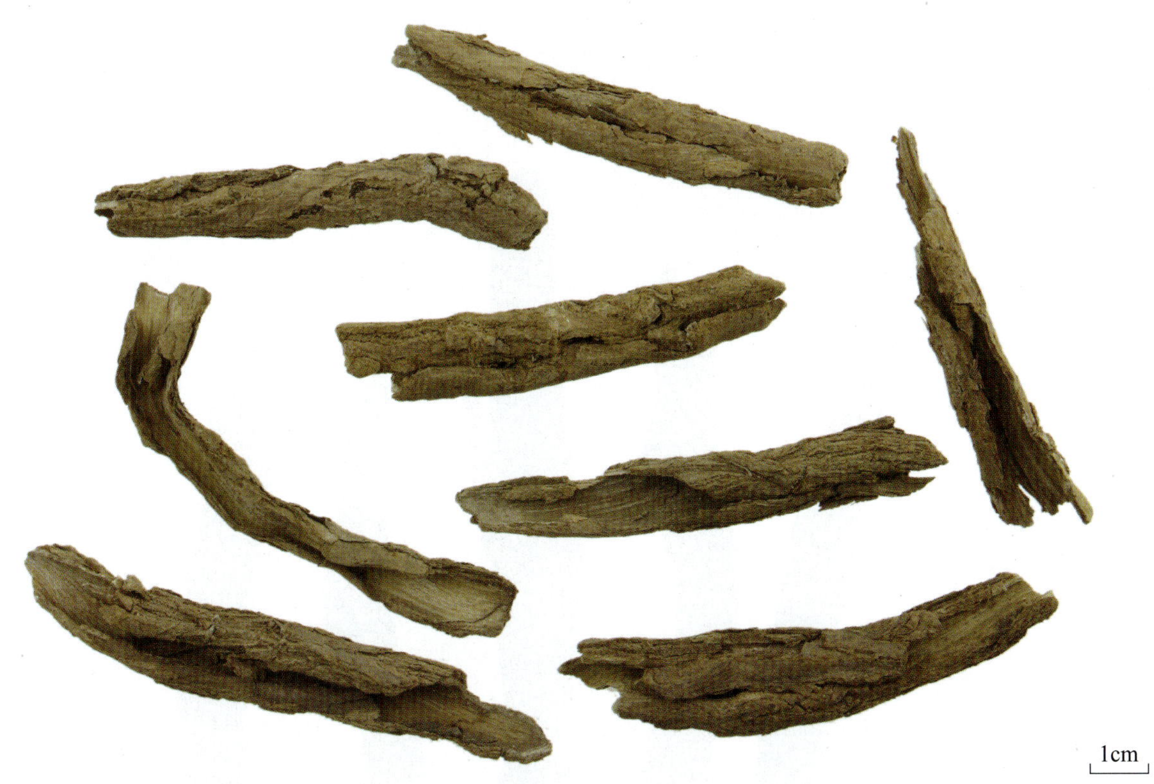

地骨皮　二等

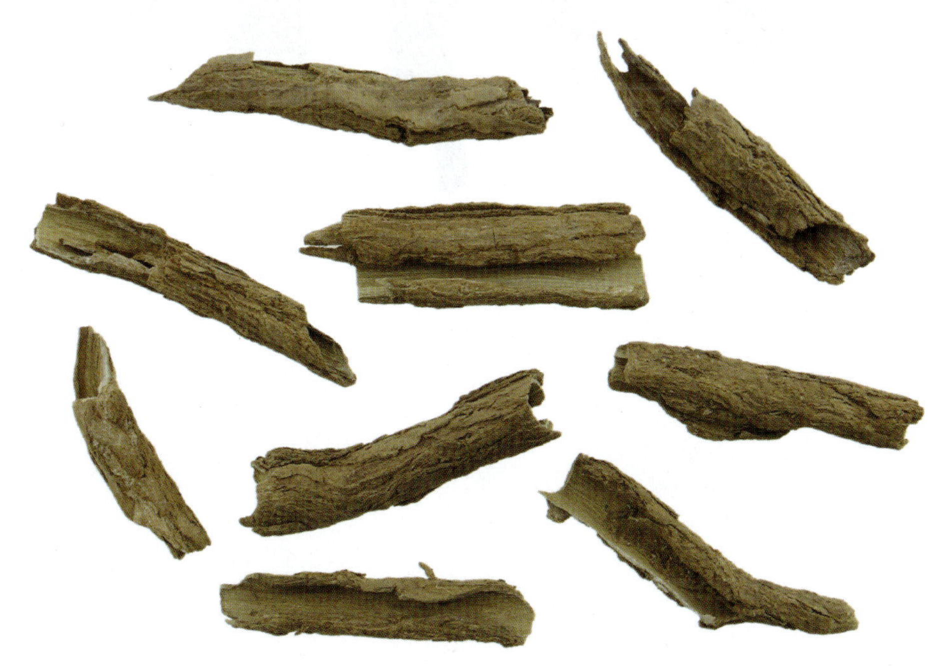

地骨皮　三等

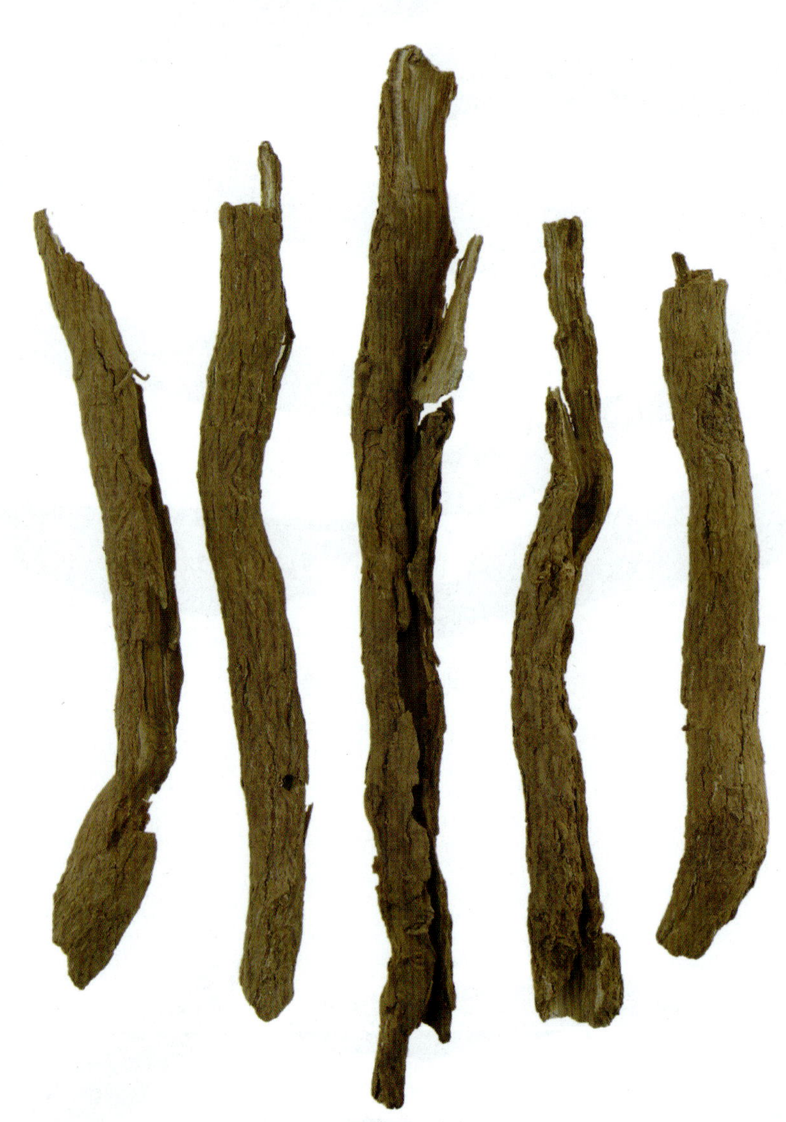

地骨皮　统货

防 己

STEPHANIAE TETRANDRAE RADIX

根据市场实际流通情况，按照长度、直径等，将防己药材分成“选货”与“统货”两个等级。

（一）选货

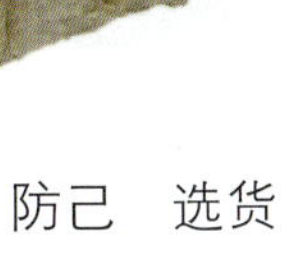

防己 选货

（二）统货

防己　统货

狗　脊

CIBOTII RADIX

根据市场流通情况，按照加工方式不同，将狗脊药材分成“生狗脊片”“熟狗脊片”和“狗脊个”三个规格。

（一）生狗脊片

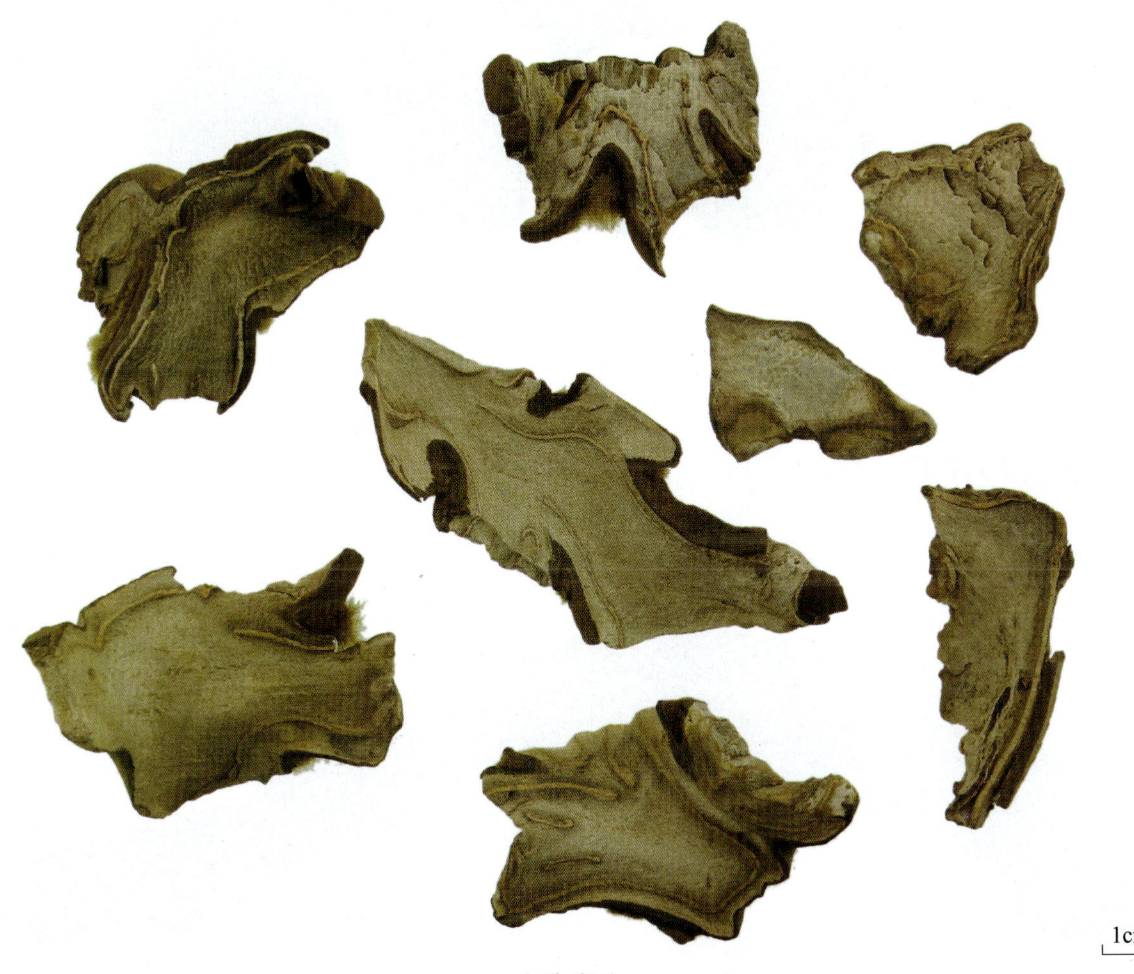

生狗脊片

（二）熟狗脊片

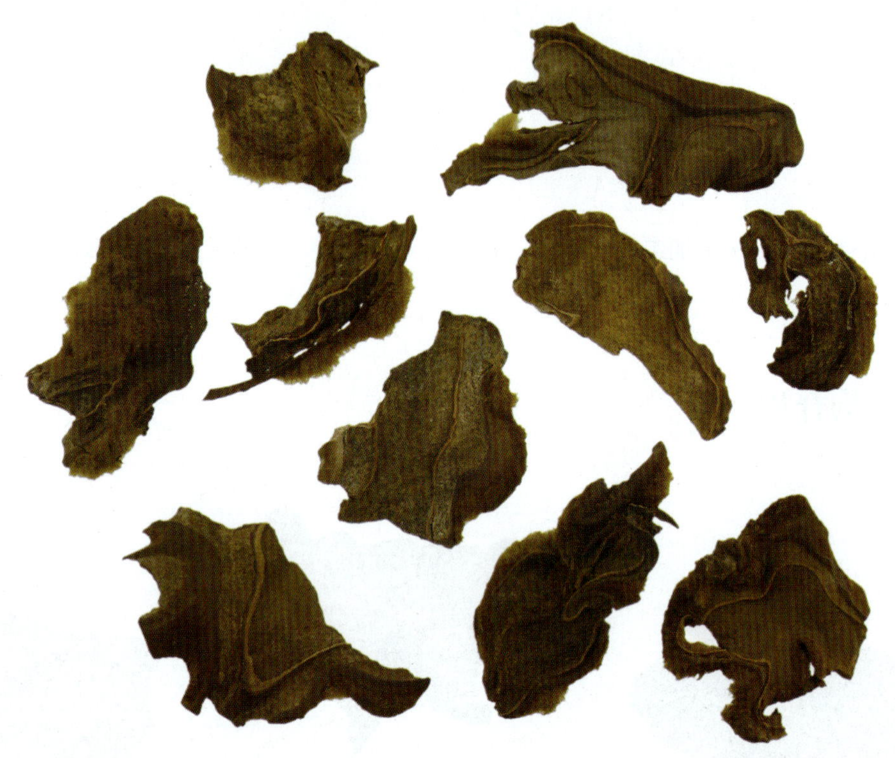

熟狗脊片

（三）狗脊个

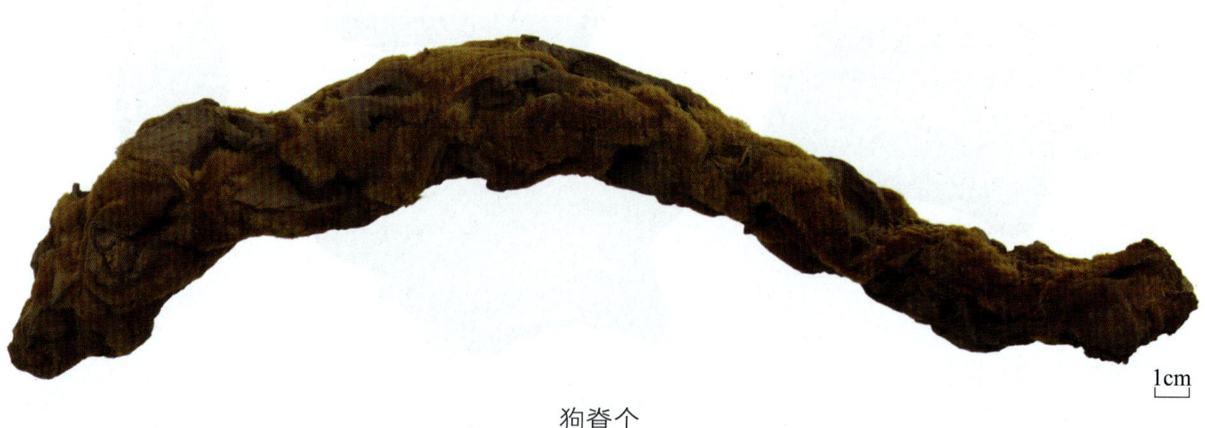

狗脊个

谷 芽

SETARIAE FRUCTUS GERMINATUS

根据市场流通情况，该药材商品均为统货。

放大

谷芽 统货

火麻仁

CANNABIS FRUCTUS

根据市场流通情况，将火麻仁分成“选货”与“统货”两个等级。

（一）选货

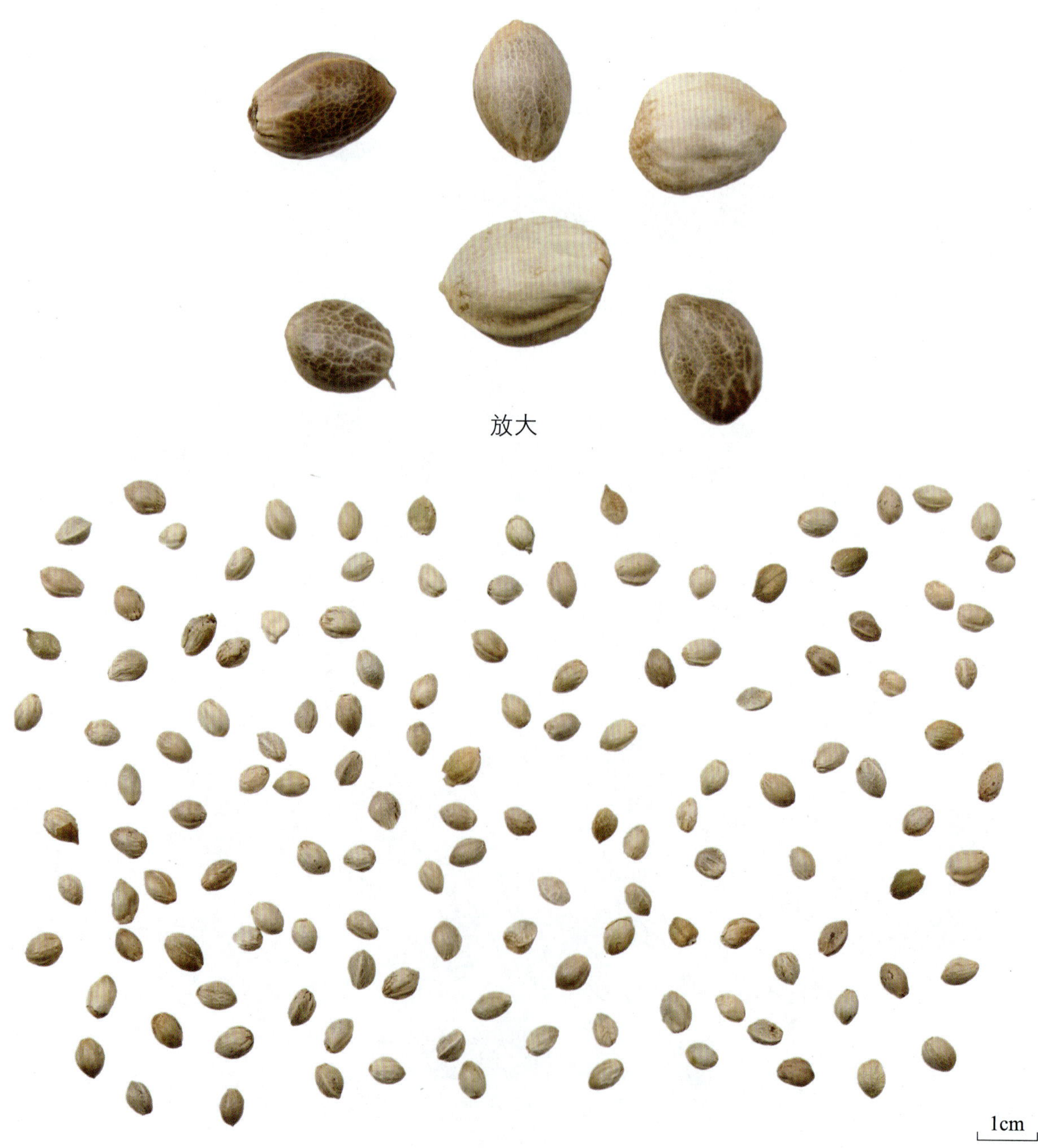

火麻仁　选货

（二）统货

火麻仁　统货

墨旱莲

ECLIPTAE HERBA

根据市场流通情况，该药材商品均为统货。

墨旱莲　统货

蒲公英

TARAXACI HERBA

根据市场流通情况，按照栽培方式不同，将蒲公英药材分成“野生蒲公英”与“栽培蒲公英”两个规格。各规格项下均为统货。

（一）野生蒲公英

野生蒲公英

（二）栽培蒲公英

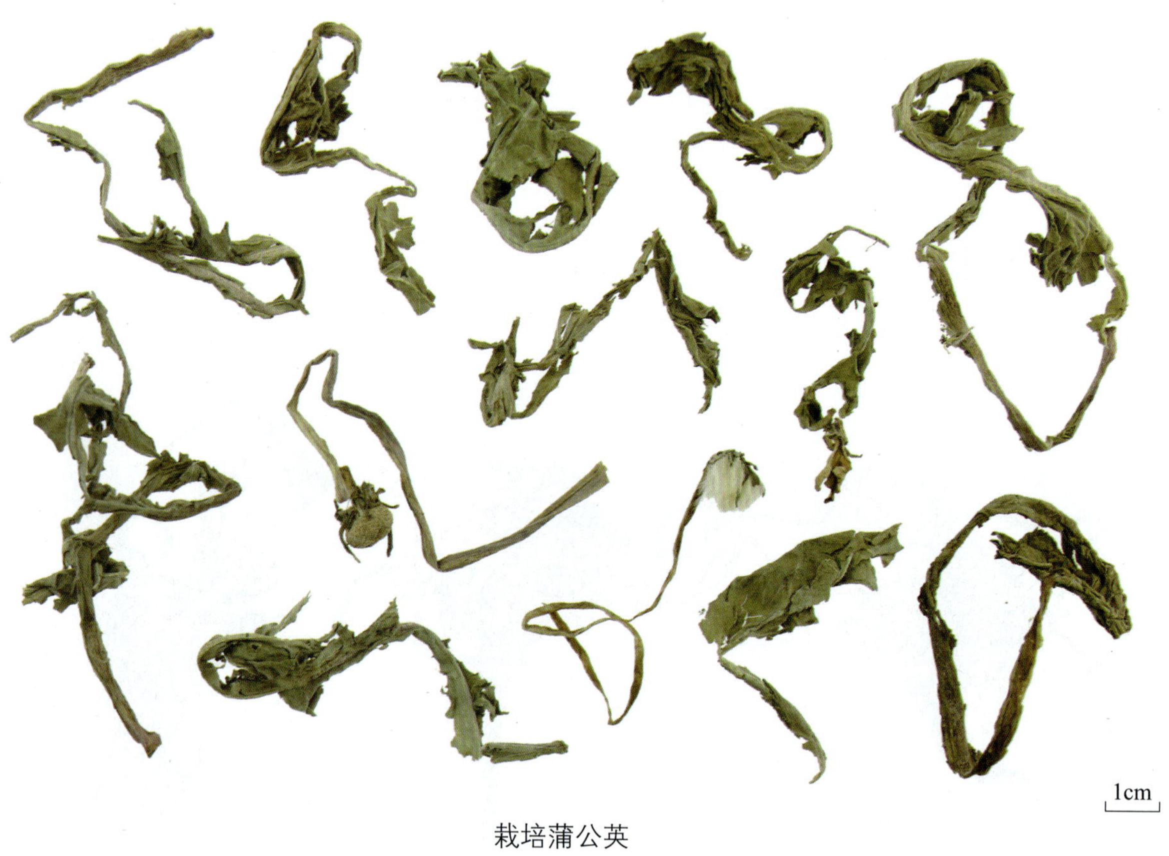

栽培蒲公英

神 曲

MASSA MEDIEATA FERMENTATA

根据市场流通情况，该药材均为统货。

神曲 统货

葶苈子

DESCURAINIAE SEMEN LEPIDII SEMEN

根据市场流通情况，按照基原的不同，将葶苈子药材分为“南葶苈子”和“北葶苈子”两个规格。各规格项下均为统货。

（一）南葶苈子

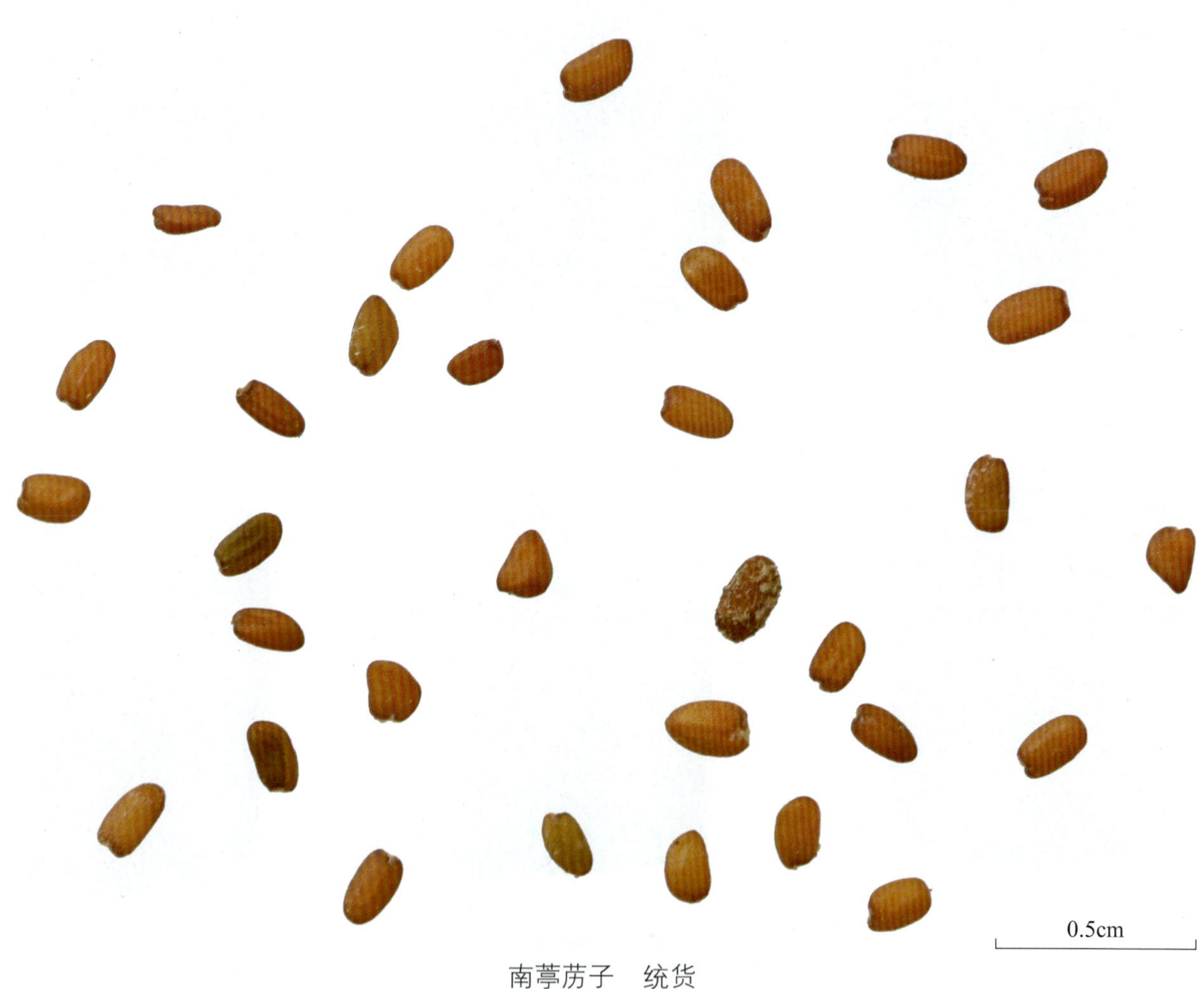

南葶苈子　统货

（二）北葶苈子

北葶苈子　统货

王不留行

VACCARIAE SEMEN

根据市场流通情况，该药材商品均为统货。

放大

王不留行　统货

紫苏梗

PERILLAE CAULIS

根据市场流通情况，将紫苏梗药材分成“紫苏梗个”与“紫苏梗片”两个规格。“紫苏梗个”根据颜色、含杂率等分成“选货”和“统货”两个等级。

（一）紫苏梗个

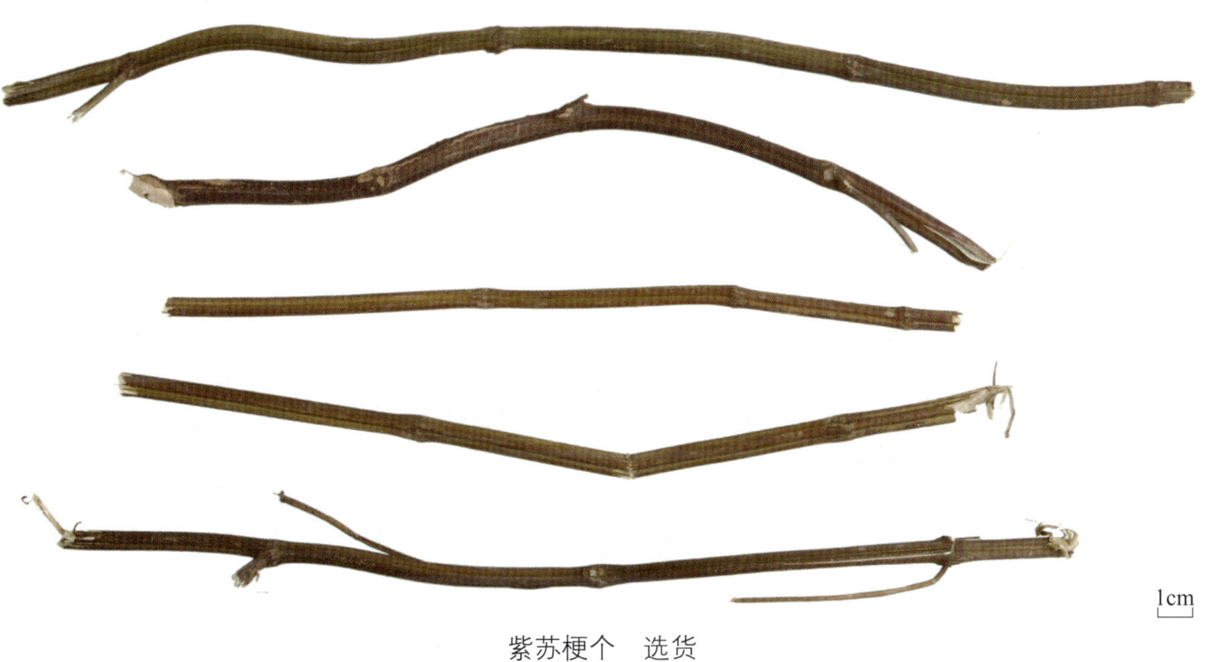

紫苏梗个　选货

紫苏梗个　统货

（二）紫苏梗片

紫苏梗片

紫苏叶

PERILLAE FOLIUM

根据市场流通情况，按照不同加工方式，将紫苏叶药材分成“散紫苏叶”与“齐紫苏叶”两个规格。“散紫苏叶”项下，根据颜色、破碎率等进行等级划分。

（一）散紫苏叶

散紫苏叶　选货

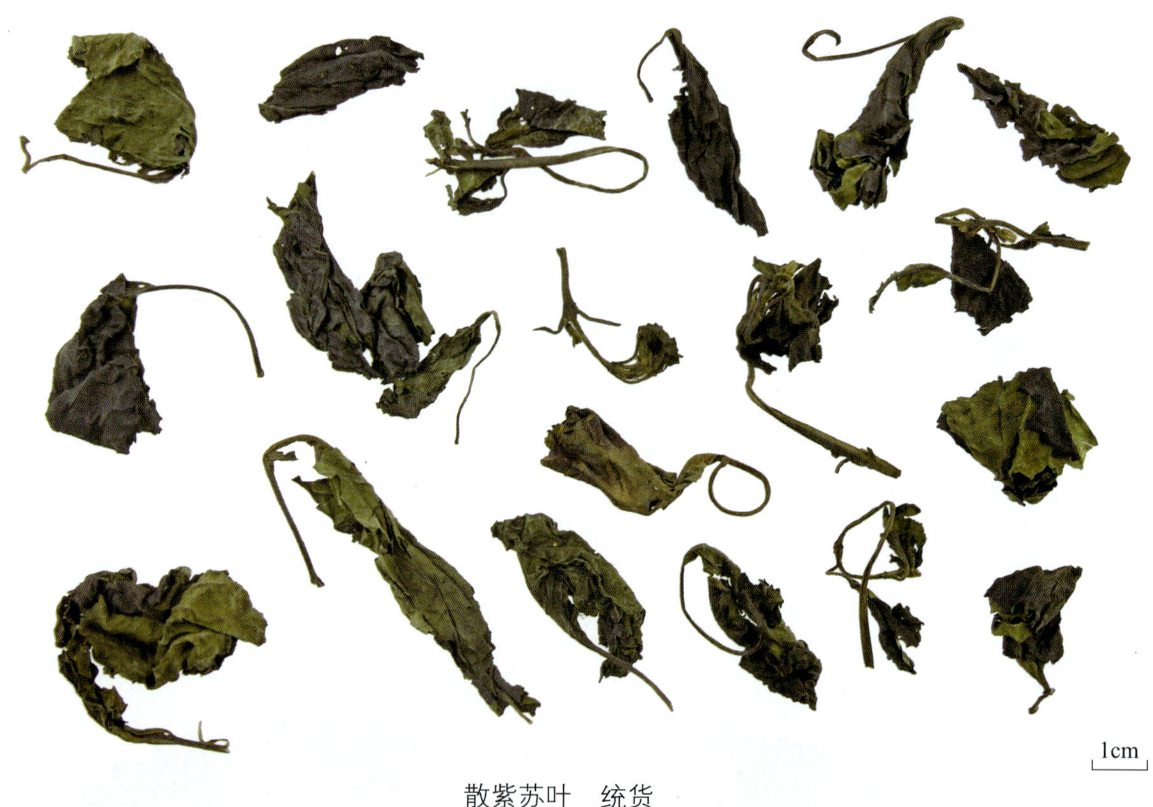

散紫苏叶　统货

（二）齐紫苏叶

齐紫苏叶　统货

紫苏子

PERILLAE FRUCTUS

根据市场流通情况，将紫苏子分为“选货”与“统货”两个等级。

（一）选货

紫苏子　选货

放大

（二）统货

紫苏子　统货

紫 菀

ASTERIS RADIX ET RHIZOMA

根据市场流通情况，按照加工方式不同，将紫菀药材分成“辫紫菀”和“紫菀”两个规格。紫菀规格项下分为选货和统货两个等级。

（一）紫菀

紫菀　选货

紫菀　统货

（二）辫紫菀

辫紫菀　统货

车前草

PLANTAGINIS HERBA

根据市场流通情况，将车前草药材分成“选货”与“统货”两个等级。

（一）选货

平车前　选货

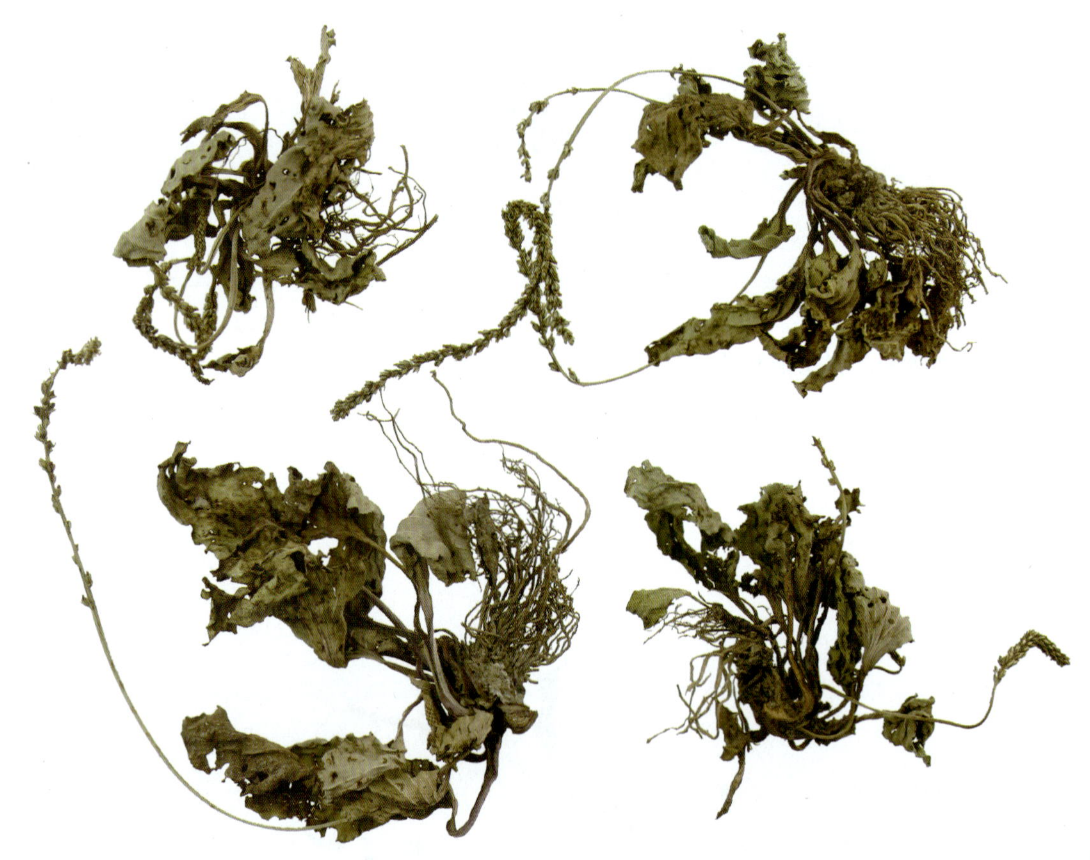

车前　选货

（二）统货

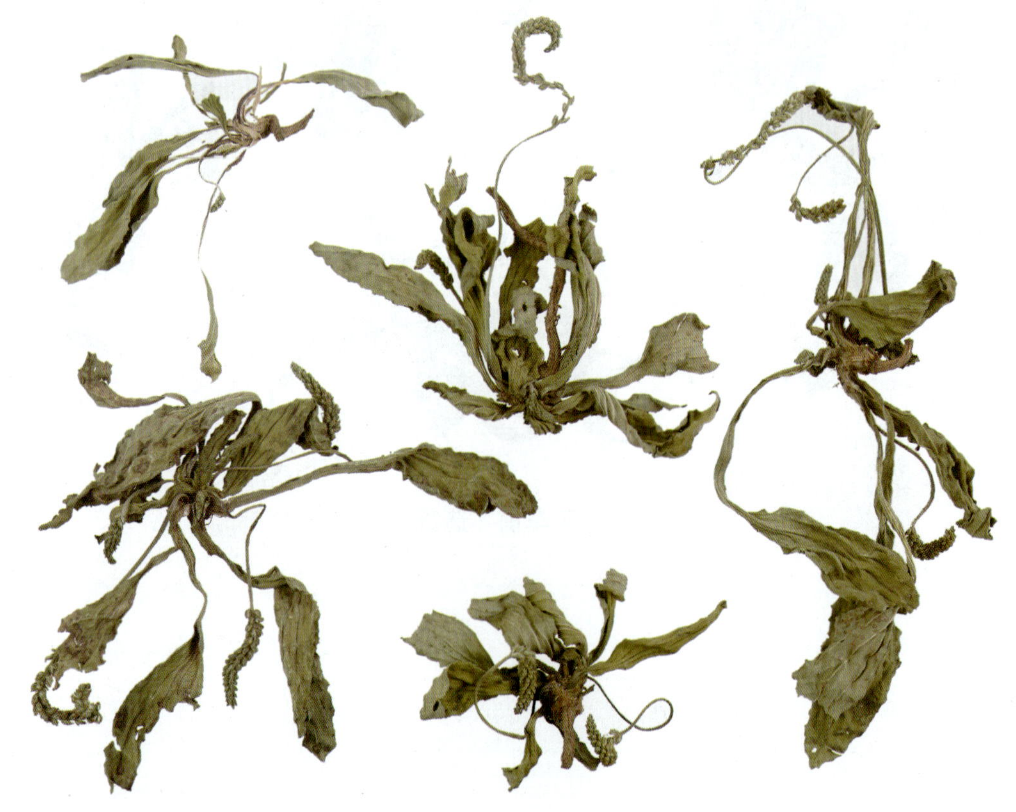

平车前　统货

车前 统货

木 通

AKEBIAE CAULIS

根据市场流通情况，该药材商品均为统货。

木通　统货

南沙参

ADENOPHORAE RADIX

根据市场流通情况，将南沙参分成“选货”与“统货”两个等级。

（一）选货

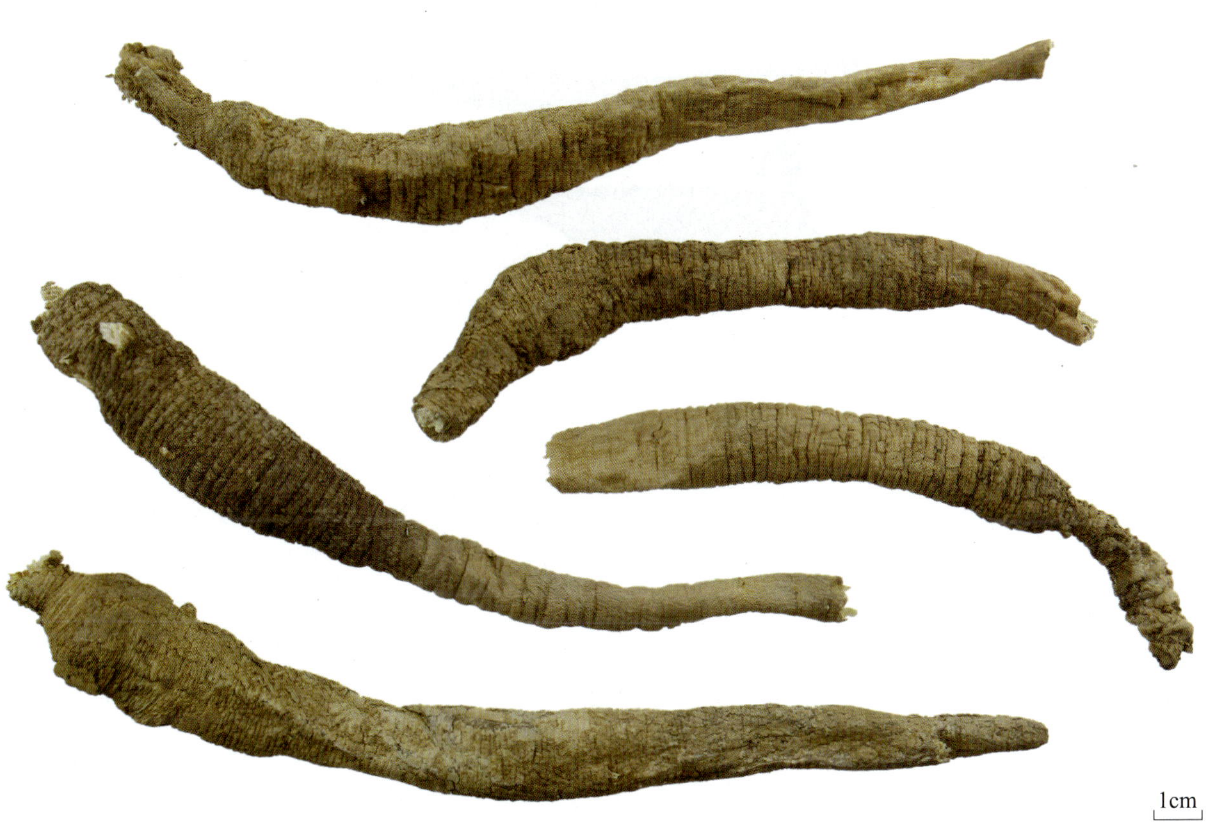

南沙参　选货

（二）统货

南沙参　统货

南五味子

SCHISANDRAE SPHENANTHERAE FRUCTUS

根据市场流通情况，按照直径大小，将南五味子药材分成“选货”与“统货”两个等级。

（一）选货

南五味子　选货

（二）统货

南五味子　统货

升 麻

CIMICIFUGAE RHIZOMA

根据市场流通情况，按照基原的不同，将升麻药材分成“关升麻”与“升麻”两个规格。“关升麻”项下根据直径不同进行等级划分。

（一）关升麻

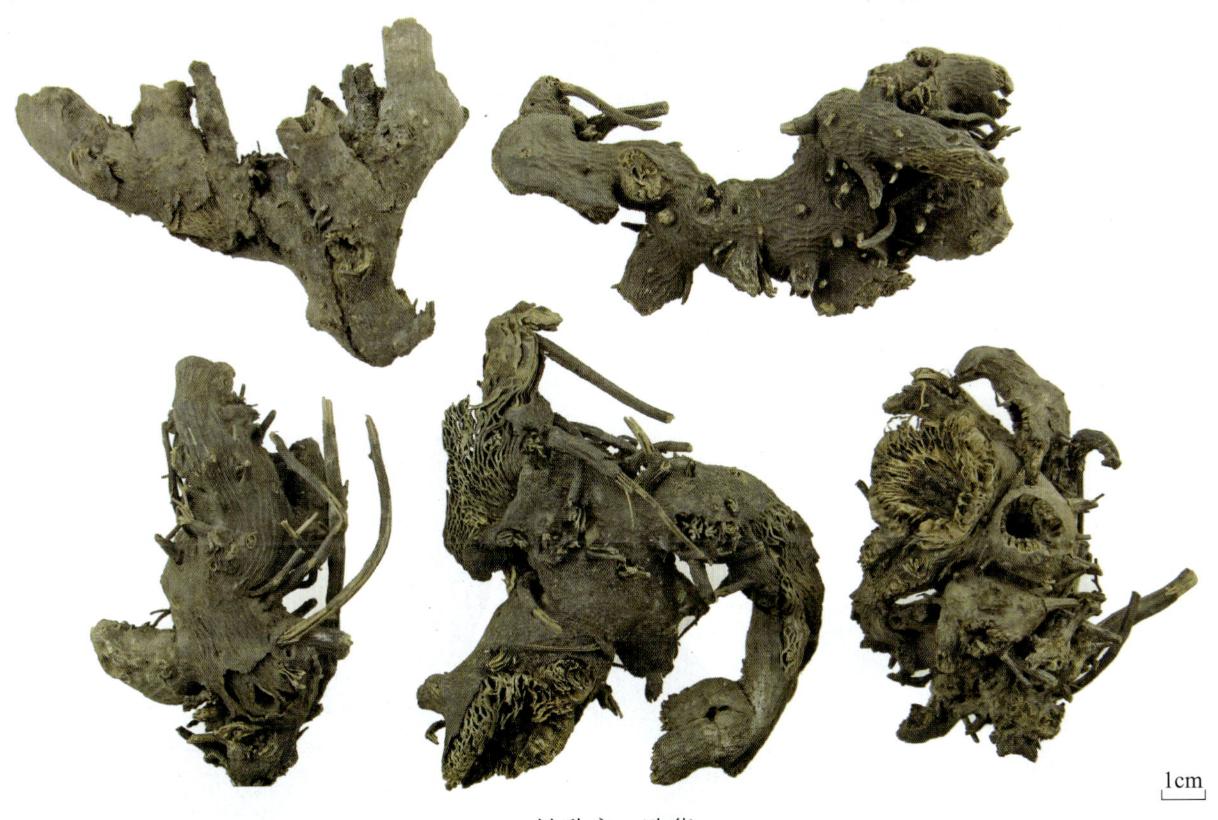

关升麻 选货

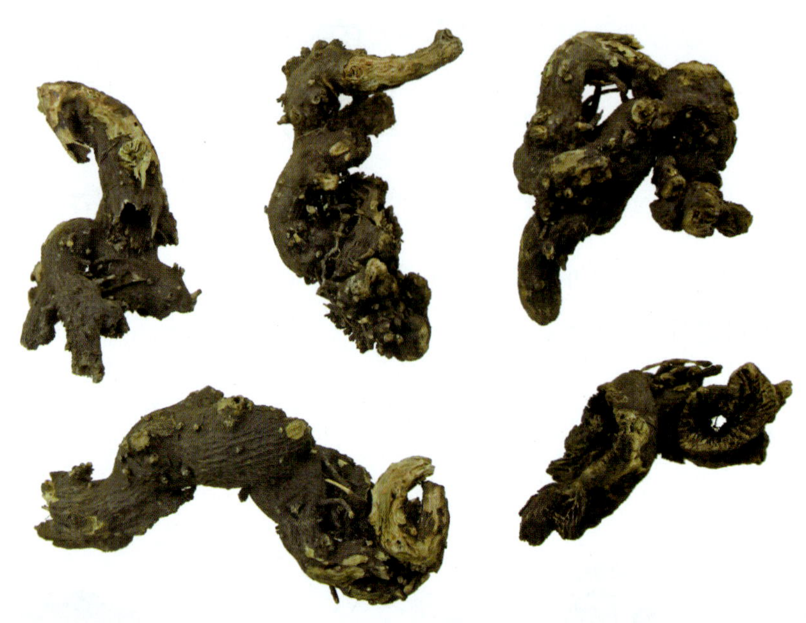

关升麻　统货

（二）升麻

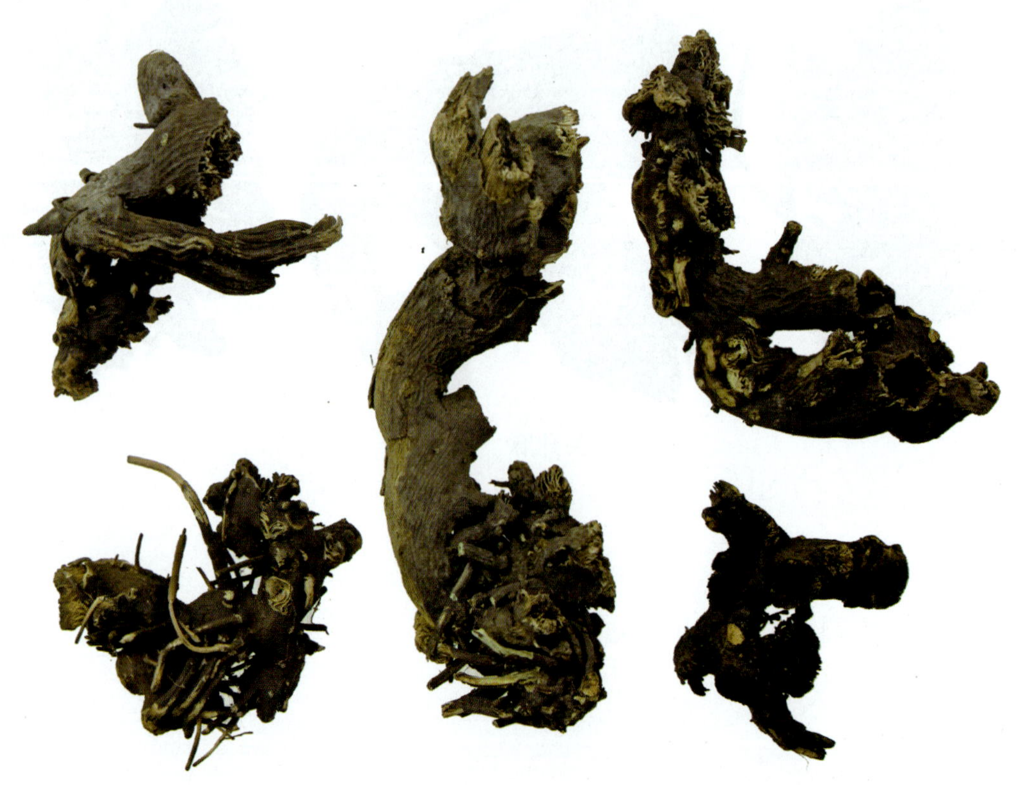

升麻　统货

地肤子

KOCHIAE FRUCTUS

根据市场流通情况，将地肤子药材分成“选货”与“统货”两个规格。

（一）选货

地肤子 选货

（二）统货

地肤子 统货

使君子

QUISQUALIS FRUCTUS

根据市场流通情况，将使君子药材分成“选货”与“统货”两个等级。

（一）选货

使君子　选货

（二）统货

1cm

使君子　统货

淡竹叶

LOPHATHERI HERBA

根据市场流通情况，该药材商品均为统货。

淡竹叶　统货

白茅根

IMPERATAE RHIZOMA

根据市场流通情况，将白茅根药材分成“选货”与“统货”两个等级。

（一）选货

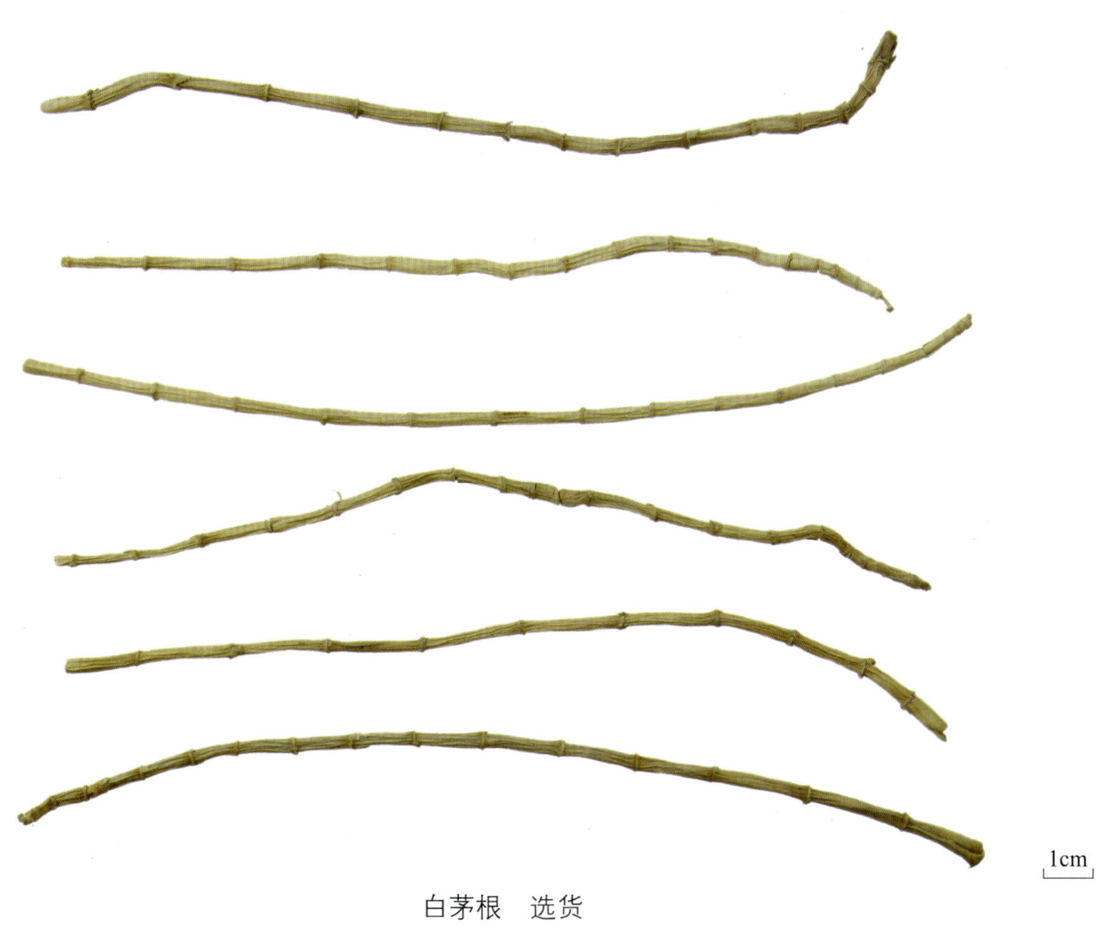

白茅根　选货

（二）统货

白茅根　统货

皂角刺

GLEDITSIAE SPINA

根据市场流通情况，将皂角刺药材分成“选货”与“统货”两个等级。“选货”项下根据直径、长度等进行等级划分。

（一）选货

皂角刺　选货　一等

皂角刺　选货　二等

皂角刺　三等

（二）统货

皂角刺　统货

茵　陈

ARTEMISIAE SCOPARIAE HERBA

根据市场流通情况，按照采收季节不同，将茵陈药材分成“绵茵陈”与“花茵陈”两个规格。当前药材市场流通茵陈药材均为绵茵陈，未见有花茵陈销售。

茵陈　统货

海金沙

LYGODII SPORA

根据市场流通情况，该药材商品均为统货。

海金沙　统货

乌　梅

MUME FRUCTUS

根据市场流通情况，将乌梅药材分成“选货”与“统货”两个等级。“选货”项下根据个头大小、粒数等进行等级划分。

（一）选货

乌梅　选货　一等

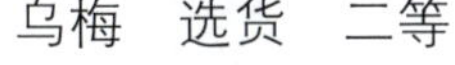
乌梅　选货　二等

乌梅　选货　三等

（二）统货

乌梅　统货

秦　皮

FRAXINI CORTEX

根据市场流通情况，将秦皮药材商品分成“选货”和“统货”，“选货”项下根据枝皮与干皮分为“一等”和“二等”。

（一）选货

1cm

秦皮　选货　一等

1cm

秦皮　选货　二等

（二）统货

秦皮　统货

茜 草

RUBIAE RADIX ET RHIZOMA

根据市场流通情况，将茜草药材商品分为“选货”和“统货”两个等级。

（一）选货

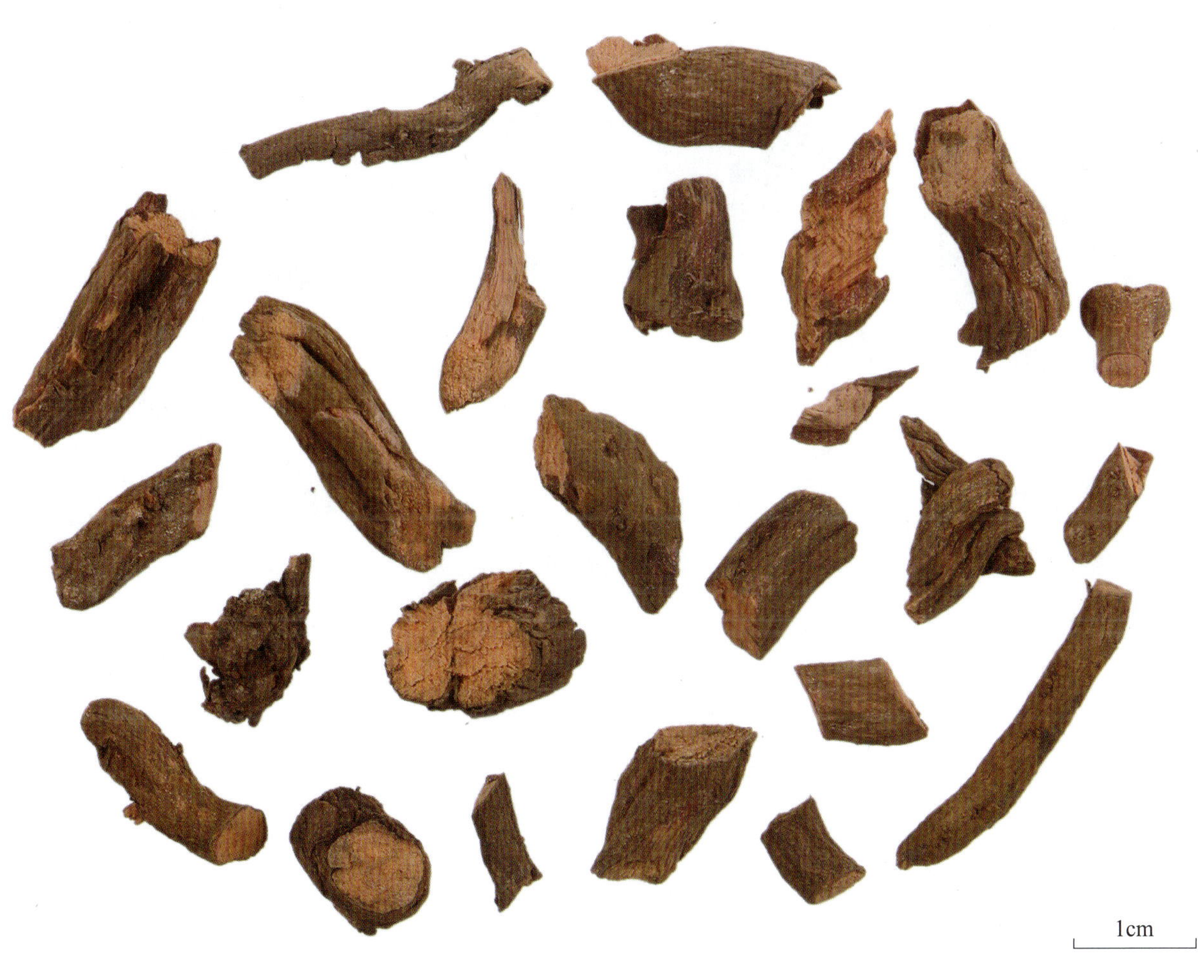

茜草 选货

（二）统货

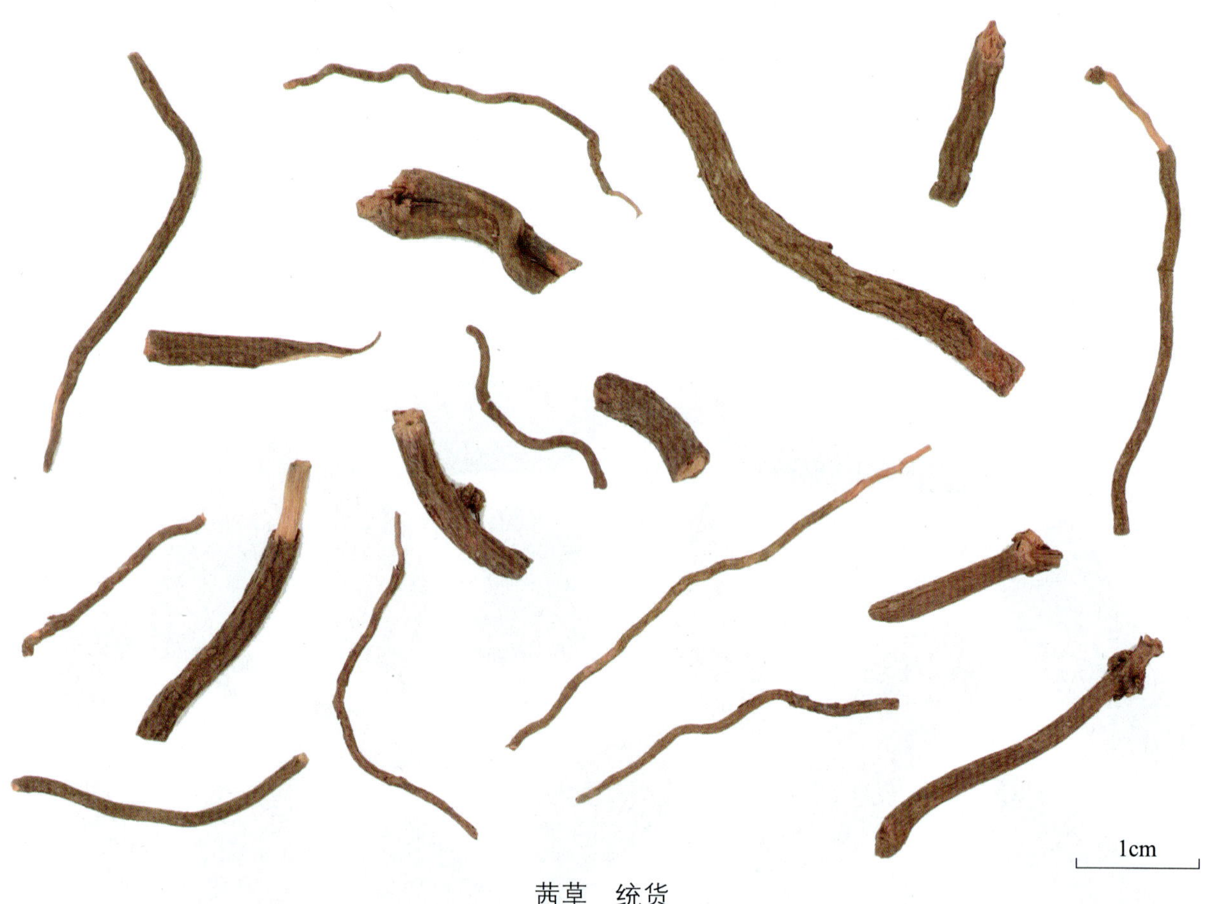

茜草　统货

路路通

LIQUIDAMBARIS FRUCTUS

根据市场流通情况，按照表面尖刺和喙状小钝刺是否全部折断，将路路通分为“撞刺”和“未撞刺”两个规格。各规格项下均为统货。

（一）撞刺

撞刺　统货

（二）未撞刺

未撞刺　统货

石菖蒲

ACORI TATARINOWII RHIZOMA

根据市场流通情况，按照直径大小等，将石菖蒲药材商品分为“选货”和“统货”两个等级。

（一）选货

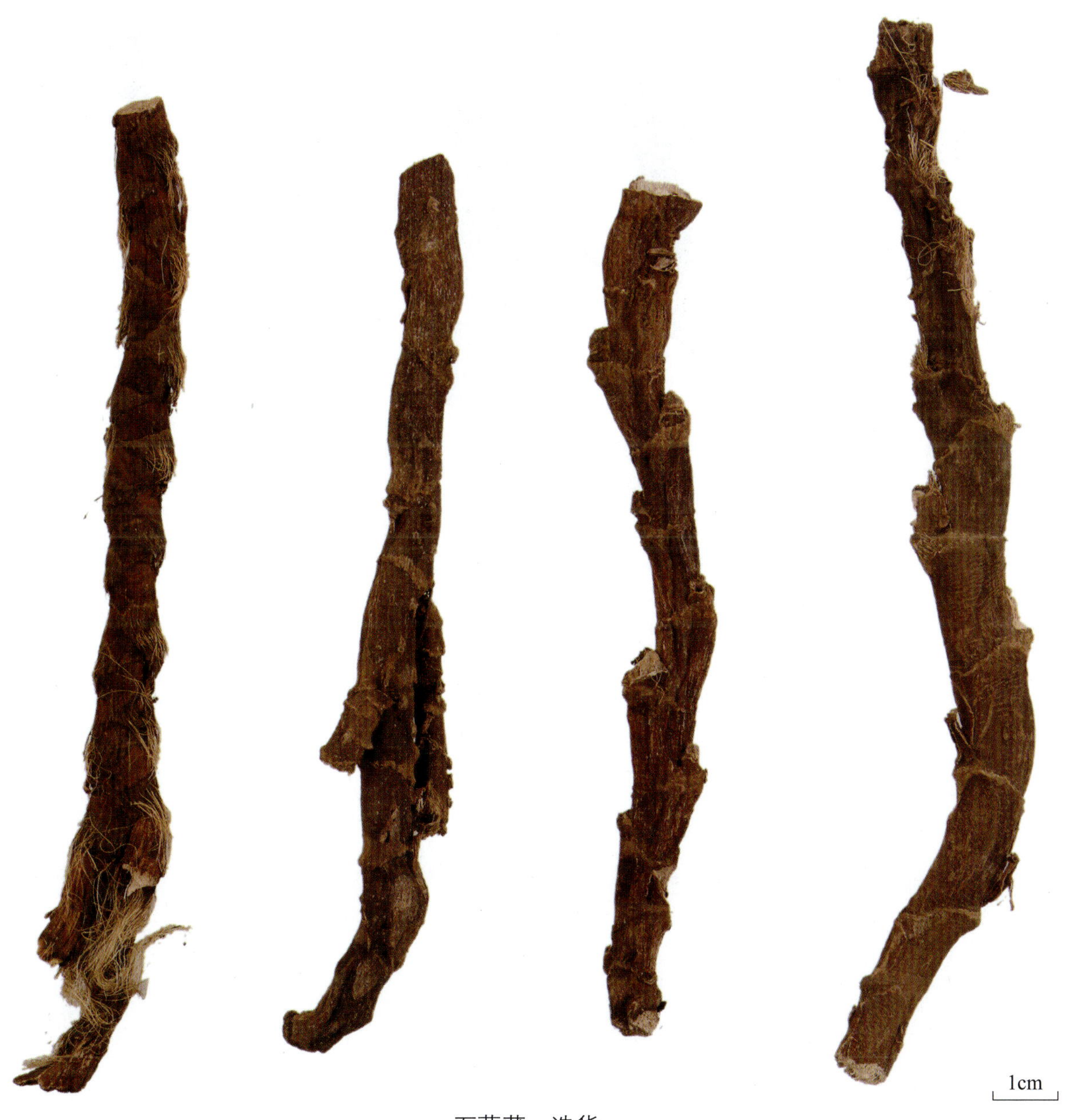

石菖蒲　选货

（二）统货

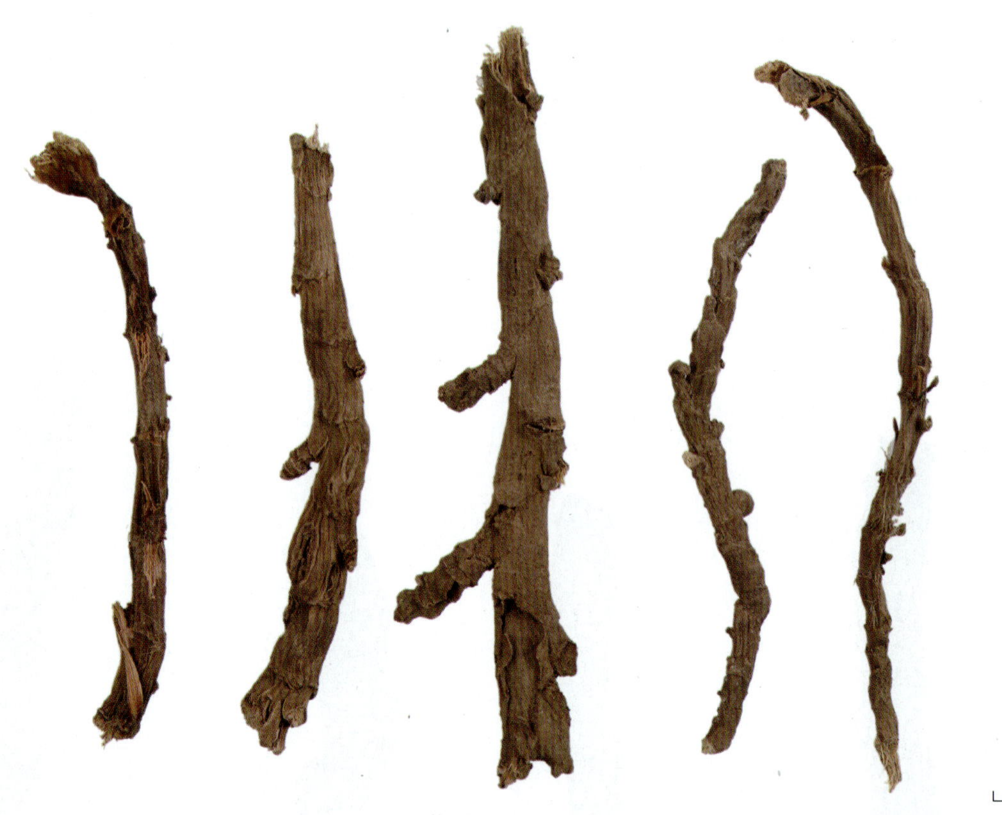

石菖蒲　统货

野菊花

CHRYSANTHEMI INDICI FLOS

根据市场流通情况，按照杂质率的多少等，将野菊花药材商品分为“选货”和“统货”两个等级。

（一）选货

野菊花 选货

（二）统货

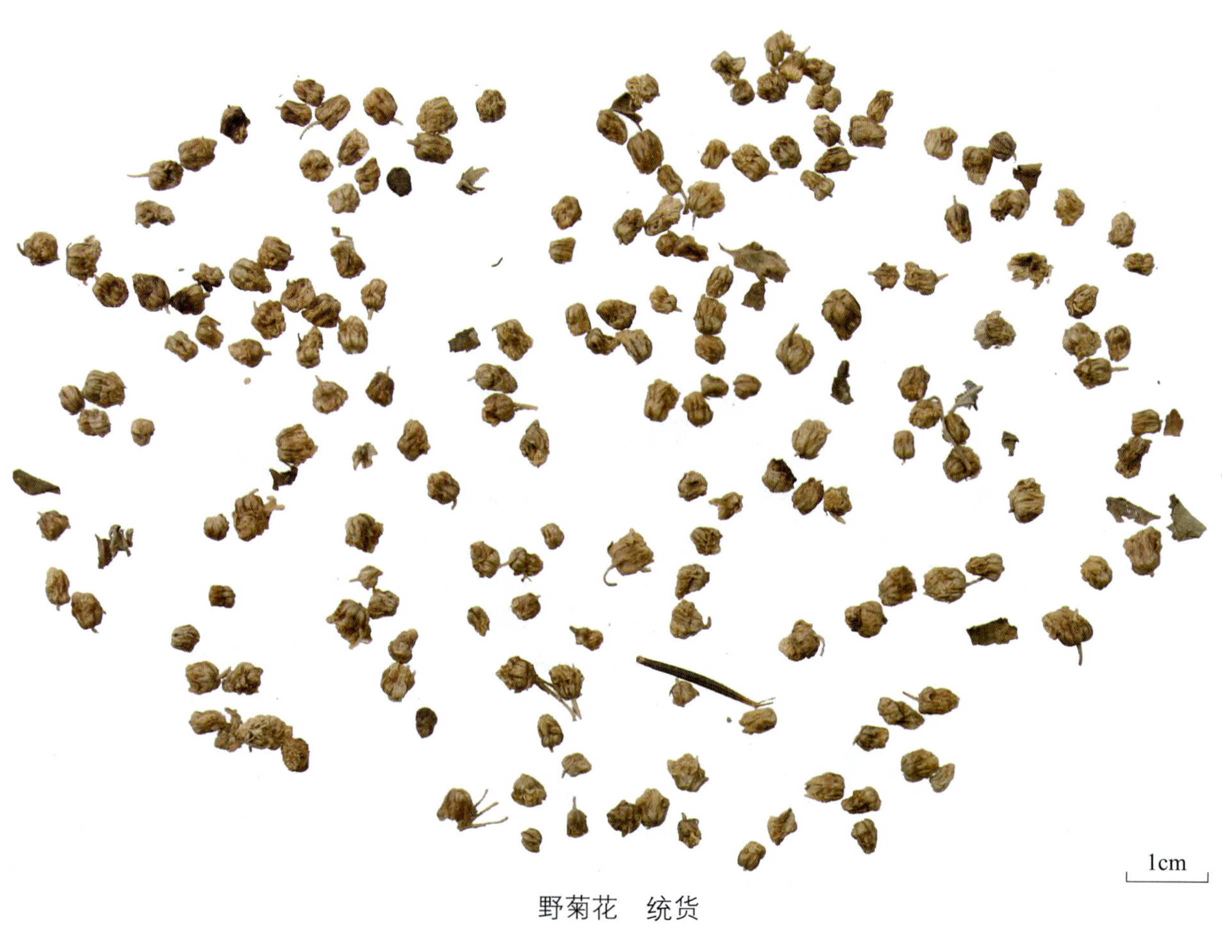

野菊花　统货

竹 茹

BAMBUSAE CAULIS IN TAENIAS

根据市场流通情况，按照加工方法的不同，将竹茹药材分为“齐竹茹”和“散竹茹”两个规格。各规格项下均为统货。

（一）齐竹茹

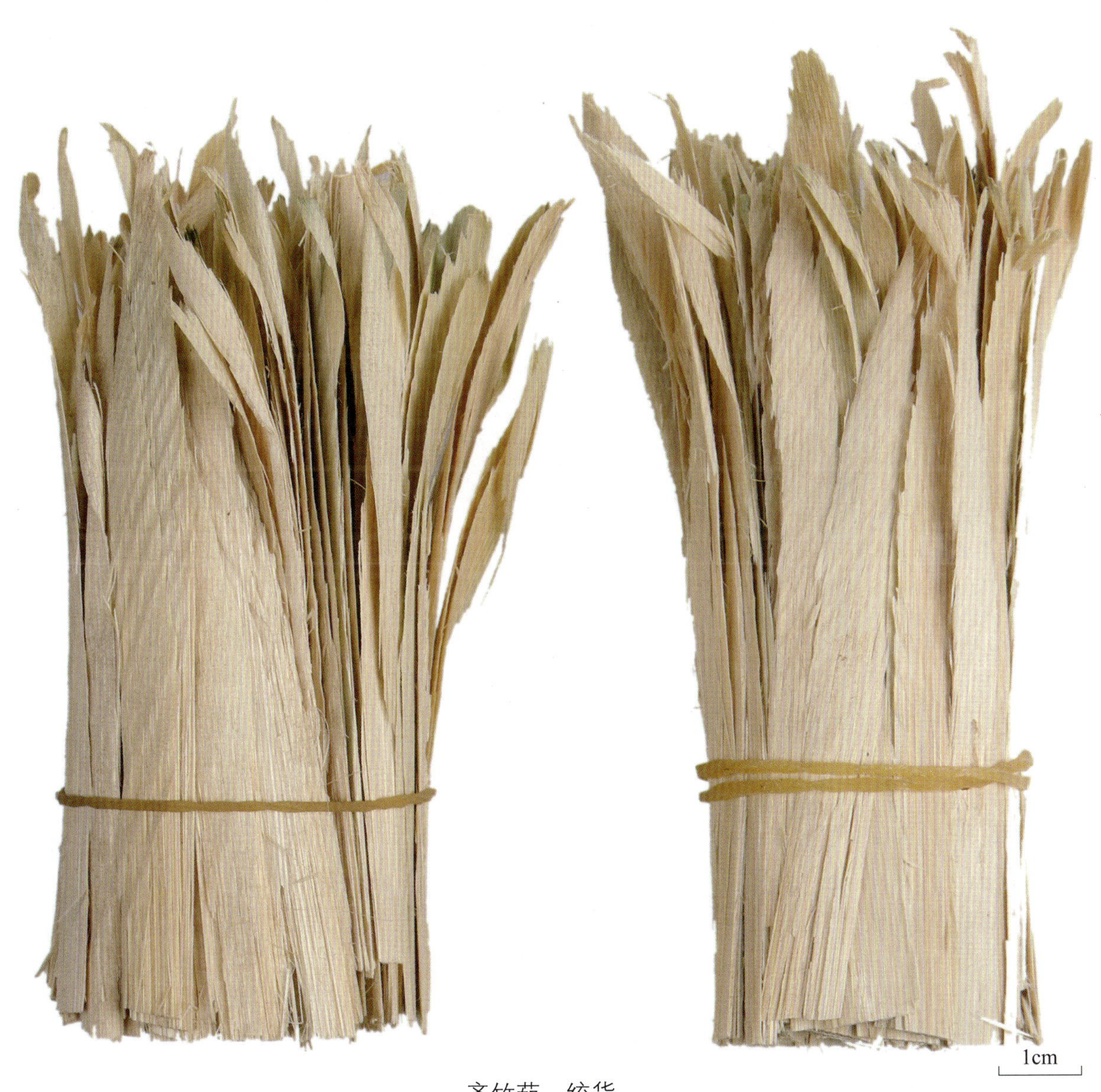

齐竹茹 统货

（二）散竹茹

散竹茹　统货

青 蒿

ARTEMISIAE ANNUAE HERBA

根据市场流通情况，按照叶片的多少、色泽是否均一、枝条的多少大小等，将青蒿药材商品分为“选货”和“统货”两个等级。

（一）选货

青蒿　选货

（二）统货

青蒿　统货

桑寄生

TAXILLI HERBA

根据市场流通情况，按照未脱落叶片的多少及枝条的大小、粗细等，将桑寄生药材商品分为“选货”和“统货”两个等级。

（一）选货

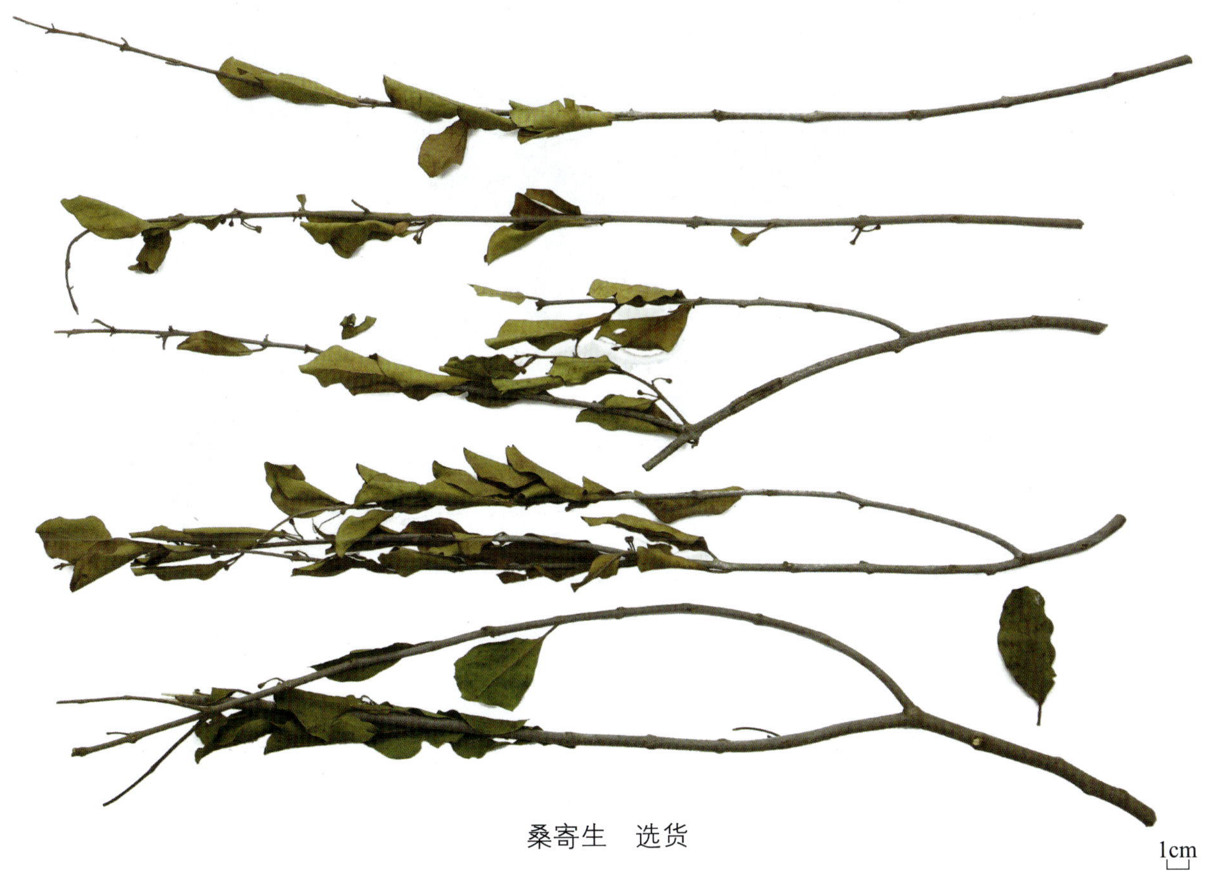

桑寄生　选货

（二）统货

桑寄生　统货

穿山甲

MANIS SQUAMA

根据市场流通情况，按照鳞片的大小、形状和有无皮肉等情况，将穿山甲药材商品分为“选货”和“统货”两个等级。

（一）选货

穿山甲　选货

（二）统货

穿山甲　统货

羚羊角

SAIGAE TATARICAE CORNU

根据市场流通情况，将羚羊角药材分为五个等级。

羚羊角

穿心莲

ANDROGRAPHIS HERBA

根据市场流通情况，将穿心莲药材商品分为选货和统货。

（一）选货

穿心莲　选货

（二）统货

穿心莲　统货

槐　花

SOPHORAE FLOS

根据市场流通情况，将槐花药材商品分为“槐米”和“槐花”两个规格；在规格项下，根据是否进行等级划分，将槐米药材商品分成“选货”和“统货”两个等级，将槐花药材商品分成“统货”一个等级。

（一）槐米

槐米　选货

槐米 统货

（二）槐花

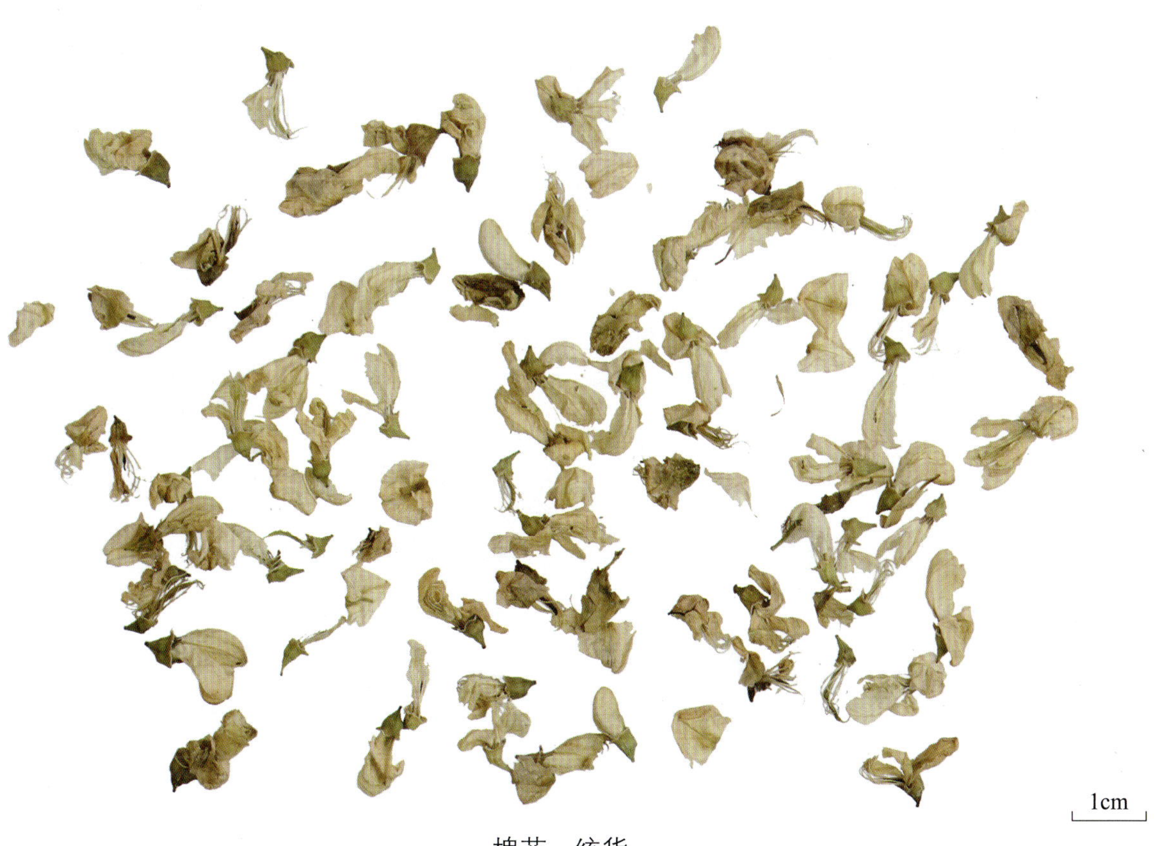

槐花 统货

毛冬青

PUBESCENTIS ILICIS RADIX

根据市场流通情况，该药材商品均为统货。

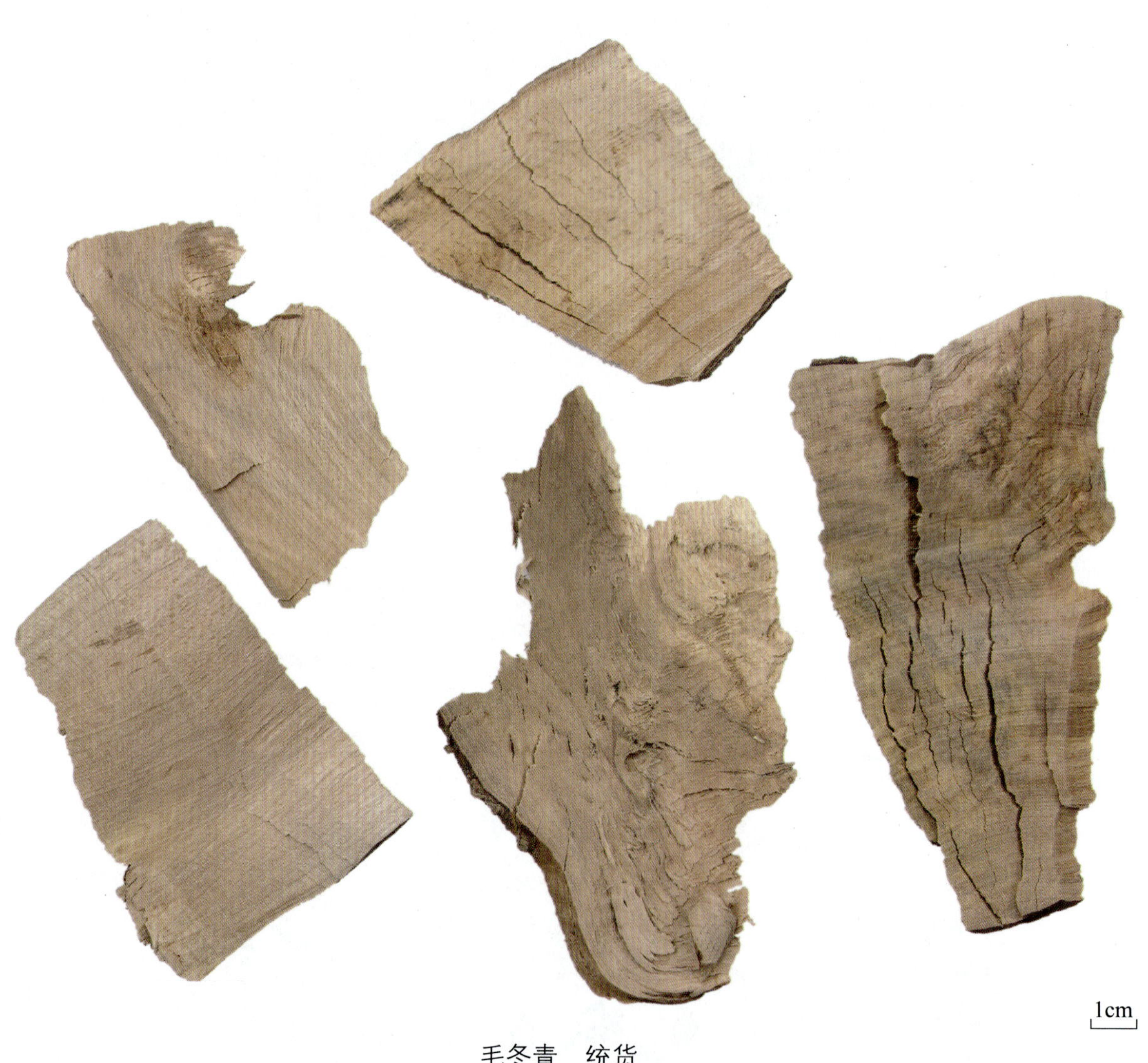

毛冬青　统货

桃儿七

SINOPODOPHYLLI RADIX ET RHIZOME

根据市场流通情况，按照须根条数和单株重等将桃儿七药材商品分为三个等级。

1cm

桃儿七 一等

桃儿七　二等

1cm

桃儿七　三等

九里香

MURRAYAE FOLIUM ET CACUMEN

根据市场流通情况，按照基原的不同，将九里香药材分为“九里香”和“千里香”两个规格。各规格项下均为统货。

（一）九里香

九里香　统货

（二）千里香

千里香　统货

蟾　皮

BUFONIS CORIUM

根据市场流通情况，蟾皮只有“统货”一个规格等级。

蟾皮　单张

蟾皮　正面

蟾皮　背面

蟾 酥

BUFONIS VENENUM

根据市场流通情况，按照外观形状（加工方式和成型介质不同所致）及特征的不同，将蟾酥药材分为“团蟾酥”和“片蟾酥”两个规格。各规格项下均为统货。

（一）团蟾酥

团蟾酥 统货

（二）片蟾酥

片蟾酥　统货

琥　珀

SUCCINUM

根据市场流通情况，按照来源不同，将琥珀药材分为“琥珀”和“煤珀”两个规格；在规格项下，根据是否进行等级划分，分成“选货”和“统货”两个等级，“选货”项下按照色泽、单个重量或单个体积，将琥珀选货等级分为“一等”和“二等”。

（一）琥珀

琥珀　选货　一等

琥珀 选货 二等

（二）煤珀

煤珀 统货

炉甘石

CALAMINA

根据市场流通情况，将炉甘石药材商品分成“选货”和“统货”，“选货”项下根据炉甘石的性状和氧化锌的含量分为“一等”和“二等”。

（一）选货

炉甘石　选货　一等

炉甘石　选货　二等

（二）统货

炉甘石　统货

芒　硝

NATRII SULFAS

根据市场流通情况，该药材商品均为统货。

芒硝　统货

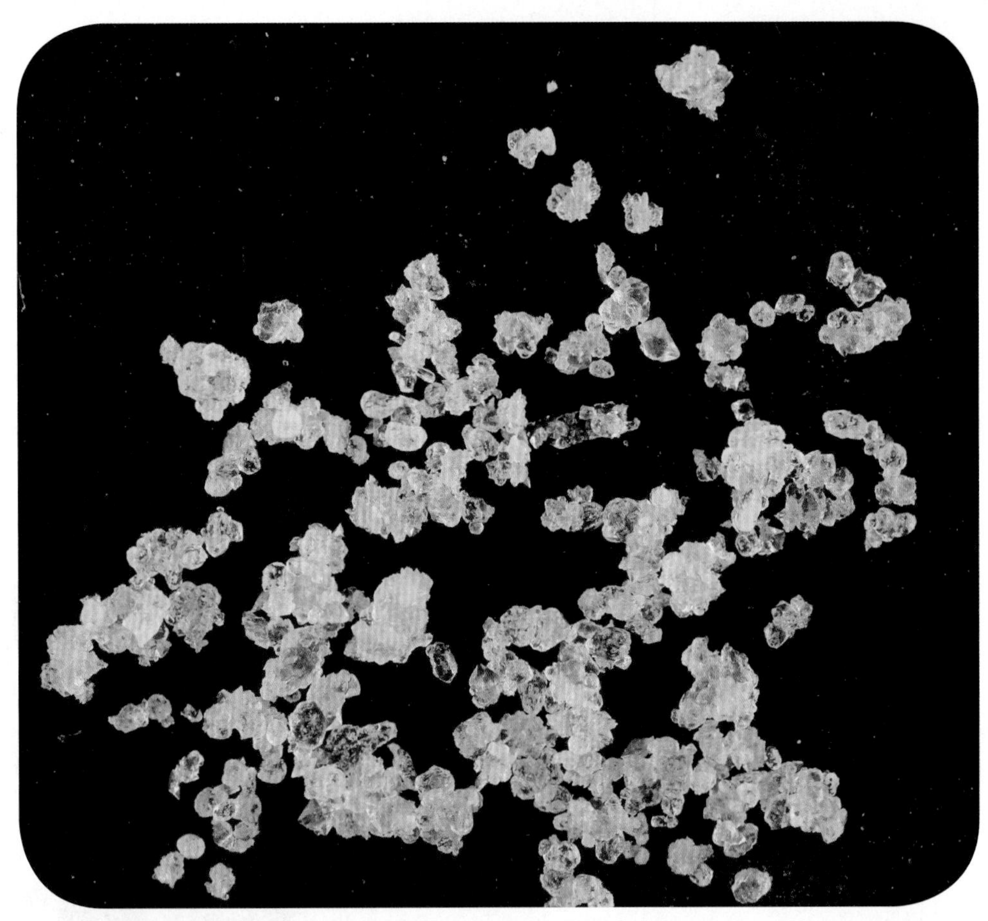

放大

硼　砂

BORAX

根据市场流通情况，将硼砂药材商品分为“硼砂块”“硼砂坠”和“硼砂粉”三个规格；在规格项下，根据是否进行等级划分，将硼砂块分成“一等”和“二等”两个等级，将硼砂坠和硼砂粉均分为“统货”一个等级。

（一）硼砂块

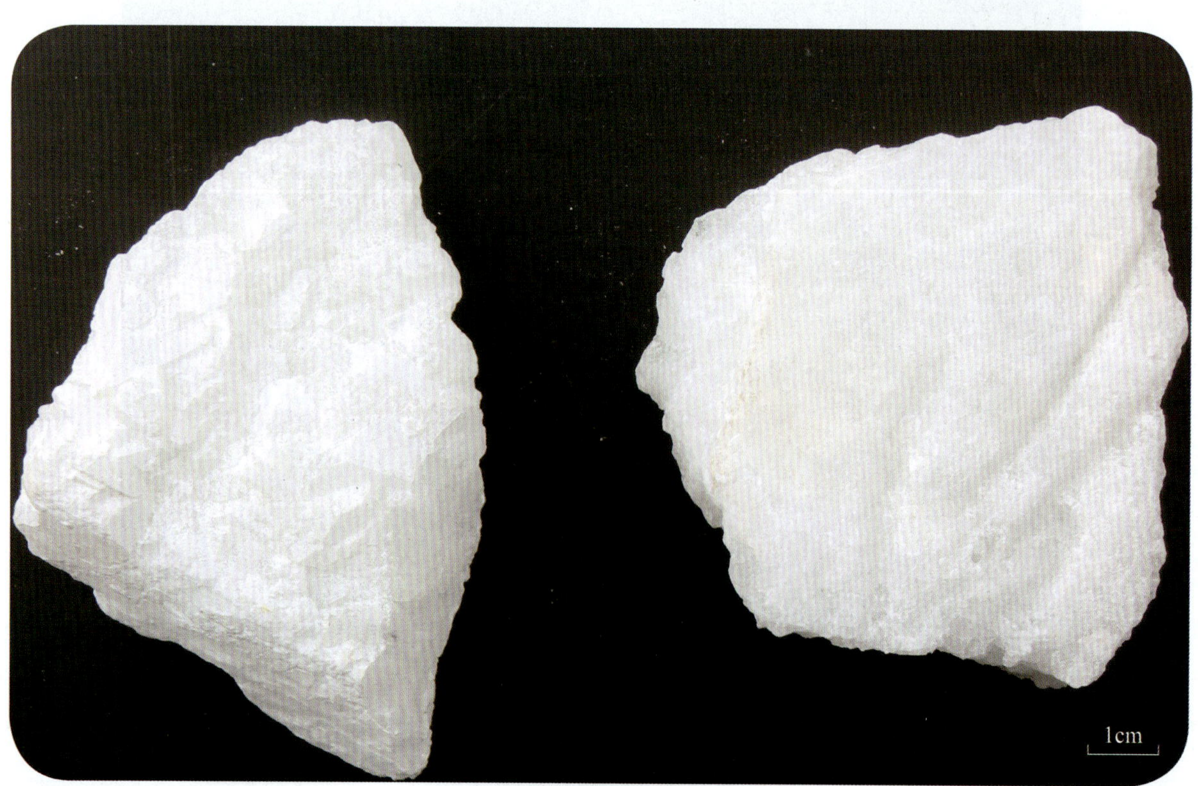

硼砂块　选货　一等

硼砂块 选货 二等

（二）硼砂坠

硼砂坠 统货

（三）硼砂粉

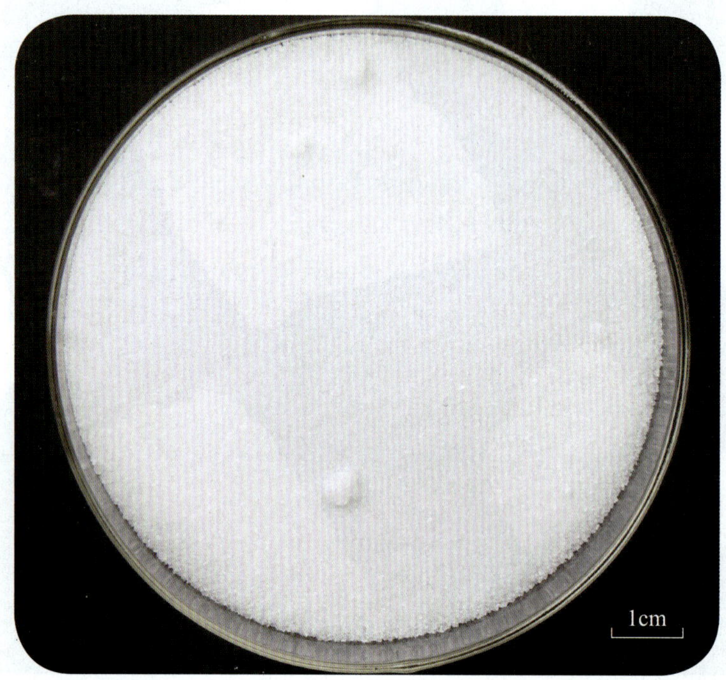

硼砂粉　统货

紫石英

FLUORITUM

根据市场流通情况，按紫石英药材商品有无杂石及其比例等情况，将其分为选货和统货。

（一）选货

紫石英　选货

（二）统货

紫石英　统货

白石英

QUARTZ ALBUM

根据市场流通情况，按白石英药材商品颜色、有无杂石等情况，将其分为选货和统货。

（一）选货

白石英 选货

（二）统货

白石英　统货

白 矾

ALUMEN

根据市场流通情况，按白矾药材商品的颜色等情况，将其分为选货和统货。

（一）选货

白矾 选货

（二）统货

白矾　统货

龙 骨

OS DRACONIS

根据市场流通情况，将龙骨药材商品分为“龙骨”和“五花龙骨”两个规格；在规格项下，根据是否进行等级划分，各规格均分为“统货”和“选货”。

（一）五花龙骨

五花龙骨 选货

五花龙骨　统货

（二）龙骨

龙骨　选货

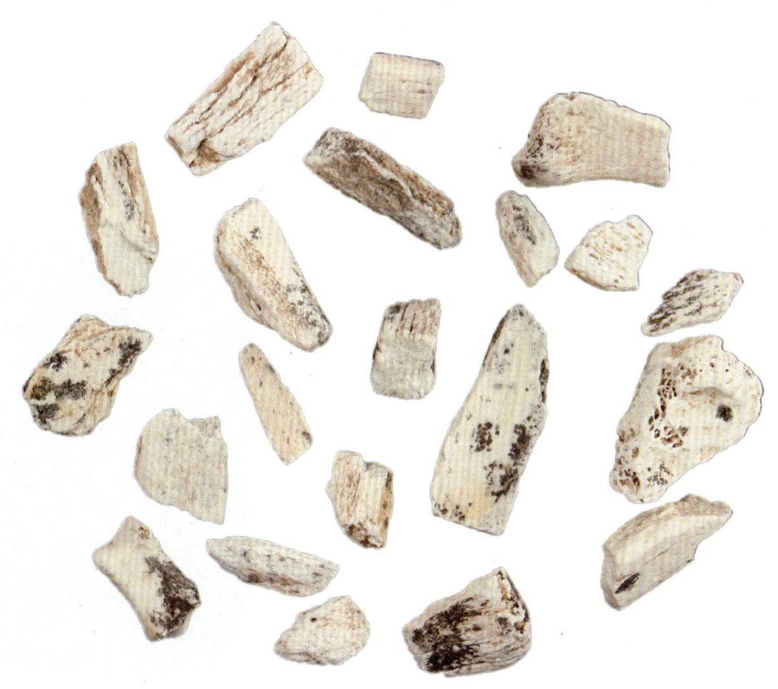

龙骨 统货

玄明粉

NATRII SULFAS EXSICCATUS

根据市场流通情况，该药材商品均为统货。

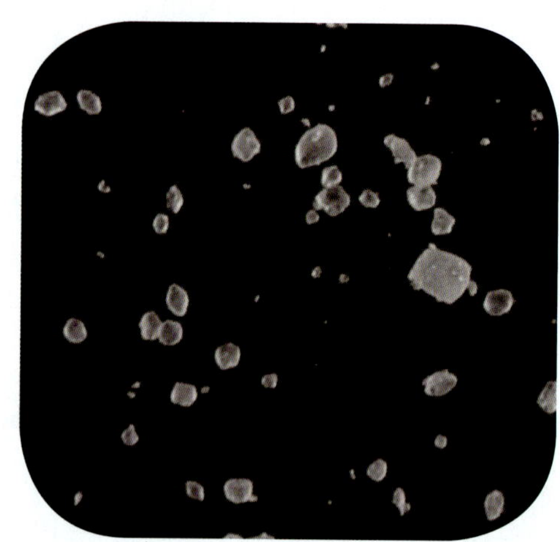

放大

1cm

玄明粉　统货

药名笔画索引

二画

三画

四画

五画

六画

七画

八画

九画

十画

十一画

十二画以上